本书是国家社会科学基金青年项目（14CJL023）
《反倾销贸易破坏效应对中韩贸易逆差的影响及我国应对策略研究》的最终成果

国家"双一流"建设学科
辽宁大学应用经济学系列丛书
======= 青年学者系列 =======
总主编◎林木西

反倾销贸易破坏效应对中韩贸易逆差的
影响及我国应对策略研究

The Impact of Anti-dumping Trade Destructive Effect on
China-South Korea Trade Deficit and China's Strategy

赵 磊 著

中国财经出版传媒集团
经济科学出版社
Economic Science Press

图书在版编目（CIP）数据

反倾销贸易破坏效应对中韩贸易逆差的影响及我国应对策略研究/赵磊著. —北京：经济科学出版社，2020.12
（辽宁大学应用经济学系列丛书. 青年学者系列）
ISBN 978 - 7 - 5218 - 2280 - 9

Ⅰ. ①反… Ⅱ. ①赵… Ⅲ. ①对外贸易关系 – 贸易逆差 – 研究 – 中国、韩国 Ⅳ. ①F752. 731. 26

中国版本图书馆 CIP 数据核字（2020）第 266568 号

责任编辑：于海汛 姜思伊
责任校对：王肖楠
责任印制：范 艳 张佳裕

反倾销贸易破坏效应对中韩贸易逆差的影响
及我国应对策略研究
赵 磊 著
经济科学出版社出版、发行 新华书店经销
社址：北京市海淀区阜成路甲 28 号 邮编：100142
总编部电话：010 – 88191217 发行部电话：010 – 88191522
网址：www. esp. com. cn
电子邮箱：esp@ esp. com. cn
天猫网店：经济科学出版社旗舰店
网址：http://jjkxcbs. tmall. com
北京季蜂印刷有限公司印装
710 × 1000 16 开 29 印张 420000 字
2021 年 4 月第 1 版 2021 年 4 月第 1 次印刷
ISBN 978 – 7 – 5218 – 2280 – 9 定价：98. 00 元
（图书出现印装问题，本社负责调换。电话：010 – 88191510）
（版权所有 侵权必究 打击盗版 举报热线：010 – 88191661
QQ：2242791300 营销中心电话：010 – 88191537
电子邮箱：dbts@ esp. com. cn）

总　序

本丛书为国家"双一流"建设学科"辽宁大学应用经济学"系列丛书，也是我主编的第三套系列丛书。前两套系列丛书出版后，总体看效果还可以：第一套是《国民经济学系列丛书》（2005 年至今已出版 13 部），2011 年被列入"十二五"国家重点出版物出版规划项目；第二套是《东北老工业基地全面振兴系列丛书》（共 10 部），在列入"十二五"国家重点出版物出版规划项目的同时，还被确定为 2011 年"十二五"规划 400 种精品项目（社科与人文科学 155 种），围绕这两套系列丛书取得了一系列成果，获得了一些奖项。

主编系列丛书从某种意义上说是"打造概念"。比如说第一套系列丛书也是全国第一套国民经济学系列丛书，主要为辽宁大学国民经济学国家重点学科"树立形象"；第二套则是在辽宁大学连续主持国家社会科学基金"八五"至"十一五"重大（点）项目，围绕东北（辽宁）老工业基地调整改造和全面振兴进行系统研究和滚动研究的基础上持续进行探索的结果，为促进我校区域经济学学科建设、服务地方经济社会发展做出贡献。在这一过程中，既出成果也带队伍、建平台、组团队，使得我校应用经济学学科建设不断跃上新台阶。

主编这套系列丛书旨在使辽宁大学应用经济学学科建设有一个更大的发展。辽宁大学应用经济学学科的历史说长不长、说短不短。早在1958 年建校伊始，便设立了经济系、财政系、计统系等 9 个系，其中经济系由原东北财经学院的工业经济、农业经济、贸易经济三系合成，财税系和计统系即原东北财经学院的财信系、计统系。1959 年院系调整，将经济系留在沈阳的辽宁大学，将财政系、计统系迁到大连组建辽宁财经学院（即现东北财经大学前身），将工业经济、农业经济、贸易经济三个专业的学生培养到毕业为止。由此形成了辽宁大学重点发展理论经济学（主要是政治经济学）、辽宁财经学院重点发展应用经济学的大体格局。实际上，后来辽宁大学也发展了应用经济学，东北财经大学也发展了理论经济学，发展得都不错。1978 年，辽宁大学恢复招收工业经济本科生，1980 年受人民银行总行委托、经教育部批准开始招收国际金融本科生，1984 年辽宁大学在全国第一批成立了经济管理学院，增设计划统计、会计、保险、投资经济、国际贸易等本科专业。到 20 世纪 90 年代中期，辽宁大学已有西方经济学、世界经济、国民经济计划与管理、国际金融、工业经济 5 个二级学科博士点，当时在全国同类院校似不多见。1998 年，建立国家重点教学基地"辽宁大学国家经济学基础人才培养基地"。2000 年，获批建设第二批教育部人文社会科学重点研究基地"辽宁大学比较经济体制研究中心"（2010 年经教育部社会科学司批准更名为"转型国家经济政治研究中心"）；同年，在理论经济学一级学科博士点评审中名列全国第一。2003 年，在应用经济学一级学科博士点评审中并列全国第一。2010 年，新增金融、应用统计、税务、国际商务、保险等全国首批应用经济学类专业学位硕士点；2011年，获全国第一批统计学一级学科博士点，从而实现经济学、统计学一级学科博士点"大满贯"。

在二级学科重点学科建设方面，1984 年，外国经济思想史（即后来的西方经济学）和政治经济学被评为省级重点学科；1995 年，西方经济学被评为省级重点学科，国民经济管理被确定为省级重点扶持学科；1997 年，西方经济学、国际经济学、国民经济管理被评为省级重点学科和重点扶持学科；2002 年、2007 年国民经济学、世界经济连续两届被评为国家重点学科；2007 年，金融学被评为国家重点学科。

在应用经济学一级学科重点学科建设方面，2017 年 9 月被教育部、财政部、国家发展和改革委员会确定为国家"双一流"建设学科，成为东北地区唯一一个经济学科国家"双一流"建设学科。这是我校继

1997 年成为"211"工程重点建设高校 20 年之后学科建设的又一次重大跨越，也是辽宁大学经济学科三代人共同努力的结果。此前，2008 年被评为第一批一级学科省级重点学科，2009 年被确定为辽宁省"提升高等学校核心竞争力特色学科建设工程"高水平重点学科，2014 年被确定为辽宁省一流特色学科第一层次学科，2016 年被辽宁省人民政府确定为省一流学科。

在"211"工程建设方面，"九五"立项的重点学科建设项目是"国民经济学与城市发展"和"世界经济与金融"，"十五"立项的重点学科建设项目是"辽宁城市经济""211"工程三期立项的重点学科建设项目是"东北老工业基地全面振兴"和"金融可持续协调发展理论与政策"，基本上是围绕国家重点学科和省级重点学科而展开的。

经过多年的积淀与发展，辽宁大学应用经济学、理论经济学、统计学"三箭齐发"，国民经济学、世界经济、金融学国家重点学科"率先突破"，由"万人计划"领军人才、长江学者特聘教授领衔，中青年学术骨干梯次跟进，形成了一大批高水平的学术成果，培养出一批又一批优秀人才，多次获得国家级教学和科研奖励，在服务东北老工业基地全面振兴等方面做出了积极贡献。

编写这套《辽宁大学应用经济学系列丛书》主要有三个目的：

一是促进应用经济学一流学科全面发展。以往辽宁大学应用经济学主要依托国民经济学和金融学国家重点学科和省级重点学科进行建设，取得了重要进展。这个"特色发展"的总体思路无疑是正确的。进入"十三五"时期，根据"双一流"建设需要，本学科确定了"区域经济学、产业经济学与东北振兴""世界经济、国际贸易学与东北亚合作""国民经济学与地方政府创新""金融学、财政学与区域发展"和"政治经济学与理论创新"五个学科方向。其目标是到 2020 年，努力将本学科建设成为立足于东北经济社会发展、为东北振兴和东北亚区域合作做出应有贡献的一流学科。因此，本套丛书旨在为实现这一目标提供更大的平台支持。

二是加快培养中青年骨干教师茁壮成长。目前，本学科已形成包括长江学者特聘教授、国家高层次人才特殊支持计划领军人才、全国先进工作者、"万人计划"教学名师、"万人计划"哲学社会科学领军人才、国务院学位委员会学科评议组成员、全国专业学位研究生教育指导委员会委员、文化名家暨"四个一批"人才、国家"百千万"人才工程入选者、国家级教学名师、全国模范教师、全国优秀教师、教育部新世纪优秀人才、教育部高等学校教学指导委员会主任委员和委员、国家社会科学基金重大项目首席专家等在内的学科团队。本丛书设学术、青年学者、教材、智库四个子系列,重点出版中青年教师的学术著作,带动他们尽快脱颖而出,力争早日担纲学科建设。

三是在新时代东北全面振兴、全方位振兴中做出更大贡献。面对新形势、新任务、新考验,我们力争提供更多具有原创性的科研成果、具有较大影响的教学改革成果、具有更高决策咨询价值的智库成果。丛书的部分成果为中国智库索引来源智库"辽宁大学东北振兴研究中心"和"辽宁省东北地区面向东北亚区域开放协同创新中心"及省级重点新型智库研究成果,部分成果为国家社会科学基金项目、国家自然科学基金项目、教育部人文社会科学研究项目和其他省部级重点科研项目阶段研究成果,部分成果为财政部"十三五"规划教材,这些为东北振兴提供了有力的理论支撑和智力支持。

这套系列丛书的出版,得到了辽宁大学党委书记周浩波、校长潘一山和中国财经出版传媒集团副总经理吕萍的大力支持。在丛书出版之际,谨向所有关心支持辽宁大学应用经济学建设与发展的各界朋友,向辛勤付出的学科团队成员表示衷心感谢!

林木西

2019 年 10 月

前　言

　　我国自改革开放以来，与世界各国间的经贸往来不断加深，在进出口贸易额持续增长的同时，也遭受着来自各贸易伙伴国的不公正待遇，在对外贸易活动中一度处于被动地位，成为世界各国反倾销立案调查的主要对象。1997年我国出台了《中华人民共和国反倾销和反补贴条例》，自此我国也踏上了使用反倾销措施保护自身合法权益的贸易救济之路。作为我国重要贸易伙伴的韩国，其反倾销相关立法源于1963年颁发的《关税法》中"防止不正当低价销售关税"条款。随着1983年《关税法》全面修订正式将反倾销税作为明确概念提出并实施。1986年韩国正式加入了关贸总协定后，按照关贸总协定的《反倾销守则》标准重新调整了《关税法》和《关税法施行令》中部分关于反倾销的规定，并于同年4月首次公开受理反倾销立案调查申请。

　　2018年是中韩建交的第26个年头，两国的战略合作伙伴关系进一步深化，双边贸易额已突破3000亿美元大关。我国是韩国第一大贸易伙伴国、进口来源国和出口对象国；韩国则是我国第三大贸易伙伴国、第一大进口来源国和第三大出口对象国。中韩自由贸易协定第二阶段的第二轮谈判也取得了积极进展，然而有关于中韩贸易逆差的问题却始终挥之不去。1992年中韩建交之初就出现的对韩贸易逆差，在此后的20多年呈现出不断扩大的趋势。据我国海关统计，2018年中韩贸易总额为3134.3亿美元。其中，我国对韩国出口1087.9亿美元，自韩国进口2046.4亿美元，对韩贸易逆差金额高达958.5亿美元。

　　在引发中韩贸易逆差的诸多因素中，反倾销因素一直没能引起足够的重视。回顾中韩建交后的韩国对我国实施反倾销立案调查情况，截至2018年12月末，韩国对我国发起了81起反倾销立案调查，占韩国总体对外反倾销立案调查案件总数的25.9%。反倾销涉案产品累计金额超过300亿美元，波及10个行业领域的40多种产品。数据客观上说明了，反倾销对中韩贸易不均衡发展现象的产生有着不容忽略的影响力。

在反倾销措施所带来的诸多效应中，贸易破坏效应对涉案产品进出口指数的影响最直接、最显著。因此，对反倾销贸易破坏效应的评估也是评判反倾销对国内产业保护效果、对涉案国家（地区）涉案产品产业冲击程度的重要指标。因此，以中韩两国的反倾销立案调查基础数据为切入点，深入评估中韩两国相互实施反倾销立案调查所带来的贸易破坏效应，进而分析反倾销贸易破坏效应给中韩贸易不均衡发展带来的影响有着深远且重要的意义。

本书通过文献研究和案例整理以及数据库的建立，对中韩两国间反倾销措施所产生的贸易破坏效应进行了详细梳理。研究结果表明，针对相同数量的涉案产品，韩国对我国实施的反倾销立案调查获得显著贸易破坏效应的案件比例更高。从中韩两国反倾销立案调查贸易破坏效应的持续周期来看，反倾销立案调查当年最为显著，随着时间的推移效果开始减弱，但也有滞后到反倾销立案调查次年或立案调查第二年才开始出现的情况。并且贸易破坏效应普遍从反倾销立案调查后的第三年开始衰退。从反倾销期终复审立案调查到最终裁定为肯定性结果期间，涉案产品的进出口金额、数量和价格会发生短暂的异常波动。与此同时，反倾销原审立案调查肯定性终裁结果的贸易破坏效应最为明显，值得注意的是有接近半数的反倾销原审立案调查的否定性终裁结果也出现了较为明显的贸易破坏效应。通常在反倾销原审立案调查贸易破坏效应不明显的案例中，会发生一次甚至多次反倾销期终复审立案调查。实际案例中，韩国无论是对我国实施的反倾销原审立案调查还是期终复审立案调查，其所带来的贸易破坏效应更具长效性，产生反倾销免疫效应的案例比重更低。反倾销措施的贸易破坏效应，对进出口金额、数量、价格某个单独领域所产生的贸易破坏效应更加明显。

　　本书在研究过程中发现并定义了反倾销免疫效应所包括的两种特征：一是针对相同涉案国家、同一涉案产品进行多次反倾销立案调查之后，反倾销立案调查的贸易破坏效应会被削弱；二是在确定涉案产品得到肯定性终裁结果之后，涉案产品的进口金额和数量不减反增，涉案产品的进口金额不升反降。

　　综合本书的研究结论，明确了反倾销的贸易破坏效应是造成我国对韩贸易逆差的一个不容忽视的重要因素。并针对这一问题，提出相应的对策建议。

目　　录

第一章

绪　　论

第一节　研究背景和意义

倾销（Dumping）一词，由挪威语中的"Dumpa"和丹麦语中的"Dumpe"演变而来，本意是指抛弃、倾倒废物。[1] 国际贸易中的倾销指的是"将某种商品以低于出口国国内市场同类产品的平均售价，甚至低于同类产品生产成本的价格，在进口国国内市场抛售，以此打击竞争对手，占领目标市场的不正当销售行为"。[2] 随着经济全球化的迅猛发展，世界各国及地区间的贸易往来日益频繁，国际贸易发展规模呈现出前所未有的增长态势。国际市场竞争日益激烈，各国家及地区间的贸易摩擦加剧，以反倾销为代表的贸易救济问题已经成为不容忽视的焦点。

一、研究背景

我国自改革开放以来与世界各国间的经贸往来不断加深，在进出口

---

① 吴敏编著：《贸易救济法》，中国海关出版社 2010 年版，第 35 页。
② 夏申、储祥银：《关税与贸易总协定大辞典》，对外贸易教育出版社 1993 年版，第 123 页。

贸易额持续增长的同时，也遭受着来自各贸易伙伴国的不公正待遇，在对外贸易活动中一度处于被动地位，成为世界各国反倾销立案调查的主要对象。1997 年 3 月 25 日我国出台了《中华人民共和国反倾销和反补贴条例》，自此我国也踏上了使用反倾销武器应对不公平贸易待遇、维护自身合法权益的贸易救济之路。按照世界贸易组织的统计标准①，截至 2018 年 12 月底，我国共进行了 257 起反倾销立案调查。

韩国作为我国重要的贸易伙伴，其反倾销相关立法源于 1963 年 12 月 5 日颁发的《关税法》中"防止不正当低价销售关税条款"②。韩国具有真正意义的反倾销法律依据是从 1983 年 12 月《关税法》全面修订并正式将反倾销税作为明确概念提出后开始的。1986 年 2 月韩国正式加入关税及贸易总协定后，按照关税及贸易总协定的《反倾销守则》标准重新调整了本国《关税法》和《关税法施行令》中部分关于反倾销的规定，并于同年 4 月首次公开受理了反倾销立案调查申请。按照世界贸易组织的统计标准，截至 2018 年 12 月底，韩国共进行了 313 起③反倾销立案调查。

2018 年是中韩建交的第 26 个年头，两国的战略合作伙伴关系得到进一步深化，双边贸易额突破 3000 亿美元大关，我国继续保持着韩国第一大贸易伙伴国、进口来源国和出口对象国的贸易地位，韩国也成为我国第三大贸易伙伴国、第一大进口来源国和第三大出口对象国。中韩自由贸易协定第二阶段的第二轮谈判也取得了积极性进展。中韩两国在经贸领域的进一步深入合作正在有条不紊地持续推进。然而有关于中韩两国贸易发展不均衡，特别是对韩逆差持续扩大的问题却始终难以得到有效解决。早在 1992 年中韩两国建交之初就出现的对韩贸易逆差，在中韩两国建交后的 20 多年里并未得到明显改善。我国不仅持续保持对韩逆差，而且逆差金额呈现出不断增加的趋势。据中华人民共和国海关

---

① 在进行反倾销起诉数量统计时，世贸组织的统计标准是：对同一种商品同时发起的反倾销调查，每涉及一个国家或地区，即视为一起案件。

② 韩国 1963 年《关税法》第 7 条，第 2 款。

③ 资料来源：根据韩国贸易协会公布的反倾销立案调查公告翻译整理得到。

总署统计，2018 年，中韩两国贸易总额为 3134.3 亿美元。其中，我国对韩国出口 1087.9 亿美元，自韩国进口 2046.4 亿美元，对韩贸易逆差金额高达 958.5 亿[①]美元。

二、研究意义

在导致中韩两国贸易逆差持续扩大化的诸多因素当中，原本属于贸易救济手段的反倾销措施在被过度使用后对贸易的巨大破坏效应一直没能引起足够的关注。查阅中韩建交后韩国对我国进行反倾销立案调查的基本情况，我们看到的是从 1992 年到 2018 年，韩国对我国发起的 84 起反倾销立案调查占韩国此阶段总体反倾销立案调查案件总数的 27.5%。被反倾销立案调查的涉案产品累计金额超过 300 亿美元，波及 10 个行业领域，关联 40 多种涉案产品。这些数据客观上说明了，反倾销措施过度使用，已然成为造成中韩贸易逆差持续扩大的一个不容忽视的影响因素。

在反倾销措施给涉案国家的涉案产品带来的诸多影响效应中，贸易破坏效应对涉案国家的涉案产品进出口指数影响最为直接，也最为显著。因此，对反倾销措施贸易破坏效应的评估，也是评判反倾销措施对国内涉案产业保护效果、对涉案国家（地区）涉案产品产业冲击程度的重要指标。本研究正是沿着这一思路，以中韩两国的反倾销立案调查具体案例所涉及的进出口数据为基础，通过具体反倾销案例的贸易破坏效应综合分析来判断反倾销贸易破坏效应给中韩贸易逆差持续扩大所带来的影响。

从反倾销措施贸易破坏效应对中韩贸易逆差持续扩大所产生的影响这一角度进行分析研究，是对已有中韩贸易逆差成因研究的一个重要补充。以反倾销具体案例为研究切入点，并分析其反倾销措施贸易破坏效应评估的一个新的思路，正是因为有了这些创新和基础数据支撑，本书研

---

① 资料来源：中华人民共和国海关总署进出口统计数据。

究才得以为我国的反倾销贸易救济政策战略布局调整提供一些客观依据，实现了一定程度上的理论突破。本研究内容中对大量中韩两国间反倾销案例基础数据的详尽统计梳理，以及用实证分析的研究方法所取得的反倾销措施在具体案例中的贸易破坏效应评估结果，也可以为后续研究反倾销相关领域的优秀专家学者们，提供一些可供参考的基础数据和研究思路。

第二节　研究内容与思路创新

一、研究内容

本书研究的主要内容分为下列五个部分：

第一部分，主要介绍研究背景和研究意义；概括总结研究内容、研究思路和研究方法；梳理相关研究文献，总结归纳出反倾销立案调查的贸易破坏效应机理，为后续实证分析反倾销贸易破坏效应是否导致中韩贸易逆差持续扩大化提供必要的理论支撑。

第二部分，对韩国的反倾销相关法律法规以及反倾销措施执行机构，进行简要介绍，通过翻译整理韩国贸易委员会贸易救济资料库的反倾销案例公告，归纳总结出韩国反倾销立案调查的总体应用特征，特别是对我国进行的反倾销立案调查应用现状，结合研究方法筛选出用于评估反倾销措施贸易破坏效应所需要的案例。在此基础上再根据中华人民共和国商务部管理的贸易救济信息、数据库信息，对我国的反倾销立案调查案例进行逐一整理，归纳出我国总体反倾销立案调查的现状及特征，重点关注我国对韩国进行的反倾销立案调查案例，结合研究方法筛选出用于评估反倾销措施贸易破坏效应的具体案例。

第三部分，根据筛选出的韩国对中国反倾销案例，翻译整理案件公告，理清具体反倾销案例的主要时间节点及终裁结果。通过韩国贸易协会世界进出口贸易统计数据库查找、翻译、整理涉案产品对应的进出口数据，对涉案产品采用基础数据对比和平均指数趋势分析相结合的方法，分别对反倾销原审立案调查和反倾销期终复审立案调查，对涉案产品产生的阶段性贸易破坏效应进行评估。在此基础上，使用计量分析的方法，对反倾销涉案产品完整的进出口周期，进行贸易破坏效应的长效性评估。

第四部分，根据筛选出的中国对韩国反倾销案例，整理案件公告，理清具体反倾销案例的主要时间节点及终裁结果。通过中华人民共和国海关总署提供的进出口贸易统计数据库查找、整理涉案产品所对应的进出口数据，同样对涉案产品采用基础数据对比和平均指数趋势分析相结合的方法，分别对反倾销原审立案调查和反倾销期终复审立案调查对涉案产品产生的阶段性贸易破坏效应进行评估。也同样使用计量分析的方法，对反倾销涉案产品完整的进出口周期，进行贸易破坏效应的长效性评估。

第五部分，总结出中韩两国相互实施反倾销措施的具体过程中，所引发的阶段性和长效性贸易破坏效应对中韩贸易逆差持续扩大所产生的影响，并根据研究结论提出相应的政策建议。

二、研究思路

本书围绕"反倾销立案调查的贸易破坏效应是导致中韩贸易逆差不断扩大的重要因素之一"这一前提假设，采用以定量研究为主，从方法研究到数据收集再到实证分析的研究模式，综合运用反倾销、经济计量等理论与研究方法，使用反倾销涉案产品的具体数据，分别对中韩两国相互进行的反倾销立案调查案例的阶段性贸易破坏效应和长效性贸易破坏效应进行评估，具体研究思路如下：

整理研究相关文献→确定研究方法并归纳反倾销贸易破坏效应机理→整理翻译中韩两国反倾销案例公告→收集整理反倾销涉案产品进出口数据→对数据进行分类统计→采取基础数据对比和平均指数趋势分析

的方法评估反倾销原审立案调查的阶段性贸易破坏效应→采取基础数据对比和平均指数趋势分析的方法评估反倾销期终复审立案调查的阶段性贸易破坏效应→使用计量分析的方法评估反倾销措施对涉案产品的长效性贸易破坏效应→总结反倾销贸易破坏效应给中韩贸易逆差持续扩大所带来的影响并提出政策建议。

三、创新之处

(一) 研究方法多样化创新

与以往相关研究不同，本研究在评估反倾销措施的贸易破坏效应时，分别使用了基础数据分析、平均指数趋势分析和计量回归分析三种方法，对反倾销措施的阶段性贸易破坏效应和长效性贸易破坏效应进行综合研判。在提供直观观测数据分析的同时，也兼顾到使用计量方法综合分析反倾销措施的贸易破坏效应给中韩贸易逆差不断扩大所带来的深远影响。

(二) 研究对象选择性创新

与绝大多数过往研究只关注反倾销措施总体贸易破坏效应不同，本研究在关注反倾销总体贸易破坏效应的同时，深入到每个具体的反倾销立案调查案例，在微观上剖析反倾销措施对涉案产品个体所产生的贸易破坏效应。

(三) 研究领域拓展创新

在反倾销阶段性贸易破坏效应的过往研究成果中，关于反倾销原审立案调查贸易破坏效应的研究成果比较多见，但研究反倾销期终复审立案调查，是否同样具有贸易破坏效应的相关成果较为稀缺。因此，本研究在评估涉案产品反倾销原审立案调查贸易破坏效应的同时，也对反倾销期终复审立案调查，对涉案产品产生的贸易破坏效应进行了相应评估。

（四）研究周期延长创新

大多数反倾销贸易破坏效应的研究成果，研究范围最多仅限于反倾销立案调查后的 3 年以内的阶段性贸易破坏效应评估。本研究在兼顾阶段性贸易破坏效应评估的同时，又对反倾销措施实施后 10 年以上，个别案例甚至达到 20 年以上的反倾销长效性贸易破坏效应进行了评估，并发现部分案例的反倾销长效性贸易破坏效应一直存在。

第三节 国内外研究现状

本节意在通过梳理反倾销相关研究基础理论框架，为后续章节的深入分析提供理论指导。

传统倾销理论研究的代表人物维纳（Viner，1923）在其著作《倾销：国际贸易中的一个问题》中全面系统地阐述了倾销的定义、动机、影响和法律规范等。20 世纪 80 年代以前，对非公平贸易的研究主要围绕着倾销行为及其影响这一主题开展。之后，随着反倾销行为在全球范围内的兴起，反倾销作为一种贸易保护工具逐渐成为学术界的研究重点。无论是从法律学者对反倾销的合法性、合理性的探讨到对反倾销立案调查、裁决等的案例分析，还是从经济学者对反倾销实施的内生和外生原因的探索，到对反倾销产生的贸易以及非贸易效应的总结，关于反倾销的理论和实证研究大致可以划分为以下两个方面：一方面是对发起反倾销的经济和政治等影响因素的研究，如企业发起反倾销，以及政府的反倾销调查和裁决等行为的原因；另一方面是对反倾销会带来怎样的影响，即对反倾销的经济效应的研究。

一、关于反倾销影响因素的研究

(一) 宏观经济因素研究

范伯格（Feinberg, 1989）使用 Tobit 模型, 实证分析了影响美国从 1982 年到 1987 年间, 对其四大反倾销目标国发起反倾销的决定因素。发现实际汇率对于反倾销案件数目增加有重大影响, 尤其对日本来说, 美元对日元贬值会使反倾销立案调查数量明显增加。范伯格（2003）使用负二项回归模型, 分析了美国从 1981 年到 1998 年间反倾销立案调查的决定因素, 发现美元升值而非贬值将引起反倾销立案调查数量的增加。穆斯塔法等（Mustapha et al., 2006）利用美国和欧盟从 1990 年到 2002 年间反倾销措施使用的数据, 证实了随着美元和欧元实际汇率的增加, 分别会导致美国和欧盟反倾销立案调查数量增加, 而且美元升值对于反倾销立案调查数量增加的效应更加显著。范登博斯奇和扎纳尔迪（Vandenbussche and Zanardi, 2008）的研究中并未发现汇率对反倾销立案调查所产生的显著影响。范伯格（Feinberg, 2005）、欧文（Irwin, 2005）、布兰尼根（Blonigen, 2006）、马和金（Mah and Kim, 2006）、科耐特和普鲁萨（Knetter and Prusa, 2003）等学者的研究普遍则认为进口国本币升值时发起反倾销立案调查的可能性更大。

科耐特和普鲁萨（Knetter and Prusa, 2003）使用美国、欧盟、加拿大、澳大利亚四个国家和地区从 1980 年到 1998 年间的反倾销案件数据, 经实证分析得出, 反倾销立案调查发起国实际 GDP 增长率与反倾销立案调查案件数量之间有显著负相关关系, 实际汇率与反倾销立案调查案件数量之间有显著正相关关系。尼尔斯和弗朗索瓦（Niels and Francois, 2006）使用墨西哥从 1987 年到 2000 年间的反倾销数据分析得出, 当墨西哥货币比索出现升值、国内经济陷入衰退时, 墨西哥反倾销立案调查数量将会增加。布兰尼根（Blonigen, 2005）的研究中考察了反倾销立案调查的影响因素, 发现实际失业率以及当时的实际 GDP

增长率，都会对反倾销立案调查产生显著的影响。塞尔瓦托（Salva-tore，1989）、雷迪（Leidy，1997）、穆斯塔法等（2006）、摩尔和扎纳尔迪（Moore and Zanardi，2008）等学者的研究普遍认为进口国国内经济低迷会导致该国反倾销立案调查的数量增多。

（二）贸易因素研究

布兰尼根和鲍恩（Blonigen and Bown，2003）的实证研究表明，涉案产品的进口份额及其增长率对于美国成功实施反倾销立案调查有显著的正效应。弗朗索瓦和尼尔斯（Francois and Niels，2004）则发现了涉案产品的进口份额对反倾销税率有显著正影响。巴鲁亚（Baruah，2007）的研究发现在印度，涉案产品的进口份额对于反倾销立案调查是否得到肯定性终裁结果并没有显著影响。

布兰尼根和鲍恩（2003）、摩尔和扎纳尔迪（2008）、普鲁萨和斯基思（Prusa and Skeath，2002）、范伯格和雷诺兹（Feinberg and Reynolds，2007）、鲍恩（Bown，2007）等学者在对美国等发达国家反倾销立案调查的实证研究中也普遍发现，反倾销的诉讼目标往往是进口金额较大或者进口比重较大、贸易赤字较大的贸易伙伴国家或地区。

（三）报复性反倾销因素

当某一涉案国家遭到反倾销立案调查时，它可能会因为报复性动机向对方发起反倾销立案调查，也有可能因为对方势力强大，而不敢对其发起反倾销立案调查。普鲁萨和斯基思（Prusa and Skeath，2002）使用33个WTO成员方从1980年到1998年间的数据来研究反倾销的报复性因素，认为反倾销新兴使用者将使用过反倾销的所有国家看成一个俱乐部，成员发起的反倾销立案调查主要是针对非俱乐部成员。而反倾销措施的传统使用者，则更偏向于向那些曾经对自己发起过反倾销立案调查的国家发起调查。摩尔和扎纳尔迪（2008）将研究对象分为发展中国家和发达国家，认为这两类国家在进行反倾销立案调查时，都具有明显的报复性因素。弗朗索瓦和尼尔斯（2004）考虑了更多的反倾销政治动因，发现墨西哥的反倾销措施使用具有明显的报复性特征，在上一年度对墨西哥发起反倾销立案调查的目标国中，该年遭遇墨西哥反倾销立案调查并获得肯定性裁决的可能性提高了两倍。另外，当出口国具备强有力的报复性反倾销能力时，会抑制进口国对其发起反倾销立案调查的意愿，从而抑制国际反倾销立案调查总量的增长。布兰尼根和鲍恩（2003）使用嵌套 Logit 模型研究了美国从 1980 年到 1998 年间的反倾销活动，发现报复性反倾销的威胁会使本国进口企业减少对外国出口企业的立案调查申请，并且诉诸 WTO 争端解决机制的行为会使进口国政府减少对反倾销立案调查的肯定性裁决。

二、关于反倾销贸易破坏效应的研究

（一）国外学者关于反倾销贸易破坏效应的相关研究

马塞林（Messerlin，1989）的研究中对欧共体从 1980 年到 1985 年间反倾销诉讼的全部案例进行了实证分析，得出在反倾销立案调查后的 3 年里，欧共体从反倾销被诉国进口的涉案产品数量削减了将近 40%，反倾销措施贸易破坏效应明显的研究结论。利希滕贝格和塔恩（Lichtenberg and Tan，1990）的研究中综合分析了反倾销立案调查对涉案产品总进口额的影响，提出了反倾销立案调查对涉案产品的总进口额会产生一定的负面影响的观点。哈里森（Harrison，1991）的研究使用美国从 1981 年到 1986 年反倾销案件的涉案产品数据，得出反倾销立案调查会导致涉案产品的进口价格上涨的结论。普鲁萨（Prusa，1992）的研究中通过对反倾销申诉方撤诉和通过价格以及数量承诺协商解决这两类反倾销案件的分析，得出即使没有获得肯定性的终裁结果，反倾销的贸易破坏效应也依然存在的结论。菲舍（Fiseher，1992）的研究中使用相互倾销模型分析方法，得出如果进口国流露出了要采取反倾销措施的可能性或使用反倾销措施相威胁，那么出口国为了减少由进口国反倾销措施所带来的损失，则会主动减少相应产品的出口数量，或提高相应产品的出口价格，产生一定的贸易破坏效应。安德森（Anderson，1992）的研究中提出了如果出口国对进口国某类产品反倾销立案调查的可能性预期强烈，则会导致出口国短期内增加某类产品的出口以用来规避未来反倾销有可能产生的贸易破坏效应。雷兹（Reitzes，1993）的研究结果表明，出口国可以尝试通过在反倾销立案调查的第一阶段减少出口，以避免在第二阶段反倾销终裁被征收反倾销税后带来更大的贸易破坏效应的可能性。斯泰格尔和沃勒克（Staiger and Wolak，1994）的研究中使用美国从 1980 年到 1985 年制造业的反倾销案例，采用 4 位进制 SIC 数据对年度进口数据进行了回归分析，发现反倾销立案调查和征收反倾销税都能使得被诉国家的涉案产品进口指数下降，反倾销措施的贸易破坏效应明显，并且可以分成调查效应、中止效应和撤诉效应三大类。克虏伯和波拉德（Krupp and Pollard，1996）的研究中选取了美国从 1976 年到 1988 年化工产业的 12 种反倾销终裁被征收反倾销关税，5 种被判定倾销不成立的涉案产品，使用海关 7 位进制 HS 编码统计出的月度进口数据，详细地分析了美国反倾销立案调查、初裁、终裁三个阶段对涉案产品进口数值所产生的不同影响。研究结果表明，在大约一半数量的案件中反倾销立案调查本身以及终裁结果都减少了从反倾销被诉国家进口涉案产品的数量，产生了不同裁决结果的贸易破坏效应。

普鲁萨（Prusa，2001）的研究中使用产品级 7 位进制 SIC 数据，分析了美国从 1980 年到 1994 年间共计 700 余件反倾销案例的年度贸易数据。采用动态面板数据模型分析得出无论是反倾销立案调查、征收反倾销关税、价格、数量承诺还是裁定倾销行为不成立，都会对反倾销被诉国家的涉案产品进口金额和进口数量产生冲击，特别是以征收反倾销关税和价格、数量承诺为最终裁定结果的案例，平均使反倾销被诉国家涉案产品的进口金额下降幅度达到 50% ~ 70%，证明了反倾销措施贸易破坏效应的真实存在。布伦顿（Brenton，2001）的研究中以欧盟从 1989 年到 1994 年对外发起的 98 起反倾销案件中的 47 种涉案产品为研究对象，分析得出欧盟对外使用的反倾销措施会显著导致反倾销被诉国家的涉案产品进口量出现下降，证实了欧盟对外反倾销措施的贸易破坏效应存在。克虏伯和斯基思（Krupp and Skeath，2002）的研究中对美国从 1978 年到 1992 年期间 13 个行业的反倾销案件进行了分析，研究结果表明反倾销关税每增加 1%，会导致涉案产品的进口数量下降 0.67%，同时市场份额下降 0.82%，证实了美国反倾销措施贸易破坏效应的存在。尼尔斯（Niels，2003）的研究中分析了墨西哥从 1992 年到 1997 年对外发起的 70 起反倾销案例，得出反倾销措施的使用导致被诉国家涉案产品的进口量下降了 73% 的结论。同时证实墨西哥对发展中国家的反倾销措施具有更强的贸易破坏效应，从产业分析的结果来看，食品加工业、纺织业和橡胶制品业所体现的贸易破坏效应更强。门迭塔（Mendieta，2005）的研究中使用了更多的案例数据，最终也证实了墨西哥反倾销措施存在的贸易破坏效应。尼尔斯和凯特（Niels and Kate，2006）的研究结果证明墨西哥的反倾销立案调查导致了被诉国涉案产品进口量下降了 73%，同时反倾销措施导致了从被诉国进口量平均下降了 81%，证实了墨西哥的反倾销措施具有较强的贸易破坏效应。鲍恩和克劳利（Bown and Crowley，2006）的研究中分析了美国对日本发起的反倾销诉讼案例，得出美国对日本征收的反倾销关税幅度每增加 1%，将会导致日本涉案产品对美国的出口量减少 0.681%。美国对日本征收的反倾销关税平均水平维持在 40% 左右，直接导致美国从日本进口涉案产品的数量下降了 28.3%，反倾销措施的贸易破坏效应明显。德林和普鲁萨（Durling and Prusa，2006）的研究中通过对全球范围内的热轧钢板的反倾销案例分析，得出进口国的反倾销立案调查最终会导致涉案产品的进口金额产生近 85% 的下降，反倾销措施的贸易破坏效应明显。马尔霍塔等（Malhorta et al.，2008）的研究中主要使用了美国从 1990 年到 2002 年农产品领域的对外反倾销案例，采用海关 8 位进制 HS 编码数据将对应的涉案国家和涉案产品进行了实证分析，最终确定了美国的反倾销肯定裁决结果会导致涉案产品的进口量下降 55%，具备明显的贸易破坏效应。甘古力（Ganguli，2008）的研究中使用海关 6 位进制 HS 编码数据，对印度从 1992 年到 2002 年发起的 285 件反倾销诉讼案例进行了分析，结果发现在反倾销立案调查后的 3 年内，来自反倾销被诉国家的涉案产品进口量下降了 28%，同时导致涉案产品的进口价格于第 3 年上涨至最高水平，反倾销措施的贸易破坏效应明显。哈提比（Khatibi，2009）的研究中对欧盟从 1997 年到 2002 年对外发起的 194 例反倾销案例进行了分析，结果发现反倾销措施的贸易破坏效应体现明显，其中征收反倾销关税会导致涉案产品的进口量下降 58%，数量与价格承诺会导致涉案产品的进口量下降 43%，但没有发现反倾销立案调查的贸易破坏效应。同时得出欧盟的反倾销措施贸易破坏效应对具有比较优势的涉案产品效应不如对比较劣势的涉案产品效应明显。马尔霍塔和鲁斯（Malhotra and Rus，2009）的研究中使用海关 10 位进制 HS 编码数据，对加拿大从 1990 年到 2000 年反倾销诉讼案例的贸易效应进行了检验，得出结论在反倾销立案调查的当年，涉案产品的进口金额下降了 62%，进口数量下降了 70%，并在反倾销立案调查的第二年继续下滑，证实了加拿大的反倾销立案调查具有贸易破坏效应。阿格瓦尔（Aggarwal，2010）的研究使用海关 8 位进制 HS 编码数据，对印度从 1994 年到 2001 年对外发起的 177 起反倾销诉讼案件中的涉案产品进行了分析。结果发现，印度对发展中国家的反倾销措施有着较强的贸易破坏效应，但对于发达国家的反倾销措施却没有产生显著的贸易破坏效应，具体表现为来自发达国家涉案产品的价格虽然上涨，但进口值并未出现下降。

（二）国内学者关于反倾销贸易破坏效应的相关研究

王世军（2003）的研究中使用出口数据分析了国外反倾销措施对我国自行车出口所产生的贸易破坏效应，并提出涉案国家的进口数额越大所产生的破坏效应就越大，但其恢复速度也越快。宾建成（2003）的研究中对我国首例进口新闻纸的反倾销措施执行效应进行了分析，得出反倾销措施对进口新闻纸的贸易破坏效应明显的结论。鲍晓华（2004）选取了我国反倾销诉讼的 6 个案例，比较了反倾销立案调查前后的进口份额和进口增长率的变化，证明了反倾销立案调查对涉案国家的涉案产品会产生负面影响。胡麦秀和严明义（2005）的研究中得出了由于欧盟对我国的彩色电视机进行了反倾销立案调查，导致了我国对欧盟出口的彩色电视机数量大幅度下滑的结论。杨海艳、杨仕辉（2006）的两篇研究成果中分别证实了欧盟对我国焦炭进行反倾销立案调查和印度对我国氧化锌进行反倾销立案调查所带来的贸易破坏效应。仇晋超（2006）的研究中对从 2000 年到 2002 年美国对我国使用的 16 起反倾销措施的涉案产品进行了比对分析，发现其中的 12 起案例存在贸易破坏效应。赵文涛（2006）的研究中运用计量方法分析了我国从 1997 年到 2001 年的 10 起反倾销立案调查的案例，得出无论以何种方式结案，最终都会产生显著的贸易破坏效应的最终结论，并且发现国内行业集中度的差异化并不能影响到反倾销立案调查的贸易破坏效应。鲍晓华（2007）的研究中使用海关 8 位进制 HS 编码数据，对从 1997 年到 2004 年我国对外反倾销立案调查的案例进行了计量分析，得出结论在反倾销措施实施后的 3 年中，来自被诉国家涉案产品的进口数量对比总进口数量第一年减少了 11.5%、第二年减少了 18.1%、第三年减少了 15.5%，来自被诉国家涉案产品的进口金额对比总进口金额第一年减少了 11.1%、第二年减少了 17.5%、第三年减少了 14.8%，贸易破坏效应明显。陈汉林（2008）的研究中对美国从 1998 年到 2003 年间对我国发起的 26 件反倾销诉讼进行了分析，得出其中 15 起案件的涉案产品反倾销终裁结案当年导致我国向美国出口量大幅度下降，4 起案件的涉案产品反倾销终裁结案次年对美国出口量大幅度下降，贸易破坏效应明显。沈国兵（2008）的研究中使用统计分析的方法针对美国诉讼我国木制卧室家具反倾销案件进行了分析，得出反倾销措施的贸易破坏效应较强的结论。向洪金（2008）的研究中使用海关 10 位进制 HS 编码数据，按涉案产品分类使用月度数据，对美国从 2002 年到 2007 年对我国纺织产品发起的反倾销诉讼进行了分析。得出美国对我国纺织品的反倾销措施贸易破坏效应总体体现明显的结论。李秀芳（2009）的研究中通过分析美国对我国化工产业发起的反倾销调查，证实了反倾销贸易破坏效应的存在。冯宗宪和向洪金（2010）的研究中使用了海关 8~10 位进制 HS 编码月度数据，通过对欧美国家对我国纺织品行业的诉讼分析发现了反倾销措施的贸易破坏效应。周灏、祁春节（2010）的研究中采用协整检验的分析方法分析了美国反倾销措施对我国蜂蜜出口的影响，结果表明没有足够的证据显示美国的反倾销措施导致了我国出口美国蜂蜜价格的上涨，没有发现明显的贸易破坏效应存在。

苏振东、刘芳、严敏（2011）的研究中对我国从1997年到2006年已经初裁并征收保证金的22起反倾销案件进行了分析，发现我国采取反倾销措施导致涉案产品的进口量平均下降了18.94%。我国对外实施反倾销措施的对象国数量越多，反倾销措施的贸易破坏效应越显著。张倩（2011）的研究中运用面板数据模型分析了我国反倾销措施对日本和韩国冷轧薄板的贸易破坏效应，发现对日本进行的反倾销立案调查贸易破坏效应并不显著，对韩国进行的反倾销立案调查贸易破坏效应效果比较显著。刘秋平（2011）采用引力模型分析了我国反倾销诉讼的贸易效应，得出肯定性终裁结果对涉案产品的进口存在抑制作用，否定性终裁结果对涉案产品的进口却有促进作用的研究结论。沈国兵（2011）的研究中比较分析了单一诉讼与多重诉讼下美国对华反倾销措施的贸易效应，研究结果证明美国对华采取的多重反倾销措施所带来的贸易破坏效应更大。杨仕辉、谢雨池（2011）的研究中使用国外对华反倾销诉讼案件为样本，首次从多国家诉讼的角度分析了反倾销措施对我国被诉行业贸易效应的差异，研究发现对华反倾销措施在化工、纺织、贱金属及其制品、机电设备等行业存在着贸易破坏效应，其他行业没有发现类似的贸易破坏效应。杨仕辉、谢雨池、邓莹莹（2011）的研究发现欧盟实施的反倾销措施会导致反倾销被诉国涉案产品对欧盟出口金额的减少，针对不同的反倾销被诉国和涉案产品行业的检验结果不同，其中对印度实施反倾销立案调查后，反而导致了涉案产品出口量的增长。杨仕辉、邓莹莹、谢雨池（2011）的研究中对美国从1998年到2007年的反倾销诉讼案件进行了实证分析，得出美国的反倾销立案调查和对涉案产品采取的反倾销措施都具有贸易破坏效应，在主要被诉国家中，对我国采取的反倾销措施贸易破坏效应最大。杨仕辉、许乐生、邓莹莹（2012）的研究中整理了全球范围内的反倾销案件，并与关税对涉案产品的影响进行了对比，得出反倾销措施对贸易额影响力要远远大于关税措施的结论，反倾销措施特别是对中国大陆和中国台湾地区、日本、俄罗斯产生的贸易破坏效应明显。杨仕辉、许乐生、邓莹莹（2012）的研究中使用动态面板数据，对印度从 1999 年到 2006 年对我国发起的反倾销诉讼案例进行了分析。证实了印度对我国使用反倾销措施后的前两年中有非常明显的贸易破坏效应，但随着时间的推移，贸易破坏效应开始减弱。

三、关于中韩贸易逆差成因的研究

为了进一步明确中韩贸易逆差中的反倾销因素，我们再次梳理了有关于中韩两国贸易逆差成因的相关成果。

徐长文（2001）的研究成果中，认为产生中韩贸易逆差的原因是，韩国刺激对中国出口并限制从中国进口的贸易政策造成的。苏科五（2002）的研究成果中，把中韩贸易逆差的原因总结成了五点：一是垂直型为主的贸易特征；二是中国对外贸易政策的变化；三是东南亚金融危机；四是中国对韩国出口企业的主体结构缺陷；五是韩国对进口中国产品实施的限制措施，特别提到了反倾销措施是不可忽视的因素。马常娥（2004）的研究成果中，总结出中韩贸易逆差的主要原因包括，韩国对外贸易体系实施战略的总体调整，特别是对外贸易政策中关税壁垒和非关税壁垒所带来的限制，以及中韩两国直接投资和进口商品需求结构差异影响。叶静怡、王沛（2005）的研究中使用从 1992 年到 2003 年中韩两国的贸易数据综合运用比重法、RCA 指数法、IIT 指数法对中韩贸易结构以及比较优势进行了对比分析，总结出导致中韩贸易逆差的 3 个主要原因分别是贸易行业比重、行业比较优势和行业内部贸易；韩国在华投资增长以及韩国出口对中国依存度上升。马登科（2006）的研究使用 ADF 检验和 Granger 的检验方法，得出中韩贸易逆差是韩国经济增长的必然结果，并且将伴随着韩国经济的增长而长期存在。胡俊芳（2007）的研究成果中将中韩贸易逆差的原因总结为四点：一是中韩两国经济发展阶段及相应贸易政策的差异；二是 FDI 的直接影响；三是贸易比较优势的差异；四是香港地区贸易中转功能的变化。李恒（2007）

的研究中指出造成中韩贸易逆差的核心原因是韩国在华投资企业对外贸易的转向，是开放条件下推动比较优势向竞争优势转化的主体间的利益分配问题。郑宝银、林发勤（2008）的研究成果中强调，市场因素是导致中韩贸易不平衡的最重要原因，收入水平、价格水平和汇率水平是导致中韩贸易不平衡的重要因素。张晓娜、刘希宋、王发银（2008）的研究中主张，产生中韩贸易逆差的主要原因有：中国经济的高速发展为韩国产品出口提供了巨大市场；韩国在华投资持续增加以及中韩贸易结构相近所导致的产业转移。胡艺、沈铭辉（2012）的研究成果中，指出以往研究中对中韩贸易逆差的传统认识存在的误区，主张东亚服务外部市场的生产型增长模式才是逆差产生的根源，并提出看待中韩贸易逆差问题应摒弃重商主义贸易观点，更加关注国民福利和公平贸易。归秀娥（2017）的研究中主张导致中韩贸易逆差的原因主要有四点：一是中韩产业发展水平和在区域产业分工体系中的地位差异；二是韩国对中国大规模的投资带动；三是韩国通过设置贸易壁垒阻挠中国商品对韩出口；四是中韩贸易的出口模式布局。

　　综合以上三个方向的研究成果，不难发现国内外学者对于亚洲各国，特别是东北亚区域范围内的相应国家反倾销措施研究成果较少。一方面，关注韩国和中国反倾销措施贸易破坏效应评估的实证研究并不多见，尤其是尝试通过具体的反倾销案例进行微观评估，反倾销措施贸易破坏效应的研究成果并不多见。另一方面，关于中韩两国贸易逆差成因中反倾销措施贸易破坏效应影响因素的部分研究，也只是简单提及了反倾销措施有可能是造成中韩贸易逆差持续扩大的一个原因，但并未对此判断使用实证分析的方法加以证实。因此，本研究使用实证分析的方法，来证明反倾销措施的贸易破坏效应，的确是造成中韩贸易逆差持续扩大化的重要因素之一的假设判断，恰好填补了这一研究领域的空白。

四、反倾销措施贸易破坏效应机理总结

　　贸易破坏效应的研究最早是集中在欧美发达国家反倾销政策经验评

估中。通过梳理反倾销措施贸易破坏效应的相关研究成果，可以将反倾销措施贸易破坏效应的主要机理总结如下：

（一）反倾销措施对涉案产品价格的影响

反倾销措施是通过市场机制提高涉案国产品价格，扩大生产规模，进而弥补因倾销而遭受的损害。任何经济主体行为在市场机制作用下都具有自发属性，反倾销政策作为自觉干预政策，符合一般市场规律，并通过市场调节机制调节企业行为以实现促进企业和产业发展的目的。由于反倾销政策的主要形式是反倾销税，反倾销税能够影响进出口厂商定价和国内市场环境而引起被诉产品价格上升，因此，价格机制是反倾销政策作用的核心机制。

反倾销政策通过提高国内相同或相似产品价格，通过价格机制使企业自动调整其经济行为进而影响产业以及整个国民经济，实现保护国内产业的目的。根据马克思主义经济学原理可知，价格机制是价格作为市场信号调节资源配置的机制，为此，价格机制与供求机制密切相关，即供求关系变动会引起价格的变动，而价格变动又引导了社会的生产和消费活动，使市场主体从价格变化中获得信息，自发调节自身经济行为。当某种商品价格上升时，相关企业会扩大商品生产、增加供给，而对其需求和消费产生抑制，出现供过于求的状况，商品价格随之下降并逐步达到平衡；反之，当商品价格下降时，企业会缩小生产规模，减少供给。反倾销政策正是利用价格机制这种最灵敏的经济调节手段，通过政策干预提高进口竞争产品价格，刺激国内厂商迅速恢复生产、增加供给，自发地调节资源在社会各个生产部门和企业之间的分配，并激励企业改进产品生产技术，提高劳动生产效率，创造公平竞争的国内市场环境。

反倾销政策的外部作用是通过征收反倾销税来提高进口产品价格，限制国外厂商进口量，为国内企业迅速增加市场份额创造机会。反倾销政策会使倾销企业调整涉案产品的价格，且征收反倾销税会使进口产品价格发生变动，其供求关系随之发生变动从而影响产业价格，产业价格变动再次传递给其他关联产业、消费者及政府，因此反倾销政策的影响表现为价格直接效应和间接传递效应。一方面，倾销损害国内企业利益时，企业进行反倾销申诉，会威慑倾销企业调整产品价格，反倾销肯定性裁决会对国内同类产品价格以及产业价格指数产生直接影响；另一方面，反倾销政策对企业产生的直接价格效应通过经济技术关联机制传递给上下游产业，引发产品价格、收益等变动，导致国内整体物价水平、供求状态、消费者生活水平、政府财政收入等的变化。

（二）反倾销措施的贸易破坏效应

1. 否定性终裁结果的破坏效应。

在某些反倾销立案调查案件中，即便最终没有采取有效的反倾销措施，只是仅仅发起反倾销立案调查就已经传递了涉案产品价格会上涨的信号，从而引起企业一系列的行为策略调整反应，即反倾销政策产生了威慑干扰进出口的效应。

贸易抑制效应是指进口国调查机关通过反倾销措施提高进口产品价格，降低涉案产品在国内市场的需求，从而使得国外厂商减少该产品的供应量，达到抑制涉案产品进口数量、消除国外厂商倾销行为的目的。

2. 肯定性终裁结果的破坏效应。

针对某涉案产品实施的反倾销政策，无论是与出口国达成价格承诺协议，还是最终实施 5 年甚至更长期的反倾销税，其根本目的在于增加国外涉案产品的成本、提高其进口价格、限制进口数量从而达到救济国内产业的目的。由于经济系统的复杂性以及各系统要素之间的关联性，反倾销政策将对贸易、企业、产业以及整个国民经济产生深远影响，反倾销政策作用过程即为各个影响效应的产生过程。

国际进出口贸易是反倾销政策作用的首要对象，进口国反倾销调查机关通过征收现金保证金、反倾销税或者接受价格承诺协议的方式，提高进口产品价格，阻止倾销行为继续发生，从而有效维护公平贸易环境，达到贸易救济效果的预期目的。反倾销政策在贸易环节产生的经济效应表现为立案调查效应、贸易抑制效应及贸易转移效应。

反倾销的贸易破坏效应是指，当一个进口国针对倾销产品向出口国发起反倾销指控时，不论是临时反倾销税还是终裁反倾销税都会使被指控的出口国的产品价格提高，涉案产品在指控发起国失去价格竞争优势，指控发起国企业出于盈利考虑会减少从反倾销对象国的进口，涉案产品市场会萎缩，指控对象国会减少向发起国的出口。正是因为反倾销具有贸易破坏效应，使得进口国国内相关产业可以利用反倾销申诉来保护自己，以减少或免受进口产品的冲击，因此，贸易破坏效应的大小是用来判断一国反倾销申诉效果的重要指标。

第二章

中韩两国的反倾销制度及
反倾销措施使用情况

第一节　韩国的反倾销制度及反倾销措施使用情况

一、韩国的反倾销立法与执行机构

韩国没有专门的反倾销立法，其反倾销相关立法源于 1963 年 12 月 5 日颁发的《关税法》中的"防止不正当低价销售关税条款"[①]。韩国具有真正意义的反倾销法律依据是从 1983 年 12 月《关税法》全面修订并正式将反倾销关税作为明确概念提出后开始的。1986 年 2 月韩国正式加入了关税及贸易总协定并按照关税及贸易总协定的《反倾销守则》标准，重新调整了本国的《关税法》和《关税法施行令》中部分关于反倾销的规定。1986 年 4 月韩国政府首次公开受理反倾销申诉案件，这标志着韩国反倾销相关法律基础已经正式形成。

1994 年 4 月 15 日，乌拉圭回合部长级会议决定成立更具全球性的

---

① 韩国 1963 年《关税法》第 7 条，第 2 款。

世界贸易组织以取代关税及贸易总协定。同年 12 月韩国政府根据世界贸易组织新一轮谈判结果，参照世界贸易组织的《反倾销协议》对 1986 年的《关税法施行令》做了进一步修订。主要针对反倾销立案调查申请人资格、反倾销立案调查启动程序、倾销率核算、产业损害判定、价格承诺、期终复审等细则进行了相应调整。1995 年 12 月韩国再次对《关税法施行令》做了修订，把反倾销立案调查权力从关税厅 (Korea Customs Service)① 分离出来，交付给贸易委员会②，成立了专门的反倾销案件调查机构。同时明确规定，贸易委员会有向财政经济部③长官建议反倾销关税暂定税额，征收临时反倾销关税、最终征收反倾销关税税额以及征收期限的权力。1996 年 5 月韩国财政经济院，又将反倾销立案调查开始的公告和调整权力以及反倾销立案调查期限的延长权力移交给了贸易委员会。1997 年 12 月，韩国再次根据世贸组织的相关规定对计算倾销幅度时所涉及的同类产品④的物理特征、销售数量、销售条件、销售渠道差异、价格计算标准等做了更加详细的说明。2000 年为了进一步规范倾销幅度的计算方法，韩国贸易委员会更新了计算倾

---

① 韩国关税厅正式成立于 1970 年，其前身是财务部下属的税管科，主要负责关税的征收和减免、进出口产品的通关和缉私等工作。关税厅下设 4 个局，12 个科，1 个研究中心和 4 个专职官员，在全国有 47 个海关办事处，5 个监察所。随着韩国部门结构的调整，关税厅分别在 1994 年隶属于财政经济院，1998 年隶属于财政经济部，2008 年隶属于企财政部。

② 韩国贸易委员会成立于 1987 年，是韩国产业资源部下属的一个相对独立且具有准司法性质的机构，主要负责倾销和产业损害的调查及判定等工作。贸易委员会由 9 人组成，包括 1 名委员长，1 名常任委员和 7 名非常任委员。委员长由韩国总统直接任命，委员由韩国商工能源部部长推荐并由总统任命，任期为 3 年。贸易委员会下设的执行机构调查室，有 4 个科，主要负责反倾销损害的具体调查。

③ 韩国财政经济部，简称财经部，由 1994 年的财政经济院整合而来，于 1998 年正式更名为财政经济部，2008 年与企划预算处合并为企划财政部，主要负责经济政策的制定和调整，货币金融政策等政府财务业务。

④ 同类产品的含义包括两个部分：一是完全相同的产品，即同样的产品。二是与同样产品相似的产品，即相似产品或类似产品。对于何为相似或类似产品，WTO 反倾销协议并无进一步的说明，从各国反倾销法的具体规定上看，确定同类产品主要考虑以下因素，即产品外观特征、性质、用途、技术特点及相互竞争性和产品可交换性等。判断产品是否相同，主要是从产品所使用的原材料和辅料、产品制造和加工工艺、产品的外观设计、产品使用性能、产品的可替代性、产品的销售条件以及消费者对产品的认同性等方面综合考察。如果进口国有关产品上述性能指标与进口产品不完全一致，但其特征相似或非常相似，可以认定为相似产品。

销产品成本价格的具体规定。2001年为了进一步提高反倾销立案调查的客观性和透明度，又对反倾销立案调查听证会的具体措施和程序进行了详细说明。自此韩国形成了产业资源部①下属的贸易委员会开展反倾销立案调查；调查结果由企划财政部②长官决定是否采取反倾销措施；由海关负责具体执行和征收反倾销关税的整套反倾销措施执行体系。

二、韩国反倾销措施的使用程序

（一）反倾销立案调查申请

根据韩国反倾销相关法律规定，由倾销所引发的一系列实质性损害的国内相关产业利害关系人、相关产业负责人，以及由国内同类产品生产者构成的行业协会、工会组织等生产者群体，都有资格进行反倾销立案调查的申请。反倾销立案调查申请人必须同时满足下列两项条件：第一，进行反倾销立案调查申请的主体，其国内同类产品生产量，应达到该产品总体产业规模的50%以上；第二，应有至少不低于25%的国内同类产品生产者赞同进行反倾销立案调查申请。反倾销立案调查申请主体应该就涉案产品的进口事实和由倾销行为引发的实质性损害，向韩国贸易委员会提供相应的证明材料。贸易委员会将接受反倾销立案调查申请的事实向财政经济部长官和相关行政机关的负责人以及涉案产品的出口国政府进行通报③。

---

① 韩国产业资源部主要负责贸易、产业技术、能源、资源开发等相关业务的管理。2008年与情报通讯部，科学技术部合并成为知识经济部。

② 韩国企划财政部是韩国实施反倾销措施的最终决策机构。该部成立于2008年，是由其前身财政经济部和企划预算处合并组建而成。企划财政部下设13个局级部门和4个附属政府机构，在反倾销相关措施中主要职责有：第一，根据韩国贸易委员会提交的初步反倾销调查报告或最终反倾销调查报告以及采取临时反倾销措施或征收反倾销税的建议，决定是否采取临时反倾销措施或征收最终反倾销税。第二，向倾销出口商提出实施价格承诺的建议以及决定是否接受外国出口商提出的价格承诺。第三，接受反倾销利害关系方提出的反倾销复审申请，并决定是否对最终反倾销税或价格承诺进行复审。

③ 韩国《关税法施行令》第59条，第1项。

（二）申诉受理与立案调查

韩国贸易委员会在接到反倾销立案调查申请后的 21 个工作日之内，需要决定是否要进行反倾销立案调查。如果决定进行反倾销立案调查，则需要在 14 个工作日内确定涉案产品及其供应商，并对外公布计划调查取证的时间段①。通常情况下，反倾销立案调查时间段是从提出反倾销立案调查申请的时间点所在年度开始，向前追溯 3 年，向后延长到韩国贸易委员会对反倾销立案调查作出最终判定的时间点截止②。同时，韩国贸易委员会还需要进一步确认涉案产品的国内同类产品生产范围。

（三）初裁和临时反倾销措施

从韩国贸易委员会的反倾销立案调查通告公布之日起，3 个月之内将根据对倾销事实以及由于倾销所导致的实质性损害的认证进行初裁，并将初裁的结果提交给财政经济部长官。贸易委员会的调查及初裁结果，如果认定倾销行为成立，则会向韩国财政经济部提出采取临时反倾销措施以及征收反倾销关税或者要求涉案产品出口方作出价格承诺的具体建议。

财政经济部长官在收到初裁结果后的 1 个月之内决定是否有必要采取临时反倾销措施。这里的临时反倾销措施是指：在明确涉案产品存在倾销行为之后，全部相关调查结束之前，涉案产品关联的供应商及所在国，会被征收一定数额的临时反倾销关税，或者被要求提供抵押等形式的担保，目的是防止在反倾销立案调查期间，涉案产品对国内同类产品及其相关产业继续造成损害。虽然没有明确规定担保形式，例如现金和债券以及其他担保措施都可以使用，但征收临时反倾销关税和提供担保的数额均不应超过初步估算出来的倾销幅度。临时

---

① 韩国《关税法施行令》第 59 条，第 4 项。
② 韩国《关税法施行令》第 60 条，第 1 项。

反倾销措施从反倾销立案调查申请后最少要经过 60 天方可使用，但最长不能超过 4 个月①。

（四）价格承诺和终止调查

如果反倾销立案调查的初裁结果认定倾销行为成立，涉案产品的出口方或韩国企划财政部的长官，可以提出终止倾销行为、恢复正常出口价格的价格承诺申请，并通过提高涉案产品的出口价格或终止以倾销价格出口的行为来弥补倾销所造成的损害。价格承诺协议达成后，韩国企划财政部会通知相关的国内同类产品生产商及其他相关利益方，而国内同类产品生产商和利益方应在收到通知之日起 20 天内以书面形式表达其意见。同时从韩国企划财政部收到价格承诺建议的出口商，则应在一个月内回复是否愿意接受价格承诺提议。如果涉案产品出口商做出了立即调整出口价格的承诺，或从与企划财政部协商确定的承诺之日起 6 个月内终止以倾销价格出口的行为，韩国企划财经部将不再进一步采取临时反倾销措施，反倾销立案调查随之终结，已经缴纳的临时反倾销税和担保将予以返还。通常情况下，价格承诺的有效期为 5 年②。

在反倾销立案调查初裁过程中，如果调查结果证明涉案国家和地区相关产品的倾销幅度低于 2%，或涉案产品在销售国市场占有率不足 3%，以及由倾销所引发的实际损害较小时，则可以认定为小幅度倾销而终止反倾销调查。

（五）反倾销终裁

韩国贸易委员会从提交了反倾销立案调查初裁结果后的第二个工作日开始着手进行反倾销正式调查，并在 3 个月之内，将调查结果向韩国企划财政部长官汇报。在正式调查过程中必须包括以当事人双方为对象的实地考察和听证会等环节。在正式调查环节中需要进一步明确的具体

---

① 韩国《关税法施行令》第 66 条。
② 韩国《关税法施行令》第 68 条。

事项应包括：涉案产品的倾销情况；国内相关产业同类产品是否存在实质性损害；涉案产品的倾销行为与这种实质性损害之间是否存在因果关系。给韩国企划财政部的调查结果中还应包括下列内容：

1. 倾销幅度调查。

为了明确倾销行为是否存在，需要比较涉案产品的正常价格和倾销价格之间的差异，以便确认涉案产品是否进行了低于正常价格的销售。因此需要计算出同时期、同等交易条件下涉案产品的交易量和交易价格的加权平均值。如果涉案产品的物理特征、销售数量、销售条件、征税差异、销售阶段差异、汇率变动等因素在价格计算过程当中产生影响，则应依据下列公式对倾销的幅度进行计算。

$$倾销幅度 = (正常价格 - 倾销价格)/(CIF 价格) \times 100\%$$

如果调查后涉案产品的倾销幅度在 2% 以下，该产品进口总量不足 3%，并且在进口国国内市场份额未满 7% 的情况下，倾销行为可以忽略不计，并终止调查。

2. 损害程度调查。

韩国贸易委员会需要根据下列标准判断涉案产品的进口行为给国内生产同类产品的相关产业所带来的实质性损害，以及发生损害和对该产业未来发展产生阻碍的可能性。第一，涉案产品的进口量是否明显增加；第二，涉案产品的倾销行为是否导致了国内同类产品的销售价格下跌或是阻碍了其价格上涨；第三，涉案产品的进口价格与涉案产品本国国内销售价格相比是否存在明显的下降[1]。

3. 征收反倾销关税建议。

韩国贸易委员会在反倾销正式调查结束后，如果认定倾销成立，则可以向韩国企划财政部长官提出征收反倾销关税的建议。企划财政部长官在接到相关建议后的一个月之内，决定是否征收反倾销关税，并采取相应措施。

反倾销关税需要依据不同的涉案国家和涉案企业来确定征收税额，

---

① 韩国《关税法施行令》第 63 条。

在拟定了征收起始日期后，开始对涉案产品征收反倾销关税。反倾销关税的计算办法属于固定税率范畴，主要是用倾销幅度乘以产品的正常价格计算出应该征收的税额。在实际征收过程中，除了要考虑倾销幅度之外，还要考虑给国内生产同类产品的相关产业所带来的贸易救济效果并按照实际情况作出适当的调整。反倾销关税从开始征收之日起计算，有效期为 5 年①。

（六）反倾销措施的终止和复审

除了总理令和其他特殊规定外，反倾销关税的征收和价格承诺有效期限为 5 年，到期自动终止。复审的相关变动部分，从复审结果公布之日起，满 5 年后自动终止。

复审指的是确定征收反倾销税或价格承诺以后经过了一段合理的时间，由当事人再次提出的立案调查申请。申请复审的期限为征收反倾销税或价格承诺实施一年以后至到期前 6 个月。主要类型有：第一，反倾销措施实施以后（征收反倾销税、价格承诺）根据实际情况变化需要进行调整，称之为情况变化复审，也叫期中复审。第二，反倾销措施期满终止后国内的相关产业还有继续遭到破坏的可能性，称之为到期复审，也叫期终复审。第三，征收的反倾销关税超出了实际倾销的幅度而提起的退还复审。

由图 2 - 1 可知，韩国企划财政部长官在接受复审立案调查申请的 1 个月之内，需要决定是否有必要进行复审。韩国贸易委员会需要在 6 个月之内完成复审调查，并向企划财政部长官汇报，企划财政部在接到复审调查结果后的 1 个月之内采取相应的措施。到期复审在复审调查的过程中，反倾销措施继续有效。

复审过程依据首次反倾销审查程序进行涉案国别和涉案产业别的再次调查。反倾销措施实施前后的出口价格、出口量的变化以及其他经济条件的变化都是复审调查的对象。复审过程中的倾销幅度原则上需要重

---

① 韩国《关税法施行令》第 65 条。

新计算，但如果存在调查取证和计算困难的情况，一般可以使用首次审查过程中的倾销幅度作为参考①。

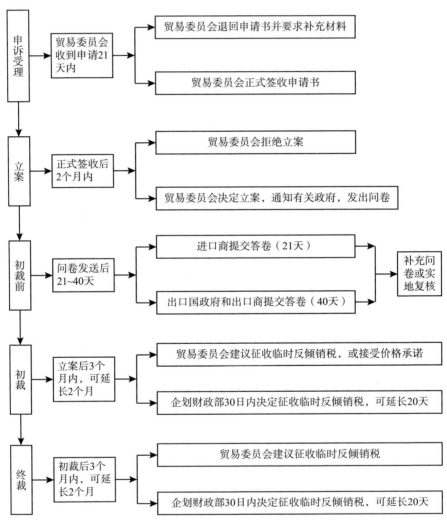

图 2-1　韩国反倾销立案调查流程

资料来源：中国商务出版社 2009 年版，第 118 页。

①　韩国《关税法施行令》第 70 条，第 4 项。

三、韩国反倾销措施使用现状

（一）韩国反倾销原审立案调查基本情况

1. 韩国反倾销原审立案调查年度数量分布。

韩国虽然早在 1963 年就已经引入了反倾销概念，但真正将反倾销措施付诸实践是在 1986 年加入关贸总协定，并参照关贸总协定的《反倾销守则》调整了国内的反倾销相关法律法规之后，1988 年 4 月正式开始接受反倾销立案调查申请，从此韩国的反倾销原审立案调查案件数量开始逐渐增加。根据韩国贸易委员会公布的反倾销案件数据，从 1988 年 4 月到 2018 年 12 月韩国共进行了 208 起反倾销原审立案调查。

由图 2-2 可知，2001 年之前，韩国的反倾销立案调查体系一直处于不断探索、完善的阶段。2001 年进行了最后一次全面调整后，形成了成熟的整套反倾销措施执行体系并固定下来。如果把 2001 年作为一个时间节点，结合韩国从 1988 年到 2018 年的反倾销原审立案调查案件年度数量统计结果，可以把韩国的反倾销原审立案调查划分为两个阶段：从 1988 年到 2001 年为第一个阶段，这一阶段韩国累计进行了反倾销原审立案调查 87 起，平均每年约 6 起，占韩国反倾销原审立案调查总数的 41.8%；从 2002 年到 2018 年为第二个阶段，这一阶段韩国累计对外进行了反倾销原审立案调查 121 起，平均每年约 7 起，占韩国反倾销原审立案调查总数的 58.2%。每年的反倾销原审立案调查数量波动幅度较大，数量最少的 1991 年没有进行任何反倾销原审立案调查，1997 年达到原审立案调查数量最高纪录 17 起。

2. 韩国反倾销原审立案调查涉案国家和地区数量分布。

由图 2-3 可知，从韩国反倾销原审立案调查的涉案国家和地区统计结果来看，被反倾销原审立案调查最多的是我国，韩国累计对我国进行了反倾销原审立案调查 49 起，占韩国反倾销原审立案调查总体数量的 23.6%；排在被反倾销原审立案调查第二位的是日本，共有 31 起，占韩国对外反倾销原审立案调查总量的 14.9%；排在被反倾销原审立案调查第三位的是美国，共有 22 起，占韩国对外反倾销原审立案调查总量的 10.6%。排名前三位的涉案国家被进行反倾销原审立案调查的数量占韩国进行反倾销原审立案调查所涉及的 32 个被诉国家和地区总量的 49%。

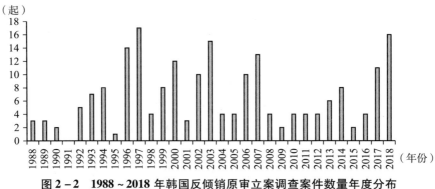

图 2 - 2　1988 ~ 2018 年韩国反倾销原审立案调查案件数量年度分布

资料来源：根据韩国贸易委员会网站贸易救济资料库公布数据翻译整理得到。

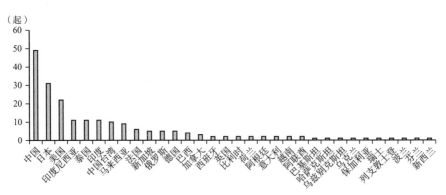

图 2 - 3　1988 ~ 2018 年韩国反倾销原审立案调查涉案国家和地区数量分布

资料来源：根据韩国贸易委员会网站贸易救济资料库数据翻译整理得到。

3. 韩国反倾销原审立案调查涉案产品行业数量分布。

如图 2 - 4 所示，在韩国反倾销原审立案调查的涉案产品行业数量分布中，化学原料及制品领域被立案调查比例最高，共计 67 种涉案产品，占韩国反倾销原审立案调查涉案产品总数的 32.2%；造纸和木材领域涉案产品共 41 种，占韩国反倾销原审立案调查涉案产品总数的 19.7%；钢铁和金属领域，涉案产品 33 种，占韩国反倾销原审立案调查总数的 15.9%；机械和电子领域涉案产品共 18 种，占韩国反倾销原审立案调查涉案产品总数的 8.7%；纤维领域涉案产品共 17 种，占韩国反倾销原审立案调查总数的 8.2%；玻璃和陶瓷以及文体用品和农产品等其他领域涉案产品累计有 32 种，分别占韩国反倾销原审立案调查总数的 15.3%。

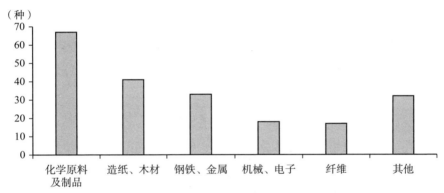

图 2 - 4　1988～2018 年韩国反倾销原审立案调查涉案产品行业数量分布

资料来源：根据韩国贸易委员会网站贸易救济资料库数据翻译整理得到。

4. 韩国反倾销原审立案调查终裁结果数量分布。

从韩国反倾销原审立案调查终裁结果分布情况来看，（见图 2 - 5）反倾销原审立案调查终裁结果为征收反倾销关税的有 104 起，占反倾销原审立案调查数量的 50%；终裁结果为倾销不成立的有 45 起，占反倾销原审立案调查数量的 21.6%；终裁结果为撤诉的有 40 起，占反倾销原审立案调查数量的 19.2%。终裁结果为价格承诺和征收反倾销税并用的有 12 起，占原审立案调查数量的 5.8%；终裁结果为价格承诺的有 7 起，占原审立案调查数量的 3.4%；反倾销原审立案调查肯定性终裁结果占总体比例为 59.2%。

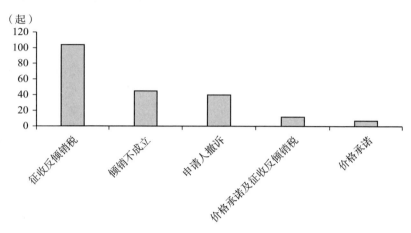

图 2 - 5 1988 ~ 2018 年韩国反倾销原审立案调查终裁结果数量分布

资料来源：根据韩国贸易委员会网站贸易救济资料库数据翻译整理得到。

（二）韩国反倾销期终复审立案调查基本情况

1. 韩国反倾销期终复审立案调查年度数量分布。

韩国的首例反倾销期终复审立案调查发生在 1995 年，从 1995 年到 2018 年韩国共计进行了 105 起反倾销期终复审立案调查，平均每年约 4 起。由图 2 - 6 可知，2003 年和 2008 年没有进行反倾销期终复审立案调查，2009 年为韩国反倾销期终复审立案调查案件数量最多的一年，共有 12 起。这些期终复审立案调查全部是针对从 1988 年到 2018 年间，韩国进行的反倾销原审立案调查中取得肯定性终裁结果的 123 起案例进行的，由此推算韩国反倾销期终复审立案调查的比例达到了 85.4%。

2. 韩国反倾销期终复审立案调查涉案国家和地区数量分布。

从韩国反倾销期终复审立案调查涉案国家和地区数量分布的统计结果来看，（见图 2 - 7）排在首位的仍然是我国，韩国累计对我国进行了 35 起反倾销期终复审立案调查，占韩国反倾销期终复审立案调查总数的 33.3%；对日本进行了 20 起反倾销期终复审立案调查，占韩国反倾

销期终复审立案调查总数的 19%；位居第三位的是我国台湾地区，共
对我国台湾地区进行了 8 起期终复审立案调查，占韩国反倾销期终复审
立案调查总数的 7.6%；对美国和印度各进行了 7 起反倾销期终复审立
案调查，占韩国反倾销期终复审立案调查总数的 6.7%；对马来西亚进
行了 6 起反倾销期终复审立案调查，占韩国反倾销期终复审立案调查总
数的 5.7%。排在反倾销期终复审前五位的国家和地区的反倾销期终复
审立案调查数量，占总体 14 个被诉国家和地区总数量的 79%。

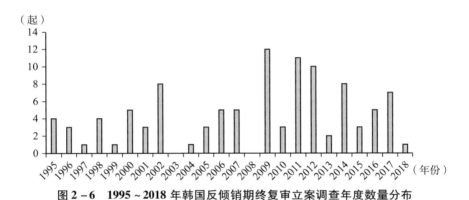

图 2 - 6　1995~2018 年韩国反倾销期终复审立案调查年度数量分布

资料来源：根据韩国贸易委员会网站贸易救济资料库数据翻译整理得到。

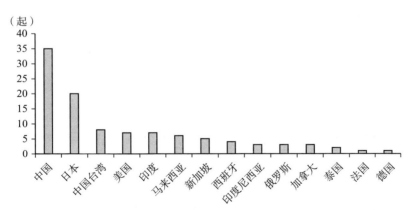

图 2 - 7　1988~2018 年韩国反倾销期终复审立案调查涉案国家和地区数量分布

资料来源：根据韩国贸易委员会网站贸易救济数据库数据翻译整理得到。

3. 韩国反倾销期终复审立案调查涉案产品行业数量分布。

根据韩国反倾销期终复审立案调查涉案产品行业数量分布统计结果分析，化学原料和制品领域的反倾销期终复审立案调查比例最高，共计45 起，占总体反倾销期终复审立案调查案件总数的 42.9%；钢铁和金属制品领域排在第二位，共计 16 起，占总体反倾销期终复审立案调查案件总数的 15.2%；造纸和木材领域排在第三位，共计 15 起，占总体反倾销期终复审立案调查案件总数的 14.3%；纤维领域排在第四位，共计 13 起，占总体反倾销期终复审立案调查案件总数的 12.4%；玻璃和陶瓷领域排在第五位，共计 8 起，占总体反倾销期终复审立案调查案件总数的 7.6%；机械和电子领域排在第六位，共计 2 起，占总体反倾销期终复审立案调查案件总数的 1.9%；包含文体用品、非金属制品、文化体育用品以及农产品等在内的其他领域共计 6 起，占总体反倾销期终复审立案调查案件总数的 5.7%（见图 2-8）。

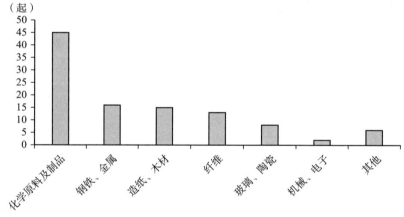

图 2-8 1988~2018 年韩国反倾销期终复审立案调查涉案产品行业数量分布
资料来源：根据韩国贸易委员会网站贸易救济资料库数据翻译整理得到。

4. 韩国反倾销期终复审立案调查终裁结果数量分布。

由图 2-9 可知，在韩国进行的 105 起反倾销期终复审立案调查中，终裁结果继续延长反倾销原审立案调查终裁措施的有 88 起，占韩国反

倾销期终复审立案调查案件总数的 83.8%；终裁终止反倾销措施的有
17 起，占韩国反倾销期终复审立案调查案件总数的 16.2%。肯定性终
裁结果比例为 83.8%。

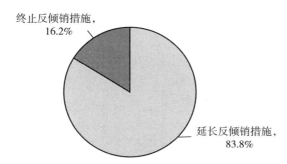

图 2 - 9　1995 ~ 2018 年韩国反倾销期终复审立案调查终裁结果分布

资料来源：根据韩国贸易委员会网站贸易救济资料库数据翻译整理得到。

（三）韩国反倾销立案调查总体情况

1. 韩国反倾销立案调查总体年度数量分布。

根据韩国贸易委员会公布的反倾销案件公告，从 1988 年 4 月到
2018 年 12 月韩国共进行了包括原审立案调查和期终复审立案调查在内
的共计 313 起反倾销立案调查，年平均 10 起。

如图 2 - 10 所示，韩国从 1988 年到 2018 年的反倾销立案调查案件
年度数量统计结果，仍然以 2001 年为分界点，将韩国的反倾销立案调
查总体数量划分为两个阶段。从 1988 年到 2001 年为第一个阶段，累计
对外进行了反倾销立案调查 108 起，占韩国反倾销立案调查总体数量的
34.5%；从 2002 年至 2018 年为第二个阶段，累计对外进行了反倾销立
案调查 205 起，占韩国反倾销立案调查总体数量的 65.5%。

2. 韩国反倾销立案调查涉案国家和地区总体数量分布。

根据韩国反倾销立案调查的涉案国家和地区总体统计结果，见图
2 -11，被反倾销立案调查最多的是我国，韩国累计对我国进行了反倾
销立案调查 84 起，占韩国反倾销立案调查总体数量的 26.8%，排在被

反倾销立案调查第二位的是日本，共计 51 起，占韩国反倾销立案调查总量的 16.3%，排在被反倾销立案调查第三位的是美国，共有 29 起，占韩国反倾销立案调查总量的 9.3%。排名前三位的涉案国家被进行反倾销立案调查的数量占韩国进行反倾销立案调查所涉及的 32 个被诉国家和地区总量的 52.4%。

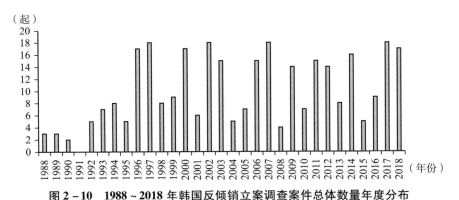

图 2-10　1988~2018 年韩国反倾销立案调查案件总体数量年度分布

资料来源：根据韩国贸易委员会网站贸易救济资料库数据翻译整理得到。

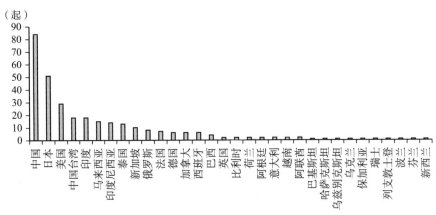

图 2-11　1988~2018 年韩国反倾销立案调查涉案国家和地区总体数量分布

资料来源：根据韩国贸易委员会网站贸易救济资料库数据翻译整理得到。

3. 韩国反倾销立案调查涉案产品总体行业数量分布。

在韩国反倾销立案调查的涉案产品总体行业数量分布中，如图2－12所示，化学原料及制品领域被立案调查比例最高，共计112起案件，占韩国反倾销立案调查涉案产品总数的35.8%；造纸和木材领域被立案调查56起，占韩国反倾销立案调查涉案产品总数的17.9%；钢铁和金属领域被立案调查49起，占韩国反倾销立案调查总数的15.7%；纤维领域被立案调查30起，占韩国反倾销立案调查总数的9.6%；机械和电子领域被立案调查20起，占韩国反倾销立案调查涉案产品总数的6.4%；玻璃和陶瓷领域被立案调查10起，占韩国反倾销立案调查涉案产品总数的3.2%；包括文体用品和农产品等其他领域被立案调查36起，占韩国反倾销立案调查总数的11.5%。

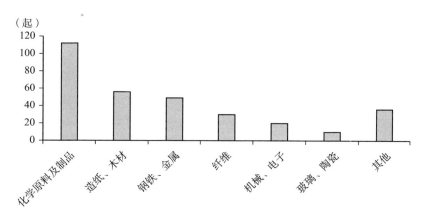

图2－12　1988～2018年韩国反倾销立案调查涉案产品总体行业数量分布

资料来源：根据韩国贸易委员会网站贸易救济资料库数据翻译整理得到。

4. 韩国反倾销立案调查终裁结果总体数量分布。

从韩国反倾销立案调查终裁结果数量分布情况来看，如图2－13所示，反倾销立案调查终裁结果为征收反倾销关税的有104起，占反倾销立案调查总体数量的33.2%；终裁结果为延长反倾销措施的有88起，占反倾销立案调查总体数量的28.1%；终裁结果为倾销不成立的有45

起，占反倾销立案调查总体数量的 14.4%；终裁结果为申请人撤诉的有 40 起，占反倾销立案调查总体数量的 12.8%；终裁结果为价格承诺及征收反倾销税的有 12 起，占反倾销立案调查总体数量的 3.8%；终裁结果为价格承诺的有 7 起，占反倾销立案调查总体数量的 2%；反倾销立案调查肯定性终裁结果比例为 67.1%。

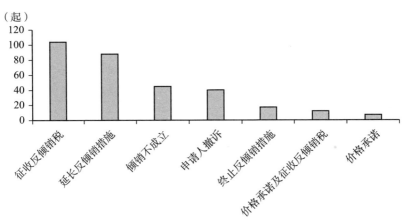

图 2-13 1988~2018 年韩国反倾销立案调查总体终裁结果数量分布

资料来源：根据韩国贸易委员会网站贸易救济资料库数据翻译整理得到。

四、韩国对我国反倾销措施使用情况

（一）韩国对我国反倾销原审立案调查基本情况

1. 韩国对我国反倾销原审立案调查年度数量分布。

1992 年 8 月 24 日中韩两国正式建立外交关系，就在两国签署建交公报之前，1992 年 8 月 6 日，韩国分别对进口自我国的化工类产品"精制磷酸（2809201000）"和"H-酸（2836200000）"进行了反倾销原审立案调查，并以"精制磷酸（2809201000）"征收反倾销关税，"H-酸（2836200000）"申请人撤诉告终。韩国对我国进行反倾销立案调查的序幕也自此拉开，通过整理中华人民共和国商务部与大韩民国贸

易委员会公布的反倾销案件公告得知，从 1992 年到 2018 年韩国共计对
我国进行了 49 起反倾销原审立案调查。

　　延续前文梳理韩国反倾销立案调查数量分布的思路，仍然以 2001
年为重要的时间节点，将韩国对我国进行反倾销原审立案调查的年度数
量分成两个阶段。如图 2 - 14 所示，第一阶段是 1992 年到 2001 年，10
年间韩国对我国发起反倾销原审立案调查 23 起，平均每年 2.3 起。第
二阶段是从 2002 年到 2018 年的 17 年间，韩国对我国发起了反倾销原
审立案调查 24 起，平均每年 1.4 起，这一阶段反倾销原审立案调查的
波动幅度较大，2007 年出现了数量最多的 5 起立案调查，从 2009 年到
2011 年连续三年均未进行反倾销原审立案调查。

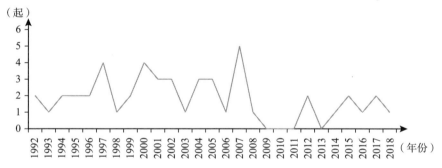

图 2 - 14　1992 ~ 2018 年韩国对我国反倾销原审立案调查年度数量分布
资料来源：根据韩国贸易委员会网站贸易救济资料库数据翻译整理得到。

　　2. 韩国对我国反倾销原审立案调查涉案产品行业数量分布。

　　韩国对我国进行反倾销原审立案调查的涉案产品领域分布较广，主
要囊括了化学原料和制品，造纸、木材、钢铁、金属、机械、电子、玻
璃、陶瓷、纺织等 12 个领域。其中，化学原料和制品产业有 18 起案
件，占韩国对我国反倾销原审立案调查涉案产品总数的 42.9%；造纸
和木材领域被反倾销原审立案调查 8 起，占韩国对我国反倾销原审立案
调查涉案产品总数的 19%；钢铁和金属领域被立案调查 4 起，占韩国
对我国反倾销原审立案调查总数的 9.5%；机械和电子和纺织领域分别

被立案调查3起，各占韩国对我国反倾销原审立案调查涉案产品总数的7.1%；玻璃和陶瓷领域被立案调查2起，占韩国反倾销立案调查总数的4.8%（见图2-15）。

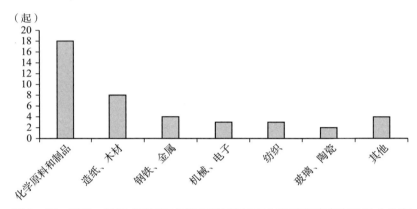

图2-15　1992~2018年韩国对我国反倾销原审立案调查涉案产品行业分布

资料来源：根据韩国贸易委员会网站贸易救济资料库数据翻译整理得到。

3. 韩国对我国反倾销原审立案调查终裁结果分布。

见图2-16，从韩国对我国反倾销原审立案调查终裁结果分布情况来看，终裁结果为征收反倾销关税的有27起，占反倾销原审立案调查

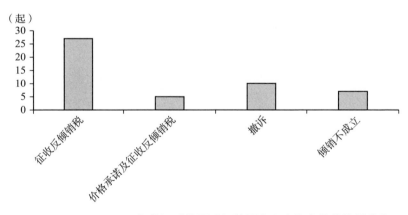

图2-16　1992~2018年韩国对我国反倾销原审立案调查终裁结果分布

资料来源：根据韩国贸易委员会网站贸易救济资料库公布数据翻译整理得到。

数量的55.1%；终裁结果为价格承诺和征收反倾销关税同时进行的有5起，占原审立案调查数量的10.2%；终裁结果为撤诉的有10起，占反倾销原审立案调查数量的20.4%。终裁结果为倾销不成立的有7起，占反倾销原审立案调查数量的14.3%；反倾销原审立案调查肯定性终裁结果比例为65.3%。

（二）韩国对我国反倾销期终复审立案调查基本情况

1. 韩国对我国反倾销期终复审立案调查年度数量分布。

如图2-17所示，韩国从1995年到2018年，累计对我国进行了35次反倾销期终复审立案调查。仍然以2001年为重要时间节点，将韩国对我国进行的反倾销期终复审立案调查分为两个阶段。第一阶段是1995年到2001年，7年间韩国对我国发起反倾销期终复审立案调查4起，平均每年0.6起。第二阶段是从2002年到2018年的17年间，韩国对我国发起了反倾销期终复审立案调查31起，平均每年1.8起。

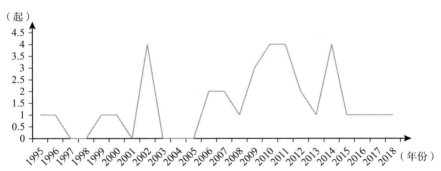

图2-17　1995~2018年韩国对我国反倾销期终复审立案调查年度数量分布
资料来源：根据韩国贸易委员会网站贸易救济资料库数据翻译整理得到。

2. 韩国对我国反倾销期终复审立案调查涉案产品行业数量分布。

如图2-18所示，韩国对我国反倾销期终复审立案调查涉案产品行业数量分布统计结果分析，化学原料和制品领域的反倾销期终复审立案调查比例最高，共计14起，占总体反倾销期终复审立案调查案件总数的40%；造纸和木材8起，排在第二位，占总体反倾销期终复审立案调查案件总数的22.9%；玻璃和陶瓷6起，排在第三位，占总体反倾销期终复审立案调查案件总数的17.1%；纺织和机械、电子各2起，各占总体反倾销期终复审立案调查案件总数的5.7%；钢铁和金属制品1起，占总体反倾销期终复审立案调查案件总数的2.9%。

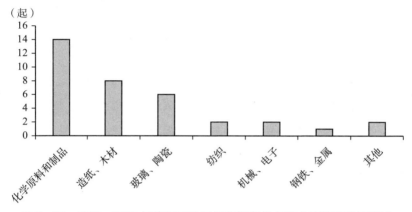

图 2 – 18　1992 ~ 2018 年韩国对我国反倾销期终复审立案调查涉案行业

资料来源：根据韩国贸易委员会网站贸易救济资料库数据翻译整理得到。

3. 韩国对我国反倾销期终复审立案调查终裁结果分布。

如图 2 – 19 所示，韩国对我国发起的 35 起反倾销期终复审立案调

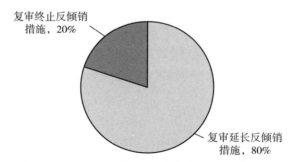

图 2 – 19　1992 ~ 2018 年韩国对我国反倾销期终复审立案调查终裁结果分布

资料来源：根据韩国贸易委员会网站贸易救济资料库数据翻译整理得到。

查案例中，有28起期终复审终裁延长了反倾销措施，7起终止了反倾销措施，肯定性终裁结果比例为80%。

(三) 韩国对我国反倾销立案调查总体情况

1. 韩国对我国反倾销立案调查总体年度数量分布。

韩国从1992年到2018年累计对我国进行了反倾销立案调查84起，其中反倾销原审立案调查49起，反倾销期终复审立案调查35起。以2001年为重要时间节点，将韩国对我国进行的反倾销立案调查分为两个阶段。第一阶段是1992年到2001年，10年间韩国对我国发起反倾销立案调查27起，平均每年2.7起。第二阶段是从2002年到2018年的17年间，韩国对我国发起了反倾销期终复审立案调查57起，平均每年3.4起 (如图2-20所示)。

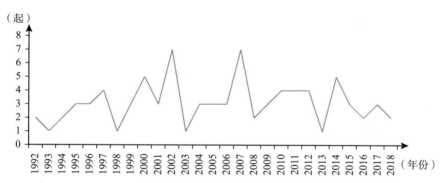

图2-20　1992~2018年韩国对我国反倾销立案调查总体年度数量分布
资料来源：根据韩国贸易委员会网站贸易救济资料库数据翻译整理得到。

2. 韩国对我国反倾销立案调查总体涉案产品行业分布。

韩国对我国进行的反倾销立案调查总体涉及涉案产品领域，化学原料和制品领域被立案调查27起，占韩国对我国进行反倾销立案调查涉案产品总数的40.9%；造纸和木材领域被立案调查11起，占韩国对我国反倾销立案调查涉案产品总数的16.7%；玻璃和陶瓷领域被立案调查8起，占韩国对我国反倾销立案调查涉案产品总数的12.1%；纺织与钢铁和金属领域各被立案调查 6 起，各占韩国对我国反倾销立案调查总数的 7.1%；机械和电子，纤维领域被立案调查 5 起，占韩国反倾销立案调查总数的 6%（如图 2 - 21 所示）。

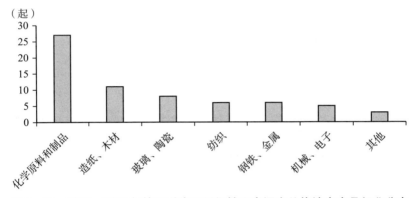

图 2 - 21　1992 ~ 2018 年韩国对我国反倾销立案调查总体涉案产品行业分布
资料来源：根据韩国贸易委员会网站贸易救济资料库数据翻译整理得到。

3. 韩国对我国反倾销立案调查总体终裁结果分布。

从韩国对我国反倾销立案调查总体终裁结果分布情况来看，反倾销期终复审延长反倾销措施的有 28 起，占反倾销立案调查数量的 33.3%；反倾销立案调查终裁结果为征收反倾销关税的有 27 起，占反倾销立案调查数量的 32.1%；终裁结果为价格承诺及征收反倾销税的有 5 起，占反倾销立案调查数量的 6%；终裁结果为撤诉的有 10 起，占反倾销立案调查数量的 11.9%。终裁结果为倾销不成立和期终复审后终止反倾销措施的各有 7 起，各占反倾销立案调查数量的 8.3%；反倾销立案调查肯定性终裁结果比例为 71.4%（如图 2 - 22 所示）。

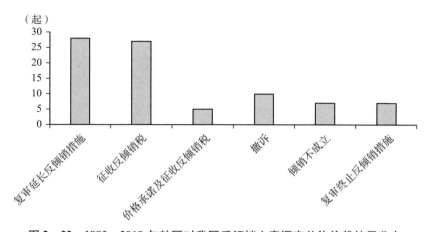

图 2 - 22 1992~2018 年韩国对我国反倾销立案调查总体终裁结果分布

资料来源：根据韩国贸易委员会网站贸易救济资料库公布数据翻译整理得到。

第二节　我国的反倾销制度及反倾销措施使用情况

一、我国的反倾销制度

(一) 我国的反倾销立法

我国反倾销制度的设计与形成主要经历了 5 次大的突破。外经贸部最早于 1994 年 4 月 4 日发布了《关于中国出口产品在国外发生的反倾销案件的应诉规定》奠定了我国的反倾销制度立法基础。1994 年 5 月 12 日，第八届全国人大常委会第七次会议通过了《中华人民共和国对外贸易法》，该法第一次以立法的形式明确为我国的反倾销措施提供了法律依据。

1997 年 3 月 25 日国务院发布了《中华人民共和国反倾销和反补贴条例》，该条例借鉴了国际反倾销立法的最新成果，涉及总则、倾销与损害、反倾销调查、反倾销措施、反补贴的特别规定等内容。条例以

《中华人民共和国对外贸易法》为立法依据，设置 4 章 32 个条款详细阐述了我国的反倾销执行标准。1997 年 7 月 17 日，外经贸部发布了《关于加强出口产品反倾销应诉工作的通知》，通知明确指出我国出口产品在反倾销应诉工作中所面临的严峻形势。

1999 年 10 月 27 日，国家经济贸易委员会发布了《国家经济贸易委员会产业损害裁定听证规则》。2000 年 6 月 2 日，外经贸部发布了《反倾销调查听证会暂行规则》，进一步完善了我国反倾销立案调查的程序。

2001 年 11 月 26 日，我国正式加入 WTO 之前，国务院通过了新的《中华人民共和国反倾销条例》，并于 2002 年 1 月 1 日开始实施。该条例的出台既是我国入世前的立法准备，也是我国反倾销实践经验的积累和体现，是具有非常重要历史意义的反倾销立法成果。

2004 年 3 月 31 日，国务院进一步修订实施了《中华人民共和国反倾销条例》，并于 2004 年 6 月 1 日起正式实施。新条例在体现专业化科学化的同时，将反倾销立案调查的职能由过去的外经贸部和经贸委统一到商务部负责。强化了对特定地区产业的保护，增加了增收反倾销税应该符合公共利益的规定，建立了反倾销司法审查制度。

（二）《中华人民共和国反倾销条例》的主要内容

《中华人民共和国反倾销条例》分为 6 章，共 59 个条款，内容包括总则、倾销与损害、反倾销调查、反倾销措施、反倾销税和价格承诺的期限与复审及附则。

1. 总则的有关规定。

该条例以《中华人民共和国对外贸易法》为其立法依据，旨在维护对外贸易秩序和公平竞争。其适用条件是进口产品以倾销方式进入中华人民共和国市场，并对已经建立的国内产业造成实质损害或者产生实质损害威胁，或者对建立国内产业造成实质阻碍的，依照本条例的规定进行调查，采取反倾销措施。

2. 倾销与损害。

（1）倾销。

该条例中的倾销，是指在正常贸易过程中进口产品以低于其他正常价值的出口价格进入中华人民共和国市场。对于正常价格的确定，条例规定了以下方法：第一，对于进口产品的同类产品，在出口国（地区）国内市场的正常贸易过程中有可比价格的，以该可比价格为正常价值。第二，对于进口产品的同类产品在出口国（地区）国内市场的正常贸易过程中没有销售的，或者该同类产品的价格、数量不能据此进行公平比较的，应以同类产品出口到一个适当的第三国（地区）的可比价格或者以该同类产品在原产国（地区）的生产成本加合理费用、利润为其正常价值。对于出口价格的确定，该条例规定应视不同情况，按照下列方法加以确定：第一，进口产品有实际支付价格的，以该价格为出口价格。第二，进口产品没有出口价格或者其价格不可靠的，以根据该进口产品首次转售给独立购买人的价格推定的价格为出口价格，如果该进口产品未转售给独立购买人或者未按进口时的状态转售的，可以由商务部根据合理基础推定的价格为出口价格。

进口产品的出口价格低于其正常价值的幅度，为倾销幅度。倾销幅度的确定，应当将加权平均正常价值与全部可比出口交易的加权平均价格进行比较，或者将正常价值与出口价格在逐笔交易的基础上进行比较，对倾销的调查和确定由商务部负责。

（2）损害。

该条例中的损害，是指倾销对已经建立的国内产业造成实质损害或者产生实质损害威胁，或者对建立国内产业造成实质阻碍。对损害的调查和确定由商务部负责。在确定倾销对国内产业造成的损害时，应当审查以下事项：第一，倾销进口产品的数量，包括倾销进口产品的绝对数量或者相对于国内同类产品生产或者消费的数量是否大量增加，或者倾销进口商品大量增加的可能性。第二，倾销进口产品的价格，包括倾销进口产品的价格削减或者对国内同类产品的价格产生大幅度抑制、压低等影响。第三，倾销进口产品对国内产业的相关经济因素和指标的影响。第四，倾销进口产品的出口国（地区）、原产国（地区）的生产能力、出口能力，被调查产品的库存情况。第五，造成国内产业损害的其他因素。对实质损害威胁的确定，应当依据事实，不得仅依据指控、推测或者极小的可能性。在确定倾销对国内产业造成的损害时，应当依据肯定性证据，不得将造成损害的非倾销因素归因于倾销。

3. 反倾销调查。

（1）立案程序。

凡是国内产业或者代表国内产业的自然人、法人或者有关组织（以下统称申请人），可以依据《中华人民共和国反倾销条例》的规定向商务部提出反倾销调查的书面申请。商务部应当自收到申请人提交的申请书及有关证据之日起 60 天内，对申请是否由国内产业或者代表国内产业提出申请书内容及所附具的证据等进行审查，决定是否立案调查。在表示支持申请或者反对申请的国内产业中，支持者的产量占支持者和反对者总产量的 50% 以上的，应当认定申请是由国内产业或者代表国内产业提出，可以启动反倾销调查，但是表示支持申请的国内生产者的产量不足国内同类产品总产量的 25% 的，不得启动反倾销调查。立案调查的决定，由商务部予以公告，并通知申请人、已知的生产经营者、出口国（地区）政府，以及其他利害关系方。在特殊情形下，商务部没有收到反倾销调查的书面申请，但有充分证据认为存在倾销和损害，以及二者之间有因果关系的，可以决定立案调查。

（2）调查程序。

在反倾销调查过程中，商务部可以采用问卷、抽样、听证会、现场核查等方式向利害关系方了解情况，进行调查。商务部应该为利害关系方提供陈述性意见和论据的机会。商务部进行调查时，利害关系方应当如实反映情况，提供有关资料。利害关系方不如实反映情况、提供有关资料的，或者没有在合理时间内提供必要信息的，或者以其他方式严重妨碍调查的，商务部可以根据已经获得的事实和可获得的最佳信息作出裁定。

（3）裁定程序。

《中华人民共和国反倾销条例》规定，商务部根据调查结果，就倾销、损害和二者之间的因果关系是否成立作出初裁决定，并予以公告。初裁决定确定倾销、损害以及二者之间的因果关系成立的，商务部应当对倾销及倾销幅度、损害及损害程度继续进行调查，并根据调查结果作出终裁决定，予以公告。在作出终裁决定前，应当由商务部将终裁决定所依据的基本事实通知所有已知的利害关系方。反倾销调查，应当自立案调查决定公告之日起 12 个月内结束，特殊情况下可以延长，但延长期不得超过 6 个月。

4. 反倾销措施。

（1）临时反倾销措施。

当初裁决定确定倾销成立，并由此对国内产业造成损害的，可以采取下列临时反倾销措施：征收临时反倾销税，要求提供保证金、保函或者其他形式的担保。临时反倾销税税额或者提供的保证金、保函或者其他形式担保的金额，应当不超过初裁决定确定的倾销幅度。征收临时反倾销税，由商务部提出建议，国务院关税税则委员会根据商务部的建议作出决定，由商务部予以公告。要求提供保证金、保函或者其他形式的担保，由商务部作出决定并予以公告。海关自公告规定实施之日起执行。临时反倾销措施实施的期限，从临时反倾销措施决定公告规定实施之日起，不超过 4 个月，在特殊情形下，可以延长至 9 个月。

（2）价格承诺。

倾销进口产品的出口经营者在反倾销调查期间，可以向商务部作出改变价格或者停止以倾销价格出口的价格承诺。商务部可以向出口经营者提出价格承诺的建议。商务部不得强迫出口经营者作出价格承诺。商务部认为出口经营者作出的价格承诺能够接受并符合公共利益的，可以决定中止或者终止反倾销调查，不采取临时反倾销措施或者征收反倾销税。中止或者终止反倾销调查的决定由商务部予以公告。商务部不接受价格承诺的，应当向有关出口经营者说明理由。出口经营者违反其价格承诺的，商务部依照本条例的规定，可以立即决定恢复反倾销调查；根据可获得的最佳信息，可以决定采取临时反倾销措施，并可以对实施临时反倾销措施前 90 天内进口的产品追溯征收反倾销税，但违反价格承诺前的进口产品除外。

（3）反倾销关税。

《中华人民共和国反倾销条例》规定，终裁决定确定倾销成立，并由此对国内产业造成损害的，可以征收反倾销税。征收反倾销税应当符合公共利益。征收反倾销税，由商务部提出建议，国务院关税税则委员会根据商务部的建议作出决定，由商务部予以公告。海关自公告规定实施之日起执行。反倾销税税额不得超过终裁决定确定的倾销幅度。该条例还对反倾销税的追溯征收和多退少补等问题作出了规定。

5. 反倾销税和价格承诺的期限与复审。

（1）反倾销税和价格承诺的期限。

反倾销税的征收期限和价格承诺的履行期限不超过 5 年；但是，经复审确定终止征收反倾销税有可能导致倾销和损害的继续或者再度发生，反倾销税的征收期限可以适当延长。

（2）复审的程序。

反倾销税生效后，商务部可以在有正当理由的情况下，决定对继续征收反倾销税的必要性进行复审；也可以在经过一段合理时间，应利害关系方的请求并对利害关系方提供的相应证据进行审查后，决定对继续征收反倾销税的必要性进行复审。根据复审结果，由商务部依照本条例的规定提出保留、修改或者取消反倾销税的建议，国务院关税税则委员会根据商务部的建议作出决定，由商务部予以公告；或者由商务部依照本条例的规定，作出保留、修改或者取消价格承诺的决定并予以公告。复审程序参照本条例关于反倾销调查的有关规定执行。复审期限自决定复审开始之日起，不超过 12 个月。《中华人民共和国反倾销条例》还就解除担保和退税等事项作出了规定。

6. 司法审议、反规避措施和反歧视措施。

（1）司法审议。

根据《中华人民共和国反倾销条例》附则第五十三条规定，对依照本条例第二十五条作出的终裁决定不服的，对依照本条例第四章作出的是否征收反倾销税的决定及追溯征收、退税、对新出口经营者征税的决定不服的，或者对依照本条例第五章作出的复审决定不服的，可以依法申请行政复议，也可以依法向人民法院提起诉讼。

（2）反规避措施和反歧视措施。

商务部可以采取适当措施，防止规避反倾销措施的行为。任何国家（地区）对中华人民共和国的出口产品采取歧视性反倾销措施的，中华人民共和国可以根据实际情况对该国家（地区）采取相应的措施。

（三）与《中华人民共和国反倾销条例》配套的规章

1. 《国家经济贸易委员会产业损害裁定听证规则》。

该规则于 2001 年 4 月 28 日由国家经济贸易委员会颁布施行。规则中对反倾销、反补贴及保障措施产业损害裁定在听证活动中所涉及的相关事项，在 1999 年颁布的规则的基础上进一步进行了细化，并补充了一些新规定。

2. 《出口产品反倾销应诉规定》。

该规定于 2001 年 10 月 11 日由中华人民共和国对外贸易经济合作部部务会议通过，并自 2001 年 12 月 1 日起施行。规定适用于出口产品反倾销调查的预警、应诉和复审等工作。当我国的出口产品在受到反倾销调查后，在调查期内生产和向调查国或地区出口涉案产品的全部涉案企业均应积极参加应诉，以维护我国出口产品的海外市场，保护自身合法权益。

3. 《反倾销调查立案暂行规则》。

该规则于 2002 年 2 月 10 日由中华人民共和国对外贸易经济合作部部务会议审议通过，并自 2002 年 3 月 13 日起施行。该规则规定了反倾销调查申请及立案程序，并规定了中华人民共和国对外贸易经济合作部既可以应申请人的申请立案进行反倾销调查，也可以自行立案进行反倾销调查。

4.《最高人民法院关于审理反倾销行政案件应用法律若干问题的规定》。

该规定于 2002 年 9 月 11 日由最高人民法院审判委员会第 1242 次会议通过，并自 2003 年 1 月 1 日起施行。规定依法受理对有关倾销幅度、损害及其程度的终裁决定，有关是否征收反倾销税及追溯征收的决定，有关保留、修改或者取消反倾销税及承诺的复审决定和依照法律、行政法规可以起诉的其他反倾销行政行为。规定涉及起诉人资格（利害关系人）、合法性审查、管辖法院、举证责任及判决等项内容。

5.《产业损害调查听证规则》和《关于反倾销产品范围调整程序的暂行规则》。

《产业损害调查听证规则》于 2002 年 12 月 13 日以国家经济贸易委员会第 44 号令发布，并自 2003 年 1 月 15 日起施行。该规则适用于国家经济贸易委员会在反倾销、反补贴、保障措施案件调查程序中举行的产业损害调查听证。规则就听证申请人、申请书、听证支持人、听证当事人及听证会组织者的权利义务，以及听证会中止的法定事由等作出了明确规定。1999 年 10 月 27 日以国家经贸委 15 号令公布的《产业损害听证规则》同时废止。

《关于反倾销产品范围调整程序的暂行规则》于 2012 年 12 月 13 日由中华人民共和国对外贸易经济合作部发布，并自 2003 年 1 月 15 日起施行。规则对反倾销产品范畴的调整申请、申请书的内容、受理、调查、决定和公告程序，以及涉及有关反倾销复审中的产品范围的调整等项内容进行了具体规定。

6.《反倾销产业损害调查与裁决规定》。

该规定于 2002 年 12 月 27 日经国家经济贸易委员会主任办公会议审议通过，并自 2003 年 1 月 15 日起施行。该规定适用于根据反倾销条例提出的反倾销调查申请及反倾销产业损害调查与裁决等相关活动，并规定了损害及因果关系的确定等相关内容。

7.《反倾销退税暂行规则》和《反倾销新出口商复审暂行规则》。

上述规则于 2002 年 3 月 13 日经第五次中华人民共和国对外贸易经

济合作部部委会议审议通过，并自 2002 年 4 月 15 日起施行。《反倾销退税暂行规则》主要规定了倾销产品的进口商有证据证明已经缴纳的反倾销税金额超过实际倾销幅度的，可以按照该规则向中华人民共和国对外贸易经济合作部提出退税申请；而《反倾销新出口商复审暂行规则》则适用于原反倾销调查期内未向中华人民共和国出口过被调查产品的涉案国（地区）出口商、生产商在原反倾销措施生效后要求为其确定单独反倾销税率的复审。

8.《反倾销价格承诺暂行规则》《反倾销调查公开信息查阅暂行规则》《反倾销调查信息披露暂行规则》《反倾销调查抽样暂行规则》《反倾销调查实地核查暂行规则》及《反倾销问卷调查暂行规则》。

上述规则均于 2002 年 3 月 13 日经第五次中华人民共和国对外贸易经济合作部部务会议审议通过，并自 2002 年 4 月 15 日起施行。其中，《反倾销价格承诺暂行规则》是对《中华人民共和国反倾销条例》第四章第二节规定的"价格承诺"的具体化；《反倾销调查公开信息查阅暂行规则》是对该条例第二十三条规定的"公开信息查阅"作出具体规定；《反倾销调查信息披露暂行规则》是对该条例第二十五条第二款规定的外经贸部的"信息披露业务"作出具体规定；《反倾销调查抽样暂行规则》主要规定了外经贸部应在全面调查的基础上，为每一应诉出口商或生产商确定单独的倾销幅度，但因出口商、生产商、产品型号或交易过多，为每一出口商、生产商单独确定倾销幅度或调查产品型号、交易会带来沉重负担并妨碍倾销调查的及时完成的，外经贸部可采用抽样方法进行调查；《反倾销调查实地核查暂行规则》是对该条例第二十条第三款规定的中华人民共和国对外贸易经济合作部出国"实地核查"作出具体规定；《反倾销问卷调查暂行规则》则适用于中华人民共和国对外贸易经济合作部为确定倾销及倾销幅度而通过调查问卷方式进行反倾销调查。

二、我国反倾销措施使用情况

(一) 我国反倾销原审立案调查基本情况

1. 我国反倾销原审立案调查年度数量分布。

根据中华人民共和国商务部贸易救济信息网站公布的我国反倾销应用案例统计，从 1997 年 3 月 25 日《中华人民共和国反倾销和反补贴条例》出台之日起，截至 2018 年 12 月底，我国共进行了反倾销原审立案调查 277 起。

2004 年进一步修订的《中华人民共和国反倾销条例》实施以后，标志着我国的反倾销措施应用机制已经基本完善。如图 2 - 23 所示，以 2004 年为重要时间节点，可以将我国的反倾销原审立案调查分为两个大的阶段。第一阶段从 1997 年到 2004 年，这一阶段我国共进行了 112 起反倾销原审立案调查，年平均 14 起。第二阶段从 2005 年到 2018 年，这一阶段我国共进行了 165 起反倾销原审立案调查，年平均 11.8 起。

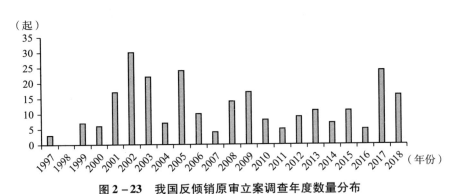

图 2 - 23　我国反倾销原审立案调查年度数量分布

资料来源：根据中华人民共和国商务部贸易救济信息网反倾销案例整理得到。

2. 我国反倾销原审立案调查涉案国家和地区数量分布。

从统计结果来看，见图 2 - 24，日本是我国反倾销原审立案调查的主要对象国，截至 2018 年 12 月，我国累计对日本进行反倾销原审立案调查 51 起，占我国反倾销原审立案调查案件总体数量的 18.4%；排在第二位的是美国，我国从 1997 年到 2018 年共对美国进行了 50 起反倾销原审立案调查，占我国反倾销原审立案调查案件总体数量的 18.1%；韩国排在我国反倾销原审立案调查对象国的第三位，共有 39 起，占我国反倾销原审立案调查案件总体数量的 14.1%。排在前三位的涉案国家反倾销原审立案调查数量，占总体 28 个涉案国家和地区总数量的 50.5%。

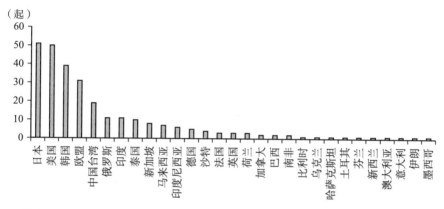

图 2 - 24 1997 ~ 2018 年我国反倾销原审立案调查涉案国家和地区数量分布

资料来源：根据中华人民共和国商务部贸易救济信息网反倾销案例整理得到。

3. 我国反倾销原审立案调查涉案产品行业数量分布。

从我国对外反倾销原审立案调查涉案产品的行业数量统计分析结果来看，如图 2 - 25 所示，化学原料和制品所在行业反倾销原审立案调查比例最高，共计 197 件，占反倾销原审立案调查总数的 71.1%；造纸行业共 24 件，占反倾销原审立案调查总数的 8.7%；钢铁、金属行业共计 22 件，占反倾销原审立案调查总数的 7.9%；机械、电子行业共计 14 件，占反倾销原审立案调查总数的 5.1%；纺织和农产品行业各 7 件，分别占反倾销原审立案调查总数的 2.5%；光伏产业共计 3 起，占反倾销原审立案调查总数的 1.1%；医药、汽车以及酒、饮料和茶各有 1 起。

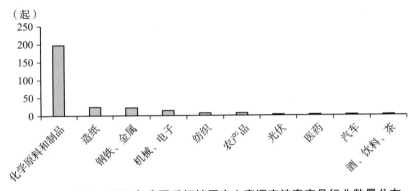

图 2 - 25　1997 ~ 2018 年我国反倾销原审立案调查涉案产品行业数量分布
资料来源：根据中华人民共和国商务部贸易救济信息网反倾销案例整理得到。

4. 我国反倾销原审立案调查终裁结果数量分布。

从统计的所有反倾销原审立案调查案件的终裁结果来看，如图 2 - 26 所示，终裁结果为征收反倾销关税的共有 217 起，占反倾销原审立案调查数量的 78.3%；终裁结果为倾销行为不成立的有 25 起，占反倾销原审立案调查数量的 9%；终裁结果为申请人撤诉的有 17 起，占反倾销原审立案调查数量的 6.1%；终裁结果为价格承诺的有 15 起，占原审立

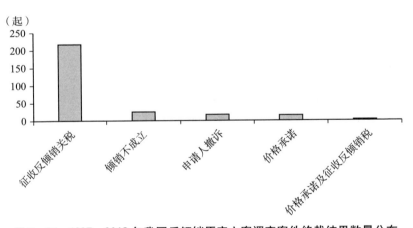

图 2 - 26　1997 ~ 2018 年我国反倾销原审立案调查案件终裁结果数量分布
资料来源：根据中华人民共和国商务部贸易救济信息网反倾销案例整理得到。

案调查数量的5.4%；终裁结果为价格承诺及征收反倾销关税的有3起，占原审立案调查数量的1.1%。反倾销原审立案调查肯定性终裁结果比例为84.8%。

（二）我国反倾销期终复审立案调查基本情况

1. 我国反倾销期终复审立案调查年度数量分布。

由图2-27可知，我国的首例反倾销期终复审立案调查产生于2003年，从2003年到2018年我国共计进行反倾销期终复审立案调查130起，平均每年8.1起，反倾销期终复审立案调查的比例为46.9%。2008年为反倾销期终复审立案调查数量最多的一年，达到21起。

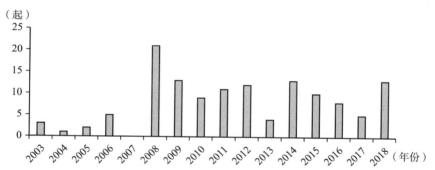

图2-27　2003~2018年我国对外反倾销期终复审立案调查年度数量分布

资料来源：根据中华人民共和国商务部贸易救济信息网反倾销案例整理得到。

2. 我国反倾销期终复审立案调查涉案国家和地区数量分布。

从我国反倾销期终复审立案调查涉案国家和地区数量统计结果来看，见图2-28，排在首位的是日本，被反倾销期终复审立案调查27起，占期终复审立案调查总量的20.8%；排在第二位的是美国，被反倾销期终复审立案调查26起，占期终复审立案调查总量的20%；韩国位居第三位，被反倾销期终复审立案调查21起，占期终复审立案调查总量的16.2%；排名第四位的是欧盟，被反倾销期终复审立案调查15起，占期终复审立案调查总量的11.5%；排名第五位的是我国的台湾地区，被反倾销期终复审立案调查 10 起，占期终复审立案调查总量的 7.7%。排在前五位的国家和地区被反倾销期终复审立案调查的案件数量占总体 19 个涉案国家和地区案件总数量的 76.2%。

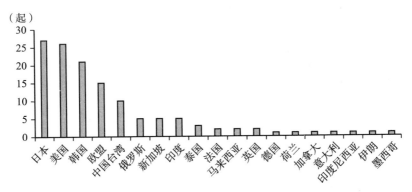

图 2 - 28　2003 ~ 2018 年我国反倾销期终复审立案调查涉案国家和地区数量分布

资料来源：根据中华人民共和国商务部贸易救济信息网反倾销案例整理得到。

3. 我国反倾销期终复审立案调查涉案产品行业数量分布。

从我国反倾销期终复审立案调查涉案产品行业分布统计来看，如图 2 - 29 所示，化学原料和制品所在行业的反倾销期终复审立案调查比例最高，共计 99 件，占总体反倾销期终复审立案调查案件总数的 76.2%；造纸行业共 10 件，占总体反倾销期终复审立案调查案件总数的 7.7%；机械和电子行业共 9 件，占总体反倾销期终复审立案调查案件总数的 6.9%；纺织行业 5 件，占总体反倾销期终复审立案调查案件总数的 3.8%；农产品行业 3 件，占总体反倾销期终复审立案调查案件总数的 2.3%；钢铁行业 2 件，占总体反倾销期终复审立案调查案件总数的 2.3%；光伏和医药行业各 1 件。

4. 我国反倾销期终复审立案调查终裁结果数量分布。

我国进行的 130 起反倾销期终复审立案调查中，终裁结果继续延长反倾销措施的有 77 起，占我国反倾销期终复审立案调查案件数量的 59.2%，见图 2 - 30，其余为终止反倾销措施的终裁结果。

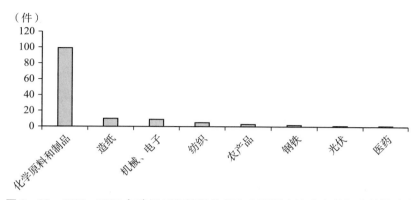

图 2－29　2003～2018 年我国反倾销期终复审立案调查涉案产品行业数量分布

资料来源：根据中华人民共和国商务部贸易救济信息网反倾销案例整理得到。

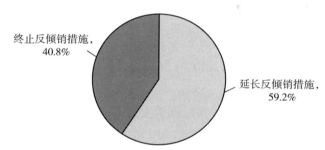

图 2－30　2003～2018 年我国反倾销期终复审立案调查终裁结果数量分布

资料来源：根据中华人民共和国商务部贸易救济信息网反倾销案例整理得到。

（三）我国反倾销立案调查总体情况

1. 我国反倾销立案调查总体年度数量分布。

根据中华人民共和国商务部贸易救济信息网公布的反倾销案例，我国从 1997 年到 2018 年共进行了包括反倾销原审立案调查和期终复审立案调查在内的 407 起反倾销立案调查。

仍然以 2004 年为重要时间节点，将我国的反倾销立案调查分为两个大的阶段：第一阶段从 1997 年到 2004 年，这一阶段我国共进行了 116 起反倾销原审立案调查，年平均 14.5 起。第二阶段从 2005 年到 2018 年，这一阶段我国共进行了 291 起反倾销原审立案调查，年平均

20.8 起（如图 2 - 31 所示）。

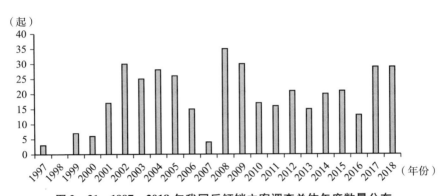

图 2 - 31　1997 ~ 2018 年我国反倾销立案调查总体年度数量分布

资料来源：根据中华人民共和国商务部贸易救济信息网反倾销案例整理得到。

2. 我国反倾销立案调查涉案国家和地区总体数量分布。

从统计结果来看，日本在反倾销立案调查总体数量上仍然是我国反倾销立案调查的主要对象国，截至 2018 年 12 月，我国累计对日本进行反倾销立案调查 78 起，占我国反倾销立案调查案件总体数量的 19.2%；排在第二位的是美国，我国从 1997 年到 2018 年共对美国进行了 76 起反倾销立案调查，占我国反倾销立案调查案件总体数量的 18.7%；韩国排在我国反倾销立案调查对象国的第三位，共有 60 起，占我国反倾销立案调查案件总体数量的 14.7%；欧盟以 46 起反倾销立案调查排在第四位，占我国反倾销立案调查案件总体数量的 11.3%；我国的台湾地区以 29 起反倾销立案调查，排在第五位，占我国反倾销立案调查案件总体数量的 7.1%。共计排在前五位的涉案国家和地区反倾销立案调查数量，占总体 28 个涉案国家和地区总数量的 71%（如图 2 - 32 所示）。

3. 我国反倾销立案调查涉案产品总体行业数量分布。

从我国反倾销立案调查涉案产品的总体行业数量统计分析结果来看，化学原料和制品所在行业反倾销立案调查比例最高，共计 296 起，占反倾销立案调查总数的 72.7%；造纸行业共 34 起，占反倾销立案调查总数的 8.4%；钢铁、金属行业共计 24 件，占反倾销立案调查总数的

5.9%；机械、电子行业共计 23 起，占反倾销原审立案调查总数的 5.7%；纺织行业共计 12 起，占反倾销原审立案调查总数的 2.9%；农产品行业 10 起，占反倾销立案调查总数的 2.5%；光伏产业共计 4 起，占反倾销立案调查总数的 1%；医药行业共 2 起，占反倾销立案调查总数的 0.5%；汽车、酒饮料和茶各有 1 起（如图 2－33 所示）。

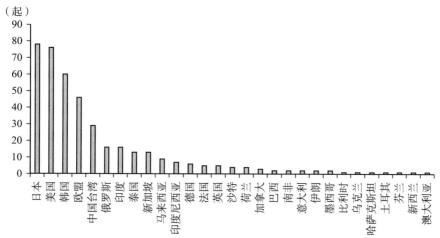

图 2－32　1997～2018 年我国反倾销立案调查总体涉案国家和地区数量分布

资料来源：根据中华人民共和国商务部贸易救济信息网反倾销案例整理得到。

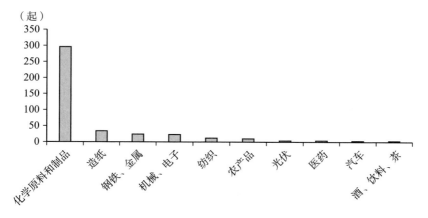

图 2－33　1997～2018 年我国反倾销立案调查总体涉案产品行业数量分布

资料来源：根据中华人民共和国商务部贸易救济信息网反倾销案例整理得到。

4. 我国反倾销立案调查终裁结果总体数量分布。

从 1997 年到 2018 年的全部反倾销原审立案调查和期终复审立案调查终裁结果来看，终裁结果为征收反倾销关税的共有 217 起，占反倾销立案调查总体数量的 53.3%；终裁结果为延长反倾销措施的有 77 起，占反倾销立案调查总体数量的 18.9%；终裁结果为终止反倾销措施的有 53 起，占反倾销立案调查总体数量的 13%；终裁结果为倾销行为不成立的有 25 起，占反倾销立案调查总体数量的 6.1%；终裁结果为申请人撤诉的有 17 起，占反倾销立案调查总体数量的 4.2%；终裁结果为价格承诺的有 15 起，占反倾销立案调查总体数量的 3.7%；终裁结果为价格承诺及征收反倾销关税的有 3 起，占反倾销立案调查总体数量的 0.7%。反倾销立案调查肯定性终裁结果比例为 76.7%（如图 2 - 34 所示）。

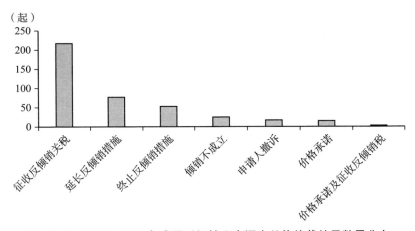

图 2 - 34　1997 ~ 2018 年我国反倾销立案调查总体终裁结果数量分布

资料来源：根据中华人民共和国商务部贸易救济信息网反倾销案例整理得到。

三、我国对韩国反倾销立案调查情况

（一）我国对韩国反倾销原审立案调查基本情况

1. 我国对韩国反倾销原审立案调查年度数量分布。

如图 2 - 35 所示，在 1997 年到 2004 年的反倾销原审立案调查应用第一阶段，我国对韩国发起反倾销原审立案调查 24 起，平均每年 3 起；从 2005 年到 2018 年的第二阶段，我国对韩国进行了 15 起反倾销原审立案调查，平均每年 1 起。

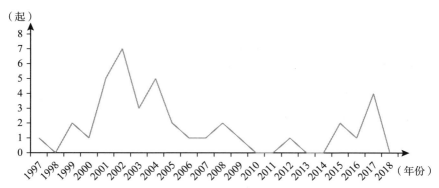

图 2 - 35　1997～2018 年我国对韩国反倾销原审立案调查年度数量分布

资料来源：根据中华人民共和国商务部贸易救济信息网反倾销案例整理得到。

2. 我国对韩国反倾销原审立案调查涉案产品行业分布。

从我国对韩国反倾销原审立案调查涉案产品的行业数量统计分析结果来看，化学原料和制品所在行业反倾销原审立案调查比例最高，共计 29 起，占总体原审立案调查总数的 74.4%。钢铁和造纸行业各 3 起，分别占比 7.7%，纺织行业共计 2 起，占比 5.1%，电子和光伏行业各 1 起，各占 2.5%（如图 2 - 36 所示）。

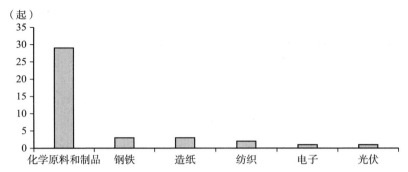

图 2 - 36 1997~2018 年我国对韩国反倾销原审立案调查涉案产品行业数量分布

资料来源：根据中华人民共和国商务部贸易救济信息网反倾销案例整理得到。

3. 我国对韩国反倾销原审立案调查终裁结果分布。

从统计的反倾销原审立案调查案件的终裁结果来看，终裁结果为征收反倾销关税的共有 32 起，占反倾销原审立案调查数量的 82.1%；终裁结果为价格承诺及征收反倾销税的有 1 起，占原审立案调查数量的 2.5%；终裁结果为倾销不成立的有 5 起，占反倾销原审立案调查数量的 12.8%；终裁结果为申请人撤诉的有 1 起，占反倾销原审立案调查数量的 2.5%。反倾销原审立案调查肯定性终裁结果占总体比例为 84.6%（见图 2 - 37）。

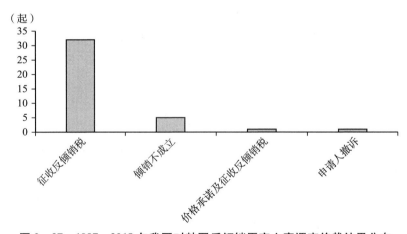

图 2 - 37 1997~2018 年我国对韩国反倾销原审立案调查终裁结果分布

资料来源：根据中华人民共和国商务部贸易救济信息网反倾销案例整理得到。

（二）我国对韩国反倾销期终复审立案调查基本情况

1. 我国对韩国反倾销期终复审立案调查年度数量分布。

从 2003 年到 2018 年我国共对韩国进行了 21 起反倾销期终复审立案调查，年平均 1.3 起，反倾销期终复审立案调查比例为 53.8%，其中 2008 年为数量最多的一年，如图 2 - 38 所示，共发起反倾销期终复审立案调查 6 起。

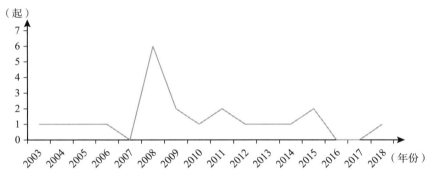

图 2 - 38　2003～2018 年我国对韩国反倾销期终复审立案调查年度数量分布
资料来源：根据中华人民共和国商务部贸易救济信息网反倾销案例整理得到。

2. 我国对韩国反倾销期终复审立案调查涉案产品行业数量分布。

从我国对韩国反倾销期终复审立案调查涉案产品行业特征分布统计来看，化学原料和制品所在行业的反倾销期终复审立案调查比例最高，共计 16 起，占总体反倾销期终复审立案调查案件总数的 76.2%；电气和造纸行业各 2 起，各占总体反倾销期终复审立案调查案件总数的 9.5%，钢铁行业共 1 起，占总体反倾销期终复审立案调查案件总数的 4.7%（如图 2 - 39）。

3. 我国对韩国反倾销期终复审立案调查终裁结果分布。

如图 2 - 40 所示，从 2003 年到 2018 年，我国对韩国进行的反倾销期终复审立案调查终裁结果中，继续延长反倾销措施的有 15 起，终止反倾销措施的有 6 起，反倾销期终复审肯定性终裁比例为 71.4%。

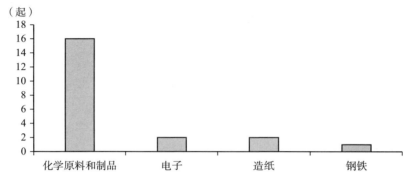

图 2 – 39 1997 ~ 2018 年我国对韩国反倾销期终复审立案调查涉案产品行业数量分布

资料来源：根据中华人民共和国商务部贸易救济信息网反倾销案例整理得到。

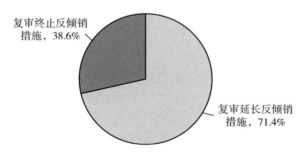

图 2 – 40 2003 ~ 2018 年我国对韩国反倾销期终复审立案调查终裁结果分布

资料来源：根据中华人民共和国商务部贸易救济信息网反倾销案例整理得到。

（三）我国对韩国反倾销立案调查总体情况

1. 我国对韩国反倾销立案调查总体年度数量分布。

如图 2 – 41 所示，从 1997 年到 2004 年的反倾销立案调查统计第一阶段，我国对韩国发起反倾销立案调查 26 起，年平均 3.3 起；从 2005 年到 2018 年的反倾销立案调查统计第二阶段，我国对韩国进行了 34 起反倾销立案调查，年平均 2.4 起。对韩国反倾销立案调查数量最多的年度是 2008 年，共有 8 起立案调查。

2. 我国对韩国反倾销立案调查总体涉案产品行业分布。

从我国对韩国反倾销立案调查总体涉案产品的行业数量统计分析结

果来看，化学原料和制品所在行业反倾销立案调查比例最高，共计 45 起，占总体立案调查总数的 75%。造纸行业 5 起，占比 8.3%，钢铁行业 4 起，占比 6.7%；电子行业 3 起，占比 5%；纺织行业共计 2 起，占比 3.3%，光伏行业 1 起，占 1.7%（如图 2-42 所示）。

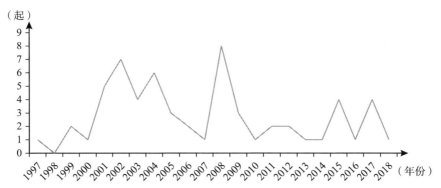

图 2-41　1997~2018 年我国对韩国反倾销立案调查总体年度数量分布

资料来源：根据中华人民共和国商务部贸易救济信息网反倾销案例整理得到。

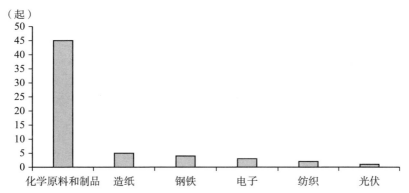

图 2-42　1997~2018 年我国对韩国反倾销立案调查总体涉案产品行业分布

资料来源：根据中华人民共和国商务部贸易救济信息网反倾销案例整理得到。

3. 我国对韩国反倾销立案调查总体终裁结果分布。

从统计的反倾销原审立案调查案件的终裁结果来看，终裁结果为征收反倾销关税的共有 32 起，占反倾销立案调查总体数量的 53.3%；终裁结果为复审延长反倾销措施的有 15 起，占反倾销立案调查总体数量的 25%；终裁结果为复审终止反倾销措施的有 6 起，占反倾销立案调查总体数量的 10%；终裁结果为倾销不成立的有 5 起，占反倾销立案调查总体数量的 8.3%；终裁结果为价格承诺及征收反倾销税的有 1 起，占反倾销立案调查总体数量的 1.7%；终裁结果为申请人撤诉的有 1 起，占反倾销立案调查总体数量的 1.7%。反倾销立案调查总体肯定性终裁结果占总体比例为 78.3%（如图 2－43 所示）。

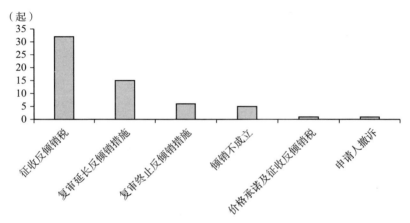

图 2－43　1997～2018 年我国对韩国反倾销立案调查总体终裁结果分布
资料来源：根据中华人民共和国商务部贸易救济信息网反倾销案例整理得到。

第三章

韩国对我国反倾销立案调查阶段性
贸易破坏效应分析

第一节 反倾销立案调查肯定性终裁结果
案例贸易破坏效应分析

本节根据涉案产品的税则号，共选取可查有效海关数据的韩国对我国进行的反倾销立案调查肯定性终裁结果案例 25 个。主要评估目标为：通过实际数据观测，反倾销原审立案调查和期终复审立案调查对涉案产品的对韩出口金额、出口数量以及出口价格所带来的阶段性贸易破坏效应影响程度。

一、有期终复审案例反倾销阶段性贸易破坏效应分析

（一）终裁结果为价格承诺与征收反倾销关税并行案例贸易破坏效应分析

韩国在对我国进行反倾销立案调查终裁执行的过程中，没有单独进行价格承诺的案例，而都是将价格承诺与征收反倾销关税组合使用（见

表 3 – 1）。

  1. 纯碱案例。

  纯碱反倾销立案调查案件公告，如表 3 – 1 所示。

表 3 – 1   纯碱反倾销立案调查案件公告整理

原审立案调查时间	1993 年 2 月 26 日
被诉国家	中国
申诉国家	韩国
涉案产品海关 HS 编码	2836200000
涉案产品中文名称	纯碱
涉案产品英文名称	Disodium Carbonate，Soda Ash
涉案产品所属行业	化学原料和制品工业
原审立案调查初裁时间	1993 年 5 月 25 日
原审立案调查终裁时间	1993 年 11 月 17 日
原审立案调查终裁结果	根据大韩民国《关税法》第 10 条、《关税法执行令》第 4 条以及《对外贸易法》第 40 条、《对外贸易法执行令》第 76 条关于反倾销的相关内容裁定：从中华人民共和国进口的纯碱与大韩民国国内相关产业的同类产品所受到的损害，存在因果关系，存在倾销行为。根据大韩民国《关税法执行令》第 4 条的相关规定对除作出价格承诺的中化河北进出口公司和中国化工建设总公司之外，向其他的公司征收 66.11% 的反倾销关税
期终复审立案调查时间	1999 年 11 月 15 日
期终复审立案调查终裁时间	2000 年 10 月 16 日
期终复审立案调查终裁结果	韩国贸易委员会经调查认定依旧存在倾销行为，依然对国内相关产业同类产品构成威胁，因此，除作出价格承诺的中化河北进出口公司和中国化工建设总公司之外，继续对涉案公司征收反倾销关税，有效期为 2 年。具体税率如下：青岛海湾集团进出口有限公司 25.26%，天津渤海化学工业有限公司 26.47%，其他的公司 25.61%
第二次期终复审立案调查时间	2002 年 1 月 26 日
第二次期终复审立案调查终裁时间	2002 年 3 月 7 日
第二次期终复审立案调查终裁结果	终止反倾销措施

  资料来源：根据中华人民共和国商务部贸易救济信息网和韩国贸易委员会网站信息整理得到。

（1）反倾销原审立案调查阶段对韩出口数据统计分析。

通过整理涉案产品在反倾销原审立案调查时间段的实际对韩出口数据，我们发现纯碱的对韩出口金额和出口数量，在反倾销原审立案调查前的3年间总体上出现了较大幅度的增加，特别是反倾销原审立案调查开始前的1年增幅明显，出口价格则呈现出逐年下降的趋势。1993年涉案产品纯碱被反倾销原审立案调查之后，出口金额和出口数量都出现了比较明显的减少，出口价格开始逐年稳步上涨。对比反倾销原审立案调查前的3年，反倾销原审立案调查后的3年里涉案产品的出口金额累计增加了2个统计单位，出口数量累计增加了8566个统计单位，出口价格累计下降了0.1个统计单位（如表3-2所示）。

表3-2 　　　　　　　1990～1996年涉案产品纯碱反倾销原审立案
调查时间段对韩出口数据统计

年度	出口金额（百万美元）	出口数量（吨）	出口价格（美元/千克）
1990	1	3715	0.27
1991	1	4417	0.23
1992	4	27568	0.15
1993	6	38536	0.16
1994	3	16742	0.18
1995	3	17076	0.18
1996	2	10448	0.19

资料来源：根据韩国贸易协会世界贸易统计数据库进出口数据翻译整理得到。

（2）反倾销原审立案调查阶段对韩出口平均指数统计分析。

如图3-1所示，从涉案产品的反倾销原审立案调查出口平均指数分析结果来看，涉案产品纯碱的对韩出口金额和出口数量出现了明显减少；对韩出口价格持续上涨，三项指标均受到了持续3年的明显影响，反倾销原审立案调查阶段性贸易破坏效应非常显著。

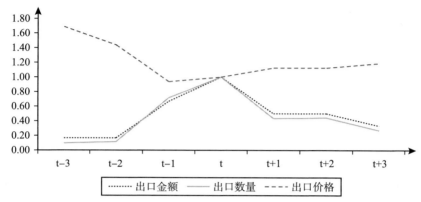

图 3 - 1 涉案产品纯碱反倾销原审立案调查时间段对韩出口平均指数统计

资料来源：以反倾销立案调查年度的各项指标为平均指数基准值计算整理得到。

（3）反倾销期终复审立案调查阶段对韩出口数据统计分析。

通过整理涉案产品在反倾销期终复审立案调查时间段的实际出口数据，我们发现纯碱的对韩出口金额和出口数量，在反倾销期终复审立案调查前的 3 年间总体上出现了小幅度的增加，出口价格总体有所下降。1999 年涉案产品纯碱被反倾销期终复审立案调查之后，出口金额和出口数量持续增加，出口价格开始下降。对比反倾销期终复审立案调查前的 3 年，反倾销期终复审立案调查后的 3 年里涉案产品的出口金额累计增加了 23 个统计单位，出口数量累计增加了 170091 个统计单位，出口价格累计下降了 0.09 个统计单位（见表 3 - 3）。

表 3 - 3　　　　1996 ~ 2002 年涉案产品纯碱反倾销期终复审立案
调查时间段对韩出口数据统计

年度	出口金额（百万美元）	出口数量（吨）	出口价格（美元/千克）
1996	2	10448	0.19
1997	3	18770	0.16
1998	3	17347	0.17
1999	8	47562	0.17

续表

年度	出口金额（百万美元）	出口数量（吨）	出口价格（美元/千克）
2000	6	38665	0.16
2001	8	59733	0.13
2002	17	118258	0.14

资料来源：根据韩国贸易协会世界贸易统计数据库进出口数据翻译整理得到。

（4）反倾销期终复审立案调查阶段对韩出口平均指数统计分析。

如图3-2所示，从涉案产品的反倾销期终复审立案调查出口平均指数分析结果来看，涉案产品纯碱的对韩出口金额和出口数量出现了为期1年的减少；对韩出口价格则持续下降。对比反倾销原审立案调查时所产生的贸易破坏效应衰退比较明显，但仍存在一定的阶段性贸易破坏效应。

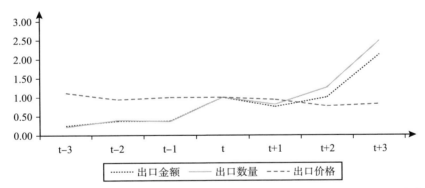

图3-2 涉案产品纯碱反倾销期终复审立案调查时间段对韩出口平均指数统计

资料来源：以反倾销立案调查年度的各项指标为平均指数基准值计算整理得到。

（5）第二次反倾销期终复审立案调查阶段对韩出口数据统计分析。

通过整理涉案产品在反倾销期终复审立案调查时间段的实际出口数据，我们发现纯碱的对韩出口金额和出口数量，在第二次反倾销期终复审立案调查前的3年间总体上没有出现较大幅度的增加，出口价格呈现出逐年下降的趋势。2002 年涉案产品纯碱被反倾销期终复审立案调查之后，出口金额和出口数量开始大幅度增加，出口价格从 2005 年开始上涨。对比第二次反倾销期终复审立案调查前的 3 年，第二次反倾销期终复审立案调查后的 3 年里，涉案产品的出口金额累计增加了 136 个统计单位，出口数量累计增加了 898104 个统计单位，出口价格累计下降了 0.02 个统计单位（见表 3 - 4）。

表 3 - 4   1999 ~ 2005 年涉案产品纯碱第二次反倾销期终复审
立案调查时间段出口数据统计

年度	出口金额（百万美元）	出口数量（吨）	出口价格（美元/千克）
1999	8	47562	0.17
2000	6	38665	0.16
2001	8	59733	0.13
2002	17	118258	0.14
2003	28	222444	0.13
2004	47	369299	0.13
2005	83	452321	0.18

资料来源：根据韩国贸易协会世界贸易统计数据库进出口数据翻译整理得到。

（6）第二次反倾销期终复审立案调查阶段对韩出口平均指数统计分析。

从涉案产品的第二次反倾销期终复审立案调查出口平均指数分析结果来看，纯碱的对韩出口金额和出口数量一直保持上涨势头；出口价格则在下跌 2 年后出现了 1 年的上涨。对比第一次反倾销期终复审立案调查时所产生的贸易破坏效应衰退更加明显，但仍未完全消失（如图 3 - 3 所示）。

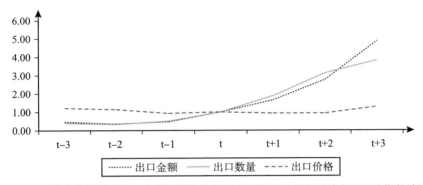

图 3 - 3　涉案产品纯碱第二次反倾销期终复审立案调查时间段对韩出口平均指数统计

资料来源：以反倾销立案调查年度的各项指标为平均指数基准值计算整理得到。

2. 硅锰铁案例。

硅锰铁反倾销立案调查案件公告，如表 3 - 5 所示。

表 3 - 5　　　　　　　硅锰铁反倾销立案调查案件公告整理

原审立案调查时间	1997 年 11 月 7 日
被诉国家	中国
申诉国家	韩国
涉案产品海关 HS 编码	7202300000
涉案产品中文名称	硅锰铁
涉案产品英文名称	Silico – Manganese
涉案产品所属行业	钢铁工业
原审立案调查初裁时间	1998 年 3 月 11 日
原审立案调查初裁结果	根据大韩民国《关税法》第 10 条、《关税法执行令》第 4 条以及《对外贸易法》第 40 条、《对外贸易法执行令》第 76 条关于反倾销的相关内容裁定：从中华人民共和国进口的硅锰铁与大韩民国国内相关产业的同类产品所受到损害，存在因果关系，存在倾销行为。根据大韩民国《关税法执行令》第 4 条的相关规定对涉案公司的相关产品，征收 20.58% 的临时反倾销税
原审立案调查终裁时间	1998 年 7 月 2 日

续表

原审立案调查终裁结果	根据大韩民国《关税法》第 10 条、《关税法执行令》第 4 条以及《对外贸易法》第 40 条、《对外贸易法执行令》第 76 条关于反倾销的相关内容裁定：从中华人民共和国进口的硅锰铁与大韩民国国内相关产业的同类产品所受到的损害，存在因果关系，存在倾销行为。根据大韩民国《关税法执行令》第 4 条的相关规定对涉案公司的相关产品征收反倾销关税。同时接受包括五矿国际发展公司、遵义铁合金进出口公司、江西中基进出口公司等 9 家公司的价格承诺，对其他公司征收 17.95% ~ 24.68% 的反倾销税，正式生效期为 1998 年 4 月 10 日，征税期为 5 年
期终复审立案调查时间	2002 年 10 月 1 日
期终复审立案调查终裁时间	2003 年 10 月 12 日
期终复审立案调查终裁结果	继续对广西八一硅锰铁合金有限公司按 28.26%，四川川投峨眉硅锰铁合金有限公司按 35.14%，贵州龙里龙腾硅锰铁合金有限公司按 27.33%，征收反倾销关税，实施期为 5 年，至 2008 年 12 月 2 日结束

资料来源：根据中华人民共和国商务部贸易救济信息网和韩国贸易委员会网站信息整理得到。

（1）反倾销原审立案调查阶段对韩出口数据统计分析。

通过整理涉案产品在反倾销原审立案调查时间段的实际出口数据，我们发现硅锰铁的对韩出口金额和出口数量，在反倾销原审立案调查前的 3 年间都出现了较大幅度的增加，出口价格也呈现出上涨的趋势。1997 年涉案产品硅锰铁被反倾销原审立案调查之后，出口金额和出口数量总体趋于减少，但从 2000 年开始增加，出口价格则总体趋于下降。对比反倾销原审立案调查前的 3 年，反倾销原审立案调查后的 3 年里，涉案产品的出口金额累计减少了 58 个统计单位，出口数量累计减少了 104002 个统计单位，出口价格累计下降了 0.3 个统计单位（见表 3 - 6）。

表 3 - 6 　　　　1994 ~ 2000 年涉案产品硅锰铁反倾销原审立案
调查时间段出口数据统计

年度	出口金额（百万美元）	出口数量（吨）	出口价格（美元/千克）
1994	26	60459	0.4
1995	35	76101	0.5
1996	52	99839	0.5
1997	53	120249	0.4
1998	28	66306	0.4
1999	4	11708	0.3
2000	23	54383	0.4

资料来源：根据韩国贸易协会世界贸易统计数据库进出口数据翻译整理得到。

（2）反倾销原审立案调查阶段对韩出口平均指数统计分析。

从涉案产品的反倾销原审立案调查出口平均指数分析结果来看，反倾销原审立案调查后，硅锰铁的对韩出口金额和出口数量连续减少 2 年后开始逐渐增加；出口价格先是保持 1 年未变，继而出现 1 年下跌后，在第 3 年开始上涨。反倾销原审立案调查贸易破坏效应比较显著（见图 3 - 4 所示）。

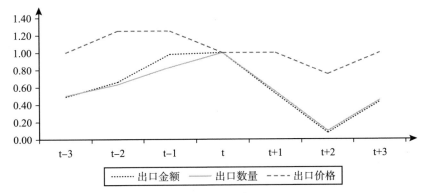

图 3 - 4 涉案产品硅锰铁反倾销原审立案调查时间段对韩出口平均指数统计

资料来源：以反倾销立案调查年度的各项指标为平均指数基准值计算整理得到。

（3）反倾销期终复审立案调查阶段对韩出口数据统计分析。

通过整理涉案产品在反倾销期终复审立案调查时间段的实际出口数据，我们发现硅锰铁的对韩出口金额和出口数量，在反倾销期终复审立案调查前的 3 年间总体上出现了较大幅度的增加，出口价格呈现出逐年上涨的趋势。2002 年涉案产品硅锰铁被反倾销期终复审立案调查之后，出口金额和出口数量总体减少明显，出口价格总体上涨明显。对比反倾销期终复审立案调查前的 3 年，反倾销期终复审立案调查后的 3 年里，涉案产品的出口金额累计增加了 79 个统计单位，出口数量累计增加了 43658 个统计单位，出口价格累计上涨了 1.3 个统计单位（见表 3 - 7）。

表 3 - 7　　　　1999 ~ 2005 年涉案产品硅锰铁反倾销期终复审
立案调查时间段出口数据统计

年度	出口金额（百万美元）	出口数量（吨）	出口价格（美元/千克）
1999	4	11708	0.3
2000	23	54383	0.4
2001	23	50991	0.5
2002	32	71204	0.4
2003	34	70530	0.5
2004	74	67956	1.1
2005	21	22254	0.9

资料来源：根据韩国贸易协会世界贸易统计数据库进出口数据翻译整理得到。

（4）反倾销期终复审立案调查阶段对韩出口平均指数统计分析。

从涉案产品的反倾销期终复审立案调查出口平均指数分析结果来看，反倾销期终复审立案调查后，硅锰铁的对韩出口金额从第 3 年开始减少；对韩出口数量连续 3 年减少；对韩出口价格连续 2 年大幅上涨，对比反倾销原审立案调查时所产生的贸易破坏效应周期有所延长（见图 3 - 5）。

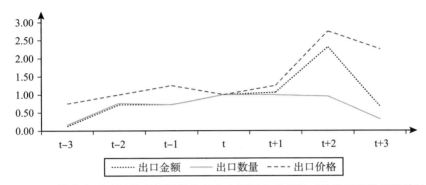

图3-5 涉案产品硅锰铁反倾销期终复审立案调查时间段对韩出口平均指数统计

资料来源:以反倾销立案调查年度的各项指标为平均指数基准值计算整理得到。

(二) 终裁结果为征收反倾销关税案例贸易破坏效应分析

1. 精制磷酸案例。

精制磷酸反倾销立案调查案件公告,如表3-8所示。

表3-8 精制磷酸反倾销立案调查案件公告整理

原审立案调查时间	1992年8月6日
被诉国家	中国
申诉国家	韩国
涉案产品海关 HS 编码	2809201000
涉案产品中文名称	精制磷酸
涉案产品英文名称	Phosphoric Acid
涉案产品所属行业	化学原料和制品工业
原审立案调查初裁时间	1992年10月5日
原审立案调查终裁时间	1993年1月28日
原审立案调查终裁结果	根据大韩民国《关税法》第10条、《关税法执行令》第4条以及《对外贸易法》第40条、《对外贸易法执行令》第76条关于反倾销的相关内容裁定:从中华人民共和国进口的精制磷酸与大韩民国国内相关产业的同类产品所受到的损害,存在因果关系,存在倾销行为。对中国化工进出口公司按59.34%、上海市化工进出口公司按51.32%,其他中国公司按45.38%征收反倾销关税,有效期3年

续表

期终复审立案调查时间	1995 年 9 月 7 日
期终复审立案调查终裁时间	1996 年 2 月 29 日
期终复审立案调查终裁结果	从中华人民共和国进口的精制磷酸与大韩民国国内相关产业的同类产品所受到的损害，存在因果关系，存在倾销行为，如果终止反倾销措施，损害有可能再次发生，因此，继续对中国化工进出口公司按 59.34%、上海市化工进出口公司按 51.32%，其他中国公司按 45.38% 征收反倾销关税，有效期 2 年

资料来源：根据中华人民共和国商务部贸易救济信息网和韩国贸易委员会网站信息整理得到。

（1）反倾销原审立案调查阶段对韩出口数据统计分析。

通过整理涉案产品在反倾销原审立案调查时间段的实际出口数据，我们发现精制磷酸的对韩出口金额和出口数量，在反倾销原审立案调查前的 3 年间出现了较大幅度的增加，出口价格也出现了较为明显的上涨。1992 年涉案产品精制磷酸被反倾销原审立案调查之后，出口金额和出口数量出现了大幅度的减少，出口价格呈现持续下跌的状态。对比反倾销原审立案调查前的 3 年，反倾销原审立案调查后的 3 年里，涉案产品的出口金额累计减少了 9 个统计单位，出口数量累计减少了 16249 个统计单位，出口价格累计下降了 1.16 个统计单位（见表 3 - 9）。

表 3 - 9　　　　1989 ~ 1995 年涉案产品精制磷酸反倾销原审
立案调查时间段出口数据统计

年度	出口金额（百万美元）	出口数量（吨）	出口价格（美元/千克）
1989	3	6965	0.43
1990	3	6467	0.43
1991	5	10176	0.72
1992	4	8794	0.57
1993	1	3835	0.14
1994	1	3524	0.14
1995	0	0	0.14

资料来源：根据韩国贸易协会世界贸易统计数据库进出口数据翻译整理得到。

（2）反倾销原审立案调查阶段对韩出口平均指数统计分析。

从涉案产品的反倾销原审立案调查出口平均指数分析结果来看，反倾销原审立案调查后，精制磷酸的对韩出口金额和出口数量连续 3 年减少，反倾销贸易破坏效应明显；对韩出口价格持续下降 1 年后趋于平稳，并未产生上涨，反倾销贸易破坏效应并不显著（如图 3 - 6 所示）。

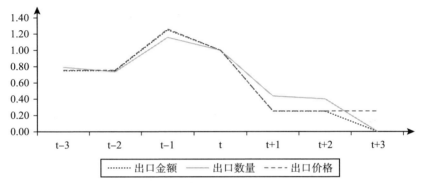

图 3 - 6　涉案产品精制磷酸反倾销原审立案调查时间段对韩出口平均指数统计

资料来源：以反倾销立案调查年度的各项指标为平均指数基准值计算整理得到。

（3）反倾销期终复审立案调查阶段对韩出口数据统计分析。

通过整理涉案产品在反倾销期终复审立案调查时间段的实际出口数据，我们发现精制磷酸的对韩出口金额和出口数量，在反倾销期终复审立案调查前的 2 年间总体减少明显，出口价格下降趋势明显。1995 年涉案产品精制磷酸被反倾销期终复审立案调查之后，出口金额和出口数量停滞两年后，从 1998 年开始渐渐恢复，出口价格总体呈现下跌。对比反倾销期终复审立案调查前的 3 年，反倾销期终复审立案调查后的 3 年里，涉案产品的出口金额累计减少了 5 个统计单位，出口数量累计减少了 14978 个统计单位，出口价格累计下降了 0.01 个统计单位（如表 3 - 10 所示）。

表 3 - 10　　　　1992 ~ 1998 年涉案产品精制磷酸反倾销期终复审

立案调查时间段出口数据统计

年度	出口金额（百万美元）	出口数量（吨）	出口价格（美元/千克）
1992	4	8794	0. 57
1993	1	3835	0. 14
1994	1	3524	0. 14
1995	1	2829	0. 35
1996	0	0	0. 35
1997	0	0	0. 35
1998	1	1175	0. 14

资料来源：根据韩国贸易协会世界贸易统计数据库进出口数据翻译整理得到。

（4）反倾销期终复审立案调查阶段对韩出口平均指数统计分析。

从涉案产品的反倾销期终复审立案调查出口平均指数分析结果来看，反倾销期终复审立案调查后，精制磷酸的对韩出口金额、出口数量连续 2 年减少；对韩出口价格连续 2 年保持较高水平。对比反倾销原审立案调查时所产生的贸易破坏效应有所增强（如图 3 - 7 所示）。

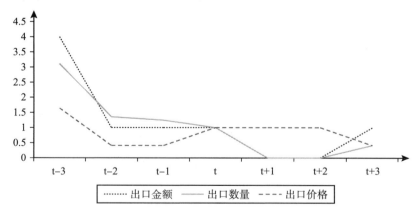

图 3 - 7　涉案产品精制磷酸反倾销期终复审立案调查时间段对韩出口平均指数统计

资料来源：以反倾销立案调查年度的各项指标为平均指数基准值计算整理得到。

2. 氯化胆碱案例。

氯化胆碱反倾销立案调查案件公告，如表 3 – 11 所示。

表 3 –11　　　　　　氯化胆碱反倾销立案调查案件公告整理

原审立案调查时间	1996 年 3 月 29 日
被诉国家	中国
申诉国家	韩国
涉案产品海关 HS 编码	2923102000、2309902099、2309909000、2309903020
涉案产品中文名称	氯化胆碱
涉案产品英文名称	Choline Chloride
涉案产品所属行业	化学原料和制品工业
原审立案调查初裁时间	1996 年 7 月 9 日
原审立案调查初裁结果	根据大韩民国《关税法》第 10 条、《关税法执行令》第 4 条以及《对外贸易法》第 40 条、《对外贸易法执行令》第 76 条关于反倾销的相关内容裁定：从中华人民共和国进口的氯化胆碱与大韩民国国内相关产业的同类产品所受到的损害，存在因果关系，存在倾销行为。根据大韩民国《关税法执行令》第 4 条的相关规定对所有涉案中国公司征收 33.83% ~ 34.57% 的临时反倾销税，为期 4 个月
原审立案调查终裁时间	1996 年 10 月 9 日
原审立案调查终裁结果	根据大韩民国《关税法》第 10 条、《关税法执行令》第 4 条以及《对外贸易法》第 40 条、《对外贸易法执行令》第 76 条关于反倾销的相关内容裁定：从中华人民共和国进口的氯化胆碱与大韩民国国内相关产业的同类产品所受到的损害，存在因果关系，存在倾销行为。根据大韩民国《关税法执行令》第 4 条的相关规定对涉案公司的相关产品征收反倾销关税。具体税率如下：中石化天津进出口公司（Shinochem Tianjin I/E CORP）33.83%，其他涉案公司普遍：33.83% ~ 34.57%，正式生效为 1996 年 9 月 2 日，有效期 5 年
第二次原审立案调查时间	2003 年 12 月 3 日
第二次原审立案调查初裁时间	2004 年 4 月 21 日

第二次原审立案调查初裁结果	根据大韩民国《关税法》第 10 条、《关税法执行令》第 4 条以及《对外贸易法》第 40 条、《对外贸易法执行令》第 76 条关于反倾销的相关内容裁定：从中华人民共和国进口的氯化胆碱与大韩民国国内相关产业的同类产品所受到的损害，存在因果关系，存在倾销行为。根据大韩民国《关税法执行令》第 4 条的相关规定对所有涉案中国公司征收 33.83% ~ 34.57% 的临时反倾销税，为期 4 个月
第二次原审立案调查终裁时间	2004 年 9 月 22 日
第二次原审立案调查终裁结果	根据大韩民国《关税法》第 10 条、《关税法执行令》第 4 条以及《对外贸易法》第 40 条、《对外贸易法执行令》第 76 条关于反倾销的相关内容裁定：从中华人民共和国进口的氯化胆碱与大韩民国国内相关产业的同类产品所受到的损害，存在因果关系，存在倾销行为。根据大韩民国《关税法执行令》第 4 条的相关规定对涉案公司的相关产品征收反倾销关税。具体税率如下：中石化天津进出口公司 33.83%，其他涉案公司普遍：33.83% ~ 34.57%，正式生效期为 2004 年 9 月 22 日，为期 5 年
期终复审立案调查时间	2009 年 5 月 27 日
期终复审立案调查终裁时间	2009 年 11 月 25 日
期终复审立案调查终裁结果	对涉案产品继续征收反倾销关税，有效期 3 年，税率调整为 10.28% ~ 27.55%

资料来源：根据中华人民共和国商务部贸易救济信息网和韩国贸易委员会网站信息整理得到。

(1) 反倾销原审立案调查阶段对韩出口数据统计分析。

通过整理涉案产品在反倾销原审立案调查时间段的实际出口数据，我们发现氯化胆碱的对韩出口金额和出口数量总体处于增加状态，但在反倾销原审立案调查前的 1 年中出现了较大幅度的减少，出口价格在反倾销原审立案调查前的 1 年内开始下跌。1996 年涉案产品氯化胆碱被反倾销原审立案调查之后，出口金额几乎没产生太大的变化，出口数量在第 2 年减少后，从 1998 年开始逐渐增加，出口价格在 1997 年上涨 1 年后，开始持续下跌。对比反倾销原审立案调查前的 3 年，反倾销原审立案调查后的 3 年里，涉案产品的出口金额累计增加了 2 个统计单位，出口数量累计增加了 910 个统计单位，出口价格累计上涨了 5.4 个统计单位（见表 3 - 12）。

表 3 - 12　　　　1993 ~ 1999 年涉案产品氯化胆碱反倾销原审
立案调查时间段出口数据统计

年度	出口金额（百万美元）	出口数量（吨）	出口价格（美元/千克）
1993	1	624	1.6
1994	2	973	2.06
1995	1	686	1.5
1996	1	477	2.1
1997	1	310	3.2
1998	1	390	2.6
1999	1	896	1.1

资料来源：根据韩国贸易协会世界贸易统计数据库进出口数据翻译整理得到。

（2）涉案产品氯化胆碱阶段性出口平均指数统计分析。

从涉案产品的反倾销原审立案调查出口平均指数分析结果来看，反倾销原审立案调查后氯化胆碱的对韩出口金额持续 3 年保持较低水平；对韩出口数量从第 2 年开始逐渐增加；对韩出口价格上涨 1 年后开始下跌，反倾销原审立案调查所产生的贸易破坏效应比较显著（见图 3 - 8）。

（3）第二次反倾销原审立案调查阶段对韩出口数据统计分析。

通过整理涉案产品在反倾销原审立案调查时间段的实际出口数据，我们发现氯化胆碱的对韩出口金额在第二次反倾销原审立案调查前的 3 年间总体上呈现出持续增加的状态，但出口数量却在逐渐减少，出口价格呈现出逐年上涨的趋势。2003 年涉案产品氯化胆碱被第二次反倾销原审立案调查之后，出口金额保持了 2 年零增长后，从 2006 年开始大幅度增加，出口数量保持一直增加的状态，出口价格连续下跌两年后从 2006 年开始上涨。对比反倾销原审立案调查前的 3 年，反倾销原审立案

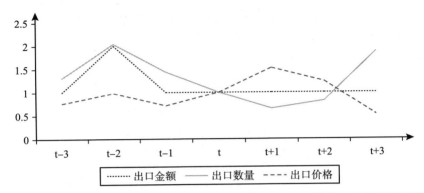

图 3 - 8　涉案产品氯化胆碱反倾销原审立案调查时间段对韩出口平均指数统计

资料来源：以反倾销立案调查年度的各项指标为平均指数基准值计算整理得到。

调查后的 3 年里，涉案产品的出口金额累计增加了 5 个统计单位，出口数量累计增加了 4337 个统计单位，出口价格累计上涨了 0.6 个统计单位（见表 3 - 13）。

表 3 - 13　　　　2000 ~ 2006 年涉案产品氯化胆碱反倾销原审
立案调查时间段出口数据统计

年度	出口金额（百万美元）	出口数量（吨）	出口价格（美元/千克）
2000	1	2636	0.4
2001	1	1827	0.5
2002	2	1828	1.1
2003	2	1696	1.2
2004	2	1969	1
2005	2	2944	0.7
2006	5	5715	0.9

资料来源：根据韩国贸易协会世界贸易统计数据库进出口数据翻译整理得到。

　　（4）第二次原审立案调查阶段对韩出口平均指数统计分析。

　　从涉案产品的第二次反倾销原审立案调查出口平均指数分析结果来

看，第二次反倾销原审立案调查后，氯化胆碱的对韩出口金额和出口数量并没有明显减少，所产生的贸易破坏效应并不明显；对韩出口价格从第 2 年开始上涨。对比第一次反倾销原审立案调查所产生的贸易破坏效应出现了明显衰退（见图 3 - 9）。

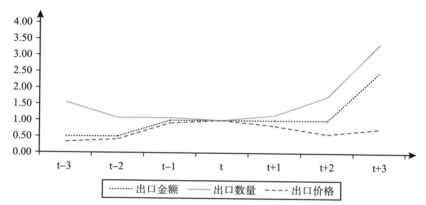

图 3 - 9　涉案产品氯化胆碱第二次反倾销原审立案调查时间段对韩出口平均指数统计
资料来源：以反倾销立案调查年度的各项指标为平均指数基准值计算整理得到。

（5）反倾销期终复审立案调查阶段对韩出口数据统计分析。

通过整理涉案产品在反倾销期终复审立案调查时间段的实际出口数据，我们发现氯化胆碱的对韩出口金额在反倾销期终复审立案调查前的 3 年间保持连续增加，出口数量总体上出现了小幅度的增加，出口价格在被反倾销期终复审立案调查的前 1 年出现上涨。2009 年涉案产品氯化胆碱被反倾销期终复审立案调查之后，出口金额和出口数量总体仍然处于继续增加的状态，出口价格开始连续上涨。对比反倾销期终复审立案调查前的 3 年，反倾销期终复审立案调查后的 3 年里，涉案产品的出口金额累计增加了 46 个统计单位，出口数量累计增加了 92166 个统计单位，出口价格累计上涨了 1.1 个统计单位（如表 3 - 14 所示）。

表 3 - 14　　　　2006~2012 年涉案产品氯化胆碱反倾销期终复审
立案调查时间段出口数据统计

年度	出口金额（百万美元）	出口数量（吨）	出口价格（美元/千克）
2006	5	5715	0.9
2007	6	7454	0.8
2008	7	5709	1.2
2009	13	25350	0.5
2010	20	41649	0.5
2011	20	32936	0.6
2012	24	36459	0.7

资料来源：根据韩国贸易协会世界贸易统计数据库进出口数据翻译整理得到。

（6）反倾销期终复审立案调查阶段对韩出口平均指数统计分析。

从涉案产品的反倾销期终复审立案调查出口平均指数分析结果来看，反倾销期终复审立案调查后，氯化胆碱的对韩出口金额和出口数量从第 2 年开始出现下降，后又产生反弹，所产生的贸易破坏效应影响时间较短；对韩出口价格从第 2 年开始上涨明显。对比第二次反倾销原审立案调查时所产生的贸易破坏效应有所增强（如图 3 - 10 所示）。

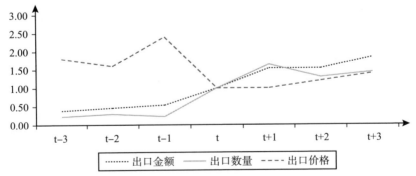

图 3 - 10　涉案产品氯化胆碱反倾销期终复审立案调查时间段对韩出口平均指数统计

资料来源：以反倾销立案调查年度的各项指标为平均指数基准值计算整理得到。

3. 电熨斗案例。

电熨斗反倾销立案调查案件公告，如表 3 – 15 所示。

表 3 – 15　　　　　　　　　电熨斗反倾销立案调查案件公告整理

原审立案调查时间	1997 年 10 月 15 日
被诉国家	中国
申诉国家	韩国
涉案产品 HS 编码	8516400000
涉案产品中文名称	电熨斗
涉案产品英文名称	Electric Iron
涉案产品所属行业	电气工业
原审立案调查初裁时间	1998 年 2 月 20 日
原审立案调查初裁结果	根据大韩民国《关税法》第 10 条、《关税法执行令》第 4 条以及《对外贸易法》第 40 条、《对外贸易法执行令》第 76 条关于反倾销的相关内容裁定：从中华人民共和国进口的电熨斗与大韩民国国内相关产业的同类产品所受到的损害，存在因果关系，存在倾销行为。根据大韩民国《关税法执行令》第 4 条的相关规定对涉案公司的相关产品，按照暂定倾销幅度 78.75% 征收临时反倾销税
原审立案调查终裁时间	1998 年 6 月 17 日
原审立案调查终裁结果	根据大韩民国《关税法》第 10 条、《关税法执行令》第 4 条以及《对外贸易法》第 40 条、《对外贸易法执行令》第 76 条关于反倾销的相关内容裁定：从中华人民共和国进口的电熨斗与大韩民国国内相关产业的同类产品所受到的损害，存在因果关系，存在倾销行为。根据大韩民国《关税法执行令》第 4 条的相关规定对涉案公司的相关产品征收反倾销关税。具体征收税率如下：福建漳州灿坤实业有限公司 43.77%，Ever Splendor、Jack Pot Appliance 43.77%，中国威利马电器有限公司（Goodway Electrical）43.77%，深圳 Bai Lingda 公司（Shenzhen Bai Lingda）43.77%，Win Mate Industrial 43.77%，Princess 43.77%，正式生效期为 1998 年 4 月 6 日，征税期为 3 年
期终复审立案调查时间	2000 年 11 月 29 日
期终复审立案调查终裁时间	2000 年 12 月 8 日
期终复审立案调查终裁结果	从 2000 年 12 月 8 日起，终止对进口自中国的电熨斗征收反倾销关税

资料来源：根据中华人民共和国商务部贸易救济信息网和韩国贸易委员会网站信息整理得到。

（1）反倾销原审立案调查阶段对韩出口数据统计分析。

通过整理涉案产品在反倾销原审立案调查时间段的实际出口数据，我们发现电熨斗的对韩出口金额和出口数量，在反倾销原审立案调查前的 3 年间总体上出现了较大幅度的增加，出口价格则呈现出逐年下降的趋势。1997 年涉案产品电熨斗被反倾销原审立案调查之后，出口金额下降后一直维持在较低的区间没有出现增长，出口数量在 1998 年减少后，从 1999 年开始连续两年逐渐增加，出口价格则继续保持连续下跌的状态。对比反倾销原审立案调查前的 3 年，反倾销原审立案调查后的 3 年里，涉案产品的出口金额累计减少了 2 个统计单位，出口数量累计增加了 246 个统计单位，出口价格累计下降了 44.68 个统计单位（见表 3 – 16）。

表 3 – 16　　　　1994 ~ 2000 年涉案产品电熨斗反倾销原审立案
调查时间段出口数据统计

年度	出口金额（百万美元）	出口数量（吨）	出口价格（美元/千克）
1994	1	38	26.65
1995	1	43	23.61
1996	3	261	11.54
1997	2	167	12
1998	1	121	8.3
1999	1	195	5.14
2000	1	272	3.68

资料来源：根据韩国贸易协会世界贸易统计数据库进出口数据翻译整理得到。

（2）反倾销原审立案调查阶段对韩出口平均指数统计分析。

从涉案产品的反倾销原审立案调查出口平均指数分析结果来看，反倾销原审立案调查后电熨斗的对韩出口金额连续 3 年减少，所产生的贸易破坏效应比较明显；对韩出口数量减少 1 年后，从第 2 年开始逐渐增加；对韩出口价格上涨 1 年后，开始大幅下降。反倾销原审立案调查所产生的贸易破坏效应比较明显（如图 3 - 11 所示）。

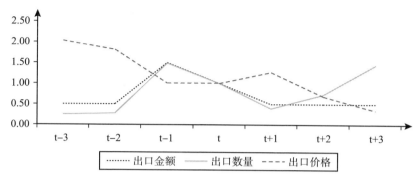

图 3 - 11 涉案产品电熨斗反倾销原审立案调查时间段对韩出口平均指数统计

资料来源：以反倾销立案调查年度的各项指标为平均指数基准值计算整理得到。

（3）反倾销期终复审立案调查阶段对韩出口数据统计分析。

通过整理涉案产品在反倾销期终复审立案调查时间段的实际出口数据，我们发现电熨斗的对韩出口金额和出口数量，在反倾销期终复审立案调查前的 3 年间总量减少并维持在较低的区间内波动，出口价格总体呈现出下降的趋势。2000 年涉案产品电熨斗被反倾销期终复审立案调查之后，出口金额和出口数量产生较大幅度的增长，出口价格总体趋于平稳，从 2003 年开始小幅度上涨。对比反倾销期终复审立案调查前的 3 年，反倾销期终复审立案调查后的 3 年里涉案产品的出口金额累计增加了 7 个统计单位，出口数量累计增加了 2306 个统计单位，出口价格累计下降了 17. 25 个统计单位（见表 3 - 17）。

表 3 - 17 　　　　1997 ~ 2003 年涉案产品电熨斗反倾销期终复审
立案调查时间段出口数据统计

年度	出口金额（百万美元）	出口数量（吨）	出口价格（美元/千克）
1997	2	203	9. 85
1998	1	80	12. 5

续表

年度	出口金额（百万美元）	出口数量（吨）	出口价格（美元/千克）
1999	1	148	6.76
2000	1	293	3.41
2001	2	563	3.55
2002	4	1116	3.58
2003	5	1058	4.73

资料来源：根据韩国贸易协会世界贸易统计数据库进出口数据翻译整理得到。

（4）反倾销期终复审立案调查阶段对韩出口平均指数统计分析。

从涉案产品的反倾销期终复审立案调查出口平均指数分析结果来看，反倾销期终复审立案调查后，电熨斗的对韩出口金额依然保持连续增加；对韩出口数量连续增加 2 年后，从第 3 年开始减少；对韩出口价格保持低位 2 年后从第 3 年开始上涨。对比反倾销原审立案调查时所产生的贸易破坏效应影响程度衰退明显（见图 3－12）。

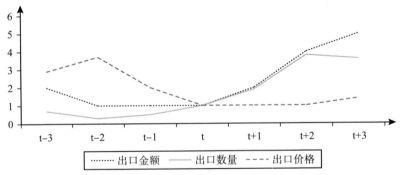

图 3－12　涉案产品电熨斗反倾销期终复审立案调查时间段对韩出口平均指数统计

资料来源：以反倾销立案调查年度的各项指标为平均指数基准值计算整理得到。

4. 一次性气体打火机案例。

一次性气体打火机反倾销立案调查案件公告，如表 3－18 所示。

表 3 - 18　　　　一次性气体打火机反倾销立案调查案件公告整理

原审立案调查时间	1997 年 2 月 27 日
被诉国家	中国
申诉国家	韩国
涉案产品海关 HS 编码	9613100000、9613200000
涉案产品中文名称	一次性气体打火机
涉案产品英文名称	Temporary Lighter
涉案产品所属行业	文体、工美和娱乐用品
原审立案调查初裁时间	1997 年 5 月 30 日
原审立案调查初裁结果	根据大韩民国《关税法》第 10 条、《关税法执行令》第 4 条以及《对外贸易法》第 40 条、《对外贸易法执行令》第 76 条关于反倾销的相关内容裁定：从中华人民共和国进口的袖珍气体打火机与大韩民国国内相关产业的同类产品所受到的损害，存在因果关系，存在倾销行为。根据大韩民国《关税法执行令》第 4 条的相关规定对涉案公司的相关产品征收 31.39% 的临时反倾销税
原审立案调查终裁时间	1997 年 9 月 26 日
原审立案调查终裁结果	根据大韩民国《关税法》第 10 条、《关税法执行令》第 4 条以及《对外贸易法》第 40 条、《对外贸易法执行令》第 76 条关于反倾销的相关内容裁定：从中华人民共和国进口的袖珍气体打火机与大韩民国国内相关产业的同类产品所受到的损害，存在因果关系，存在倾销行为。根据大韩民国《关税法执行令》第 4 条的相关规定对涉案公司的相关产品征收反倾销关税。具体税率如下：天津 Sico 打火机有限公司（Tianjin Sico Lighter Co Ltd）税率为 32.84%，其他公司普遍税率为 32.84%，正式生效期为 1997 年 11 月 8 日，为期 5 年
期终复审立案调查时间	2002 年 5 月 1 日
期终复审立案调查终裁时间	2003 年 5 月 23 日
期终复审立案调查终裁结果	对涉案产品继续征收 36.42% ~ 65.31% 的反倾销关税，征税期限延长至 2006 年 5 月 22 日

　　资料来源：根据中华人民共和国商务部贸易救济信息网和韩国贸易委员会网站信息整理得到。

（1）反倾销原审立案调查阶段对韩出口数据统计分析。

通过整理涉案产品在反倾销原审立案调查时间段的实际出口数据，

我们发现一次性气体打火机的对韩出口金额和出口数量，在反倾销原审立案调查前的 3 年间总体上出现了较大幅度的增加，出口价格则呈现出逐年下降的趋势。1997 年涉案产品一次性气体打火机被反倾销原审立案调查之后，出口金额和出口数量在 1998 年减少后，1999 年大幅度增加，2000 年再次减少，出口价格没有出现上涨迹象。对比反倾销原审立案调查前的 3 年，反倾销原审立案调查后的 3 年里，涉案产品的出口金额累计增加了 1 个统计单位，出口数量累计增加了 3783 个统计单位，出口价格累计下降了 8 个统计单位（见表 3 – 19）。

表 3 – 19　　　　1994 ~ 2000 年涉案产品一次性气体打火机反倾销
原审立案调查时间段出口数据统计

年度	出口金额（百万美元）	出口数量（吨）	出口价格（美元/千克）
1994	2	384	5.2
1995	4	742	5.4
1996	6	1672	3.6
1997	11	3162	3.5
1998	2	856	2.3
1999	7	3762	1.9
2000	4	1963	2

资料来源：根据韩国贸易协会世界贸易统计数据库进出口数据翻译整理得到。

（2）反倾销原审立案调查阶段对韩出口平均指数统计分析。

如图 3 – 13 所示，从涉案产品的反倾销原审立案调查出口平均指数分析结果来看，反倾销原审立案调查后，一次性气体打火机的对韩出口金额和出口数量波动后总体减少，贸易破坏效应明显；对韩出口价格持续 3 年保持较低水平，贸易破坏效应几乎没有体现。

（3）反倾销期终复审立案调查阶段对韩出口数据统计分析。

通过整理涉案产品在反倾销期终复审立案调查时间段的实际出口数据，我们发现一次性气体打火机的对韩出口金额和出口数量，在反倾销期终复审立案调查前的 3 年间总体上减少明显，出口价格呈现逐年上涨

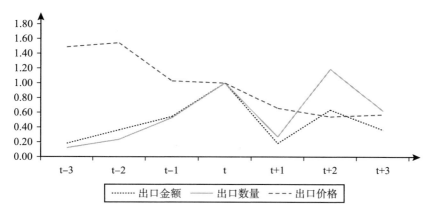

**图 3-13　涉案产品一次性气体打火机反倾销原审立案调查时间段对
韩出口平均指数统计**

资料来源：以反倾销立案调查年度的各项指标为平均指数基准值计算整理得到。

的趋势。2002 年涉案产品一次性气体打火机被反倾销期终复审立案调查之后，出口金额和出口数量减少明显，出口价格开始下跌。对比反倾销期终复审立案调查前的 3 年，反倾销期终复审立案调查后的 3 年里，涉案产品的出口金额累计减少了 11 个统计单位，出口数量累计减少了 5609 个统计单位，出口价格累计上涨了 2.3 个统计单位。

**表 3-20　1999~2005 年涉案产品一次性气体打火机反倾销期终
复审立案调查时间段出口数据统计**

年度	出口金额（百万美元）	出口数量（吨）	出口价格（美元/千克）
1999	7	3762	1.9
2000	4	1963	2
2001	3	791	3.8
2002	2	427	4.7
2003	1	297	3.4
2004	1	279	3.6
2005	1	331	3

资料来源：根据韩国贸易协会世界贸易统计数据库进出口数据翻译整理得到。

（4）反倾销期终复审立案调查阶段出口平均指数统计分析。

从涉案产品的反倾销期终复审立案调查出口平均指数分析结果来看，反倾销期终复审立案调查后，一次性气体打火机的对韩出口金额和出口数量持续 3 年一直维持在较低水平，贸易破坏效应明显；对韩出口价格持续 3 年未出现上涨，贸易破坏效应并不明显。对比反倾销原审立案调查时所产生的贸易破坏效应没有明显变化（见图 3 - 14）。

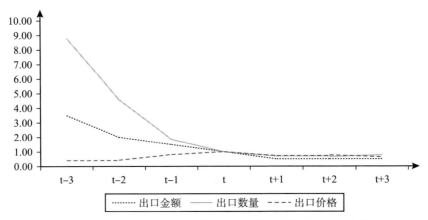

图 3 - 14　涉案产品一次性气体打火机反倾销期终复审立案调查
时间段对韩出口平均指数统计

资料来源：以反倾销立案调查年度的各项指标为平均指数基准值计算整理得到。

5. 碱锰电池案例。

碱锰电池反倾销立案调查案件公告，如表 3 - 21 所示。

表 3 - 21　　　　　碱锰电池反倾销立案调查案件公告整理

原审立案调查时间	1999 年 11 月 16 日
被诉国家	中国
申诉国家	韩国
涉案产品海关 HS 编码	8516400000
涉案产品中文名称	碱锰电池

续表

涉案产品英文名称	Alkali Manganese Batteries
涉案产品所属行业	电气工业
原审立案调查初裁时间	2000 年 3 月 15 日
原审立案调查初裁结果	根据大韩民国《关税法》第 10 条、《关税法执行令》第 4 条以及《对外贸易法》第 40 条、《对外贸易法执行令》第 76 条关于反倾销的相关内容裁定：从中华人民共和国进口的碱锰电池与大韩民国国内相关产业的同类产品所受到的损害，存在因果关系，存在倾销行为。根据大韩民国《关税法执行令》第 4 条的相关规定，对涉案公司的相关产品征收 78.61% ~ 84.91% 的临时反倾销税
原审立案调查终裁时间	2000 年 9 月 15 日
原审立案调查终裁结果	根据大韩民国《关税法》第 10 条、《关税法执行令》第 4 条以及《对外贸易法》第 40 条、《对外贸易法执行令》第 76 条关于反倾销的相关内容裁定：从中华人民共和国进口的碱锰电池与大韩民国国内相关产业的同类产品所受到的损害，存在因果关系，存在倾销行为。根据大韩民国《关税法执行令》第 4 条的相关规定对涉案公司的相关产品征收反倾销关税。具体税率如下：中国金霸王公司（Duracell China），26.7%，正式生效期为 2000 年 4 月 15 日，为期 3 年
期终复审立案调查时间	2002 年 10 月 1 日
期终复审立案调查终裁时间	2003 年 10 月 12 日
期终复审终裁结果	贸易委员会最终裁定批准劲量（中国）公司提出的价格承诺申请，对其他原产于中华人民共和国的碱锰电池所征收的反倾销税率调整为 24.97%，实施期为 3 年
第二次期终复审立案调查时间	2006 年 8 月 1 日
第二次期终复审立案调查终裁时间	2007 年 5 月 9 日
第二次期终复审立案调查终裁结果	申请人撤诉

资料来源：根据中华人民共和国商务部贸易救济信息网和韩国贸易委员会网站信息整理得到。

（1）反倾销原审立案调查阶段对韩出口数据统计分析。

通过整理涉案产品在反倾销原审立案调查时间段的实际出口数据，我们发现碱锰电池的对韩出口金额和出口数量，在反倾销原审立案调查前的 3 年间总体上都出现了较大幅度的减少，出口价格也出现了较大幅度的下跌。1999 年涉案产品碱锰电池被反倾销原审立案调查之后，出口金额和出口数量逐渐减少，出口价格出现较大幅度的下跌。对比反倾销原审立案调查前的 3 年，反倾销原审立案调查后的 3 年里，涉案产品的出口金额累计增加了 1 个统计单位，出口数量累计增加了 29085 个统计单位，出口价格累计没有变化（见表 3 - 22）。

表 3 - 22　　　　　 1996 ~ 2002 年涉案产品碱锰电池反倾销原审
立案调查时间段出口数据统计

年度	出口金额（百万美元）	出口数量（吨）	出口价格（美元/千克）
1996	4	64264	0.06
1997	3	60223	0.05
1998	2	36718	0.05
1999	4	69768	0.06
2000	4	65662	0.06
2001	3	63062	0.05
2002	3	61566	0.05

资料来源：根据韩国贸易协会世界贸易统计数据库进出口数据翻译整理得到。

（2）反倾销原审立案调查阶段对韩出口平均指数统计分析。

从涉案产品的反倾销原审立案调查出口平均指数分析结果来看，反倾销原审立案调查后碱锰电池的对韩出口金额连续 3 年总体减少明显，贸易破坏效应明显；对韩出口数量连续 2 年减少明显，贸易破坏效应明显；对韩出口价格持续 3 年保持总体下降，并未产生明显的贸易破坏效应（见图 3 - 15）。

（3）反倾销期终复审立案调查阶段对韩出口数据统计分析。

通过整理涉案产品在反倾销期终复审立案调查时间段的实际出口数据，我们发现碱锰电池的对韩出口金额和出口数量，在反倾销期终复审立案调查前的 3 年间总体幅度减少，出口价格呈现出逐年下降的趋势。

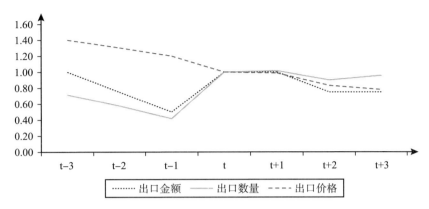

图 3 - 15　涉案产品碱锰电池反倾销原审立案调查时间段对韩出口平均指数统计

资料来源：以反倾销立案调查年度的各项指标为平均指数基准值计算整理得到。

2002 年涉案产品碱锰电池被反倾销期终复审立案调查之后，出口金额和出口数量基本没有太大变化，出口价格总体出现上涨。对比反倾销期终复审立案调查前的 3 年，反倾销期终复审立案调查后的 3 年里，涉案产品的出口金额累计减少了 2 个统计单位，出口数量累计减少了 1166 个统计单位，出口价格累计下降了 0.11 个统计单位（见表 3 - 23）。

表 3 - 23　　　　1999 ~ 2005 年涉案产品碱锰电池反倾销期终复审

立案调查时间段出口数据统计

年度	出口金额（百万美元）	出口数量（吨）	出口价格（美元/千克）
1999	4	2578	1.55
2000	4	2620	1.53
2001	3	2321	1.29
2002	3	2470	1.21
2003	3	2133	1.41
2004	3	2000	1.5
2005	3	2220	1.35

资料来源：根据韩国贸易协会世界贸易统计数据库进出口数据翻译整理得到。

（4）反倾销期终复审立案调查阶段对韩出口平均指数统计分析。

从涉案产品的反倾销期终复审立案调查出口平均指数分析结果来看，反倾销期终复审立案调查后，碱锰电池的对韩出口金额连续3年维持较低水平；对韩出口数量连续2年明显减少；对韩出口价格连续2年上涨明显；对比反倾销原审立案调查时所产生的贸易破坏效应有明显增强（如图3-16所示）。

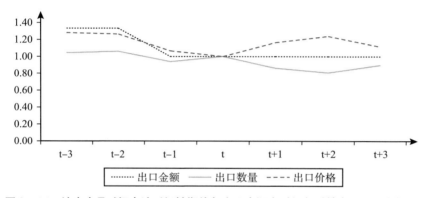

图3-16　涉案产品碱锰电池反倾销期终复审立案调查时间段对韩出口平均指数统计

资料来源：以反倾销立案调查年度的各项指标为平均指数基准值计算整理得到。

（5）第二次反倾销期终复审立案调查阶段对韩出口数据统计分析。

通过整理涉案产品在反倾销期终复审立案调查时间段的实际出口数据，我们发现碱锰电池对韩出口金额和出口数量，在反倾销期终复审立案调查前的3年间总体上，没有出现较大幅度的波动，出口价格在反倾销期终复审立案调查前的1年内小幅度下跌。2006年涉案产品碱锰电池被反倾销期终复审立案调查之后，出口金额和出口数量连续增加，两年后从2009年开始减少，出口价格保持持续上涨的状态。对比第二次反倾销期终复审立案调查前的3年，第二次反倾销期终复审立案调查后的3年里，涉案产品的出口金额累计增加了17个统计单位，出口数量累计增加了6224个统计单位，出口价格累计上涨了1.89个统计单位（见表3-24）。

表 3 - 24　　　　　2003 ~ 2009 年涉案产品碱锰电池第二次反倾销期
终复审立案调查时间段出口数据统计

年度	出口金额（百万美元）	出口数量（吨）	出口价格（美元/千克）
2003	3	2133	1.41
2004	3	2000	1.5
2005	3	2220	1.35
2006	4	2711	1.48
2007	6	3252	1.85
2008	11	5195	2.12
2009	9	4130	2.18

资料来源：根据韩国贸易协会世界贸易统计数据库进出口数据翻译整理得到。

（6）第二次反倾销期终复审立案调查阶段对韩出口平均指数统计
分析。

从涉案产品的第二次反倾销期终复审立案调查出口平均指数分析结
果来看，第二次反倾销期终复审立案调查后，碱锰电池的对韩出口金额
从第 2 年开始减少；对韩出口数量从第 1 年开始减少；对韩出口价格连
续 3 年上涨。对比第一次反倾销期终复审立案调查时所产生的贸易破坏
效应，在出口价格方面影响程度有所增加（如图 3 - 17 所示）。

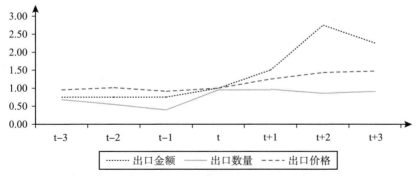

图 3 - 17　涉案产品碱锰电池第二次反倾销期终复审立案调查
时间段对韩出口平均指数统计

资料来源：以反倾销立案调查年度的各项指标为平均指数基准值计算整理得到。

6. 打印纸、铜版纸案例。

打印纸、铜版纸反倾销立案调查案件公告，如表 3 - 25 所示。

表 3 - 25   打印纸、铜版纸反倾销立案调查案件公告整理

原审立案调查时间	2002 年 11 月 24 日
被诉国家	中国
申诉国家	韩国
涉案产品海关 HS 编码	4802200000、4802550000、4802560000、4802570000
涉案产品中文名称	打印纸、铜版纸
涉案产品英文名称	Uncoated Wood Free Paper
涉案产品所属行业	造纸工业
原审立案调查初裁时间	2003 年 4 月 23 日
原审立案调查初裁结果	根据大韩民国《关税法》第 10 条、《关税法执行令》第 4 条以及《对外贸易法》第 40 条、《对外贸易法执行令》第 76 条关于反倾销的相关内容裁定：从中华人民共和国进口的印刷和打印用等纸张类、道林纸与大韩民国国内相关产业的同类产品所受到的损害，存在因果关系，存在倾销行为。根据大韩民国《关税法执行令》第 4 条的相关规定对涉案公司的相关产品，初步裁定倾销幅度为：山东晨鸣纸业 6.88%，芬欧汇川纸业 5.43%，金华盛纸业 27.82%，山东华泰纸业 52.52%，其他公司普遍 5.34%
原审立案调查终裁时间	2003 年 12 月 3 日
原审立案调查终裁结果	根据大韩民国《关税法》第 10 条《关税法执行令》第 4 条以及《对外贸易法》第 40 条、《对外贸易法执行令》第 76 条关于反倾销的相关内容裁定：从中华人民共和国进口的印刷和打印用等纸张类、道林纸与大韩民国国内相关产业的同类产品所受到的损害，存在因果关系，存在倾销行为。根据大韩民国《关税法执行令》第 4 条的相关规定对涉案公司的相关产品征收反倾销关税。具体税率如下：山东晨鸣纸业 7.17%，芬欧汇川纸业 5.50%，金华盛纸业 8.99%，山东华泰纸业 8.99%，其他公司普遍 5.50%
期终复审立案调查时间	2006 年 5 月 4 日
期终复审立案调查终裁时间	2007 年 4 月 23 日

续表

期终复审立案调查终裁结果	韩国贸易委员会建议韩国财政经济部，对进口自中国的印刷和打印用等纸张类、道林纸继续征收反倾销关税，反倾销税率调整为 2.22% ~ 50.57%

资料来源：根据中华人民共和国商务部贸易救济信息网和韩国贸易委员会网站信息整理得到。

（1）反倾销原审立案调查阶段对韩出口数据统计分析。

通过整理涉案产品在反倾销原审立案调查时间段的实际出口数据，我们发现打印纸、铜版纸的对韩出口金额和出口数量，在反倾销原审立案调查前的 3 年间总体上没有出现较大幅度的增加，出口价格表现较为平稳。2002 年涉案产品打印纸、铜版纸被反倾销原审立案调查之后，出口金额和出口数量产生大幅增量后开始逐渐减少，出口价格则出现了持续上涨。对比反倾销原审立案调查前的 3 年，立案调查后的 3 年里，涉案产品的出口金额累计增加了 236 个统计单位，出口数量累计增加了128174 个统计单位，出口价格上涨了 2.82 个统计单位（见表 3 - 26）。

表 3 - 26　　　1999 ~ 2005 年涉案产品打印纸、铜版纸反倾销原审
立案调查时间段出口数据统计

年度	出口金额（百万美元）	出口数量（吨）	出口价格（美元/千克）
1999	2	3275	0.61
2000	13	16792	0.77
2001	11	14865	0.74
2002	13	19245	0.68
2003	92	64898	1.42
2004	86	55490	1.55
2005	84	42718	1.97

资料来源：根据韩国贸易协会世界贸易统计数据库进出口数据翻译整理得到。

（2）反倾销原审立案调查阶段对韩出口平均指数统计分析。

从涉案产品的反倾销原审立案调查出口平均指数分析结果来看，反

倾销原审立案调查后打印纸、铜版纸的对韩出口金额和出口数量都从第
2 年开始明显减少，对韩出口价格持续 3 年上涨，反倾销原审立案调查
所产生的贸易破坏效应非常明显（如图 3 – 18 所示）。

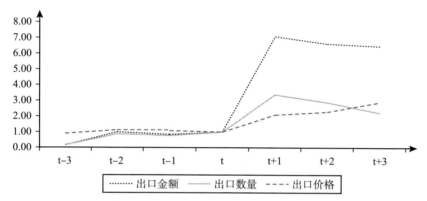

**图 3 – 18　涉案产品打印纸、铜版纸反倾销原审立案调查时间段
对韩出口平均指数统计**

资料来源：以反倾销立案调查年度的各项指标为平均指数基准值计算整理得到。

（3）反倾销期终复审立案调查阶段对韩出口数据统计分析。

通过整理涉案产品在反倾销期终复审立案调查时间段的实际出口数
据，我们发现打印纸、铜版纸的对韩出口金额和出口数量，在反倾销期
终复审立案调查前的 3 年间总体上出现了逐年递减的分布状态，出口价
格呈现连续小幅度上涨的趋势。2006 年涉案产品打印纸、铜版纸被反
倾销期终复审立案调查之后，出口金额和出口数量大幅减少，出口价格
连续上涨两年后，从 2009 年开始暴跌。对比反倾销期终复审立案调查
前的 3 年，反倾销期终复审立案调查后的 3 年里，涉案产品的出口金额
累计减少了 105 个统计单位，出口数量累计减少了 106 个统计单位，出
口价格累计上涨了 5.65 个统计单位（见表 3 – 27）。

表 3 - 27 　　　2003～2009 年涉案产品打印纸、铜版纸反倾销期终
复审立案调查时间段出口数据统计

年度	出口金额（百万美元）	出口数量（吨）	出口价格（美元/千克）
2003	92	65	1. 42
2004	86	55	1. 55
2005	84	43	1. 97
2006	163	59	2. 78
2007	149	45	3. 32
2008	1	0	6. 67
2009	7	12	0. 6

资料来源：根据韩国贸易协会世界贸易统计数据库进出口数据翻译整理得到。

（4）反倾销期终复审立案调查阶段对韩出口平均指数统计分析。

从涉案产品的反倾销期终复审立案调查出口平均指数分析结果来看，反倾销期终复审立案调查后，打印纸、铜版纸的出口金额连续 3 年减少明显；对韩出口数量连续 2 年减少明显；对韩出口价格连续上涨 2 年后开始下跌。对比反倾销原审立案调查时所产生的贸易破坏效应持续周期略有缩短（见图 3 - 19）。

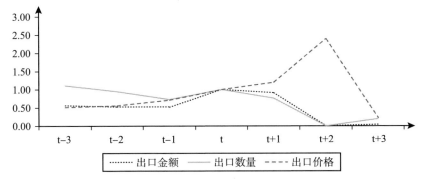

图 3 - 19 　涉案产品打印纸、铜版纸反倾销期终复审立案调查
时间段对韩出口平均指数统计

资料来源：以反倾销立案调查年度的各项指标为平均指数基准值计算整理得到。

（5）第二次反倾销期终复审立案调查阶段对韩出口数据统计分析。

通过整理涉案产品在第二次反倾销期终复审立案调查时间段的实际出口数据，我们发现打印纸、铜版纸的对韩出口金额和出口数量，在反倾销期终复审立案调查前的 3 年间总量减少明显，在反倾销期终复审立案调查前的 1 年间开始增加，出口价格呈现出非常明显的下跌。2010年涉案产品打印纸、铜版纸被反倾销期终复审立案调查之后，出口金额和出口数量开始增加，出口价格开始连续下跌（见表 3 - 28）。

表 3 - 28   2006 ~ 2012 年涉案产品打印纸、铜版纸第二次反倾销
期终复审立案调查时间段进口数据统计

年度	进口金额（百万美元）	进口数量（吨）	进口价格（美元/千克）
2006	3	5197	0.6
2007	4	5096	0.8
2008	3	2453	1.2
2009	3	3437	0.9
2010	3	4214	0.7
2011	3	3084	1
2012	3	2296	1.3

资料来源：韩国贸易协会世界贸易统计数据库进出口数据翻译整理得到。

（6）第二次期终复审立案调查阶段对韩出口平均指数统计分析。

从涉案产品的第二次反倾销期终复审立案调查出口平均指数分析结果来看，第二次反倾销期终复审立案调查后，打印纸、铜版纸的对韩出口金额和出口数量均明显减少；对韩出口价格没有产生明显上涨。对比第一次反倾销期终复审立案调查时所产生的贸易破坏效应衰退十分明显（见图 3 - 20）。

7. 连二亚硫酸钠案例。

连二亚硫酸钠反倾销立案调查案件公告，如表 2 - 29 所示。

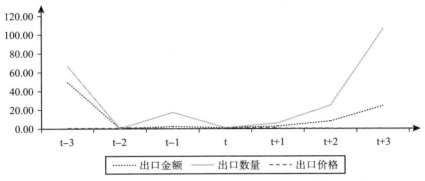

图 3 - 20 涉案产品打印纸、铜版纸第二次反倾销期终复审立案调查

时间段对韩出口平均指数统计

资料来源：以反倾销立案调查年度的各项指标为平均指数基准值计算整理得到。

表 3 - 29   连二亚硫酸钠反倾销立案调查案件公告整理

原审立案调查时间	2003 年 8 月 2 日
被诉国家	中国
申诉国家	韩国
涉案产品海关 HS 编码	2831101000
涉案产品中文名称	连二亚硫酸钠
涉案产品英文名称	Sodium Dithionite
涉案产品所属行业	化学原料和制品工业
原审立案调查初裁时间	2003 年 12 月 15 日
原审立案调查终裁时间	2004 年 6 月 22 日
原审立案调查终裁结果	依据大韩民国《关税法》第 10 条、《关税法执行令》第 4 条以及《对外贸易法》第 40 条、《对外贸易法执行令》第 76 条关于反倾销的相关内容裁定：从中华人民共和国进口的连二亚硫酸钠与大韩民国国内相关产业的同类产品所受到的损害，存在因果关系，存在倾销行为。根据大韩民国《关税法执行令》第 4 条的相关规定对涉案公司的相关产品征收 11.78% ~ 21.07% 的反倾销关税，有效期 3 年
期终复审立案调查时间	2007 年 2 月 15 日
期终复审立案调查终裁时间	2008 年 1 月 31 日

续表

期终复审立案调查终裁结果	2008 年 1 月 31 日,韩国贸易委员发布通报,决定继续对进口自中国的涉案产品征收反倾销关税,税率调整为 12.11% ~ 36.18%,实施期限截至 2010 年 1 月 31 日
第二次期终复审立案调查时间	2009 年 8 月 26 日
第二次期终复审立案调查终裁时间	2010 年 8 月 6 日
第二次期终复审立案调查终裁结果	韩企划财政部作出终裁,自 2010 年 8 月 6 日起对中国涉案企业继续征收反倾销关税,税率调整为 12.25% ~ 36.18%,征税期 2 年

资料来源:根据中华人民共和国商务部贸易救济信息网和韩国贸易委员会网站信息整理得到。

(1)反倾销原审立案调查阶段对韩出口数据统计分析。

通过整理涉案产品在反倾销原审立案调查时间段的实际出口数据,我们发现连二亚硫酸钠的对韩出口金额和数量,在反倾销原审立案调查前的 1 年间出现了小幅度的减少,出口价格总体下降趋势并不显著。2003 年涉案产品连二亚硫酸钠被反倾销原审立案调查之后,出口金额和出口数量一直保持稳定,没有出现较大幅度的波动,出口价格上涨后也保持在稳定的区间范围内,没有产生幅度较大的波动。对比反倾销原审立案调查前的 3 年,反倾销原审立案调查后的 3 年里,涉案产品的出口金额累计减少了 7 个统计单位,出口数量累计减少了 12255 个统计单位,出口价格累计上涨了 0.1 个统计单位(见表 3 - 30)。

表 3 - 30　　　　2000 ~ 2006 年涉案产品连二亚硫酸钠反倾销原审
立案调查时间段出口数据统计

年度	出口金额(百万美元)	出口数量(吨)	出口价格(美元/千克)
2000	6	9431	0.6
2001	5	9372	0.5
2002	5	8890	0.6
2003	2	4929	0.4

续表

年度	出口金额（百万美元）	出口数量（吨）	出口价格（美元/千克）
2004	3	5002	0.6
2005	3	5239	0.6
2006	3	5197	0.6

资料来源：根据韩国贸易协会世界贸易统计数据库进出口数据翻译整理得到。

（2）反倾销原审立案调查阶段对韩出口平均指数统计分析。

从涉案产品的反倾销原审立案调查出口平均指数分析结果来看，反倾销原审立案调查后，连二亚硫酸钠的对韩出口金额和出口数量连续 3 年维持在较低水平；对韩出口价格连续 3 年维持在较高水平，反倾销原审立案调查贸易破坏效应非常显著（如图 3 – 21 所示）。

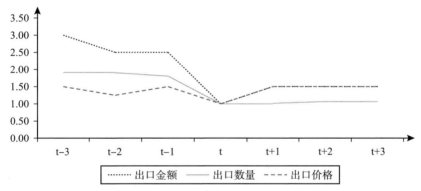

图 3 – 21　涉案产品连二亚硫酸钠反倾销原审立案调查时间段对韩出口平均指数统计

（3）反倾销期终复审立案调查阶段对韩出口数据统计分析。

通过整理涉案产品在反倾销期终复审立案调查时间段的实际出口数据，我们发现连二亚硫酸钠的对韩出口金额和出口数量以及出口价格，在反倾销期终复审立案调查前的 3 年间总体上比较稳定，没有出现较大的变化。2007 年涉案产品连二亚硫酸钠被反倾销期终复审立案调查之后，出口金额没产生明显的变化，出口数量在短暂减少 1 年后，从 2009

年开始逐渐增加，出口价格上涨1年后，再次连续下跌。对比反倾销期终复审立案调查前的3年，反倾销期终复审立案调查后的3年里，涉案产品的出口金额没有发生变化，出口数量累计减少了5334个统计单位，出口价格累计上涨了1个统计单位（见表3-31）。

表3-31   2004～2010年涉案产品连二亚硫酸钠反倾销期终
复审立案调查时间段出口数据统计

年度	出口金额（百万美元）	出口数量（吨）	出口价格（美元/千克）
2004	3	5002	0.6
2005	3	5239	0.6
2006	3	5197	0.6
2007	4	5096	0.8
2008	3	2453	1.2
2009	3	3437	0.9
2010	3	4214	0.7

资料来源：根据韩国贸易协会世界贸易统计数据库进出口数据翻译整理得到。

（4）反倾销期终复审立案调查阶段对韩出口平均指数统计分析。

从涉案产品的反倾销期终复审立案调查出口平均指数分析结果来看，反倾销期终复审立案调查后，连二亚硫酸钠的对韩出口金额连续3年维持在较低水平；对韩出口数量在第1年大幅减少后，从第2年开始回升；对韩出口价格持续上涨1年后，从第2年开始下降。对比反倾销原审立案调查时所产生的贸易破坏效应作用于出口数量和出口价格的周期有缩短迹象（如图3-22所示）。

（5）第二次反倾销期终复审立案调查阶段对韩出口数据统计分析。

通过整理涉案产品在反倾销期终复审立案调查时间段的实际出口数据，我们发现连二亚硫酸钠的对韩出口金额和出口数量，在反倾销期终复审立案调查前的1年间开始减少，出口价格整体呈现出逐年上涨的趋势。2009年涉案产品连二亚硫酸钠被反倾销期终复审立案调查之后，出

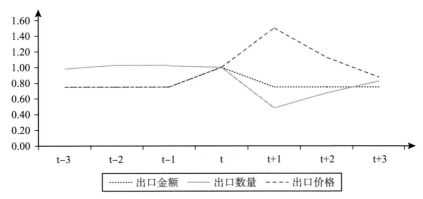

图 3 - 22 涉案产品连二亚硫酸钠反倾销终复审立案调查
时间段对韩出口平均指数统计

资料来源：以反倾销立案调查年度的各项指标为平均指数基准值计算整理得到。

口金额没有产生较大的波动，出口数量减少明显，出口价格逐年上涨。对比第二次反倾销期终复审立案调查前的 3 年，第二次反倾销期终复审立案调查后的 3 年里，涉案产品的出口金额累计减少了 1 个统计单位，出口数量累计减少了 3152 个统计单位，出口价格累计上涨了 0.4 个统计单位（如表 3 - 32 所示）。

表 3 - 32 2006 ~ 2012 年涉案产品连二亚硫酸钠第二次反倾销期
终复审立案调查时间段进口数据统计

年度	进口金额（百万美元）	进口数量（吨）	进口价格（美元/千克）
2006	3	5197	0.6
2007	4	5096	0.8
2008	3	2453	1.2
2009	3	3437	0.9
2010	3	4214	0.7
2011	3	3084	1
2012	3	2296	1.3

资料来源：根据韩国贸易协会世界贸易统计数据库进出口数据翻译整理得到。

（6）第二次反倾销期终复审立案调查阶段对韩出口平均指数统计分析。

从涉案产品的第二次反倾销期终复审立案调查出口平均指数分析结果来看，第二次反倾销期终复审立案调查后，连二亚硫酸钠的对韩出口金额连续3年维持在较低水平；对韩出口数量从第2年开始持续下降两年；对韩出口价格从第2年开始持续上涨两年。对比第一次反倾销期终复审立案调查时所产生的贸易破坏效应周期有所延长（如图3－23所示）。

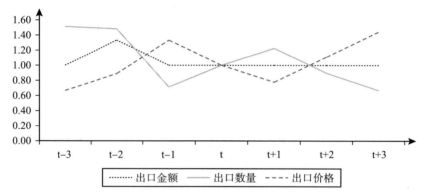

图3－23　涉案产品连二亚硫酸钠第二次期终复审立案调查
时间段对韩出口平均指数统计

资料来源：以反倾销立案调查年度的各项指标为平均指数基准值计算整理得到。

8. 二氧化钛案例。

二氧化钛反倾销原审立案调查案件公告，如表3－33所示。

表3－33　　　二氧化钛反倾销原审立案调查案件公告整理

原审立案调查时间	2004年4月21日
被诉国家	中国
申诉国家	韩国
涉案产品海关HS编码	2823001000、2823009000
涉案产品中文名称	二氧化钛
涉案产品英文名称	Anatase – Dioxide Titanium（Titanium Dioxide）

续表

涉案产品所属行业	化学原料和制品工业
原审立案调查初裁时间	2004 年 8 月 25 日
原审立案调查初裁结果	根据大韩民国《关税法》第 10 条、《关税法执行令》第 4 条以及《对外贸易法》第 40 条、《对外贸易法执行令》第 76 条关于反倾销的相关内容裁：从中华人民共和国进口的二氧化钛与大韩民国国内相关产业的同类产品所受到的损害，存在因果关系，存在倾销行为。根据大韩民国《关税法执行令》第 4 条的相关规定对涉案公司的相关产品征收临时反倾销关税，广西平桂飞碟股份有限公司（Guangxi Pinggui PGMA Co.，Ltd.）的倾销率为 4.98%，另外五家为 23.08%，其他企业为 17.13%
原审立案调查终裁时间	2005 年 1 月 26 日
原审立案调查终裁结果	根据大韩民国《关税法》第 10 条、《关税法执行令》第 4 条以及《对外贸易法》第 40 条、《对外贸易法执行令》第 76 条关于反倾销的相关内容裁：从中华人民共和国进口的二氧化钛与大韩民国国内相关产业的同类产品所受到的损害，存在因果关系，存在倾销行为。根据大韩民国《关税法执行令》第 4 条的相关规定对涉案公司的相关产品征收反倾销关税。具体税率如下：广西平桂飞碟股份有限公司（Guangxi Pinggui PGMA Co.，Ltd.）4.82%、山东淄博钴业股份有限公司（Zibo Cobalt Industrial Co）23.08%、广西百合化工股份有限公司（Guangxi Baihe Chemical Co）23.08%，自 2005 年 3 月 2 日起有效期为 3 年
期终复审立案调查时间	2007 年 11 月 1 日
期终复审立案调查终裁时间	2008 年 8 月 25 日
期终复审立案调查终裁结果	韩国贸易委员会作出终裁决定，延长增收反倾销关税并将在今后 3 年征收 4.86% ~ 23.08% 的反倾销税。其中，广西有色集团平桂飞碟公司税率调整为 4.86%

资料来源：根据中华人民共和国商务部贸易救济信息网和韩国贸易委员会网站信息整理得到。

（1）反倾销原审立案调查阶段对韩出口数据统计分析。

通过整理涉案产品在反倾销原审立案调查时间段的实际出口数据，我们发现二氧化钛的对韩出口金额和出口数量，在反倾销原审立案调查前的 3 年间总体上出现了较大幅度的增加，出口价格在反倾销原审立案调查前 1 年出现了小幅度下跌。2004 年涉案产品二氧化钛被反倾销原审立案调查之后，出口金额和出口数量都出现了较为明显的持续减少，出口价格则出现了较为明显的持续上涨。对比反倾销原审立案调查前的 3 年，调查后的 3 年里，涉案产品的出口金额累计增加了 13 个统计单位，出口数量累计增加了 6214 个统计单位，出口价格上涨了 1.1 个统计单位（如表 3 - 34 所示）。

表 3 - 34　　　　2001 ~ 2007 年涉案产品二氧化钛反倾销原审
立案调查时间段出口数据统计

年度	出口金额（百万美元）	出口数量（吨）	出口价格（美元/千克）
2001	3	3201	0.9
2002	4	3819	1
2003	7	7569	0.9
2004	10	8859	1.1
2005	10	8077	1.2
2006	9	7435	1.2
2007	8	5291	1.5

资料来源：根据韩国贸易协会世界贸易统计数据库进出口数据翻译整理得到。

（2）反倾销原审立案调查阶段对韩出口平均指数统计分析。

从涉案产品的反倾销原审立案调查出口平均指数分析结果来看，反倾销原审立案调查后，二氧化钛的对韩出口金额和出口数量连续 3 年减少；对韩出口价格连续 3 年上涨，反倾销原审立案调查贸易破坏效应十分显著（如图 3 - 24 所示）。

（3）反倾销期终复审立案调查阶段对韩出口数据统计分析。

通过整理涉案产品在反倾销期终复审立案调查时间段的实际出口数据，我们发现二氧化钛的对韩出口金额和数量，在反倾销期终复审立案调查前的 3 年间总体幅度减少，出口价格呈现小幅度上升。2007 年涉案

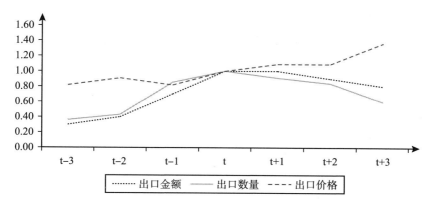

图 3 - 24 涉案产品二氧化钛反倾销原审立案调查时间段对韩出口平均指数统计

资料来源：以反倾销立案调查年度的各项指标为平均指数基准值计算整理得到。

产品二氧化钛被反倾销期终复审立案调查之后，出口金额和数量大幅度减少后开始逐步恢复，出口价格开始逐渐上涨。对比反倾销期终复审立案调查前的 3 年，反倾销期终复审立案调查后的 3 年里，涉案产品的出口金额累计减少了 17 个统计单位，出口数量累计减少了 17196 个统计单位，出口价格累计上涨了 1.4 个统计单位（如表 3 - 35 所示）。

表 3 - 35　　　2004 ~ 2010 年涉案产品二氧化钛反倾销期终复审
立案调查时间段出口数据统计

年度	出口金额（百万美元）	出口数量（吨）	出口价格（美元/千克）
2004	10	8859	1.1
2005	10	8077	1.2
2006	9	7435	1.2
2007	8	5291	1.5
2008	2	1365	1.5
2009	3	1908	1.6
2010	7	3902	1.8

资料来源：根据韩国贸易协会世界贸易统计数据库进出口数据翻译整理得到。

（4）反倾销期终复审立案调查阶段对韩出口平均指数统计分析。

从涉案产品的反倾销期终复审立案调查出口平均指数分析结果来看，反倾销期终复审立案调查后二氧化钛的对韩出口金额和出口数量大幅度减少1年后，从第2年开始逐渐增加；对韩出口价格连续3年保持上涨状态。对比反倾销原审立案调查时所产生的贸易破坏效应，在出口金额和出口数量方面持续周期有缩短迹象（如图3-25所示）。

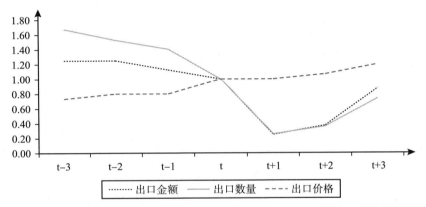

图3-25   涉案产品二氧化钛反倾销期终复审立案调查时间段对韩出口平均指数统计

资料来源：以反倾销立案调查年度的各项指标为平均指数基准值计算整理得到。

9. 瓷砖案例。

瓷砖反倾销立案调查案件公告，如表3-36所示。

表3-36   瓷砖反倾销立案调查案件公告整理

原审立案调查时间	2005年6月22日
被诉国家	中国
申诉国家	韩国
涉案产品海关HS编码	6901003000、6907901000、6907909000、6908901000、6908909000
涉案产品中文名称	瓷砖
涉案产品英文名称	Ceramic Tiles

续表

涉案产品所属行业	非金属制品工业
原审立案调查初裁时间	2005 年 11 月 23 日
原审立案调查初裁结果	根据大韩民国《关税法》第 10 条、《关税法执行令》第 4 条以及《对外贸易法》第 40 条、《对外贸易法执行令》第 76 条关于反倾销的相关内容裁定：从中华人民共和国进口的瓷砖与大韩民国国内相关产业的同类产品所受到的损害，存在因果关系，存在倾销行为。根据大韩民国《关税法执行令》第 4 条的相关规定对涉案公司的相关产品，征收 7.25% ~ 37.4% 的临时反倾销税
原审立案调查终裁时间	2006 年 4 月 1 日
原审立案调查终裁结果	根据大韩民国《关税法》第 10 条、《关税法执行令》第 4 条以及《对外贸易法》第 40 条、《对外贸易法执行令》第 76 条关于反倾销的相关内容裁定：从中华人民共和国进口的瓷砖与大韩民国国内相关产业的同类产品所受到的损害，存在因果关系，存在倾销行为。根据大韩民国《关税法执行令》第 4 条的相关规定对涉案公司的相关产品征收反倾销关税。具体税率如下：广东浩宏陶瓷有限公司 2.76%；广东鹰牌控股有限公司 3.51%；佛山市宏陶陶瓷有限公司 3.97%；佛山市双喜陶瓷有限公司 4.21%；广东新中源陶瓷有限公司 4.64%；佛山合美陶瓷有限公司 7.21%；佛山市新中卫经济贸易有限公司 7.21%；佛山市金百陶建材有限公司 7.49%；上海亚细亚集团控股有限公司 29.41%；其他中国公司 13.33%，有效期为 5 年
期终复审立案调查时间	2010 年 8 月 2 日
期终复审立案调查终裁时间	2011 年 7 月 20 日
期终复审立案调查终裁结果	韩国贸易委员会作出终裁：继续对原产于中国的瓷砖征收反倾销税，税率为 9.14% ~ 37.40%，有效期为 3 年
第二次期终复审立案调查时间	2014 年 2 月 28 日
第二次期终复审立案调查终裁时间	2015 年 1 月 26 日
第二次期终复审立案调查终裁结果	韩国贸易委员会作出终裁：继续对原产于中国的瓷砖征收反倾销税，税率为 9.14% ~ 37.40%，有效期为 3 年

资料来源：根据中华人民共和国商务部贸易救济信息网和韩国贸易委员会网站信息整理得到。

（1）反倾销原审立案调查阶段对韩出口数据统计分析。

通过整理涉案产品在反倾销原审立案调查时间段的实际出口数据，

我们发现无论是瓷砖的对韩出口金额还是出口数量，都在反倾销原审立案调查前的 3 年间总体上出现了连续的增加，同时出口价格也呈现出小幅度上涨的分布趋势。2005 年涉案产品瓷砖被反倾销原审立案调查之后，出口金额和出口数量继续保持增加的态势，出口价格呈现出持续上涨的趋势。对比反倾销原审立案调查前的 3 年，反倾销原审立案调查后的 3 年里，涉案产品的出口金额累计增加了 253 个统计单位，出口数量累计增加了 606934 个统计单位，出口价格上涨了 0.26 个统计单位（如表 3 - 37 所示）。

表 3 - 37　　　　2002 ~ 2008 年涉案产品瓷砖反倾销原审立案
调查时间段出口数据统计

年度	出口金额（百万美元）	出口数量（吨）	出口价格（美元/千克）
2002	55	318278	0.17
2003	54	364508	0.15
2004	75	378236	0.2
2005	100	466397	0.21
2006	111	487982	0.23
2007	162	621092	0.26
2008	164	558882	0.29

资料来源：根据韩国贸易协会世界贸易统计数据库进出口数据翻译整理得到。

（2）反倾销原审立案调查阶段对韩出口平均指数统计分析。

从涉案产品的反倾销原审立案调查出口平均指数分析结果来看，反倾销原审立案调查后，瓷砖的对韩出口金额没有受到贸易破坏效应影响；对韩出口数量从第 2 年开始减少；对韩出口价格连续 3 年持续上涨，贸易破坏效应明显（如图 3 - 26 所示）。

（3）反倾销期终复审立案调查阶段对韩出口数据统计分析。

通过整理涉案产品在反倾销期终复审立案调查时间段的实际出口数据，我们发现瓷砖的对韩出口金额和出口数量，在反倾销期终复审立案调查前的 3 年间总体上出现小幅度减少，出口价格呈现出逐年上涨的趋

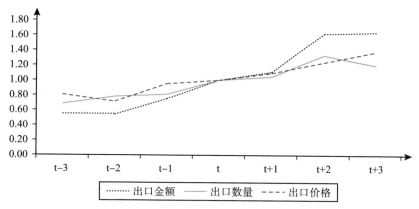

图 3 - 26　涉案产品瓷砖反倾销原审立案调查时间段对韩出口平均指数统计

资料来源：以反倾销立案调查年度的各项指标为平均指数基准值计算整理得到。

势。2010 年涉案产品瓷砖被反倾销期终复审立案调查之后，出口金额
和出口数量持续增加，出口价格下跌两年后从 2013 年开始上涨。对比
反倾销期终复审立案调查前的 3 年，反倾销期终复审立案调查后的 3 年
里，涉案产品的出口金额累计增加了 61 个统计单位，出口数量累计增
加了 239983 个统计单位，出口价格累计下降了 0.01 个统计单位（如表
3 - 38 所示）。

表 3 - 38　　　　2007 ~ 2013 年涉案产品瓷砖反倾销期终复审立案
调查时间段出口数据统计

年度	出口金额（百万美元）	出口数量（吨）	出口价格（美元/千克）
2007	162	621092	0.26
2008	164	558882	0.29
2009	153	508063	0.3
2010	159	568159	0.28
2011	177	634666	0.28
2012	172	626611	0.27
2013	191	666743	0.29

资料来源：根据韩国贸易协会世界贸易统计数据库进出口数据翻译整理得到。

（4）反倾销期终复审立案调查阶段对韩出口平均指数统计分析。

从涉案产品的反倾销期终复审立案调查出口平均指数分析结果来看，反倾销期终复审立案调查后，瓷砖的对韩出口金额和出口数量在第2年出现减少后，在第3年开始反弹；对韩出口价格从第3年开始上涨。对比反倾销原审立案调查时所产生的贸易破坏效应，在出口金额方面有所增强（如图3－27所示）。

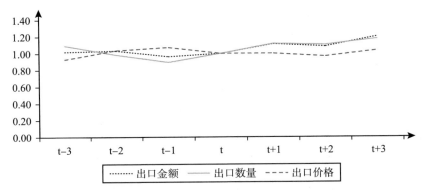

图3－27　涉案产品瓷砖反倾销期终复审立案调查时间段对韩出口平均指数统计

资料来源：以反倾销立案调查年度的各项指标为平均指数基准值计算整理得到。

（5）第二次反倾销期终复审立案调查阶段对韩出口数据统计分析。

通过整理涉案产品在第二次反倾销期终复审立案调查时间段的实际出口数据，我们发现瓷砖的对韩出口金额和出口数量，在第二次反倾销期终复审立案调查前的3年间总体上出现了小幅度的增加，出口价格也出现小幅度的上涨。2014年涉案产品瓷砖被第二次反倾销期终复审立案调查之后，出口金额和出口数量在连续增加两年后，从2017年开始大幅度减少，出口价格开始持续小幅度下跌。对比第二次反倾销期终复审立案调查前的3年，第二次反倾销期终复审立案调查后的3年里，涉案产品的出口金额累计减少了38个统计单位，出口数量累计增加了25121个统计单位，出口价格累计下降了0.09个统计单位（如表3－39所示）。

表 3 – 39　　2011 ~ 2017 年涉案产品瓷砖第二次反倾销期终复审
立案调查时间段出口数据统计

年度	出口金额（百万美元）	出口数量（吨）	出口价格（美元/千克）
2011	177	634666	0. 28
2012	172	626611	0. 27
2013	191	666743	0. 29
2014	219	778637	0. 28
2015	231	864633	0. 27
2016	266	1066898	0. 25
2017	5	21610	0. 23

资料来源：根据韩国贸易协会世界贸易统计数据库进出口数据翻译整理得到。

（6）第二次反倾销期终复审立案调查阶段对韩出口平均指数统计分析。

从涉案产品的第二次反倾销期终复审立案调查出口平均指数分析结果来看，第二次反倾销期终复审立案调查后，瓷砖的对韩出口金额和出口数量从第 3 年开始出现了大幅度地减少；对韩出口价格没有发现明显的贸易破坏效应。对比第一次反倾销期终复审立案调查时所产生的贸易破坏效应，在出口价格方面衰退明显（如图 3 – 28 所示）。

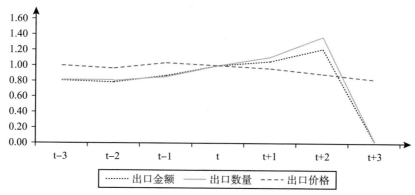

图 3 – 28　涉案产品瓷砖第二次反倾销期终复审立案调查时间段
对韩出口平均指数统计

资料来源：以反倾销立案调查年度的各项指标为平均指数基准值计算整理得到。

10. 聚酯拉伸变形丝案例。

聚酯拉伸变形丝反倾销立案调查案件公告，如表 3 - 40 所示。

表 3 - 40 　　　　聚酯拉伸变形丝反倾销立案调查案件公告整理

原审立案调查时间	2005 年 11 月 21 日
被诉国家	中国
申诉国家	韩国
涉案产品海关 HS 编码	5402339000
涉案产品中文名称	聚酯拉伸变形丝
涉案产品英文名称	Polyester Filament Draw Textured Yarn
涉案产品所属行业	纺织工业
原审立案调查初裁时间	2006 年 4 月 17 日
原审立案调查初裁结果	根据大韩民国《关税法》第 10 条、《关税法执行令》第 4 条以及《对外贸易法》第 40 条、《对外贸易法执行令》第 76 条关于反倾销的相关内容裁定：从中华人民共和国进口的聚酯拉伸变形丝与大韩民国国内相关产业的同类产品所受到的损害，存在因果关系，存在倾销行为。根据大韩民国《关税法执行令》第 4 条的相关规定对涉案公司的相关产品，征收 6.53% ~ 8.69% 的临时反倾销税
原审立案调查终裁时间	2006 年 10 月 20 日
原审立案调查终裁结果	根据大韩民国《关税法》第 10 条、《关税法执行令》第 4 条以及《对外贸易法》第 40 条、《对外贸易法执行令》第 76 条关于反倾销的相关内容裁定：从中华人民共和国进口的聚酯拉伸变形丝与大韩民国国内相关产业的同类产品所受到的损害，存在因果关系，存在倾销行为。根据大韩民国《关税法执行令》第 4 条的相关规定对上海海欣化纤有限公司、浙江远东新聚酯有限公司、绍兴轻纺合资有限公司、厦门翔鹭化纤股份有限公司、杭州萧山永盛对外贸易有限公司、荣盛化纤集团有限公司、山东万通达纤维有限公司、杭州荣盛纺化有限公司、江西富世达贸易有限公司的涉案产品征收 6.53% ~ 8.69% 的反倾销关税，为期 3 年
期终复审立案调查时间	2009 年 6 月 19 日
期终复审立案调查终裁时间	2010 年 5 月 18 日

续表

期终复审立案调查终裁结果	从中华人民共和国进口的聚酯拉伸变形丝，与大韩民国国内相关产业的同类产品所造成的损害，存在因果关系，如果终止反倾销措施会继续对国内同类产品造成损害，因此，对涉案产品继续征收 2.93% ~ 21.9% 的反倾销关税，有效期 3 年
第二次期终复审立案调查时间	2013 年 1 月 9 日
第二次期终复审立案调查终裁时间	2013 年 10 月 29 日
第二次期终复审立案调查终裁结果	继续延长对进口自中华人民共和国的聚酯拉伸变形丝征收 2.22% ~ 8.69% 的反倾销关税

　　资料来源：根据中华人民共和国商务部贸易救济信息网和韩国贸易委员会网站信息整理得到。

（1）反倾销原审立案调查阶段对韩出口数据统计分析。

通过整理涉案产品在反倾销原审立案调查时间段的实际出口数据，我们发现聚酯拉伸变形丝的对韩出口金额和出口数量，在反倾销原审立案调查前的 3 年间总体上并没出现较为明显的增加，出口价格在反倾销原审立案调查前的 1 年里出现小幅度下降。2005 年涉案产品聚酯拉伸变形丝被反倾销原审立案调查之后，出口金额和出口数量仍然呈现逐年增加的变化趋势，出口价格则出现了持续的上涨。对比反倾销原审立案调查前的 3 年，反倾销原审立案调查后的 3 年里，涉案产品的出口金额累计增加了 43 个统计单位，出口数量累计增加了 19295 个统计单位，出口价格上涨了 1.2 个统计单位（如表 3 - 41 所示）。

表 3 - 41　　2002 ~ 2008 年涉案产品聚酯拉伸变形丝反倾销原审
立案调查时间段出口数据统计

年度	出口金额（百万美元）	出口数量（吨）	出口价格（美元/千克）
2002	4	3161	1.27
2003	3	1767	1.70
2004	5	3221	1.55
2005	15	9367	1.60

续表

年度	出口金额（百万美元）	出口数量（吨）	出口价格（美元/千克）
2006	9	5412	1.66
2007	15	7361	2.04
2008	31	14671	2.11

资料来源：根据韩国贸易协会世界贸易统计数据库进出口数据翻译整理得到。

（2）反倾销期终复审立案调查阶段对韩出口平均指数统计分析。

从涉案产品的反倾销原审立案调查出口平均指数分析结果来看，反倾销原审立案调查后，聚酯拉伸变形丝的对韩出口金额和出口数量都从第1年开始大幅减少，随后从第2年开始增加；对韩出口价格连续3年保持上涨，反倾销原审立案调查贸易破坏效应比较明显（如图3-29所示）。

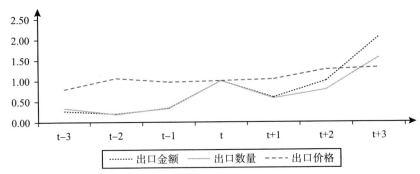

图3-29　涉案产品聚酯拉伸变形丝反倾销原审立案调查时间段
对韩出口平均指数统计

资料来源：以反倾销立案调查年度的各项指标为平均指数基准值计算整理得到。

（3）反倾销期终复审立案调查阶段对韩出口数据统计分析。

通过整理涉案产品在反倾销期终复审立案调查时间段的实际出口数据，我们发现聚酯拉伸变形丝的对韩出口金额和出口数量，在反倾销期终复审立案调查前的3年间持续增加，出口价格逐年上升。2009年涉案产品聚酯拉伸变形丝被反倾销期终复审立案调查之后，出口金额和出口数量总体呈现较大增量，出口价格连续上涨两年后从 2012 年开始回落。对比反倾销期终复审立案调查前的 3 年，反倾销期终复审立案调查后的 3 年里，涉案产品的出口金额累计增加了 223 个统计单位，出口数量累计增加了 90705 个统计单位，出口价格累计下降了 0.1 个统计单位（如表 3 - 42 所示）。

表 3 - 42　　　2006 ~ 2012 年涉案产品聚酯拉伸变形丝反倾销期终
复审立案调查时间段出口数据统计

年度	出口金额（百万美元）	出口数量（吨）	出口价格（美元/千克）
2006	9	5412	1.66
2007	15	7361	2.04
2008	31	14671	2.11
2009	30	16667	1.80
2010	81	36807	2.20
2011	110	41266	2.67
2012	99	45092	2.20

资料来源：根据韩国贸易协会世界贸易统计数据库进出口数据翻译整理得到。

（4）反倾销期终复审立案调查阶段对韩出口平均指数统计分析。

从涉案产品的反倾销期终复审立案调查出口平均指数分析结果来看，反倾销期终复审立案调查后，聚酯拉伸变形丝的对韩出口金额从第 3 年开始逐渐减少；对韩出口数量并未减少；对韩出口价格从第 1 年开始上涨。对比反倾销原审立案调查时所产生的贸易破坏效应，在出口数量方面衰退明显（如图 3 - 30 所示）。

（5）第二次反倾销期终复审立案调查阶段对韩出口数据统计分析。

通过整理涉案产品在反倾销期终复审立案调查时间段的实际出口数据，我们发现聚酯拉伸变形丝的对韩出口金额和出口数量，在第二次反倾销期终复审立案调查前的 3 年间总体呈现增加趋势，出口价格整体呈现下降趋势。2013 年涉案产品聚酯拉伸变形丝被第二次反倾销期终复审

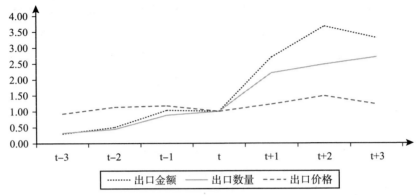

图 3 - 30　涉案产品聚酯拉伸变形丝反倾销期终复审立案调查时间段对韩出口平均指数统计

资料来源：以反倾销立案调查年度的各项指标为平均指数基准值计算整理得到。

立案调查之后，出口金额和出口数量总量减少明显，出口价格开始逐年下跌。对比第二次反倾销期终复审立案调查前的 3 年，第二次反倾销期终复审立案调查后的 3 年里，涉案产品的出口金额累计增加了 92 个统计单位，出口数量累计增加了 76494 个统计单位，出口价格没有产生变化（如表 3 - 43 所示）。

表 3 - 43　2010 ~ 2016 年涉案产品聚酯拉伸变形丝第二次反倾销期
终复审立案调查时间段出口数据统计

年度	出口金额（百万美元）	出口数量（吨）	出口价格（美元/千克）
2010	81	36807	2.20
2011	110	41266	2.67
2012	99	45092	2.20
2013	124	54832	2.26
2014	146	68118	2.14
2015	123	65831	1.87
2016	104	62033	1.68

资料来源：根据韩国贸易协会世界贸易统计数据库进出口数据翻译整理得到。

（6）第二次反倾销期终复审立案调查阶段对韩出口平均指数统计分析。

从涉案产品的第二次反倾销期终复审立案调查出口平均指数分析结果来看，第二次反倾销期终复审立案调查后，聚酯拉伸变形丝的出口金额和出口数量从第 2 年开始减少；对韩出口价格连续 3 年下降。对比第一次反倾销期终复审立案调查时所产生的贸易破坏效应，对出口金额和出口数量影响加强，对出口价格影响减弱（如图 3 - 31 所示）。

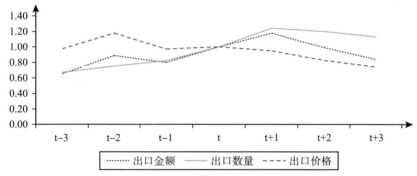

图 3 - 31　涉案产品聚酯拉伸变形丝第二次期终复审立案调查
时间段对韩出口平均指数统计

资料来源：以反倾销立案调查年度的各项指标为平均指数基准值计算整理得到。

11. 牛皮纸案例。

牛皮纸反倾销立案调查案件公告，如表 3 - 44 所示。

表 3 - 44　　　　　　　牛皮纸反倾销立案调查案件公告整理

原审立案调查时间	2007 年 11 月 9 日
被诉国家	中国
申诉国家	韩国
涉案产品海关 HS 编码	4804210000、4804290000
涉案产品中文名称	牛皮纸

续表

涉案产品英文名称	Kraft Paper
涉案产品所属行业	造纸工业
原审立案调查初裁时间	2008 年 4 月 14 日
原审立案调查初裁结果	大韩民国通商产业部贸易委员会，依据大韩民国《关税法》第 10 条、《关税法执行令》第 4 条以及《对外贸易法》第 40 条、《对外贸易法执行令》第 76 条关于反倾销的相关内容裁定：从中华人民共和国进口的牛皮纸与大韩民国国内相关产业的同类产品所受到的损害，存在因果关系，存在倾销行为。根据大韩民国《关税法执行令》第 4 条的相关规定对涉案公司的相关产品征收临时反倾销税，具体税率如下：湖南泰格林集团有限公司适用临时税率 4.31%，青岛海王纸业集团临时税率 16.13%，天津天保世纪贸易发展有限公司临时税率 16.13%，其他企业的临时税率为 7.96%
原审立案调查终裁时间	2008 年 10 月 27 日
原审立案调查终裁结果	大韩民国通商产业部贸易委员会，依据大韩民国《关税法》第 10 条、《关税法执行令》第 4 条以及《对外贸易法》第 40 条、《对外贸易法执行令》第 76 条关于反倾销的相关内容裁定：从中华人民共和国进口的牛皮纸与大韩民国国内相关产业的同类产品所受到的损害，存在因果关系，存在倾销行为。根据大韩民国《关税法执行令》第 4 条的相关规定对涉案公司的相关产品征收反倾销关税。具体税率如下：湖南泰格林集团有限公司反倾销税率为 4.03%，青岛海王纸业集团反倾销税率为 10.79%，天津天保世纪贸易发展有限公司反倾销税率为 10.79%，其他企业的反倾销税率为 7.22%，适用期限为 3 年
期终复审立案调查时间	2011 年 6 月 22 日
期终复审立案调查终裁时间	2012 年 4 月 10 日
期终复审立案调查终裁结果	贸易委员会裁定继续对涉案产品征收反倾销税，税率调整为 4.03% ~ 16.13%。适用期限为 3 年

资料来源：根据中华人民共和国商务部贸易救济信息网和韩国贸易委员会网站信息整理得到。

（1）反倾销原审立案调查阶段对韩出口数据统计分析。

通过整理涉案产品在反倾销原审立案调查时间段的实际出口数据，

我们发现牛皮纸的对韩出口金额在反倾销原审立案调查前的 3 年内没有出现大的增加，而出口数量在反倾销原审立案调查的前 1 年出现了较大幅度的增加，出口价格也同时出现大幅度的下跌。2007 年涉案产品牛皮纸被反倾销原审立案调查之后，出口金额和出口数量减少明显，出口价格开始逐年上涨。对比反倾销原审立案调查前的 3 年，反倾销原审立案调查后的 3 年里，涉案产品的出口金额累计增加了 1.2 个统计单位，出口数量累计增加了 650 个统计单位，出口价格上涨了 1.1 个统计单位（如表 3 - 45 所示）。

表 3 - 45 　　　　2004 ~ 2010 年涉案产品牛皮纸反倾销原审立案
调查时间段出口数据统计

年度	出口金额（百万美元）	出口数量（吨）	出口价格（美元/千克）
2004	0.167	262	0.64
2005	0.023	37	0.63
2006	0.093	1217	0.08
2007	5.4	7746	0.7
2008	1.169	1834	0.64
2009	0.018	22	0.84
2010	0.302	310	0.98

资料来源：根据韩国贸易协会世界贸易统计数据库进出口数据翻译整理得到。

（2）反倾销原审立案调查阶段对韩出口平均指数统计分析。

从涉案产品的反倾销原审立案调查出口平均指数分析结果来看，反倾销原审立案调查后，牛皮纸的对韩出口金额和出口数量从第 1 年开始大幅度减少，直到第 3 年才开始逐渐小幅度增加；对韩出口价格从第 2 年开始迅速上涨，反倾销原审立案调查贸易破坏效应十分显著（如图 3 - 32 所示）。

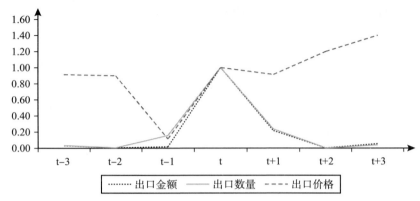

图 3 - 32 涉案产品牛皮纸反倾销原审立案调查时间段对韩出口平均指数统计

资料来源：以反倾销立案调查年度的各项指标为平均指数基准值计算整理得到。

（3）反倾销期终复审立案调查阶段对韩出口数据统计分析。

通过整理涉案产品在反倾销期终复审立案调查时间段的实际出口数据，我们发现牛皮纸的对韩出口金额和出口数量，在反倾销期终复审立案调查前的 1 年间出现了较大幅度的增加，出口价格呈现出逐年上涨的趋势。2011 年涉案产品牛皮纸被反倾销期终复审立案调查之后，出口金额和出口数量大幅度减少后，从 2014 年开始逐渐增加，出口价格总体成下跌趋势。对比反倾销期终复审立案调查前的 3 年，反倾销期终复审立案调查后的 3 年里，涉案产品的出口金额累计减少了 0.74 个统计单位，出口数量累计减少了 1324 个统计单位，出口价格累计上涨了 0.66 个统计单位（如表 3 - 46 所示）。

表 3 - 46   2008～2014 年涉案产品牛皮纸反倾销期终复审

立案调查时间段出口数据统计

年度	出口金额（百万美元）	出口数量（吨）	出口价格（美元/千克）
2008	1.169	1834	0.64
2009	0.018	22	0.84
2010	0.302	310	0.98

续表

年度	出口金额（百万美元）	出口数量（吨）	出口价格（美元/千克）
2011	1. 469	1484	0. 99
2012	0. 001	0. 76	1. 32
2013	0. 11	121	0. 91
2014	0. 64	720	0. 89

资料来源：根据韩国贸易协会世界贸易统计数据库进出口数据翻译整理得到。

（4）反倾销期终复审立案调查阶段对韩出口平均指数统计分析。

从涉案产品的反倾销期终复审立案调查出口平均指数分析结果来看，反倾销期终复审立案调查后，牛皮纸的对韩出口金额和出口数量从第1年开始大幅度减少后，从第2年开始逐渐增加；对韩出口价格从第1年上涨后，于第2年开始下降，对比反倾销原审立案调查时所产生的贸易破坏效应持续周期有所缩短（如图3-33所示）。

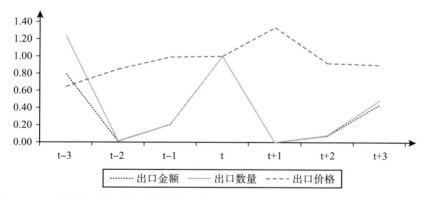

图3-33　涉案产品牛皮纸反倾销期终复审立案调查时间段对韩出口平均指数统计
资料来源：以反倾销立案调查年度的各项指标为平均指数基准值计算整理得到。

12. 浮法玻璃案例。

浮法玻璃反倾销立案调查案件公告，如表3-47所示。

表 3 - 47 浮法玻璃反倾销立案调查案件公告整理

原审立案调查时间	2007 年 5 月 1 日
被诉国家	中国
申诉国家	韩国
涉案产品海关 HS 编码	7005104000、 7005105000、 7005106000、 7005107000、 7005214000、 7005215000、 7005216000、 7005217000、 7005294000、7005295000、7005296000、7005297000
涉案产品中文名称	浮法玻璃
涉案产品英文名称	Float Glass
涉案产品所属行业	非金属制品工业
原审立案调查初裁时间	2007 年 10 月 29 日
原审立案调查初裁结果	大韩民国通商产业部贸易委员会，依据大韩民国《关税法》第 10 条、《关税法执行令》第 4 条以及《对外贸易法》第 40 条、《对外贸易法执行令》第 76 条关于反倾销的相关内容裁定：从中华人民共和国进口的浮法玻璃与大韩民国国内相关产业的同类产品所受到的损害，存在因果关系，存在倾销行为。根据大韩民国《关税法执行令》第 4 条的相关规定对涉案公司的相关产品征收 11.42% ~39.05% 的临时反倾销关税
原审立案调查终裁时间	2008 年 2 月 27 日
原审立案调查终裁结果	大韩民国通商产业部贸易委员会，依据大韩民国《关税法》第 10 条、《关税法执行令》第 4 条以及《对外贸易法》第 40 条、《对外贸易法执行令》第 76 条关于反倾销的相关内容裁定：从中华人民共和国进口的浮法玻璃与大韩民国国内相关产业的同类产品所受到的损害，存在因果关系，存在倾销行为。根据大韩民国《关税法执行令》第 4 条的相关规定对涉案公司的相关产品征收 12.73% ~36.01% 的反倾销税，实施期限为 3 年
期终复审立案调查时间	2010 年 6 月 16 日
期终复审立案调查终裁时间	2011 年 5 月 24 日
期终复审立案调查终裁结果	韩国贸易委员会裁定，继续对涉案产品征收反倾销关税，税率调整为 12.04% ~39.05%，有效期为 3 年
第二次期终复审立案调查时间	2014 年 1 月 22 日
第二次期终复审立案调查终裁时间	2014 年 8 月 29 日
第二次期终复审立案调查终裁结果	韩国贸易委员会裁定，对涉案产品再次延长征收反倾销关税，税率调整为 15.22% ~36.01%，有效期为 3 年

资料来源：根据中华人民共和国商务部贸易救济信息网和韩国贸易委员会网站信息整理得到。

（1）反倾销原审立案调查阶段对韩出口数据统计分析。

通过整理涉案产品在反倾销原审立案调查时间段的实际出口数据，我们发现浮法玻璃的对韩出口金额和出口数量，在反倾销原审立案调查的前1年均有所减少，出口价格则连续3年呈现出逐年小幅度上涨的趋势。2007年涉案产品浮法玻璃被反倾销原审立案调查之后，出口金额和出口数量大幅度减少，出口价格上涨1年后，开始下跌。对比反倾销原审立案调查前的3年，反倾销原审立案调查后的3年里，涉案产品的出口金额累计减少了143个统计单位，出口数量累计减少了709757个统计单位，出口价格上涨了0.43个统计单位（如表3－48所示）。

表3－48　　　2004～2010年涉案产品浮法玻璃反倾销原审立案
调查时间段出口数据统计

年度	出口金额（百万美元）	出口数量（吨）	出口价格（美元/千克）
2004	62	276936	0.22
2005	69	300718	0.23
2006	60	252798	0.24
2007	52	187069	0.28
2008	35	83566	0.42
2009	4	10996	0.36
2010	9	26133	0.34

资料来源：根据韩国贸易协会世界贸易统计数据库进出口数据翻译整理得到。

（2）反倾销原审立案调查阶段对韩出口平均指数统计分析。

从涉案产品的反倾销原审立案调查出口平均指数分析结果来看，反倾销原审立案调查后，浮法玻璃的对韩出口金额和出口数量从第1年开始大幅度减少，直到第3年才有所恢复；对韩出口价格从第1年开始上涨，于第2年开始下跌，总体反倾销原审立案调查贸易破坏效应比较显著（如图3－34所示）。

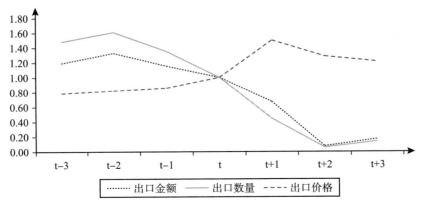

图3-34　涉案产品浮法玻璃反倾销原审立案调查时间段对韩出口平均指数统计

资料来源：以反倾销立案调查年度的各项指标为平均指数基准值计算整理得到。

（3）反倾销期终复审立案调查阶段对韩出口数据统计分析。

通过整理涉案产品在反倾销期终复审立案调查时间段的实际出口数据，我们发现浮法玻璃的对韩出口金额和出口数量，在反倾销期终复审立案调查的前1年开始增加，出口价格则在反倾销期终复审立案调查的前3年呈现出逐年下降的趋势。2011年涉案产品浮法玻璃被反倾销期终复审立案调查之后，出口金额和出口数量开始逐年增加，出口价格保持稳定，没有太大的波动。对比反倾销期终复审立案调查前的3年，反倾销期终复审立案调查后的3年里，涉案产品的出口金额累计减少了12个统计单位，出口数量累计减少了17130个统计单位，出口价格累计下降了0.08个统计单位（如表3-49所示）。

表3-49　　　2008～2014年涉案产品浮法玻璃反倾销期终复审
立案调查时间段出口数据统计

年度	出口金额（百万美元）	出口数量（吨）	出口价格（美元/千克）
2008	35	83566	0.42
2009	4	10996	0.36
2010	9	26133	0.34

续表

年度	出口金额（百万美元）	出口数量（吨）	出口价格（美元/千克）
2011	12	32162	0.37
2012	8	22706	0.35
2013	11	32255	0.34
2014	17	48604	0.35

资料来源：根据韩国贸易协会世界贸易统计数据库进出口数据翻译整理得到。

（4）反倾销期终复审立案调查阶段对韩出口平均指数统计分析。

从涉案产品的反倾销期终复审立案调查出口平均指数分析结果来看，反倾销期终复审立案调查后，浮法玻璃的对韩出口金额和出口数量从第 1 年开始减少至第 2 年开始逐渐增加；对韩出口价格连续 3 年维持在较低水平，没有产生大幅波动，对比反倾销原审立案调查时所产生的贸易破坏效应，在出口价格方面衰退明显（如图 3 - 35 所示）。

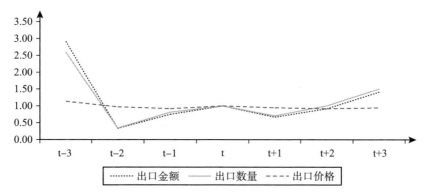

图 3 - 35　涉案产品浮法玻璃反倾销期终复审立案调查时间段对韩出口平均指数统计

资料来源：以反倾销立案调查年度的各项指标为平均指数基准值计算整理得到。

（5）第二次反倾销期终复审立案调查阶段对韩出口数据统计分析。

通过整理涉案产品在反倾销期终复审立案调查时间段的实际出口数据，我们发现浮法玻璃的对韩出口金额和出口数量，在反倾销期终复审立案调查前的 3 年间总体上呈现小幅度增加，出口价格呈现出逐年下降的趋势。2014 年涉案产品浮法玻璃被反倾销期终复审立案调查之后，出口金额和出口数量增加明显，出口价格惯性下跌两年后从 2017 年开始上涨。对比第二次反倾销期终复审立案调查前的 3 年，第二次反倾销期终复审立案调查后的 3 年里，涉案产品的出口金额累计增加了 39 个统计单位，出口数量累计增加了 144423 个统计单位，出口价格累计下降了 0.16 个统计单位（如表 3 – 50 所示）。

表 3 – 50   2011 ~ 2017 年涉案产品浮法玻璃第二次反倾销期
终复审立案调查时间段出口数据统计

年度	出口金额（百万美元）	出口数量（吨）	出口价格（美元/千克）
2011	12	32162	0.37
2012	8	22706	0.35
2013	11	32255	0.34
2014	17	48604	0.35
2015	20	66837	0.3
2016	23	78626	0.29
2017	27	86083	0.31

资料来源：根据韩国贸易协会世界贸易统计数据库进出口数据翻译整理得到。

（6）第二次反倾销期终复审立案调查阶段对韩出口平均指数统计分析。

从涉案产品的第二次反倾销期终复审立案调查出口平均指数分析结果来看，第二次反倾销期终复审立案调查后，对韩出口金额和出口数量连续 3 年没有出现减少；对韩出口价格从第 3 年开始有小幅度上涨。对比第一次反倾销期终复审立案调查时所产生的贸易破坏效应，在出口金额和出口数量方面衰退明显（如图 3 – 36 所示）。

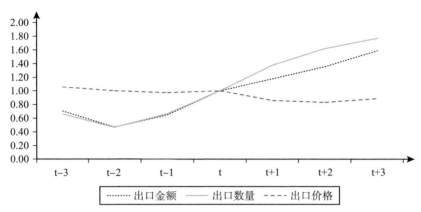

图 3 - 36　涉案产品浮法玻璃第二次反倾销期终复审立案调查

时间段对韩出口平均指数统计

资料来源：以反倾销立案调查年度的各项指标为平均指数基准值计算整理得到。

13. 包装或工业用薄膜案例。

包装或工业用薄膜反倾销立案调查案件公告，如表 3 - 51 所示。

表 3 - 51　　　　包装或工业用薄膜反倾销立案调查案件公告整理

原审立案调查时间	2007 年 11 月 7 日
被诉国家	中国
申诉国家	韩国
涉案产品海关 HS 编码	3920620000、3920690000
涉案产品中文名称	包装或工业用薄膜，又称 PET 薄膜
涉案产品英文名称	PET Film
涉案产品所属行业	塑料制品工业
原审立案调查初裁时间	2008 年 3 月 26 日
原审立案调查初裁结果	大韩民国通商产业部贸易委员会，依据大韩民国《关税法》第 10 条、《关税法执行令》第 4 条以及《对外贸易法》第 40 条、《对外贸易法执行令》第 76 条关于反倾销的相关内容裁定：从中华人民共和国进口的包装或工业用薄膜与大韩民国国内相关产业的同类产品所受到的损害，存在因果关系，存在倾销行为。根据大韩民国《关税法执行令》第 4 条的相关规定对涉案公司的相关产品继续深入调查，暂不采取临时反倾销措施

原审立案调查终裁时间	2008 年 8 月 27 日
原审立案调查终裁结果	大韩民国通商产业部贸易委员会，依据大韩民国《关税法》第10条、《关税法执行令》第4条以及《对外贸易法》第40条、《对外贸易法执行令》第76条关于反倾销的相关内容裁定：从中华人民共和国进口的包装或工业用薄膜与大韩民国国内相关产业的同类产品所受到的损害，存在因果关系，存在倾销行为。根据大韩民国《关税法执行令》第4条的相关规定对涉案公司的相关产品征收5.67% ~36.98%反倾销关税，征税期为3年
期终复审立案调查时间	2011 年 6 月 22 日
期终复审立案调查终裁时间	2012 年 5 月 25 日
期终复审立案调查终裁结果	继续对涉案产品征收反倾销税，有效期为3年，反倾销税率调整为5.87% ~36.98%
第二次期终复审立案调查时间	2015 年 1 月 15 日
第二次期终复审立案调查终裁时间	2016 年 1 月 15 日
第二次期终复审立案调查终裁结果	继续对涉案产品征收反倾销税，有效期3年，税率为5.87% ~36.98%

（1）反倾销原审立案调查阶段对韩出口数据统计分析。

通过整理涉案产品在反倾销原审立案调查时间段的实际出口数据，我们发现无论是包装或工业用薄膜的对韩出口金额、数量在反倾销原审立案调查前的3年间都出现了较大幅度的连续增加，出口价格也呈现出总体上涨的趋势。2007 年涉案产品包装或工业用薄膜被反倾销原审立案调查之后，出口金额和出口数量减少明显，出口价格总体上涨。对比反倾销原审立案调查前的3年，反倾销原审立案调查后的3年里，涉案产品的出口金额累计增加了5个统计单位，出口数量累计减少了3174个统计单位，出口价格上涨了3.7个统计单位（如表3-52所示）。

表 3－52　　2004～2010 年涉案产品包装或工业用薄膜反倾销原审
立案调查时间段出口数据统计

年度	出口金额（百万美元）	出口数量（吨）	出口价格（美元/千克）
2004	6	3045	2
2005	8	4820	1.7
2006	18	7045	2.6
2007	26	9435	2.8
2008	23	7619	3
2009	5	1312	3.8
2010	9	2805	3.2

资料来源：根据韩国贸易协会世界贸易统计数据库进出口数据翻译整理得到。

（2）反倾销原审立案调查阶段对韩出口平均指数统计分析。

从涉案产品的反倾销原审立案调查出口平均指数分析结果来看，反倾销原审立案调查后，包装或工业用薄膜的对韩出口金额和出口数量从第 1 年开始大幅度减少至第 3 年开始逐渐增加；对韩出口价格从第 1 年开始上涨至第 3 年开始下降，反倾销原审立案调查贸易破坏效应十分显著（如图 3－37 所示）。

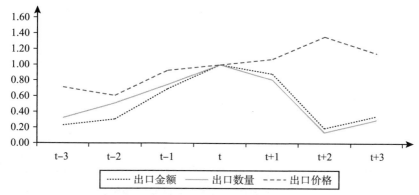

图 3－37　涉案产品包装或工业用薄膜反倾销原审立案调查
时间段对韩出口平均指数统计

资料来源：以反倾销立案调查年度的各项指标为平均指数基准值计算整理得到。

（3）反倾销期终复审立案调查阶段对韩出口数据统计分析。

通过整理涉案产品在反倾销期终复审立案调查时间段的实际出口数据，我们发现包装或工业用薄膜的对韩出口金额和出口数量，在反倾销期终复审立案调查前的 3 年间总体上趋于减少，但在反倾销期终复审立案调查的前 1 年开始增长，出现了较大幅度的增长，出口价格则呈现出总体下降的趋势。2011 年涉案产品包装或工业用薄膜被反倾销期终复审立案调查之后，出口金额和数量逐年增加，出口价格上涨 1 年后再次回落。对比反倾销期终复审立案调查前的 3 年，反倾销期终复审立案调查后的 3 年里，涉案产品的出口金额累计增加了 18 个统计单位，出口数量累计增加了 2409 个统计单位，出口价格累计上涨了 1.9 个统计单位（如表 3 - 53 所示）。

表 3 - 53　　2008 ~ 2014 年涉案产品包装或工业用薄膜反倾销期
终复审立案调查时间段出口数据统计

年度	出口金额（百万美元）	出口数量（吨）	出口价格（美元/千克）
2008	23	7619	3
2009	5	1312	3.8
2010	9	2805	3.2
2011	15	4279	3.5
2012	15	3360	4.5
2013	17	4578	3.7
2014	23	6207	3.7

资料来源：根据韩国贸易协会世界贸易统计数据库进出口数据翻译整理得到。

（4）反倾销期终复审立案调查阶段对韩出口平均指数统计分析。

从涉案产品的反倾销期终复审立案调查出口平均指数分析结果来看，反倾销期终复审立案调查后，包装或工业用薄膜的对韩出口金额连续 3 年小幅度增长，没有产生明显的贸易破坏效应；对韩出口数量从第 1 年开始减少至第 2 年开始增加；对韩出口价格从第 1 年开始上涨至第

2 年开始下跌。对比反倾销原审立案调查时所产生的贸易破坏效应，在出口金额方面衰退明显（如图 3 – 38 所示）。

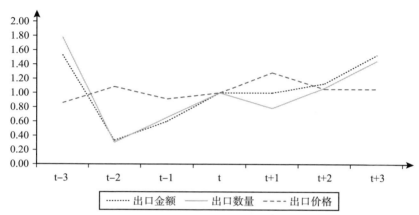

图 3 – 38　涉案产品包装或工业用薄膜反倾销期终复审立案调查时间段对韩出口平均指数统计

资料来源：以反倾销立案调查年度的各项指标为平均指数基准值计算整理得到。

（5）第二次反倾销期终复审立案调查阶段对韩出口数据统计分析。

通过整理涉案产品在反倾销期终复审立案调查时间段的实际出口数据，我们发现包装或工业用薄膜的对韩出口金额和数量，在反倾销期终复审立案调查前的 3 年间总体呈现逐年增加的趋势，出口价格则总体呈现下降的趋势。2015 年涉案产品包装或工业用薄膜被反倾销期终复审立案调查之后，出口金额和数量增长幅度明显，出口价格连续下跌两年后从 2018 年开始上涨。对比第二次反倾销期终复审立案调查前的 3 年，第二次反倾销期终复审立案调查后的 3 年里，涉案产品的出口金额累计增加了 70 个统计单位，出口数量累计增加了 42433 个统计单位，出口价格累计下降了 5.2 个统计单位（如表 3 – 54 所示）。

表 3 – 54   2012 ~ 2018 年涉案产品包装或工业用薄膜第二次反倾
销期终复审立案调查时间段出口数据统计

年度	出口金额（百万美元）	出口数量（吨）	出口价格（美元/千克）
2012	15	3360	4.5
2013	17	4578	3.7
2014	23	6207	3.7
2015	24	8068	3
2016	26	11330	2.3
2017	43	21443	2
2018	56	23805	2.4

资料来源：根据韩国贸易协会世界贸易统计数据库进出口数据翻译整理得到。

（6）第二次反倾销期终复审立案调查阶段对韩出口平均指数统计分析。

从涉案产品的第二次反倾销期终复审立案调查出口平均指数分析结果来看，第二次反倾销期终复审立案调查后，包装或工业用薄膜的对韩出口金额和出口数量连续 3 年保持增长，并未产生明显的贸易破坏效应；对韩出口价格从第 3 年开始小幅度上涨。对比第一次反倾销期终复审立案调查时所产生的贸易破坏效应，在出口数量方面衰退明显（如图 3 – 39 所示）。

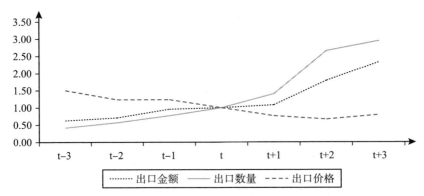

图 3 – 39   涉案产品包装或工业用薄膜第二次期终复审立案调查
时间段对韩出口平均指数统计

资料来源：以反倾销立案调查年度的各项指标为平均指数基准值计算整理得到。

14. 醋酸乙酯案例。

醋酸乙酯反倾销立案调查案件公告，如表 3 - 55 所示。

表 3 - 55　　　　　醋酸乙酯反倾销立案调查案件公告整理

原审立案调查时间	2007 年 7 月 17 日
被诉国家	中国
申诉国家	韩国
涉案产品 HS 编码	2915390090
涉案产品中文名称	醋酸乙酯
涉案产品英文名称	Ethyl Acetate
涉案产品所属行业	化学原料和制品工业
原审立案调查初裁时间	2008 年 2 月 26 日
原审立案调查初裁结果	大韩民国通商产业部贸易委员会，依据大韩民国《关税法》第 10 条、《关税法执行令》第 4 条以及《对外贸易法》第 40 条、《对外贸易法执行令》第 76 条关于反倾销的相关内容裁定：从中华人民共和国进口的醋酸乙酯与大韩民国国内相关产业的同类产品所受到的损害，存在因果关系，存在倾销行为。根据大韩民国《关税法执行令》第 4 条的相关规定对涉案公司的相关产品征收 4.51% ~ 8.66% 的临时反倾销税
原审立案调查终裁时间	2008 年 8 月 25 日
原审立案调查终裁结果	大韩民国通商产业部贸易委员会，依据大韩民国《关税法》第 10 条、《关税法执行令》第 4 条以及《对外贸易法》第 40 条、《对外贸易法执行令》第 76 条关于反倾销的相关内容裁定：从中华人民共和国进口的醋酸乙酯与大韩民国国内相关产业的同类产品所受到的损害，存在因果关系，存在倾销行为。根据大韩民国《关税法执行令》第 4 条的相关规定对涉案公司的相关产品征收 5.81% ~ 7.46% 的反倾销关税
期终复审立案调查时间	2011 年 4 月 28 日
期终复审立案调查终裁时间	2012 年 3 月 27 日
期终复审立案调查终裁结果	对涉案产品继续征收反倾销关税，有效期 3 年，税率调整为 3.14% ~ 25.28%
第二次期终复审立案调查时间	2014 年 11 月 24 日

续表

第二次期终复审立案调查终裁时间	2015 年 11 月 19 日
第二次期终复审立案调查终裁结果	对涉案产品继续征收反倾销关税,有效期 3 年,税率调整为 4.64% ~ 25.28%

资料来源:根据中华人民共和国商务部贸易救济信息网和韩国贸易委员会网站信息整理得到。

(1) 反倾销原审立案调查阶段对韩出口数据统计分析。

通过整理涉案产品在反倾销原审立案调查时间段的实际出口数据,我们发现醋酸乙酯的对韩出口金额和出口数量,在反倾销原审立案调查前的 3 年间总体上出现了较为明显的增加,出口价格在反倾销原审立案调查前的 1 年下跌明显。2007 年涉案产品醋酸乙酯被反倾销原审立案调查之后,出口金额和出口数量继续增加,两年后开始回落,出口价格上涨 1 年后,开始下跌。对比反倾销原审立案调查前的 3 年,反倾销原审立案调查后的 3 年里,涉案产品的出口金额累计增加了 24 个统计单位,出口数量累计增加了 16273 个统计单位,出口价格下降了 0.2 个统计单位(如表 3 - 56 所示)。

表 3 - 56　　2004 ~ 2010 年涉案产品醋酸乙酯反倾销原审立案
调查时间段出口数据统计

年度	出口金额 (百万美元)	出口数量 (吨)	出口价格 (美元/千克)
2004	3	1622	1.8
2005	6	3345	1.8
2006	8	6353	1.3
2007	6	3873	1.5
2008	9	4983	1.8
2009	18	13176	1.4
2010	14	9434	1.5

资料来源:根据韩国贸易协会世界贸易统计数据库进出口数据翻译整理得到。

（2）反倾销原审立案调查阶段对韩出口平均指数统计分析。

从涉案产品的反倾销原审立案调查出口平均指数分析结果来看，反倾销原审立案调查后，醋酸乙酯的对韩出口金额和出口数量从第 3 年开始减少；对韩出口价格从第 1 年开始上涨至第 2 年开始下跌，反倾销原审立案调查所产生的贸易破坏效应比较显著（如图 3 - 40 所示）。

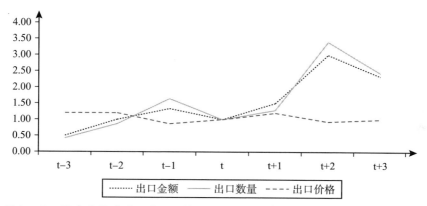

图 3 - 40　涉案产品醋酸乙酯反倾销原审立案调查时间段对韩出口平均指数统计

（3）反倾销期终复审立案调查阶段对韩出口数据统计分析。

通过整理涉案产品在反倾销期终复审立案调查时间段的实际出口数据，我们发现醋酸乙酯的对韩出口金额和数量，在反倾销期终复审立案调查前的 1 年间开始减少，出口价格总体呈现出下降趋势。2011 年涉案产品醋酸乙酯被反倾销期终复审立案调查之后，出口金额和出口数量逐年增加，出口价格总体小幅度下跌。对比反倾销期终复审立案调查前的 3 年，反倾销期终复审立案调查后的 3 年里，涉案产品的出口金额累计增加了 67 个统计单位，出口数量累计增加了 37407 个统计单位，出口价格累计上涨了 0.3 个统计单位（如表 3 - 57 所示）。

表 3 - 57　　　2008 ~ 2014 年涉案产品醋酸乙酯反倾销期终复审
立案调查时间段出口数据统计

年度	出口金额（百万美元）	出口数量（吨）	出口价格（美元/千克）
2008	9	4983	1.8
2009	18	13176	1.4
2010	14	9434	1.5
2011	23	12233	1.9
2012	31	18144	1.7
2013	35	21426	1.6
2014	42	25430	1.7

资料来源：根据韩国贸易协会世界贸易统计数据库进出口数据翻译整理得到。

（4）反倾销期终复审立案调查阶段对韩出口平均指数统计分析。

从涉案产品的反倾销期终复审立案调查出口平均指数分析结果来
看，反倾销期终复审立案调查后，醋酸乙酯的对韩出口金额和出口数量
连续 3 年保持增加；对韩出口价格从第 3 年开始小幅度上涨。对比反倾
销原审立案调查时所产生的贸易破坏效应，在出口金额和出口数量方面
衰退明显（如图 3 - 41 所示）。

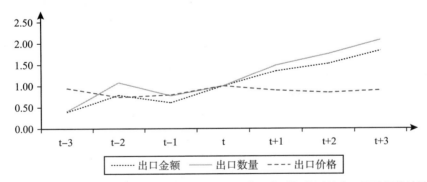

图 3 - 41　涉案产品醋酸乙酯反倾销期终复审立案调查时间段对韩出口平均指数统计

资料来源：以反倾销立案调查年度的各项指标为平均指数基准值计算整理得到。

（5）第二次反倾销期终复审立案调查阶段对韩出口数据统计分析。

通过整理涉案产品在反倾销期终复审立案调查时间段的实际出口数据，我们发现醋酸乙酯的对韩出口金额和出口数量，在第二次反倾销期终复审立案调查前的3年间总体上呈现逐年增加的趋势，出口价格则呈现出逐年下降的趋势。2014年涉案产品醋酸乙酯被第二次反倾销期终复审立案调查之后，出口金额和出口数量继续大幅度增加，出口价格下跌两年后从2017年开始上涨。对比第二次反倾销期终复审立案调查前的3年，第二次反倾销期终复审立案调查后的3年里，涉案产品的出口金额累计增加了57个统计单位，出口数量累计增加了59058个统计单位，出口价格累计下降了1.2个统计单位（如表3-58所示）。

表3-58　　　　2011～2017年涉案产品醋酸乙酯第二次反倾销期
终复审立案调查时间段出口数据统计

年度	出口金额（百万美元）	出口数量（吨）	出口价格（美元/千克）
2011	23	12233	1.9
2012	31	18144	1.7
2013	35	21426	1.6
2014	42	25430	1.7
2015	46	33093	1.4
2016	43	36834	1.2
2017	57	40934	1.4

资料来源：根据韩国贸易协会世界贸易统计数据库进出口数据翻译整理得到。

（6）第二次期终复审立案调查阶段出口平均指数统计分析。

从涉案产品的第二次反倾销期终复审立案调查出口平均指数分析结果来看，第二次反倾销期终复审立案调查后，醋酸乙酯的对韩出口金额从第2年开始减少至第3年开始增加；对韩出口数量连续3年增加，并未产生明显的贸易破坏效应；对韩出口价格从第3年开始逐渐上涨。对比第一次反倾销期终复审立案调查所产生的贸易破坏效应，在出口金额方面略有增强（如图 3 - 42 所示）。

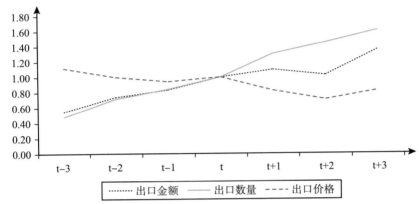

图 3 - 42　涉案产品醋酸乙酯第二次反倾销期终复审立案调查
时间段对韩出口平均指数统计

资料来源：以反倾销立案调查年度的各项指标为平均指数基准值计算整理得到。

15. 聚酯预取向丝案例。

聚酯预取向丝反倾销立案调查案件公告，如表 3 - 59 所示。

表 3 - 59　　　　　聚酯预取向丝反倾销立案调查案件公告整理

原审立案调查时间	2008 年 2 月 4 日
被诉国家	中国
申诉国家	韩国
涉案产品海关 HS 编码	5402460000
涉案产品中文名称	聚酯预取向丝
涉案产品外文名称	Polyester Partially Oriented Yarn
涉案产品所属行业	纺织工业
原审立案调查初裁时间	2008 年 8 月 12 日
原审立案调查初裁结果	暂不采取临时反倾销措施。
原审立案调查终裁时间	2009 年 1 月 21 日

续表

原审立案调查终裁结果	大韩民国通商产业部贸易委员会，依据大韩民国《关税法》第10条、《关税法执行令》第4条以及《对外贸易法》第40条、《对外贸易法执行令》第76条关于反倾销的相关内容裁定：从中华人民共和国进口的聚酯预取向丝与大韩民国国内相关产业的同类产品所受到的损害，存在因果关系，存在倾销行为。根据大韩民国《关税法执行令》第4条的相关规定对涉案公司的相关产品征收18.48% ~20.30%的反倾销关税
期终复审立案调查时间	2011年9月2日
期终复审立案调查终裁时间	2012年7月25日
期终复审立案调查终裁结果	韩国贸易委员会向韩国企划财政部提交了申请，要求对进口自中国的聚酯预取向丝征收的反倾销关税再延长2年，涉案产品的反倾销税率调整为6.26% ~20.30%
第二次期终复审立案调查时间	2014年1月1日
第二次期终复审立案调查终裁时间	2014年12月23日
第二次期终复审立案调查终裁结果	终止反倾销措施

资料来源：根据中华人民共和国商务部贸易救济信息网和韩国贸易委员会网站信息整理得到。

（1）反倾销原审立案调查阶段对韩出口数据统计分析。

通过整理涉案产品在反倾销原审立案调查时间段的实际出口数据，我们发现聚酯预取向丝的对韩出口金额和出口数量，在反倾销原审立案调查前的3年间总体上呈现减少趋势，出口价格趋于平稳，几乎没有改变。2008年涉案产品聚酯预取向丝被反倾销原审立案调查之后，出口金额和出口数量减少明显，出口价格开始连续上涨。对比反倾销原审立案调查前的3年，反倾销原审立案调查后的3年里，涉案产品的出口金额累计减少了3个统计单位，出口数量累计减少了2715个统计单位，出口价格上涨了5.3个统计单位（如表3-60所示）。

表 3 - 60　　　　2005 ~ 2011 年涉案产品聚酯预取向丝反倾销原审
立案调查时间段出口数据统计

年度	出口金额（百万美元）	出口数量（吨）	出口价格（美元/千克）
2005	11	6675	1. 65
2006	11	6914	1. 59
2007	7	4436	1. 6
2008	4	2146	1. 9
2009	1	470	2. 1
2010	2	853	2. 3
2011	1	398	2. 5

资料来源：根据韩国贸易协会世界贸易统计数据库进出口数据翻译整理得到。

（2）反倾销原审立案调查阶段对韩出口平均指数统计分析。

从涉案产品的反倾销原审立案调查出口平均指数分析结果来看，反倾销原审立案调查后，聚酯预取向丝的对韩出口金额和出口数量总体呈现减少；对韩出口价格连续 3 年保持上涨。反倾销原审立案调查所产生的贸易破坏效应总体十分显著（如图 3 - 43 所示）。

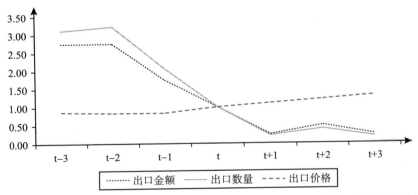

图 3 - 43　涉案产品聚酯预取向丝反倾销原审立案调查时间段对韩出口平均指数统计

资料来源：以反倾销立案调查年度的各项指标为平均指数基准值计算整理得到。

（3）反倾销期终复审立案调查阶段对韩出口数据统计分析。

通过整理涉案产品在反倾销期终复审立案调查时间段的实际出口数据，我们发现聚酯预取向丝的对韩出口金额和出口数量，在反倾销期终复审立案调查的前1年增加明显，出口价格呈现出逐年上涨的趋势。2011年涉案产品聚酯预取向丝被反倾销期终复审立案调查之后，出口金额和出口数量在减少两年后，从2014年开始逐渐增加，出口价格出现持续下降情况。对比反倾销期终复审立案调查前的3年，反倾销期终复审立案调查后的3年里，涉案产品的出口金额累计减少了2个统计单位，出口数量累计减少了1366个统计单位，出口价格累计上涨了1.6个统计单位（如表3-61所示）。

表3-61　　2008～2014年涉案产品聚酯预取向丝反倾销期终复审
立案调查时间段出口数据统计

年度	出口金额（百万美元）	出口数量（吨）	出口价格（美元/千克）
2008	4	2146	1.9
2009	1	470	2.1
2010	2	853	2.3
2011	1	398	2.5
2012	2	496	4
2013	1	446	2.2
2014	2	1161	1.7

资料来源：根据韩国贸易协会世界贸易统计数据库进出口数据翻译整理得到。

（4）反倾销期终复审立案调查阶段对韩出口平均指数统计分析。

从涉案产品的反倾销期终复审立案调查出口平均指数分析结果来看，反倾销期终复审立案调查后，聚酯预取向丝的对韩出口金额和出口数量从第2年开始减少至第3年开始增加；对韩出口价格从第1年上涨至第2年开始下跌。对比反倾销原审立案调查时所产生的贸易破坏效应，在出口金额、数量和价格方面持续周期有所缩短（如图3-44所示）。

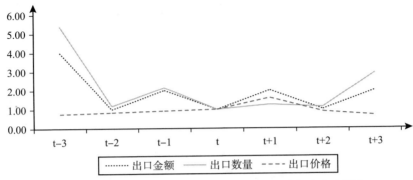

图 3 - 44　涉案产品聚酯预取向丝反倾销期终复审立案调查

时间段对韩出口平均指数统计

资料来源：以反倾销立案调查年度的各项指标为平均指数基准值计算整理得到。

（5）第二次反倾销期终复审立案调查阶段对韩出口数据统计分析。

通过整理涉案产品在反倾销期终复审立案调查时间段的实际出口数据，我们发现聚酯预取向丝的对韩出口金额和出口数量，在第二次反倾销期终复审立案调查前的 3 年间总体上维持在较低的幅度区间，没有出现较大幅度的变化，出口价格在第二次反倾销期终复审立案调查的前 1年间下降明显。2014 年涉案产品聚酯预取向丝被第二次反倾销期终复审立案调查之后，出口金额和出口数量增幅明显，出口价格持续走低。对比第二次反倾销期终复审立案调查前的 3 年，第二次反倾销期终复审立案调查后的 3 年里，涉案产品的出口金额累计增加了 59 个统计单位，出口数量累计增加了 54182 个统计单位，出口价格累计下降了 5.3 个统计单位（如表 3 - 62 所示）。

表 3 - 62　2011 ~ 2017 年涉案产品聚酯预取向丝第二次反倾销期

终复审立案调查时间段出口数据统计

年度	出口金额（百万美元）	出口数量（吨）	出口价格（美元/千克）
2011	1	398	2.5
2012	2	496	4

续表

年度	出口金额（百万美元）	出口数量（吨）	出口价格（美元/千克）
2013	1	446	2.2
2014	2	1161	1.7
2015	15	12884	1.2
2016	24	22995	1
2017	24	19643	1.2

资料来源：根据韩国贸易协会世界贸易统计数据库进出口数据翻译整理得到。

（6）第二次期终复审立案调查阶段对韩出口平均指数统计分析。

从涉案产品的第二次反倾销期终复审立案调查出口平均指数分析结果来看，第二次反倾销期终复审立案调查后，聚酯预取向丝的对韩出口金额和数量从第3年开始减少；对韩出口价格一直维持在较低水平，并未产生明显的贸易破坏效应。对比第一次反倾销期终复审立案调查时所产生的贸易破坏效应，在出口价格方面衰退明显（如图3-45所示）。

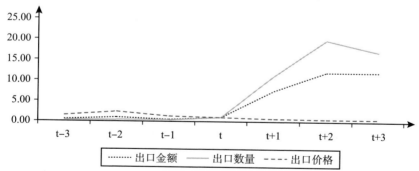

图3-45　涉案产品聚酯预取向丝第二次期终复审立案调查
时间段对韩出口平均指数统计

资料来源：以反倾销立案调查年度的各项指标为平均指数基准值计算整理得到。

二、无期终复审案例阶段性贸易破坏效应分析

(一) 终裁结果为价格承诺与征收反倾销关税并行案例贸易破坏效应分析

1. 电动剃须刀案例。

电动剃须刀反倾销立案调查案件公告,如表 3 - 63 所示。

表 3 - 63   电动剃须刀反倾销立案调查案件公告整理

原审立案调查时间	1996 年 7 月 9 日
被诉国家	中国
申诉国家	韩国
涉案产品海关 HS 编码	8510100000
涉案产品中文名称	电动剃须刀
涉案产品英文名称	Electric Shaver
涉案产品所属行业	电气工业
原审立案调查初裁时间	1996 年 11 月 14 日
原审立案调查初裁结果	从中华人民共和国进口的电动剃须刀与大韩民国国内相关产业的同类产品所受到的损害,存在因果关系,存在倾销行为。根据大韩民国《关税法执行令》第 4 条的相关规定对涉案公司的相关产品,按照暂定倾销幅度 34.59% ~ 35.18% 收取保证金
原审立案调查终裁时间	1997 年 3 月 14 日
原审立案调查终裁结果	从中华人民共和国进口的电动剃须刀与大韩民国国内相关产业的同类产品所受到的损害,存在因果关系,存在倾销行为。根据大韩民国《关税法执行令》第 4 条的相关规定对涉案公司的相关产品征收反倾销关税。对除了中国松下电子有限公司和中国飞利浦公司外的出口公司普遍征收 23.14% ~ 45.68% 的反倾销税,正式生效期为 1996 年 12 月 20 日,为期 5 年。同时,接受中国松下电子有限公司和中国飞利浦公司提出的价格承诺

资料来源:根据中华人民共和国商务部贸易救济信息网和韩国贸易委员会网站信息整理得到。

（1）反倾销原审立案调查阶段对韩出口数据统计分析。

通过整理涉案产品在反倾销原审立案调查时间段的实际出口数据，我们发现电动剃须刀的对韩出口金额在反倾销原审立案调查前的 3 年间非常稳定，出口数量呈现出逐年增加的分布状态，出口价格则呈现出逐年下降的分布。1996 年涉案产品电动剃须刀被反倾销原审立案调查之后，出口金额大幅度减少，出口数量连续减少两年后从 1999 年开始大幅度增加，出口价格则呈现出持续下跌的状态。对比反倾销原审立案调查前的 3 年，反倾销原审立案调查后的 3 年里，涉案产品的出口金额累计增加了 1 个统计单位，出口数量累计增加了 375 个统计单位，出口价格累计上涨了 0.98 个统计单位（如表 3 – 64 所示）。

表 3 – 64　　　1993 ~ 1999 年涉案产品电动剃须刀反倾销原审立案
调查时间段出口数据统计

年度	出口金额（百万美元）	出口数量（吨）	出口价格（美元/千克）
1993	1	230	4.35
1994	1	251	3.99
1995	1	296	3.39
1996	3	444	6.76
1997	2	336	5.97
1998	1	195	5.13
1999	1	621	1.61

资料来源：根据韩国贸易协会世界贸易统计数据库进出口数据翻译整理得到。

（2）反倾销原审立案调查阶段对韩出口平均指数统计分析。

从涉案产品的反倾销原审立案调查出口平均指数分析结果来看，反倾销原审立案调查后，电动剃须刀的对韩出口金额连续 3 年大幅度减少；对韩出口数量连续减少 2 年后从第 3 年开始增加；对韩出口价格在大幅上涨后，从第 3 年开始大幅下跌。反倾销原审立案调查所产生的贸易破坏效应十分显著（如图 3 – 46 所示）。

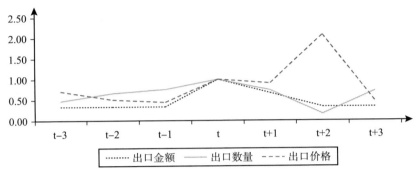

图 3 – 46　涉案产品电动剃须刀反倾销原审立案调查时间段对韩出口平均指数统计

资料来源：以反倾销立案调查年度的各项指标为平均指数基准值计算整理得到。

2. 过氧化苯甲酰案例。

过氧化苯甲酰反倾销原审立案调查案件公告，如表 3 – 65 所示。

表 3 – 65　　过氧化苯甲酰反倾销原审立案调查案件公告整理

原审立案调查时间	2007 年 5 月 17 日
被诉国家	中国
申诉国家	韩国
涉案产品 HS 编码	2916321000
涉案产品中文名称	过氧化苯甲酰
涉案产品英文名称	Benzoyl Peroxide
涉案产品所属行业	化学原料和制品工业
原审立案调查初裁时间	2007 年 10 月 24 日
原审立案调查终裁时间	2008 年 3 月 26 日
原审立案调查终裁结果	大韩民国通商产业部贸易委员会，依据大韩民国《关税法》第 10 条、《关税法执行令》第 4 条以及《对外贸易法》第 40 条、《对外贸易法执行令》第 76 条关于反倾销的相关内容裁定：从中华人民共和国进口的过氧化苯甲酰与大韩民国国内相关产业的同类产品所受到的损害，存在因果关系，存在倾销行为。根据大韩民国《关税法执行令》第 4 条的相关规定对涉案公司的相关产品征收反倾销关税。接受天津 AKZO 公司的价格承诺，并对除江苏远洋公司之外的其他企业征收 9.72% 的反倾销税，征收期限 3 年

资料来源：根据中华人民共和国商务部贸易救济信息网和韩国贸易委员会网站信息整理得到。

（1）反倾销原审立案调查阶段对韩出口数据统计分析。

通过整理涉案产品在反倾销原审立案调查时间段的实际出口数据，我们发现过氧化苯甲酰的对韩出口金额在反倾销原审立案调查前的 3 年间总体上呈现出了较大幅度的增加，出口数量在反倾销原审立案调查前的 1 年出现了小幅度增加，出口价格呈现逐年上涨的分布。2007 年涉案产品过氧化苯甲酰被反倾销原审立案调查之后，出口金额和出口数量减少明显，出口价格连续上涨两年后开始回落。对比反倾销原审立案调查前的 3 年，反倾销原审立案调查后的 3 年里，涉案产品的出口金额累计增加了 1 个统计单位，出口数量累计减少了 608 个统计单位，出口价格上涨了 2.42 个统计单位（如表 3 - 66 所示）。

表 3 - 66　　　　2004 ～ 2010 年涉案产品过氧化苯甲酰反倾销原审
立案调查时间段出口数据统计

年度	出口金额（百万美元）	出口数量（吨）	出口价格（美元/千克）
2004	1	1077	0.93
2005	1	752	1.33
2006	2	1000	2
2007	3	1730	1.73
2008	2	922	2.17
2009	2	717	2.79
2010	1	582	1.72

资料来源：根据韩国贸易协会世界贸易统计数据库进出口数据翻译整理得到。

（2）反倾销原审立案调查阶段对韩出口平均指数统计分析。

从涉案产品的反倾销原审立案调查出口平均指数分析结果来看，反倾销原审立案调查后，过氧化苯甲酰的对韩出口金额和出口数量连续 3 年大幅度减少；对韩出口价格连续上涨两年后，从第 3 年开始下跌，反倾销原审立案调查所产生的贸易破坏效应十分显著（如图 3 - 47 所示）。

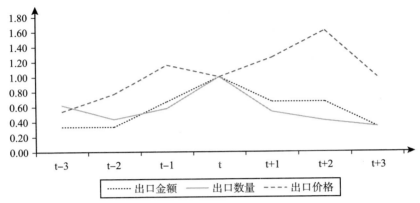

图 3 - 47　涉案产品过氧化苯甲酰反倾销原审立案调查
时间段对韩出口平均指数统计

资料来源：以反倾销立案调查年度的各项指标为平均指数基准值计算整理得到。

（二）终裁结果为征收反倾销关税案例贸易破坏效应分析

1. 糠醇案例。

糠醇反倾销原审立案调查案件公告，如表 3 - 67 所示。

表 3 - 67　　　　　　　糠醇反倾销原审立案调查案件公告整理

原审立案调查时间	1997 年 4 月 30 日
被诉国家	中国
申诉国家	韩国
涉案产品海关 HS 编码	2932131000
涉案产品中文名称	糠醇
涉案产品英文名称	Furfuryl Alcohol
涉案产品所属行业	化学原料和制品工业
原审立案调查初裁时间	1997 年 9 月 5 日

续表

原审立案调查初裁结果	根据大韩民国《关税法》第 10 条、《关税法执行令》第 4 条以及《对外贸易法》第 40 条、《对外贸易法执行令》第 76 条关于反倾销的相关内容裁定：从中华人民共和国进口的糠醇与大韩民国国内相关产业的同类产品所受到的损害，存在因果关系，存在倾销行为。根据大韩民国《关税法执行令》第 4 条的相关规定对涉案公司的相关产品，征收临时反倾销关税具体税率如下：中化公司 17.88%，山东淄博宝沣集团 17.88%，保定化工二厂 17.88%，其他公司 24.99%
原审立案调查终裁时间	1997 年 12 月 23 日
原审立案调查终裁结果	根据大韩民国《关税法》第 10 条、《关税法执行令》第 4 条以及《对外贸易法》第 40 条、《对外贸易法执行令》第 76 条关于反倾销的相关内容裁定：从中华人民共和国进口的糠醇与大韩民国国内相关产业的同类产品所受到的损害，存在因果关系，存在倾销行为。根据大韩民国《关税法执行令》第 4 条的相关规定对涉案公司的相关产品征收反倾销关税，有效期 3 年。具体税率如下：中化公司 17.88%，山东淄博宝沣集团 17.88%，保定化工二厂（Baoding No.2 Chemical Factory）17.88%，江西土特产进出口公司（Jiangxi Native Produce I/E Corp）24.99%，徐州外贸公司（Xuzhou Foreign Trade Corp）24.99%

资料来源：根据中华人民共和国商务部贸易救济信息网和韩国贸易委员会网站信息整理得到。

（1）反倾销原审立案调查阶段对韩出口数据统计分析。

通过整理涉案产品在反倾销原审立案调查时间段的实际出口数据，我们发现糠醇的对韩出口金额和数量在反倾销原审立案调查前的 3 年间都出现了较大幅度的增加，出口价格呈现出逐年上涨的趋势。1997 年涉案产品糠醇被反倾销原审立案调查之后，出口金额和出口数量仍然持续增加，出口价格则继续保持下跌的状态。对比反倾销原审立案调查前的 3 年，反倾销原审立案调查后的 3 年里，涉案产品的出口金额累计增加了 20 个统计单位，出口数量累计增加了 13195 个统计单位，出口价格累计下降了 1.5 个统计单位（如表 3 - 68 所示）。

表 3 - 68   1994～2000 年涉案产品糠醇反倾销原审立案
调查时间段出口数据统计

年度	出口金额（百万美元）	出口数量（吨）	出口价格（美元/千克）
1994	1	1203	0.8
1995	6	3533	1.7
1996	7	3781	1.9
1997	4	3011	1.3
1998	5	4271	1.2
1999	7	7670	0.9
2000	8	9771	0.8

资料来源：根据韩国贸易协会世界贸易统计数据库进出口数据翻译整理得到。

（2）反倾销原审立案调查阶段对韩出口平均指数统计分析。

从涉案产品的反倾销原审立案调查出口平均指数分析结果来看，反倾销原审立案调查后，糠醇的对韩出口金额和出口数量连续 3 年增加；对韩出口价格连续 3 年下跌，反倾销原审立案调查并未产生明显的贸易破坏效应（如图 3 - 48 所示）。

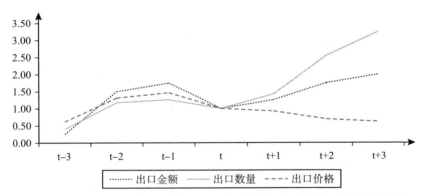

图 3 - 48   涉案产品糠醇反倾销原审立案调查时间段对韩出口平均指数统计

资料来源：以反倾销立案调查年度的各项指标为平均指数基准值计算整理得到。

2. 聚乙烯醇案例。

聚乙烯醇反倾销原审立案调查案件公告，如表 3 - 69 所示。

表 3 - 69　　　　　聚乙烯醇反倾销原审立案调查案件公告整理

反倾销原审立案调查时间	2006 年 2 月 17 日
反倾销被诉国家	中国
反倾销申诉国家	韩国
涉案产品海关 HS 编码	3206110000
涉案产品中文名称	聚乙烯醇
涉案产品英文名称	Polyvinyl Alchohol
涉案产品所属行业	化学原料和制品工业
反倾销原审立案调查初裁时间	2006 年 6 月 27 日
反倾销原审立案调查初裁结果	大韩民国通商产业部贸易委员会，依据大韩民国《关税法》第 10 条、《关税法执行令》第 4 条以及《对外贸易法》第 40 条、《对外贸易法执行令》第 76 条关于反倾销的相关内容裁定：从中华人民共和国进口的聚乙烯醇与大韩民国国内相关产业的同类产品所受到的损害，存在因果关系，存在倾销行为。根据大韩民国《关税法执行令》第 4 条的相关规定对涉案公司的相关产品，征收 19. 15% ~ 35. 17% 的临时反倾销关税
反倾销原审立案调查终裁时间	2006 年 12 月 12 日
反倾销原审立案调查终裁结果	大韩民国通商产业部贸易委员会，依据大韩民国《关税法》第 10 条、《关税法执行令》第 4 条以及《对外贸易法》第 40 条、《对外贸易法执行令》第 76 条关于反倾销的相关内容裁定：从中华人民共和国进口的聚乙烯醇与大韩民国国内相关产业的同类产品所受到的损害，存在因果关系，存在倾销行为。根据大韩民国《关税法执行令》第 4 条的相关规定对涉案公司的相关产品征收反倾销关税。四川维尼纶公司的反倾销税率为 35. 17%，山西三维集团为 11. 11%，其他公司普遍税率为 33. 44%，征税期为 2006 年 12 月 12 日 ~ 2009 年 12 月 11 日

资料来源：根据中华人民共和国商务部贸易救济信息网和韩国贸易委员会网站信息整理得到。

（1）反倾销原审立案调查阶段对韩出口数据统计分析。

通过整理涉案产品在反倾销原审立案调查时间段的实际出口数据，我们发现聚乙烯醇的对韩出口金额和出口数量，在反倾销原审立案调查前的 3 年间总体上出现了较大幅度的增加，出口价格变化幅度较小。2006 年涉案产品聚乙烯醇被反倾销原审立案调查之后，出口金额和数量减少幅度明显，出口价格在大幅度上涨两年后，从 2009 年开始回落。对比反倾销原审立案调查前的 3 年，反倾销原审立案调查后的 3 年里，涉案产品的出口金额累计减少了 1 个统计单位，出口数量累计减少了 1968 个统计单位，出口价格上涨了 6.1 个统计单位（如表 3 - 70 所示）。

表 3 - 70　　　　2003 ~ 2009 年涉案产品聚乙烯醇反倾销原审立案
调查时间段出口数据统计

年度	出口金额（百万美元）	出口数量（吨）	出口价格（美元/千克）
2003	1	613	1.6
2004	1	1031	1
2005	2	1302	1.5
2006	2	1378	1.5
2007	1	348	2.9
2008	1	200	5
2009	1	430	2.3

资料来源：根据韩国贸易协会世界贸易统计数据库进出口数据翻译整理得到。

（2）反倾销原审立案调查阶段对韩出口平均指数统计分析。

从涉案产品的反倾销原审立案调查出口平均指数分析结果来看，反倾销原审立案调查后，聚乙烯醇的对韩出口金额从第 1 年开始减少并持续保持在较低水平；对韩出口数量从第 1 年开始减少，至第 3 年开始逐渐增加；对韩出口价格连续上涨两年，从第 3 年开始大幅度下跌。反倾销原审立案调查产生的贸易破坏效应比较显著（如图 3 - 49 所示）。

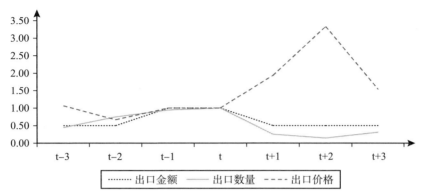

图 3 – 49 涉案产品聚乙烯醇反倾销原审立案调查时间段对韩出口平均指数统计

资料来源：以反倾销立案调查年度的各项指标为平均指数基准值计算整理得到。

3. 阔叶木胶合板案例。

阔叶木胶合板反倾销原审立案调查案件公告，如表 3 – 71 所示。

表 3 – 71 阔叶木胶合板反倾销原审立案调查案件公告整理

原审立案调查时间	2012 年 11 月 9 日
被诉国家	中国
申诉国家	韩国
涉案产品海关 HS 编码	4412310000、4412330000、4412340000
涉案产品中文名称	阔叶木胶合板
涉案产品英文名称	Plywood
涉案产品所属行业	木材及制品工业
原审立案调查初裁时间	2013 年 5 月 8 日
原审立案调查初裁结果	大韩民国通商产业部贸易委员会，依据大韩民国《关税法》第 10 条、《关税法执行令》第 4 条以及《对外贸易法》第 40 条、《对外贸易法执行令》第 76 条关于反倾销的相关内容裁定：从中华人民共和国进口的阔叶木胶合板与大韩民国国内相关产业的同类产品所受到的损害，存在因果关系，存在倾销行为。根据大韩民国《关税法执行令》第 4 条的相关规定对涉案公司的相关产品，暂不征收临时反倾销税，但仍将继续相关调查

原审立案调查终裁时间	2013 年 12 月 1 日
原审立案调查终裁结果	大韩民国通商产业部贸易委员会，依据大韩民国《关税法》第 10 条、《关税法执行令》第 4 条以及《对外贸易法》第 40 条、《对外贸易法执行令》第 76 条关于反倾销的相关内容裁定：从中华人民共和国进口的阔叶木胶合板与大韩民国国内相关产业的同类产品所受到的损害，存在因果关系，存在倾销行为。根据大韩民国《关税法执行令》第 4 条的相关规定对涉案公司的相关产品征收反倾销税，为期 3 年。具体税率为 2.42% ~27.21%。广西贵港昌海木业有限公司 4.14%，广西绿辰木业有限公司 4.14%，广西剑涛木业有限公司 3.27%，广西金轮木业有限公司 5.11%，山东新港木业有限公司 4.36%，其他公司普遍税率为 17.48%

资料来源：根据中华人民共和国商务部贸易救济信息网和韩国贸易委员会网站信息整理得到。

（1）反倾销原审立案调查阶段对韩出口数据统计分析。

通过整理涉案产品在反倾销原审立案调查时间段的实际出口数据，我们发现阔叶木胶合板的对韩出口金额和出口数量，在反倾销原审立案调查前的 3 年间没有出现较大幅度的增加，出口价格呈现出小幅下跌的状态。2012 年涉案产品阔叶木胶合板被反倾销原审立案调查之后，出口金额和出口数量连续增加两年后从 2015 年开始明显减少，出口价格保持比较稳定，没有出现大幅度的波动。对比反倾销原审立案调查前的 3 年，反倾销原审立案调查后的 3 年里，涉案产品的出口金额累计增加了 110 个统计单位，出口数量累计增加了 129166 个统计单位，出口价格上涨了 0.36 个统计单位（如表 3 - 72 所示）。

表 3 - 72　　2009 ~ 2015 年涉案产品阔叶木胶合板反倾销原审立案
调查时间段出口数据统计

年度	出口金额（百万美元）	出口数量（吨）	出口价格（美元/千克）
2009	61	91441	0.67
2010	55	93481	0.59

年度	出口金额（百万美元）	出口数量（吨）	出口价格（美元/千克）
2011	66	113173	0.58
2012	167	241039	0.69
2013	210	299163	0.70
2014	237	339416	0.70
2015	72	99396	0.72

资料来源：根据韩国贸易协会世界贸易统计数据库进出口数据翻译整理得到。

（2）反倾销原审立案调查阶段对韩出口平均指数统计分析。

从涉案产品的反倾销原审立案调查出口平均指数分析结果来看，反倾销原审立案调查后，阔叶木胶合板的对韩出口金额和出口数量从第3年开始急剧减少；对韩出口价格从第3年开始小幅度上涨，反倾销原审立案调查所产生的贸易破坏效应比较显著（如图3-50所示）。

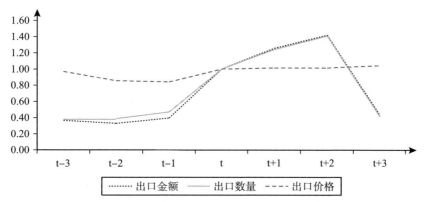

图3-50 涉案产品阔叶木胶合板反倾销原审立案调查时间段对韩出口平均指数统计

资料来源：以反倾销立案调查年度的各项指标为平均指数基准值计算整理得到。

4. 取向聚丙烯薄膜案例。

取向聚丙烯薄膜反倾销原审立案调查案件公告，如表3-73所示。

表 3 – 73   取向聚丙烯薄膜反倾销原审立案调查案件公告整理

原审立案调查时间	2012 年 12 月 27 日
被诉国家	中国
申诉国家	韩国
涉案产品海关 HS 编码	3920200000、3921902000
涉案产品中文名称	取向聚丙烯薄膜（简称 OPP 薄膜）
涉案产品英文名称	Oriented Polypropylene Film
涉案产品所属行业	塑料制品工业
原审立案调查初裁时间	2013 年 5 月 22 日
原审立案调查终裁时间	2013 年 10 月 29 日
原审立案调查终裁结果	大韩民国通商产业部贸易委员会，依据大韩民国《关税法》第 10 条、《关税法执行令》第 4 条以及《对外贸易法》第 40 条、《对外贸易法执行令》第 76 条关于反倾销的相关内容裁定：从中华人民共和国进口的取向聚丙烯薄膜与大韩民国国内相关产业的同类产品所受到的损害，存在因果关系，存在倾销行为。根据大韩民国《关税法执行令》第 4 条的相关规定对涉案公司的相关产品征收 3.89% ~ 25.04% 反倾销关税，为期 5 年

资料来源：根据中华人民共和国商务部贸易救济信息网和韩国贸易委员会网站信息整理得到。

（1）反倾销原审立案调查阶段对韩出口数据统计分析。

通过整理涉案产品在反倾销原审立案调查时间段的实际出口数据，我们发现取向聚丙烯薄膜的对韩出口金额和数量，在反倾销原审立案调查前的 3 年间总体上出现了较大幅度的持续增加，出口价格总体趋于上涨。2012 年涉案产品取向聚丙烯薄膜被反倾销原审立案调查之后，出口金额和数量开始逐年减少，出口价格上涨两年后开始下跌。对比反倾销原审立案调查前的 3 年，反倾销原审立案调查后的 3 年里，涉案产品的出口金额累计增加了 10 个统计单位，出口数量累计增加了 418 个统计单位，出口价格上涨了 1 个统计单位（如表 3 – 74 所示）。

表 3 - 74　　2009 ~ 2015 年涉案产品取向聚丙烯薄膜反倾销原审
立案调查时间段出口数据统计

年度	出口金额（百万美元）	出口数量（吨）	出口价格（美元/千克）
2009	15	6248	2.4
2010	28	11942	2.3
2011	41	15031	2.7
2012	48	18373	2.6
2013	47	17209	2.7
2014	28	8715	3.2
2015	19	7715	2.5

资料来源：根据韩国贸易协会世界贸易统计数据库进出口数据翻译整理得到。

（2）反倾销原审立案调查阶段对韩出口平均指数统计分析。

从涉案产品的反倾销原审立案调查出口平均指数分析结果来看，反倾销原审立案调查后，取向聚丙烯薄膜的对韩出口金额和数量连续 3 年大幅度减少；对韩出口价格连续上涨 2 年后，从第 3 年开始下跌，反倾销原审立案调查所产生的贸易破坏效应十分显著（如图 3 - 51 所示）。

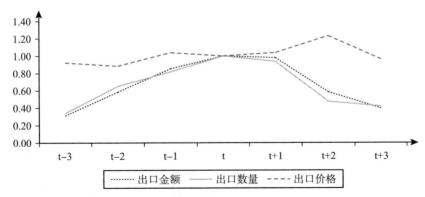

图 3 - 51　涉案产品取向聚丙烯薄膜反倾销原审立案调查
时间段对韩出口平均指数统计

资料来源：以反倾销立案调查年度的各项指标为平均指数基准值计算整理得到。

5. H 型钢案例。

H 型钢反倾销原审立案调查案件公告,如表 3 - 75 所示。

表 3 - 75　　　　　　　H 型钢反倾销原审立案调查案件公告整理

原审立案调查时间	2014 年 7 月 24 日
被诉国家	中国
申诉国家	韩国
涉案产品海关 HS 编码	7216333000、7216334000、7216335000、7228701000、7228701090
涉案产品中文名称	H 型钢
涉案产品英文名称	H-type Steel
涉案产品所属行业	钢铁工业
原审立案调查初裁时间	2014 年 12 月 26 日
原审立案调查初裁结果	大韩民国通商产业部贸易委员会,依据大韩民国《关税法》第 10 条、《关税法执行令》第 4 条以及《对外贸易法》第 40 条、《对外贸易法执行令》第 76 条关于反倾销的相关内容裁定:从中华人民共和国进口的 H 型钢与大韩民国国内相关产业的同类产品所受到的损害,存在因果关系,存在倾销行为。根据大韩民国《关税法执行令》第 4 条的相关规定对涉案公司的相关产品征收 17.69% ~ 32.72% 的临时反倾销关税
原审立案调查终裁时间	2015 年 5 月 29 日
原审立案调查终裁结果	大韩民国通商产业部贸易委员会,依据大韩民国《关税法》第 10 条、《关税法执行令》第 4 条以及《对外贸易法》第 40 条、《对外贸易法执行令》第 76 条关于反倾销的相关内容裁定:从中华人民共和国进口的 H 型钢与大韩民国国内相关产业的同类产品所受到的损害,存在因果关系,存在倾销行为。根据大韩民国《关税法执行令》第 4 条的相关规定对涉案公司的相关产品征收 28.23% ~ 32.72% 的反倾销关税,为期 5 年

　　资料来源:根据中华人民共和国商务部贸易救济信息网和韩国贸易委员会网站信息整理得到。

（1）反倾销原审立案调查阶段对韩出口数据统计分析。

通过整理涉案产品在反倾销原审立案调查时间段的实际出口数据，我们发现 H 型钢的对韩出口金额和数量，在反倾销原审立案调查前的 3 年间总体上呈现出增长的趋势，出口价格则呈现下降的趋势。2014 年涉案产品 H 型钢被反倾销原审立案调查之后，出口金额和数量明显持续减少，出口价格开始小幅度上涨。对比反倾销原审立案调查前的 3 年，反倾销原审立案调查后的 3 年里，涉案产品的出口金额累计减少了 593 个统计单位，出口数量累计减少了 286385 个统计单位，出口价格下降了 0.7 个统计单位（如表 3 - 76 所示）。

表 3 - 76　　　2011 ~ 2017 年涉案产品 H 型钢反倾销原审立案
调查时间段出口数据统计

年度	出口金额（百万美元）	出口数量（吨）	出口价格（美元/千克）
2011	478	640583	0.7
2012	438	664586	0.7
2013	477	831304	0.6
2014	517	953416	0.5
2015	352	844130	0.4
2016	281	691755	0.4
2017	167	314203	0.5

资料来源：根据韩国贸易协会世界贸易统计数据库进出口数据翻译整理得到。

（2）反倾销原审立案调查阶段对韩出口平均指数统计分析。

从涉案产品的反倾销原审立案调查出口平均指数分析结果来看，反倾销原审立案调查后，H 型钢的对韩出口金额和数量连续 3 年大幅度减少；对韩出口价格从第 2 年开始上涨。反倾销原审立案调查所产生的贸易破坏效应十分显著（如图 3 - 52 所示）。

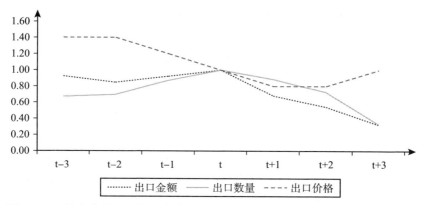

图 3 - 52　涉案产品 H 型钢反倾销原审立案调查时间段对韩出口平均指数统计

资料来源：以反倾销立案调查年度的各项指标为平均指数基准值计算整理得到。

6. 针叶木胶合板案例。

针叶木胶合板反倾销原审立案调查案件公告，如表 3 - 77 所示。

表 3 - 77　　针叶木胶合板反倾销原审立案调查案件公告整理

原审立案调查时间	2015 年 3 月 13 日
被诉国家	中国
申诉国家	韩国
涉案产品海关 HS 编码	4412391090、4412399090、4412999111、4412999119、4412999191
涉案产品中文名称	针叶木胶合板
涉案产品英文名称	Coniferous Wood Plywood
涉案产品所属行业	木材及制品工业
原审立案调查初裁时间	2015 年 9 月 25 日
原审立案调查初裁结果	大韩民国通商产业部贸易委员会，依据大韩民国《关税法》第 10 条、《关税法执行令》第 4 条以及《对外贸易法》第 40 条、《对外贸易法执行令》第 76 条关于反倾销的相关内容裁定：从中华人民共和国进口的针叶木胶合板与大韩民国国内相关产业的同类产品所受到的损害，存在因果关系，存在倾销行为。根据大韩民国《关税法执行令》第 4 条的相关规定对涉案公司的相关产品，征收 3.4% ~ 5.9% 的临时反倾销税

续表

原审立案调查终裁时间	2016 年 1 月 15 日
原审立案调查终裁结果	大韩民国通商产业部贸易委员会，依据大韩民国《关税法》第 10 条、《关税法执行令》第 4 条以及《对外贸易法》第 40 条、《对外贸易法执行令》第 76 条关于反倾销的相关内容裁定：从中华人民共和国进口的针叶木胶合板与大韩民国国内相关产业的同类产品所受到的损害，存在因果关系，存在倾销行为。根据大韩民国《关税法执行令》第 4 条的相关规定对涉案公司的相关产品征收 4. 22% ~7. 15% 的反倾销关税，有效期限 3 年

资料来源：根据中华人民共和国商务部贸易救济信息网和韩国贸易委员会网站信息整理得到。

（1）反倾销原审立案调查阶段对韩出口数据统计分析。

通过整理涉案产品在反倾销原审立案调查时间段的实际出口数据，我们发现针叶木胶合板的对韩出口金额和出口数量，在反倾销原审立案调查的前 1 年出现了大幅度的增加，出口价格总体上呈现出下降的趋势。2015 年涉案产品针叶木胶合板被反倾销原审立案调查之后，出口金额和出口数量减少非常明显，出口价格开始下降。对比反倾销原审立案调查前的 3 年，反倾销原审立案调查后的 3 年里，涉案产品的出口金额累计减少了 56 个统计单位，出口数量累计减少了 56548 个统计单位，出口价格下降了 0. 4 个统计单位（如表 3 –78 所示）。

表 3 –78　　2012 ~2018 年涉案产品针叶木胶合板反倾销原审立案
调查时间段出口数据统计

年度	出口金额（百万美元）	出口数量（吨）	出口价格（美元/千克）
2012	9	11485	0. 78
2013	9	12763	0. 71
2014	102	140727	0. 72
2015	107	157619	0. 68
2016	64	108026	0. 59

续表

年度	出口金额（百万美元）	出口数量（吨）	出口价格（美元/千克）
2017	0	0	0.59
2018	0	0	0.59

资料来源：根据韩国贸易协会世界贸易统计数据库进出口数据翻译整理得到。

（2）反倾销原审立案调查阶段对韩出口平均指数统计分析。

从涉案产品的反倾销原审立案调查出口平均指数分析结果来看，反倾销原审立案调查后，针叶木胶合板的对韩出口金额和数量连续 3 年大幅度减少；对韩出口价格一直维持在较低水平。反倾销原审立案调查所产生的贸易破坏效应在出口金额和数量方面十分显著，在出口价格方面并不明显（如图 3 - 53 所示）。

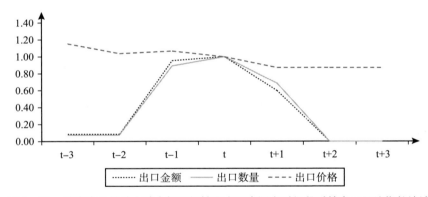

图 3 - 53　涉案产品针叶木胶合板反倾销原审立案调查时间段对韩出口平均指数统计

第二节　反倾销原审立案调查否定性终裁结果贸易破坏效应分析

本节根据涉案产品的税则号，共选取可查有效海关数据的韩国对我国进行的反倾销立案调查否定性终裁结果案例 8 个。主要评估目标为：通过实际数据观测，反倾销原审立案调查对涉案产品的对韩出口金额、数量以及价格所带来的阶段性贸易破坏效应影响程度。

一、反倾销申诉方撤诉案例贸易破坏效应分析

（一）H－酸案例

H－酸反倾销原审立案调查案件公告，如表 3－79 所示。

表 3－79　　　　　　　H－酸反倾销原审立案调查案件公告整理

原审立案调查时间	1992 年 8 月 6 日
被诉国家	中国
申诉国家	韩国
涉案产品海关 HS 编码	2836200000
涉案产品中文名称	H－酸
涉案产品英文名称	1-amino-8-naphthol-3，6-disulfonic acid
涉案产品所属行业	化学原料和制品工业
原审立案调查终裁时间	1992 年 12 月 15 日
原审立案调查终裁结果	由于反倾销原审立案调查申请人撤诉，因此，终止对进口自中华人民共和国的 H－酸所进行的反倾销调查

资料来源：根据中华人民共和国商务部贸易救济信息网和韩国贸易委员会网站信息整理得到。

1. 反倾销原审立案调查阶段对韩出口数据统计分析。

通过整理涉案产品在反倾销原审立案调查时间段的实际出口数据，我们发现 H－酸的对韩出口金额和出口数量，在反倾销原审立案调查前的 3 年间总体上出现了较大幅度的增长，出口价格呈现出逐年下降的趋势。1992 年涉案产品 H－酸被反倾销原审立案调查之后，出口金额和数量在 1993 年减少后，从 1994 年开始逐渐增加，出口价格惯性下跌，两年后从 1995 年开始上涨。对比反倾销原审立案调查前的 3 年，反倾销原审立案调查后的 3 年里，涉案产品的出口金额累计增加了 8 个统计单位，出口数量累计增加了 2524 个统计单位，出口价格累计下降了 4.11 个统计单位（如表 3－80 所示）。

表 3 - 80   1989 ~ 1995 年涉案产品 H - 酸反倾销原审立案
调查时间段出口数据统计

年度	出口金额（百万美元）	出口数量（吨）	出口价格（美元/千克）
1989	1	165	6.06
1990	5	901	5.55
1991	5	955	5.24
1992	6	1087	5.52
1993	5	1073	4.66
1994	6	1763	3.40
1995	8	1709	4.68

资料来源：根据韩国贸易协会世界贸易统计数据库进出口数据翻译整理得到。

2. 反倾销原审立案调查阶段对韩出口平均指数统计分析。

从涉案产品的反倾销原审立案调查出口平均指数分析结果来看，反倾销原审立案调查后，H - 酸的对韩出口金额从第 1 年开始减少至第 2 年大幅度增加；对韩出口数量从第 2 年开始大幅增加；对韩出口价格在持续两年下跌后，从第 3 年开始上涨。反倾销原审立案调查所产生的贸易破坏效应在短期内比较显著（如图 3 - 54 所示）。

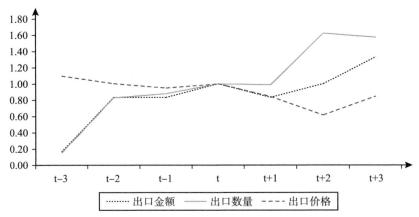

图 3 - 54 涉案产品 H - 酸反倾销原审立案调查时间段对韩出口平均指数统计

资料来源：以反倾销立案调查年度的各项指标为平均指数基准值计算整理得到。

（二）自印复写纸案例

自印复写纸反倾销原审立案调查案件公告，如表 3 – 81 所示。

表 3 – 81　　　　自印复写纸反倾销原审立案调查案件公告整理

原审立案调查时间	2001 年 3 月 5 日
被诉国家	中国
申诉国家	韩国
涉案产品海关 HS 编码	4809201000、4809202000、4816201000、4816202000
涉案产品中文名称	自印复写纸
涉案产品英文名称	Self-printing Paper
涉案产品所属行业	造纸工业
原审立案调查终裁时间	2001 年 5 月 24 日
原审立案调查终裁结果	反倾销原审立案调查申请人撤诉

资料来源：根据中华人民共和国商务部贸易救济信息网和韩国贸易委员会网站信息整理得到。

1. 反倾销原审立案调查阶段对韩出口数据统计分析。

通过整理涉案产品在反倾销原审立案调查时间段的实际出口数据，我们发现自印复写纸的对韩出口金额和数量，在反倾销原审立案调查前的 1 年出现了大幅度的增加，出口价格也呈现出上涨的趋势。2001 年涉案产品自印复写纸被反倾销原审立案调查之后，出口金额和出口数量仍保持着继续上涨的趋势，出口价格总体出现小幅度的上涨。对比反倾销原审立案调查前的 3 年，反倾销原审立案调查后的 3 年里，涉案产品的出口金额累计增加了 9 个统计单位，出口数量累计增加了 7521 个统计单位，出口价格累计上涨了 0.78 个统计单位（如表 3 – 82 所示）。

表 3 - 82   1998 ~ 2004 年涉案产品自印复写纸反倾销原审立案
调查时间段出口数据统计

年度	出口金额（百万美元）	出口数量（吨）	出口价格（美元/千克）
1998	0	0	0
1999	1	107	1.24
2000	3	2308	1.28
2001	3	2308	1.07
2002	4	2822	1.14
2003	4	3629	1
2004	5	3485	1.16

资料来源：根据韩国贸易协会世界贸易统计数据库进出口数据翻译整理得到。

2. 反倾销原审立案调查阶段对韩出口平均指数统计分析。

从涉案产品的反倾销原审立案调查出口平均指数分析结果来看，反倾销原审立案调查后，自印复写纸的对韩出口金额并未出现明显的减少；对韩出口数量从第 3 年开始减少；对韩出口价格总体呈现上涨。反倾销原审立案调查所产生的贸易破坏效应，在出口数量和出口价格方面较为显著（如图 3 - 55 所示）。

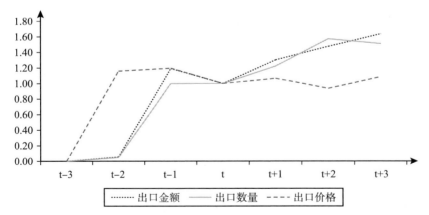

图 3 - 55   涉案产品自印复写纸反倾销原审立案调查时间段对韩出口平均指数统计
资料来源：以反倾销立案调查年度的各项指标为平均指数基准值计算整理得到。

（三）金红石型钛白粉案例

金红石型钛白粉反倾销原审立案调查案件公告，如表 3 - 83 所示。

表 3 - 83 金红石型钛白粉反倾销原审立案调查案件公告整理

原审立案调查时间	2015 年 12 月 30 日
被诉国家	中国
申诉国家	韩国
涉案产品海关 HS 编码	3206110000
涉案产品中文名称	金红石型钛白粉
涉案产品英文名称	Coated Rutile Type Tianium Dioxide
涉案产品所属行业	化学原料和制品工业
原审立案调查终裁时间	2016 年 5 月 26 日
原审立案调查终裁结果	提起反倾销诉讼的主体，撤回了反倾销原审立案调查申请

资料来源：根据中华人民共和国商务部贸易救济信息网和韩国贸易委员会网站信息整理得到。

1. 反倾销原审立案调查阶段对韩出口数据统计分析。

通过整理涉案产品在反倾销原审立案调查时间段的实际出口数据，我们发现金红石型钛白粉的对韩出口金额和数量，在反倾销原审立案调查前的 3 年间总体上都呈现出增长的趋势，出口价格则逐年下降。2015年涉案产品金红石型钛白粉被反倾销原审立案调查之后，出口金额和数量仍持续大幅度增加，出口价格逐年上涨。对比反倾销原审立案调查前的 3 年，反倾销原审立案调查后的 3 年里，涉案产品的出口金额累计增加了 130 个统计单位，出口数量累计增加了 65271 个统计单位，出口价格上涨了 0.7 个统计单位（如表 3 - 84 所示）。

表 3 - 84 2012 ~ 2018 年涉案产品金红石型钛白粉反倾销原审立案调查时间段出口数据统计

年度	出口金额（百万美元）	出口数量（吨）	出口价格（美元/千克）
2012	85	28092	3

续表

年度	出口金额（百万美元）	出口数量（吨）	出口价格（美元/千克）
2013	66	27061	2.4
2014	74	34817	2.1
2015	77	39953	1.9
2016	88	49938	1.8
2017	129	52719	2.4
2018	138	52584	2.6

资料来源：根据韩国贸易协会世界贸易统计数据库进出口数据翻译整理得到。

2. 反倾销原审立案调查阶段对韩出口平均指数统计分析。

从涉案产品的反倾销原审立案调查出口平均指数分析结果来看，反倾销原审立案调查后，金红石型钛白粉的对韩出口金额连续 3 年增加；对韩出口数量从第 3 年开始出现小幅度下降趋势；对韩出口价格从第 2 年开始上涨。反倾销原审立案调查所产生的贸易破坏效应，在出口价格方面体现的比较明显（如图 3 - 56 所示）。

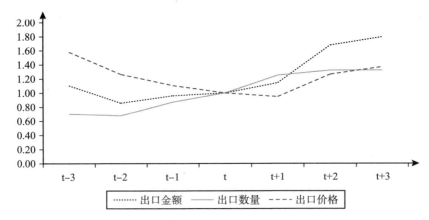

图 3 - 56　涉案产品金红石型钛白粉反倾销原审立案调查

时间段对韩出口平均指数统计

资料来源：以反倾销立案调查年度的各项指标为平均指数基准值计算整理得到。

二、终裁结果为倾销不成立案例贸易破坏效应分析

(一) 液碱案例

液碱反倾销原审立案调查结果如表 3 - 85 所示。

表 3 -85   **液碱反倾销原审立案调查案件公告整理**

原审立案调查时间	1993 年 5 月 3 日
被诉国家	中国
申诉国家	韩国
涉案产品海关 HS 编码	2815120000
涉案产品中文名称	液碱
涉案产品英文名称	Caustic Soda, Sodium Hydroxide
涉案产品所属行业	化学原料和制品工业
原审立案调查终裁时间	1994 年 12 月 9 日
原审立案调查终裁结果	从中华人民共和国进口的液碱，并未对大韩民国国内相关产业的同类产品造成损害，倾销行为不成立，因此终止反倾销调查

资料来源：根据中华人民共和国商务部贸易救济信息网和韩国贸易委员会网站信息整理得到。

1. 反倾销原审立案调查阶段对韩出口数据统计分析。

通过整理涉案产品在反倾销原审立案调查时间段的实际出口数据，我们发现液碱的对韩出口金额和数量，在反倾销原审立案调查前的 1991 年出现了明显的增加，随后又在 1992 年大幅减少，出口价格在反倾销原审立案调查之前呈现出逐年下降的趋势。1993 年涉案产品液碱被反倾销原审立案调查之后，出口金额和数量在 1994 年减少后，从 1995 年开始逐渐增加，出口价格上涨两年后从 1996 年开始小幅下跌。对比反倾销原审立案调查前的 3 年，反倾销原审立案调查后的 3 年里，涉案产品的出口金额累计增加了 12 个统计单位，出口数量累计增加了 134457 个统计单位，出口价格累计下降了 0. 77 个统计单位（如表 3 -86 所示）。

表 3 - 86   1990 ～ 1996 年涉案产品液碱反倾销原审立案调查
时间段出口数据统计

年度	出口金额（百万美元）	出口数量（吨）	出口价格（美元/千克）
1990	1	2220	0.45
1991	6	16281	0.37
1992	2	5651	0.35
1993	6	60722	0.10
1994	5	43320	0.12
1995	9	56923	0.16
1996	7	58366	0.12

资料来源：根据韩国贸易协会世界贸易统计数据库进出口数据翻译整理得到。

2. 反倾销原审立案调查阶段对韩出口平均指数统计分析。

从涉案产品的反倾销原审立案调查出口平均指数分析结果来看，反倾销原审立案调查后，液碱的对韩出口金额和出口数量从第 1 年开始减少至第 2 年开始增加，又于第 3 年开始减少；对韩出口价格从第 1 年开始上涨至第 3 年，随后开始下跌。反倾销原审立案调查所产生的贸易破坏效应较为显著（如图 3 - 57 所示）。

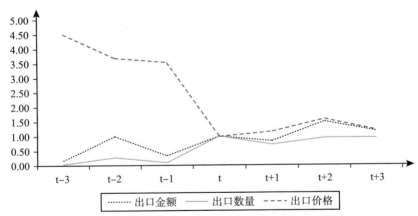

图 3 - 57 涉案产品液碱反倾销原审立案调查时间段对韩出口平均指数统计

资料来源：以反倾销立案调查年度的各项指标为平均指数基准值计算整理得到。

（二）锌锭案例

锌锭反倾销原审立案调查结果如表 3 - 87 所示。

表 3 - 87　　　　　　　锌锭反倾销原审立案调查公告整理

原审立案调查时间	1994 年 12 月 20 日
被诉国家	中国
申诉国家	韩国
涉案产品海关 HS 编码	7901110000、7901120000
涉案产品中文名称	锌锭
涉案产品英文名称	Zinc Ingot
涉案产品所属行业	有色金属工业
原审立案调查初裁时间	1995 年 3 月 31 日
原审立案调查初裁结果	根据大韩民国《关税法》第 10 条、《关税法执行令》第 4 条以及《对外贸易法》第 40 条、《对外贸易法执行令》第 76 条关于反倾销的相关内容裁定：从中华人民共和国进口的锌锭与大韩民国国内相关产业的同类产品所受到的损害，存在因果关系，存在倾销行为。根据大韩民国《关税法执行令》第 4 条的相关规定对涉案公司的相关产品，对所有中国公司征收 20.4% 的临时反倾销税，为期 4 个月
原审立案调查终裁时间	1995 年 6 月 23 日
原审立案调查终裁结果	大韩民国通商产业部贸易委员会宣布，从中华人民共和国进口的锌锭并未达到损害国内相关产业的同类产品的严重程度，倾销行为不成立，作出无损害裁决

资料来源：根据中华人民共和国商务部贸易救济信息网和韩国贸易委员会网站信息整理得到。

1. 反倾销原审立案调查阶段对韩出口数据统计分析。

通过整理涉案产品在反倾销原审立案调查时间段的实际出口数据，我们发现锌锭的对韩出口金额和数量，在反倾销原审立案调查前的 3 年间呈现出持续增加的趋势，出口价格则呈现出总体下降的趋势。1994

年涉案产品锌锭被反倾销原审立案调查之后，出口金额和数量在连续减少两年后，从1997年开始增加，出口价格呈现出持续上涨的状态。对比反倾销原审立案调查前的3年，反倾销原审立案调查后的3年里，涉案产品的出口金额累计增加了98个统计单位，出口数量累计增加了70856个统计单位，出口价格累计上涨了0.5个统计单位（如表3－88所示）。

表 3－88　　　1991～1997年涉案产品锌锭反倾销原审立案调查
时间段出口数据统计

年度	出口金额（百万美元）	出口数量（吨）	出口价格（美元/千克）
1991	6	5195	1.15
1992	13	10600	1.23
1993	16	16945	0.94
1994	42	43701	0.96
1995	42	37974	1.11
1996	31	28363	1.09
1997	69	50092	1.38

资料来源：根据韩国贸易协会世界贸易统计数据库进出口数据翻译整理得到。

2. 反倾销原审立案调查阶段对韩出口平均指数统计分析。

从涉案产品的反倾销原审立案调查出口平均指数分析结果来看，反倾销原审立案调查后，锌锭的对韩出口金额和数量从第1年开始减少至第3年开始大幅增加；对韩出口价格总体呈现持续上涨的状态。反倾销原审立案调查所产生的贸易破坏效应在固定的周期内十分显著（如图3－58所示）。

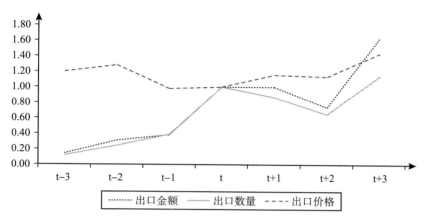

图 3 – 58　涉案产品锌锭反倾销原审立案调查时间段对韩出口平均指数统计

资料来源：以反倾销立案调查年度的各项指标为平均指数基准值计算整理得到。

（三）普通自行车及配件案例

普通自行车及配件反倾销原审立案调查公告，如表 3 – 89 所示。

表 3 – 89　　　普通自行车及配件反倾销原审立案调查公告整理

原审立案调查时间	2000 年 6 月 2 日
被诉国家	中国
申诉国家	韩国
涉案产品海关 HS 编码	8712008900
涉案产品中文名称	普通自行车及配件
涉案产品英文名称	Ordinary Bicycle and Accessories
涉案产品所属行业	文体、工美和娱乐用品
原审立案调查终裁时间	2000 年 9 月 27 日
原审立案调查终裁结果	大韩民国通商产业部贸易委员会宣布，从中华人民共和国进口的普通自行车及配件，并未达到损害国内相关产业的同类产品的严重程度，倾销行为不成立，作出无损害裁决

　　资料来源：根据中华人民共和国商务部贸易救济信息网和韩国贸易委员会网站信息整理得到。

1. 反倾销原审立案调查阶段对韩出口数据统计分析。

通过整理涉案产品在反倾销原审立案调查时间段的实际出口数据，我们发现普通自行车及配件的对韩出口金额和数量，在反倾销原审立案调查前的 3 年间，总体上呈现先减少后增加的状态，出口价格则在大幅下降后出现小幅度回升。2000 年涉案产品普通自行车及配件被反倾销原审立案调查之后，出口金额和数量继续保持增长态势，出口价格出现小幅度下跌。对比反倾销原审立案调查前的 3 年，反倾销原审立案调查后的 3 年里，涉案产品的出口金额累计增加了 81 个统计单位，出口数量累计增加了 41923 个统计单位，出口价格累计下降了 1.45 个统计单位（如表 3 - 90 所示）。

表 3 - 90　　1997 ~ 2003 年涉案产品普通自行车及配件反倾销原审
立案调查时间段出口数据统计

年度	出口金额（百万美元）	出口数量（吨）	出口价格（美元/千克）
1997	16	4211	3.80
1998	1	581	1.72
1999	9	3755	2.40
2000	14	5919	2.37
2001	19	8254	2.30
2002	44	21517	2.04
2003	44	20699	2.13

资料来源：根据韩国贸易协会世界贸易统计数据库进出口数据翻译整理得到。

2. 反倾销原审立案调查阶段对韩出口平均指数统计分析。

从涉案产品的反倾销原审立案调查出口平均指数分析结果来看，反倾销原审立案调查后，普通自行车及配件的对韩出口金额和数量从第 3 年开始出现小幅度减少；对韩出口价格持续 3 年维持在较低水平。反倾销原审立案调查所产生的贸易破坏效应在出口金额和数量方面有所体现（如图 3 - 59 所示）。

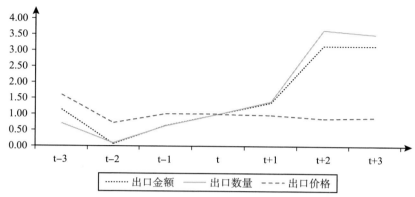

**图 3 - 59　涉案产品普通自行车及配件反倾销原审立案调查
时间段对韩出口平均指数统计**

资料来源：以反倾销立案调查年度的各项指标为平均指数基准值计算整理得到。

（四）白水泥案例

白水泥反倾销原审立案调查案件公告，如表 3 - 91 所示。

表 3 - 91　　　　白水泥反倾销原审立案调查案件公告整理

原审立案调查时间	2002 年 2 月 1 日
被诉国家	中国
申诉国家	韩国
涉案产品海关 HS 编码	2523210000
涉案产品中文名称	白水泥
涉案产品英文名称	White Cement
涉案产品所属行业	非金属制品工业
原审立案调查初裁时间	2002 年 6 月 28 日
原审立案调查初裁结果	根据大韩民国《关税法》第 10 条、《关税法执行令》第 4 条以及《对外贸易法》第 40 条、《对外贸易法执行令》第 76 条关于反倾销的相关内容裁定：从中华人民共和国进口的白水泥与大韩民国国内相关产业的同类产品所受到的损害，是否存在因果关系和倾销行为需要进行进一步调查核实。根据大韩民国《关税法执行令》第 4 条的相关规定对涉案公司的相关产品，按照暂定倾销幅度的 5% 收取保证金

原审立案调查终裁时间	2002 年 10 月 25 日
原审立案调查终裁结果	大韩民国通商产业部贸易委员会根据进一步调查认定，3 家向韩国出口白水泥的中国涉案企业的倾销幅度为 1.1%～1.4%，未达到大韩民国产业资源部规定的 2% 的标准，倾销行为不成立，因此不采取最终反倾销措施

资料来源：根据中华人民共和国商务部贸易救济信息网和韩国贸易委员会网站信息整理得到。

1. 反倾销原审立案调查阶段对韩出口数据统计分析。

通过整理涉案产品在反倾销原审立案调查时间段的实际出口数据，我们发现白水泥的对韩出口金额和出口数量，在反倾销原审立案调查前的 3 年间总体上出现了较大幅度的增加，出口价格也呈现出逐年上涨的趋势。2002 年涉案产品白水泥被反倾销原审立案调查之后，出口金额和出口数量均产生幅度较大的减少现象，出口价格则出现了连续上涨。对比反倾销原审立案调查前的 3 年，反倾销原审立案调查后的 3 年里，涉案产品的出口金额累计增加了 4 个统计单位，出口数量累计增加了 53452 个统计单位，出口价格累计上涨了 0.03 个统计单位（如表 3 - 92 所示）。

表 3 - 92　　　1999～2005 年涉案产品白水泥反倾销原审立案
调查时间段进口数据统计

年度	进口金额（百万美元）	进口数量（吨）	进口价格（美元/千克）
1999	1	23202	0.04
2000	2	35414	0.06
2001	3	51305	0.06
2002	4	73385	0.05
2003	4	66963	0.06
2004	3	52322	0.06
2005	3	44088	0.07

资料来源：根据韩国贸易协会世界贸易统计数据库进出口数据翻译整理得到。

2. 反倾销原审立案调查阶段对韩出口平均指数统计分析。

从涉案产品的反倾销原审立案调查出口平均指数分析结果来看，反倾销原审立案调查后，白水泥的对韩出口金额和数量连续 3 年大幅减少；对韩出口价格连续 3 年持续上涨，反倾销原审立案调查所产生的贸易破坏效应十分显著（如图 3 - 60 所示）。

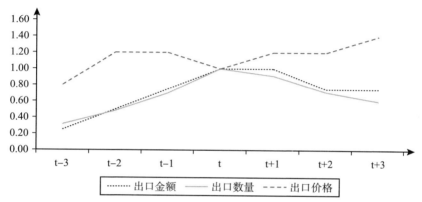

图 3 - 60　涉案产品白水泥反倾销原审立案调查时间段对韩出口平均指数统计

资料来源：以反倾销立案调查年度的各项指标为平均指数基准值计算整理得到。

（五）硅酸钠案例

硅酸钠反倾销原审立案调查案件公告，如表 3 - 93 所示。

表 3 - 93　　　　硅酸钠反倾销原审立案调查案件公告整理

原审立案调查时间	2003 年 6 月 25 日
被诉国家	中国
申诉国家	韩国
涉案产品海关 HS 编码	2839190000
涉案产品中文名称	硅酸钠
涉案产品英文名称	Sodium Silicate
涉案产品所属行业	化学原料和制品工业

原审立案调查初裁时间	2003 年 11 月 19 日
原审立案调查初裁结果	贸易委员会宣布，从青岛东岳钠业有限公司、山东莱州莱玉化工有限公司、山东海化股份有限公司三家被诉企业进口的相关涉案产品，倾销幅度均未达到损害国内相关产业同类产品的程度，倾销行为不成立

资料来源：根据中华人民共和国商务部贸易救济信息网和韩国贸易委员会网站信息整理得到。

1. 反倾销原审立案调查阶段对韩出口数据统计分析。

通过整理涉案产品在反倾销原审立案调查时间段的实际出口数据，我们发现硅酸钠的对韩出口金额和数量，在反倾销原审立案调查前的 3 年间，总体上呈现出持续增加的状态，出口价格呈现出逐年下降的趋势。2003 年涉案产品硅酸钠被反倾销原审立案调查之后，出口金额和出口数量总体并未减少，出口价格出现持续上涨的状态。对比反倾销原审立案调查前的 3 年，反倾销原审立案调查后的 3 年里，涉案产品的出口金额累计增加了 20 个统计单位，出口数量累计增加了 120180 个统计单位，出口价格累计上涨了 0.05 个统计单位（如表 3 - 94 所示）。

表 3 - 94　　　　2000 ~ 2006 年涉案产品硅酸钠反倾销原审立案
调查时间段出口数据统计

年度	出口金额（百万美元）	出口数量（吨）	出口价格（美元/千克）
2000	5	35229	0.14
2001	5	39784	0.13
2002	8	67599	0.12
2003	9	80910	0.11
2004	12	93957	0.13
2005	12	80811	0.15
2006	14	88024	0.16

资料来源：根据韩国贸易协会世界贸易统计数据库进出口数据翻译整理得到。

2. 反倾销原审立案调查阶段对韩出口平均指数统计分析。

如图 3-61 所示，从涉案产品的反倾销原审立案调查出口平均指数分析结果来看，反倾销原审立案调查后，硅酸钠的对韩出口金额总体呈现增加；对韩出口数量从第 2 年开始减少至第 3 年逐渐增加；对韩出口价格连续 3 年大幅度上涨。反倾销原审立案调查所产生的贸易破坏效应，在出口价格方面体现出十分显著的变化。

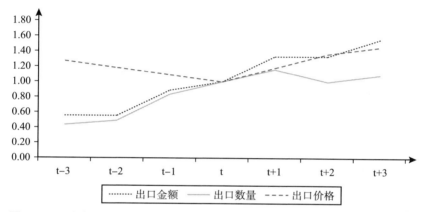

图 3-61　涉案产品硅酸钠反倾销原审立案调查时间段对韩出口平均指数统计

资料来源：以反倾销立案调查年度的各项指标为平均指数基准值计算整理得到。

第三节　韩国对我国反倾销贸易破坏效应对
中韩逆差的影响总结

一、有期终复审案例阶段性贸易破坏效应总结

（一）终裁结果为价格承诺与征收反倾销税并行案例阶段性贸易破坏效应汇总

在这组案例中反倾销立案调查阶段性贸易破坏效应具体表现为，涉

案产品在遭到反倾销立案调查后（包括原审立案调查和期终复审立案调查）对韩出口金额和数量的下降，以及对韩出口价格的上涨。在韩国对我国反倾销原审立案调查终裁结果为价格承诺与征收反倾销关税并行案例中，反倾销原审立案调查的阶段性贸易破坏效应，导致涉案产品对韩出口金额减少的平均持续周期为 2 年零 5 个月；导致涉案产品对韩出口数量减少的平均持续周期为 2 年零 5 个月；导致涉案产品对韩出口价格上涨的平均持续周期为 2 年。反倾销期终复审立案调查的阶段性贸易破坏效应，导致涉案产品对韩出口金额减少的平均持续周期为 1 年；导致涉案产品对韩出口数量减少的平均持续周期为 2 年；导致涉案产品对韩出口价格上涨的平均持续周期为 1 年零 5 个月。反倾销立案调查总体的阶段性贸易破坏效应，导致涉案产品对韩出口金额减少的平均持续周期为 3 年零 5 个月；导致涉案产品对韩出口数量减少的平均持续周期为 4 年零 5 个月；导致涉案产品对韩出口价格上涨的平均持续周期为 3 年零 5 个月（如表 3 - 95 所示）。

表 3 - 95　　　价格承诺与征税并行案例阶段性贸易破坏效应汇总

涉案产品	对出口金额影响	对出口数量影响	对出口价格影响
纯碱（原审）	从"t"到"t+3"	从"t"到"t+3"	从"t"到"t+3"
纯碱（期终复审）	从"t"到"t+1"	从"t"到"t+1"	不显著
纯碱（第二次期终复审）	不显著	不显著	从"t+2"到"t+3"
硅锰铁（原审）	从"t"到"t+2"	从"t"到"t+2"	从"t+2"到"t+3"
硅锰铁（期终复审）	从"t+2"到"t+3"	从"t"到"t+3"	从"t"到"t+2"

（二）终裁结果为征收反倾销关税案例阶段性贸易破坏效应汇总

在这组案例中，反倾销立案调查阶段性贸易破坏效应具体表现为：涉案产品在遭到反倾销立案调查后（包括原审立案调查和期终复审立案调查）对韩出口金额和出口数量的下降，以及对韩出口价格的上涨。在韩国对我国反倾销原审立案调查终裁结果为征收反倾销关税案例中，反倾销原审立案调查的阶段性贸易破坏效应导致涉案产品对韩出口金额减少，平均持续周期为 2 年零 3 个月；导致涉案产品对韩出口数量减少，平均持续周期为 2 年；导致涉案产品对韩出口价格上涨，平均持续周期为 1 年零 8 个月。反倾销期终复审立案调查的阶段性贸易破坏效应，导致涉案产品对韩出口金额减少，平均持续周期为 2 年零 3 个月；导致涉案产品对韩出口数量减少，平均持续周期为 2 年零 1 个月；导致涉案产品对韩出口价格上涨，平均持续周期为 2 年零 1 个月。反倾销立案调查总体的阶段性贸易破坏效应，导致涉案产品对韩出口金额减少，平均持续周期为 4 年零 8 个月；导致涉案产品对韩出口数量减少，平均持续周期为 4 年零 1 个月；导致涉案产品对韩出口价格上涨，平均持续周期为 3 年零 9 个月（见表 3 - 96）。

表 3 - 96　　　　　　　　征税案例阶段性贸易破坏效应汇总

涉案产品	对出口金额影响	对出口数量影响	对出口价格影响
精制磷酸（原审）	从 "t" 到 "t +3"	从 "t" 到 "t +3"	不显著
精制磷酸（期终复审）	从 "t" 到 "t +2"	从 "t" 到 "t +2"	从 "t" 到 "t +2"
氯化胆碱（原审）	从 "t" 到 "t +3"	从 "t" 到 "t +1"	从 "t" 到 "t +1"
氯化胆碱（第二次原审）	不显著	不显著	从 "t +2" 到 "t +3"
氯化胆碱（期终复审）	从 "t +1" 到 "t +2"	从 "t +1" 到 "t +2"	从 "t +1" 到 "t +3"
氯化胆碱（第二次期终复审）	从 "t" 到 "t +3"	从 "t" 到 "t +3"	从 "t" 到 "t +3"
电熨斗（原审）	从 "t" 到 "t +3"	从 "t" 到 "t +1"	从 "t" 到 "t +1"
电熨斗（期终复审）	不显著	从 "t +2" 到 "t +3"	从 "t +2" 到 "t +3"
一次性气体打火机（原审）	从 "t" 到 "t +3"	从 "t" 到 "t +3"	不显著
一次性气体打火机（期终复审）	从 "t" 到 "t +3"	从 "t" 到 "t +3"	不显著
碱锰电池（原审）	从 "t" 到 "t +3"	从 "t" 到 "t +2"	不显著
碱锰电池（期终复审）	从 "t" 到 "t +3"	从 "t" 到 "t +2"	从 "t" 到 "t +2"

续表

涉案产品	对出口金额影响	对出口数量影响	对出口价格影响
碱锰电池 （第二次期终复审）	从"$t+2$"到"$t+3$"	从"$t+1$"到"$t+3$"	从"t"到"$t+3$"
打印纸、铜版纸（原审）	从"$t+1$"到"$t+3$"	从"$t+1$"到"$t+3$"	从"t"到"$t+3$"
打印纸、铜版纸 （期终复审）	从"t"到"$t+3$"	从"t"到"$t+2$"	从"t"到"$t+2$"
打印纸、铜版纸 （第二次期终复审）	不显著	不显著	不显著
连二亚硫酸钠（原审）	从"t"到"$t+3$"	从"t"到"$t+3$"	从"t"到"$t+3$"
连二亚硫酸钠 （期终复审）	从"t"到"$t+3$"	从"t"到"$t+1$"	从"t"到"$t+1$"
连二亚硫酸钠 （第二次期终复审）	从"t"到"$t+3$"	从"$t+1$"到"$t+3$"	从"$t+1$"到"$t+3$"
二氧化钛（原审）	从"t"到"$t+3$"	从"t"到"$t+3$"	从"t"到"$t+3$"
二氧化钛（期终复审）	从"t"到"$t+1$"	从"t"到"$t+1$"	从"t"到"$t+3$"
二氧化钛 （第二次期终复审）	从"$t+1$"到"$t+3$"	从"t"到"$t+2$"	从"t"到"$t+2$"
瓷砖（原审）	不显著	从"$t+2$"到"$t+3$"	从"t"到"$t+3$"
瓷砖（期终复审）	从"$t+1$"到"$t+2$"	从"$t+1$"到"$t+2$"	从"$t+2$"到"$t+3$"
瓷砖（第二次期终复审）	从"$t+2$"到"$t+3$"	从"$t+2$"到"$t+3$"	不显著
聚酯拉伸变形丝（原审）	从"t"到"$t+1$"	从"t"到"$t+1$"	从"t"到"$t+3$"
聚酯拉伸变形丝 （期终复审）	从"$t+2$"到"$t+3$"	不显著	从"t"到"$t+2$"
聚酯拉伸变形丝 （第二次期终复审）	从"$t+1$"到"$t+3$"	从"$t+1$"到"$t+3$"	不显著
牛皮纸（原审）	从"t"到"$t+2$"	从"t"到"$t+2$"	从"$t+1$"到"$t+3$"
牛皮纸（期终复审）	从"t"到"$t+1$"	从"t"到"$t+1$"	从"t"到"$t+1$"
浮法玻璃（原审）	从"t"到"$t+2$"	从"t"到"$t+2$"	从"t"到"$t+1$"
浮法玻璃（期终复审）	从"t"到"$t+1$"	从"t"到"$t+1$"	不显著
浮法玻璃 （第二次期终复审）	不显著	不显著	从"$t+2$"到"$t+3$"

续表

涉案产品	对出口金额影响	对出口数量影响	对出口价格影响
包装或工业用薄膜（原审）	从"t"到"t+2"	从"t"到"t+2"	从"t"到"t+2"
包装或工业用薄膜（期终复审）	不显著	从"t"到"t+1"	从"t"到"t+1"
包装或工业用薄膜（第二次期终复审）	不显著	不显著	从"t+2"到"t+3"
醋酸乙酯（原审）	从"t+2"到"t+3"	从"t+2"到"t+3"	从"t"到"t+1"
醋酸乙酯（期终复审）	不显著	不显著	不显著
醋酸乙酯（第二次期终复审）	从"t+1"到"t+2"	不显著	从"t+2"到"t+3"
聚酯预取向丝（原审）	从"t"到"t+3"	从"t"到"t+3"	从"t"到"t+3"
聚酯预取向丝（期终复审）	从"t+1"到"t+2"	从"t+1"到"t+2"	从"t"到"t+1"
聚酯预取向丝（第二次期终复审）	从"t+2"到"t+3"	从"t+2"到"t+3"	不显著

（三）有期终复审案例阶段性贸易破坏效应汇总

有期终复审的反倾销立案调查阶段性贸易破坏效应具体表现为，涉案产品在遭到反倾销立案调查后（包括原审立案调查和期终复审立案调查）对韩出口金额和出口数量的下降，以及对韩出口价格的上涨。在韩国对我国进行的有期终复审的反倾销案例中，反倾销原审立案调查的阶段性贸易破坏效应导致涉案产品对韩出口金额减少，平均持续周期为2年零3个月；导致涉案产品对韩出口数量减少，平均持续周期为2年零1个月；导致涉案产品对韩出口价格上涨，平均持续周期为1年零8个月。反倾销期终复审立案调查的阶段性贸易破坏效应，导致涉案产品对韩出口金额减少，平均持续周期为2年零2个月；导致涉案产品对韩出口数量减少，平均持续周期为2年零1个月；导致涉案产品对韩出口价格上涨，平均持续周期为2年零1个月。反倾销立案调查总体的阶段性贸易破坏效应，导致涉案产品对韩出口金额减少，平均持续周期为4年零5个月；导致涉案产品对韩出口数量减少，平均持续周期为4年零1个月；导致涉案产品对韩出口价格上涨，平均持续周期为3年零9个月。

二、无期终复审案例阶段性贸易破坏效应总结

（一）终裁结果为价格承诺与征收反倾销关税并行案例阶段性贸易破坏效应汇总

在这组案例中反倾销立案调查阶段性贸易破坏效应具体表现为：涉案产品在遭到反倾销原审立案调查后对韩出口金额和数量的下降，以及对韩出口价格的上涨。在韩国对我国反倾销原审立案调查终裁结果为价格承诺与征收反倾销关税并行案例中，反倾销原审立案调查的阶段性贸易破坏效应，导致涉案产品对韩出口金额减少，平均持续周期为3年；导致涉案产品对韩出口数量减少，平均持续周期为2年零5个月；导致涉案产品对韩出口价格上涨，平均持续周期为1年零5个月（如表3-97所示）。

表3-97　　价格承诺与征税并行案例阶段性贸易破坏效应汇总

涉案产品	对出口金额影响	对出口数量影响	对出口价格影响
电动剃须刀	从"t"到"t+3"	从"t"到"t+2"	从"t+1"到"t+2"
过氧化苯甲酰	从"t"到"t+3"	从"t"到"t+3"	从"t"到"t+2"

（二）终裁结果为征收反倾销税案例阶段性贸易破坏效应汇总

在这组案例中反倾销立案调查阶段性贸易破坏效应具体表现为：涉案产品在遭到反倾销原审立案调查后对韩出口金额和数量的下降，以及对韩出口价格的上涨。在韩国对我国反倾销原审立案调查终裁结果为征

收反倾销关税案例中，反倾销原审立案调查的阶段性贸易破坏效应，导致涉案产品对韩出口金额减少，平均持续周期为 2 年零 2 个月；导致涉案产品对韩出口数量减少，平均持续周期为 2 年；导致涉案产品对韩出口价格上涨，平均持续周期为 1 年零 5 个月（如表 3 - 98 所示）。

表 3 - 98　　　　　　　　征税案例阶段性贸易破坏效应汇总

涉案产品	对出口金额影响	对出口数量影响	对出口价格影响
糠醇	不显著	不显著	不显著
聚乙烯醇	从 "t" 到 "t+3"	从 "t" 到 "t+2"	从 "t" 到 "t+2"
阔叶木胶合板	从 "t+2" 到 "t+3"	从 "t+2" 到 "t+3"	从 "t" 到 "t+3"
取向聚丙烯薄膜	从 "t" 到 "t+3"	从 "t" 到 "t+3"	从 "t" 到 "t+2"
H 型钢	从 "t" 到 "t+3"	从 "t" 到 "t+3"	从 "t+1" 到 "t+3"
针叶木胶合板	从 "t" 到 "t+3"	从 "t" 到 "t+3"	不显著

（三）无期终复审案例阶段性贸易破坏效应总结

无期终复审立案调查的肯定性终裁结果案例中，反倾销立案调查阶段性贸易破坏效应具体表现为：涉案产品在遭到反倾销原审立案调查后对韩出口金额和数量的下降，以及对韩出口价格的上涨。在韩国对我国反倾销原审立案调查终裁结果为征收反倾销关税案例中，反倾销原审立案调查的阶段性贸易破坏效应，导致涉案产品对韩出口金额减少，平均持续周期为 2 年零 4 个月；导致涉案产品对韩出口数量减少，平均持续周期为 2 年零 1 个月；导致对韩出口价格上涨，平均持续周期为 1 年零 5 个月。

三、肯定性终裁结果案例总体阶段性贸易破坏效应总结

反倾销原审立案调查肯定性终裁结果的全部案例中，反倾销立案调查阶段性贸易破坏效应具体表现为：涉案产品在遭到反倾销立案调查后

（包括原审立案调查和期终复审立案调查）对韩出口金额和数量的下降，以及对韩出口价格的上涨。韩国对我国进行的全部反倾销原审立案调查的阶段性贸易破坏效应，导致涉案产品对韩出口金额减少，平均持续周期为2年零3个月；导致涉案产品对韩出口数量减少，平均持续周期为2年零1个月；导致涉案产品对韩出口价格上涨，平均持续周期为1年零7个月。反倾销期终复审立案调查的阶段性贸易破坏效应，导致涉案产品对韩出口金额减少，平均持续周期为2年零4个月；导致涉案产品对韩出口数量减少，平均持续周期为2年零1个月；导致涉案产品对韩出口价格上涨，平均持续周期为2年零1个月。反倾销立案调查总体的阶段性贸易破坏效应，导致涉案产品对韩出口金额减少，平均持续周期为3年零9个月；导致涉案产品对韩出口数量减少，平均持续周期为3年零5个月；导致涉案产品对韩出口价格上涨，平均持续周期为3年零1个月。

四、反倾销原审立案调查否定性终裁结果阶段性贸易破坏效应总结

（一）反倾销申诉方撤诉案例阶段性贸易破坏效应总结

申请人撤诉的否定性终裁结果案例中，反倾销立案调查阶段性贸易破坏效应具体表现为：涉案产品在遭到反倾销原审立案调查后对韩出口金额和数量的下降，以及对韩出口价格的上涨。在韩国对我国反倾销原审立案调查终裁结果为申请人撤诉的案例中，反倾销原审立案调查的阶段性贸易破坏效应，导致涉案产品对韩出口金额减少，平均持续周期为3个月；导致涉案产品对韩出口数量减少，平均持续周期为7个月；导致对韩出口价格上涨，平均持续周期为1年零3个月（见表3-99）。

表 3 - 99　　　　　　　撤诉案例阶段性贸易破坏效应汇总

涉案产品	对出口金额影响	对出口数量影响	对出口价格影响
H - 酸	从"t"到"t+1"	从"t+2"到"t+3"	从"t+2"到"t+3"
自印复写纸	不显著	从"t+2"到"t+3"	从"t+2"到"t+3"
金红石型钛白粉	不显著	不显著	从"t+1"到"t+3"

（二）终裁结果为倾销不成立案例阶段性贸易破坏效应总结

倾销不成立的否定性终裁结果案例中，反倾销立案调查阶段性贸易破坏效应具体表现为：涉案产品在遭到反倾销原审立案调查后对韩出口金额和数量的下降，以及对韩出口价格的上涨。在韩国对我国反倾销原审立案调查终裁结果为倾销不成立的案例中，反倾销原审立案调查的阶段性贸易破坏效应，导致涉案产品对韩出口金额减少，平均持续周期为1年零6个月；导致涉案产品对韩出口数量减少，平均持续周期为1年零8个月；导致对韩出口价格上涨，平均持续周期为2年零2个月（见表3-100）。

表 3 - 100　　　　　倾销不成立案例阶段性贸易破坏效应汇总

涉案产品	对出口金额影响	对出口数量影响	对出口价格影响
液碱	从"t"到"t+3"	从"t"到"t+3"	从"t"到"t+2"
锌锭	从"t"到"t+2"	从"t"到"t+2"	从"t"到"t+3"
普通自行车及配件	不显著	不显著	不显著
白水泥	从"t"到"t+3"	从"t"到"t+3"	从"t"到"t+3"
硅酸钠	不显著	从"t+1"到"t+2"	从"t"到"t+3"

（三）反倾销原审立案调查否定性终裁结果案例总体阶段性贸易破坏效应总结

反倾销原审立案调查否定性终裁结果的全部案例中，反倾销立案调查阶段性贸易破坏效应具体表现为：涉案产品在遭到反倾销原审立案调查后对韩出口金额和数量的下降，以及对韩出口价格的上涨。在韩国对我国反倾销原审立案调查否定性终裁结果的案例中，反倾销原审立案调查的阶段性贸易破坏效应，导致涉案产品对韩出口金额减少，平均持续周期为1年零1个月；导致涉案产品对韩出口数量减少，平均持续周期为1年零4个月；导致对韩出口价格上涨，平均持续周期为1年零9个月。

五、反倾销立案调查阶段性贸易破坏效应总结

根据研究样本选取的33个韩国对我国进行反倾销原审立案调查的涉案产品，综合不同类型及终裁结果的阶段性贸易破坏效应，总结出反倾销立案调查阶段性贸易破坏效应具体表现为：涉案产品在遭到反倾销原审立案调查后对韩出口金额和数量的下降，以及对韩出口价格的上涨。在韩国对我国进行反倾销立案调查的案例中，反倾销立案调查总体所带来的阶段性贸易破坏效应，导致涉案产品对韩出口金额减少，平均持续周期为3年零2个月；导致涉案产品对韩出口数量减少，平均持续周期为3年；导致对韩出口价格上涨，平均持续周期为2年零8个月。

第四章

韩国对我国反倾销立案调查长效性贸易破坏效应分析

为测量韩国对我国实施反倾销措施的贸易破坏效应，本章节采用聚类稳健标准差的 OLS（普通最小二乘法）进行分析。具体计量模型设计如下：

$$Exvalue_{i,t} = \alpha_0 + \alpha_1 Exquantity_{i,t} + \alpha_2 Exprice_{i,t} + \alpha_3 d_{i,t} + u_t$$

$$Exquantity_{i,t} = \beta_0 + \beta_1 Exvalue_{i,t} + \beta_2 Exprice_{i,t} + \beta_3 d_{i,t} + u_t$$

$$Exprice_{i,t} = \eta_0 + \eta_1 Exvalue_{i,t} + \eta_2 Exquantity_{i,t} + \eta_3 d_{i,t} + u_t$$

被解释变量分别使用我国对韩国出口的反倾销涉案产品的出口金额（Exvalue）、出口数量（Exquantity）、出口价格（Exprice），虚拟变量为反倾销措施的影响因素，有反倾销措施介入的年度取值为"1"，没有反倾销措施介入的年度取值为"0"。按照反倾销贸易破坏效应的相关理论逻辑关系，我们了解到反倾销措施的介入会导致我国涉案产品的对韩出口金额和数量减少，同时会导致我国涉案产品的对韩出口价格上涨，因此预期反倾销措施变量对涉案产品的出口金额和数量预期符号为负，对涉案产品出口价格的预期符号为正。

为测量评估韩国对我国实施反倾销措施的贸易破坏效应，本章选取了 1992～2015 年韩国对我国实施的全部反倾销涉案产品作为研究样本。由于可使用的有效海关进口统计数据是从 1990 年开始的，因此，本章对进口统计取值涵盖的范围区间为 1990～2018 年。有关韩国对我国进行反倾销调查的案件信息，来源于中华人民共和国商务部运维的中国贸易救济信息网站中的案件公示，并结合大韩民国贸易委员会网站中公示的反倾销案件信息进行补充翻译获得。所有反倾销涉案产品的出口金额、数量和价格基础数据均取自大韩民国贸易协会运维的世界贸易统计数据库数据。为进一步确保涉案产品数据精准，本章节使用的是韩国海关 HS 编码 10 位进制标准的产品统计数据。反倾销涉案产品出口金额单位为美元，出口数量单位为千克，出口价格单位为美元/千克。舍去部分数据不完全的案例，最终保留涉案产品 33 例。

第一节　肯定性终裁结果长效性贸易破坏效应分析

一、有期终复审的案例反倾销措施贸易破坏效应长效性计量分析

（一）终裁结果为价格承诺与征收反倾销税并行案例长效性贸易破坏效应分析

1. 纯碱案例。

如表 4 - 1 所示，我们分别将涉案产品纯碱的对韩出口金额、数量和价格作为被解释变量，使用 1990 年到 2018 年涉案产品的出口数据（1990 年为可查到涉案产品有效出口数据的第一年），通过多元线性回归来考察反倾销措施对三个被解释变量所产生的影响。对于纯碱来说，反倾销措施对涉案产品的出口金额具有正向影响，对涉案产品的出口数量和价格具有负向影响，对出口数量产生的负向影响的作用力大于对出口金额产生的正向影响，也大于对出口价格产生的负向影响。这一结果说明从长期数据来看，反倾销措施的贸易破坏效应仍在较大程度上影响着纯碱的出口金额、数量和价格。

表 4 - 1   涉案产品纯碱回归结果

		金额 (Exvalue)		数量 (Exquantity)		价格 (Exprice)
系数	α_1	0.804 *** (21.324)	β_1	1.179 *** (21.324)	η_1	0.011 *** (9.233)
	α_2	71.531 *** (9.233)	β_2	-85.468 *** (-8.715)	η_2	-0.009 *** (-8.715)
	α_3	11.814 *** (3.142)	β_3	-17.524 *** (-4.295)	η_3	-0.177 *** (-4.279)
	α_0	-57.622 *** (-8.045)	β_0	72.758 *** (9.521)	η_0	0.811 *** (21.061)
R^2		0.977		0.976		0.893
DW		1.677		1.71		1.623

注：*** 、** 、* 分别表示回归结果在 1% 、5% 、10% 的置信水平下显著成立。

2. 硅锰铁案例。

如表 4 - 2 所示，我们分别将涉案产品硅锰铁的对韩出口金额、出口数量和出口价格作为被解释变量，使用 1993 年到 2010 年涉案产品的出口数据（1993 年为可查到涉案产品有效出口数据的第一年，2010 年后涉案产品出口终止），通过多元线性回归来考察反倾销措施对三个被解释变量所产生的影响。对于硅锰铁来说，反倾销措施对涉案产品的出口金额具有正向影响，对涉案产品的出口价格具有负向影响，而且和出口价格相比对涉案产品出口金额的回归系数更加显著，作用力更大，但对涉案产品的出口数量产生影响的回归系数不显著。这一结果说明从长期数据来看，反倾销措施的贸易破坏效应仍在一定程度上影响着硅锰铁的出口金额和价格，但对出口数量的影响程度衰退明显。

表 4 - 2   涉案产品硅锰铁回归结果

		金额 (Exvalue)		数量 (Exquantity)		价格 (Exprice)
系数	α_1	1.531 *** (6.913)	β_1	0.505 *** (6.913)	η_1	0.624 *** (7.841)

续表

系数		金额 (Exvalue)		数量 (Exquantity)		价格 (Exprice)
系数	α_2	1.306 *** (7.841)	β_2	-0.718 *** (-6.415)	η_2	-1.039 *** (-6.415)
	α_3	0.797 ** (2.331)	β_3	-0.367 (-1.753)	η_3	-0.505 * (-2.079)
	α_0	-2.622 *** (-4.964)	β_0	1.703 *** (7.861)	η_0	2.043 *** (7.759)
R^2		0.864		0.803		0.837
DW		1.416		1.388		0.985

注：***、**、* 分别表示回归结果在 1%、5%、10% 的置信水平下显著成立。

（二）终裁结果为征收反倾销关税案例长效性贸易破坏效应分析

1. 精制磷酸案例。

如表 4-3 所示，我们分别将涉案产品精制磷酸的对韩出口金额、出口数量和出口价格作为被解释变量，使用 1989 年到 2018 年涉案产品的出口数据，通过多元线性回归来考察反倾销措施对三个被解释变量所产生的影响。对于精制磷酸来说，反倾销措施对于涉案产品的出口金额、出口数量以及出口价格产生影响的回归系数均不显著，从长期数据分析来看，原本作用于精制磷酸的反倾销措施贸易破坏效应衰退明显。

表 4-3　　　　　　　　　　涉案产品精制磷酸回归结果

系数		金额 (Exvalue)		数量 (Exquantity)		价格 (Exprice)
系数	α_1	0.001 (0.072)	β_1	0.246 (0.072)	η_1	1.001 *** (187.66)
	α_2	0.998 *** (187.66)	β_2	0.204 (0.059)	η_2	0.001 (0.059)
	α_3	-0.071 (-1.615)	β_3	-1.026 (-1.309)	η_3	0.072 (1.631)

续表

	金额 （Exvalue）		数量 （Exquantity）		价格 （Exprice）	
系数	α_0	0.002 (0.059)	β_0	1.256 ** (2.601)	η_0	-0.003 (-0.089)
R^2		0.999		0.923		0.999
DW		2.389		2.253		2.389

注：***、**、*分别表示回归结果在1%、5%、10%的置信水平下显著成立。

2. 氯化胆碱案例。

如表4-4所示，我们分别将涉案产品氯化胆碱的对韩出口金额、数量和价格作为被解释变量，使用1993年到2018年涉案产品的出口数据（1993年为可查到涉案产品有效出口数据的第一年），通过多元线性回归来考察反倾销措施对三个被解释变量所产生的影响。对于氯化胆碱来说，反倾销措施对于涉案产品的出口金额、数量以及价格产生影响的回归系数均不显著，从长期数据分析来看，原本作用于氯化胆碱的反倾销措施贸易破坏效应衰退明显。

表4-4　　　　　　涉案产品氯化胆碱回归结果

	金额 （Exvalue）		数量 （Exquantity）		价格 （Exprice）	
系数	α_1	0.348 *** (22.854)	β_1	2.76 *** (22.854)	η_1	0.863 *** (17.008)
	α_2	1.077 *** (17.008)	β_2	-3.003 *** (-14.969)	η_2	-0.303 *** (-14.969)
	α_3	-0.364 (-0.449)	β_3	1.489 (0.655)	η_3	0.041 (0.056)
	α_0	0.339 (0.442)	β_0	-0.675 (-0.311)	η_0	0.169 (0.245)
R^2		0.969		0.964		0.941
DW		1.667		1.813		1.703

注：***、**、*分别表示回归结果在1%、5%、10%的置信水平下显著成立。

3. 电熨斗案例。

如表 4 - 5 所示，我们分别将涉案产品电熨斗的对韩出口金额、数量和价格作为被解释变量，使用 1994 年到 2018 年涉案产品的出口数据（1994 年为可查到涉案产品有效出口数据的第一年），通过多元线性回归来考察反倾销措施对三个被解释变量所产生的影响。对于电熨斗来说，反倾销措施对涉案产品的出口数量和价格具有负向影响，对涉案产品的出口数量的回归系数更加显著，作用力更大，但对涉案产品的出口金额产生影响的回归系数不显著。这一结果说明从长期数据来看，反倾销措施的贸易破坏效应仍在一定程度上影响着电熨斗的出口数量和价格，但对出口金额的影响程度衰退明显。

表 4 - 5　　　　　　　　　　　涉案产品电熨斗回归结果

		金额 （Exvalue）		数量 （Exquantity）		价格 （Exprice）
系数	α_1	0. 538 *** （12. 527）	β_1	1. 639 *** （12. 527）	η_1	0. 039 *** （4. 856）
	α_2	13. 673 *** （4. 856）	β_2	- 24. 599 *** （- 5. 189）	η_2	- 0. 023 *** （- 5. 189）
	α_3	2. 821 （1. 568）	β_3	- 7. 294 ** （- 2. 505）	η_3	- 0. 179 * （- 1. 925）
	α_0	- 9. 09 *** （- 4. 524）	β_0	18. 889 *** （6. 99）	η_0	0. 621 *** （9. 612）
R^2		0. 905		0. 919		0. 571
DW		0. 646		0. 814		0. 806

注：***、**、* 分别表示回归结果在 1%、5%、10% 的置信水平下显著成立。

4. 一次性气体打火机案例。

如表 4 - 6 所示，我们分别将涉案产品一次性气体打火机的对韩出口金额、出口数量和出口价格作为被解释变量，使用 1993 年到 2018 年涉案产品的出口数据（1993 年为可查到涉案产品有效出口数据的第一年），通过多元线性回归来考察反倾销措施对三个被解释变量所产生的

影响。对于一次性气体打火机来说，反倾销措施对涉案产品的出口金额
具有负向影响，对涉案产品的出口数量和出口价格产生影响的回归系数
不显著。这一结果说明从长期数据来看，反倾销措施的贸易破坏效应仍
在一定程度上影响着一次性气体打火机的出口金额，但对出口数量和出
口价格的影响程度衰退明显。

表 4 - 6　　　　　　　　　涉案产品一次性气体打火机回归结果

		金额 （Exvalue）		数量 （Exquantity）		价格 （Exprice）
系数	α_1	0. 251 *** （7. 342）	β_1	2. 827 *** （7. 342）	η_1	0. 088 ** （2. 299）
	α_2	2. 195 ** （2. 299）	β_2	- 10. 304 *** （- 3. 668）	η_2	- 0. 037 *** （- 3. 668）
	α_3	- 0. 86 ** （- 2. 476）	β_3	1. 126 （0. 869）	η_3	- 0. 117 （- 1. 559）
	α_0	0. 064 （0. 102）	β_0	3. 835 *** （2. 002）	η_0	0. 465 *** （6. 162）
R^2		0. 819		0. 791		0. 587
DW		0. 915		1. 362		1. 479

注：***、**、*分别表示回归结果在1%、5%、10%的置信水平下显著成立。

5. 碱锰电池案例。

如表 4 - 7 所示，我们分别将涉案产品碱锰电池的对韩出口金额、
出口数量和出口价格作为被解释变量，使用 1996 年到 2018 年涉案产品
的出口数据（1996 年为可查到涉案产品有效出口数据的第一年），通过
多元线性回归来考察反倾销措施对三个被解释变量所产生的影响。对于
碱锰电池来说，反倾销措施对于涉案产品的出口金额、出口数量以及出
口价格产生影响的回归系数均不显著，从长期数据分析来看，原本作用
于碱锰电池的反倾销措施贸易破坏效应衰退明显。

表 4 - 7　　　　　　　　　　　涉案产品碱锰电池回归结果

		金额 (Exvalue)		数量 (Exquantity)		价格 (Exprice)
系数	α_1	0.939 *** (41.72)	β_1	1.054 *** (41.72)	η_1	0.637 *** (25.181)
	α_2	1.524 *** (25.181)	β_2	-1.599 *** (-19.536)	η_2	-0.596 *** (-19.536)
	α_3	0.035 (1.043)	β_3	-0.036 (-1.009)	η_3	-0.036 (-1.699)
	α_0	-1.406 *** (-19.769)	β_0	1.491 *** (20.088)	η_0	0.925 *** (39.319)
R^2		0.996		0.99		0.991
DW		1.238		1.238		1.387

注：*** 、** 、* 分别表示回归结果在 1% 、5% 、10% 的置信水平下显著成立。

6. 打印纸、铜版纸案例。

如表 4 - 8 所示，我们分别将涉案产品打印纸、铜版纸的对韩出口金额、出口数量和出口价格作为被解释变量，使用 1999 年到 2018 年涉案产品的出口数据（1999 年为可查到涉案产品有效出口数据的第一年），通过多元线性回归来考察反倾销措施对三个被解释变量所产生的影响。对于打印纸、铜版纸来说，反倾销措施对涉案产品的出口金额具有正向影响，对涉案产品的出口数量和价格产生影响的回归系数不显著。这一结果说明从长期数据来看，反倾销措施的贸易破坏效应仍在一定程度上影响着打印纸、铜版纸的出口金额，但对出口数量和出口价格的影响程度衰退明显。

表 4 - 8　　　　　　　　　　涉案产品打印纸、铜版纸回归结果

		金额 (Exvalue)		数量 (Exquantity)		价格 (Exprice)
系数	α_1	1.785 *** (5.609)	β_1	0.371 *** (5.609)	η_1	0.032 (0.681)
	α_2	0.891 (0.681)	β_2	-0.827 (-1.455)	η_2	-0.141 (-1.455)

续表

		金额 （Exvalue）		数量 （Exquantity）		价格 （Exprice）
系数	α_3	14.802 * (2.065)	β_3	-4.005 (-1.132)	η_3	0.89 (0.592)
	α_0	-5.168 (-0.712)	β_0	6.285 * (2.113)	η_0	3.896 *** (3.931)
R^2		0.727		0.71		0.187
DW		1.292		1.265		1.627

注：*** 、 ** 、 * 分别表示回归结果在 1% 、5% 、10% 的置信水平下显著成立。

7. 连二亚硫酸钠案例。

如表 4-9 所示，我们分别将涉案产品连二亚硫酸钠的对韩出口金额、出口数量和出口价格作为被解释变量，使用 1995 年到 2018 年涉案产品的出口数据（1995 年为可查到涉案产品有效出口数据的第一年），通过多元线性回归来考察反倾销措施对三个被解释变量所产生的影响。对于连二亚硫酸钠来说，反倾销措施对于涉案产品的出口金额、出口数量以及出口价格产生影响的回归系数均不显著，从长期数据分析来看，原本作用于连二亚硫酸钠的反倾销措施贸易破坏效应衰退明显。

表 4-9　　　　　　　　涉案产品连二亚硫酸钠回归结果

		金额 （Exvalue）		数量 （Exquantity）		价格 （Exprice）
系数	α_1	0.496 *** (10.771)	β_1	1.721 *** (10.771)	η_1	0.158 *** (6.384)
	α_2	4.258 *** (6.384)	β_2	-8.825 *** (-9.888)	η_2	-0.094 *** (-9.888)
	α_3	-0.002 (-0.009)	β_3	-0.254 (-0.606)	η_3	-0.045 (-1.067)
	α_0	-2.221 *** (-3.163)	β_0	5.765 *** (6.056)	η_0	0.675 *** (9.963)
R^2		0.869		0.927		0.843
DW		1.138		1.059		1.197

注：*** 、 ** 、 * 分别表示回归结果在 1% 、5% 、10% 的置信水平下显著成立。

8. 二氧化钛案例。

如表 4-10 所示，我们分别将涉案产品二氧化钛的对韩出口金额、出口数量和出口价格作为被解释变量，使用 1993 年到 2018 年涉案产品的出口数据（1993 年为可查到涉案产品有效出口数据的第一年），通过多元线性回归来考察反倾销措施对三个被解释变量所产生的影响。对于二氧化钛来说，反倾销措施对于涉案产品的出口金额、出口数量以及出口价格产生影响的回归系数均不显著，从长期数据分析来看原本作用于二氧化钛的反倾销措施贸易破坏效应衰退明显。

表 4-10　　　　　　　　　涉案产品二氧化钛回归结果

		金额 （Exvalue）		数量 （Exquantity）		价格 （Exprice）
系数	α_1	1.184 *** （11.548）	β_1	0.725 *** （11.548）	η_1	0.177 *** （6.803）
	α_2	3.836 *** （6.803）	β_2	-2.844 *** （-5.845）	η_2	-0.214 *** （-5.845）
	α_3	-0.739 （-1.078）	β_3	0.873 （1.683）	η_3	0.114 （0.768）
	α_0	-4.228 *** （-4.548）	β_0	3.696 *** （5.799）	η_0	1.183 *** （10.122）
R^2		0.889		0.878		0.682
DW		1.143		1.079		1.636

注：***、**、*分别表示回归结果在 1%、5%、10% 的置信水平下显著成立。

9. 瓷砖案例。

如表 4-11 所示，我们分别将涉案产品瓷砖的对韩出口金额、出口数量和出口价格作为被解释变量，使用 1993 年到 2018 年涉案产品的出口数据（1993 年为可查到涉案产品有效出口数据的第一年），通过多元线性回归来考察反倾销措施对三个被解释变量所产生的影响。对于瓷砖来说，反倾销措施对涉案产品的出口金额具有正向影响，对涉案产品的出口数量具有负向影响，对出口金额产生的正向影响作用力大于对出口金额产生的负向影响作用力，但对出口价格产生影响的回归系数不显著。这一结果说明从长期数据来看，反倾销措施的贸易破坏效应仍在较大程度上影响着瓷砖的出口金额和出口数量，原本作用于出口价格的贸易破坏效应衰退明显。

表 4 − 11　　　　　　　　　　　涉案产品瓷砖回归结果

系数		金额 （Exvalue）		数量 （Exquantity）		价格 （Exprice）
	α_1	1.176 *** （21.97）	β_1	0.813 *** （21.971）	η_1	2.731 ** （2.18）
	α_2	0.065 ** （2.18）	β_2	− 0.059 ** （−2.411）	η_2	− 3.563 ** （−2.411）
	α_3	0.202 ** （2.809）	β_3	− 0.124 * （−1.932）	η_3	− 0.694 （−1.329）
	α_0	− 0.195 ** （−2.799）	β_0	0.179 *** （3.21）	η_0	2.143 *** （8.179）
R^2		0.982		0.98		0.307
DW		0.793		0.874		1.367

注：***、**、* 分别表示回归结果在 1%、5%、10% 的置信水平下显著成立。

10. 聚酯拉伸变形丝案例。

如表 4 − 12 所示，我们分别将涉案产品聚酯拉伸变形丝的对韩出口金额、出口数量和出口价格作为被解释变量，使用 1995 年到 2018 年涉案产品的出口数据（1995 年为可查到涉案产品有效出口数据的第一年），通过多元线性回归来考察反倾销措施对三个被解释变量所产生的影响。对于聚酯拉伸变形丝来说，反倾销措施对于涉案产品的出口金额、出口数量以及出口价格产生影响的回归系数均不显著，从长期数据分析来看，原本作用于聚酯拉伸变形丝的反倾销措施贸易破坏效应衰退明显。

表 4 - 12　　　　　　　　　涉案产品聚酯拉伸变形丝回归结果

		金额 (Exvalue)		数量 (Exquantity)		价格 (Exprice)
系数	α_1	0.446 *** (24.53)	β_1	2.171 *** (24.53)	η_1	0.008 (1.228)
	α_2	8.834 (1.228)	β_2	-21.465 (-1.36)	η_2	-0.004 (-1.363)
	α_3	6.375 (1.493)	β_3	-10.874 (-1.129)	η_3	-0.186 (-1.446)
	α_0	-6.756 (-1.212)	β_0	17.816 (1.471)	η_0	0.679 *** (8.194)
R^2		0.976		0.975		0.209
DW		1.071		0.986		1.056

注：***、**、*分别表示回归结果在1%、5%、10%的置信水平下显著成立。

11. 牛皮纸案例。

如表 4 - 13 所示，我们分别将涉案产品牛皮纸的对韩出口金额、数量和价格作为被解释变量，使用 2002 年到 2018 年涉案产品的出口数据（2002 年为可查到涉案产品有效出口数据的第一年），通过多元线性回归来考察反倾销措施对三个被解释变量所产生的影响。对于牛皮纸来说，反倾销措施对于涉案产品的出口金额、数量以及价格产生影响的回归系数均不显著，从长期数据分析来看，原本作用于牛皮纸的反倾销措施贸易破坏效应衰退明显。

表 4 - 13　　　　　　　　　涉案产品牛皮纸回归结果

		金额 (Exvalue)		数量 (Exquantity)		价格 (Exprice)
系数	α_1	0.927 *** (26.866)	β_1	1.059 *** (26.866)	η_1	0.031 *** (3.639)
	α_2	16.156 *** (3.639)	β_2	-17.782 *** (-3.867)	η_2	-0.03 *** (-3.87)
	α_3	1.184 (0.322)	β_3	-0.559 (-0.142)	η_3	0.093 (0.578)

续表

		金额 （Exvalue）		数量 （Exquantity）		价格 （Exprice）
系数	α_0	-18.203^{***} (-3.525)	β_0	20.107^{***} (3.767)	η_0	1.077^{***} (9.986)
R^2		0.985		0.985		0.572
DW		2.587		2.41		1.913

注：*** 、** 、* 分别表示回归结果在 1% 、5% 、10% 的置信水平下显著成立。

12. 浮法玻璃案例。

如表 4 - 14 所示，我们分别将涉案产品浮法玻璃的对韩出口金额、出口数量和出口价格作为被解释变量，使用 1993 年到 2018 年涉案产品的出口数据（1993 年为可查到涉案产品有效出口数据的第一年），通过多元线性回归来考察反倾销措施对三个被解释变量所产生的影响。对于浮法玻璃来说，反倾销措施对涉案产品的出口价格具有正向影响，对涉案产品的出口金额和数量产生影响的回归系数不显著。这一结果说明从长期数据来看，反倾销措施的贸易破坏效应仍在一定程度上影响着浮法玻璃的出口价格，但对出口金额和数量的影响程度衰退明显。

表 4 - 14　　　　　　　　涉案产品浮法玻璃回归结果

		金额 （Exvalue）		数量 （Exquantity）		价格 （Exprice）
系数	α_1	1.126^{***} (20.415)	β_1	0.843^{***} (20.415)	η_1	0.236^{***} (4.984)
	α_2	2.243^{***} (4.984)	β_2	-1.921^{***} (-4.877)	η_2	-0.27^{***} (-4.877)
	α_3	-0.6 (-1.576)	β_3	0.397 (1.179)	η_3	0.355^{***} (3.349)
	α_0	-2.285^{***} (-3.597)	β_0	2.171^{***} (4.215)	η_0	1.126^{***} (11.301)
R^2		0.957		0.843		0.696
DW		1.791		1.67		1.833

注：*** 、** 、* 分别表示回归结果在 1% 、5% 、10% 的置信水平下显著成立。

13. 包装或工业用薄膜案例。

如表 4 - 15 所示,我们分别将涉案产品包装或工业用薄膜的对韩出口金额、出口数量和出口价格作为被解释变量,使用 2004 年到 2018 年涉案产品的出口数据 (2004 年为可查到涉案产品有效出口数据的第一年),通过多元线性回归来考察反倾销措施对三个被解释变量所产生的影响。对于包装或工业用薄膜来说,反倾销措施对涉案产品的出口价格具有正向影响,对涉案产品的出口金额和出口数量产生影响的回归系数不显著。这一结果说明从长期数据来看,反倾销措施的贸易破坏效应仍在一定程度上影响着包装或工业用薄膜的出口价格,但对出口金额和数量的影响程度衰退明显。

表 4 - 15   涉案产品包装或工业用薄膜回归结果

		金额 (Exvalue)		数量 (Exquantity)		价格 (Exprice)
系数	α_1	1.186 *** (15.465)	β_1	0.806 *** (15.465)	η_1	0.281 ** (2.779)
	α_2	1.466 ** (2.779)	β_2	- 1.401 *** (- 3.699)	η_2	- 0.396 *** (- 3.699)
	α_3	- 0.068 (- 0.147)	β_3	0.229 (0.609)	η_3	0.411 ** (2.568)
	α_0	- 1.696 ** (- 2.421)	β_0	1.669 *** (3.287)	η_0	1.195 *** (9.924)
R^2		0.976		0.98		0.806
DW		2.028		2.016		2.121

注: *** 、** 、* 分别表示回归结果在 1% 、5% 、10% 的置信水平下显著成立。

14. 醋酸乙酯案例。

如表 4 - 16 所示,我们分别将涉案产品醋酸乙酯的对韩出口金额、出口数量和出口价格作为被解释变量,使用 2003 年到 2018 年涉案产品的出口数据 (2003 年为可查到涉案产品有效出口数据的第一年),通过多元线性回归来考察反倾销措施对三个被解释变量所产生的影响。对于醋酸乙酯来说，反倾销措施对于涉案产品的出口金额、出口数量以及出口价格产生影响的回归系数均不显著，从长期数据分析来看原本作用于醋酸乙酯的反倾销措施贸易破坏效应衰退明显。

表 4 – 16 涉案产品醋酸乙酯回归结果

		金额 (Exvalue)		数量 (Exquantity)		价格 (Exprice)
系数	α_1	0.283 *** (14.342)	β_1	3.341 *** (14.342)	η_1	0.007 (0.688)
	α_2	5.304 (0.688)	β_2	−21.303 (−0.81)	η_2	−0.002 (−0.81)
	α_3	2.631 (0.771)	β_3	−4.185 (−0.349)	η_3	−0.156 (−1.297)
	α_0	−2.178 (−0.484)	β_0	9.838 (0.641)	η_0	0.498 *** (5.856)
R^2		0.965		0.964		0.268
DW		1.306		1.236		1.335

注：*** 、 ** 、 * 分别表示回归结果在1%、5%、10%的置信水平下显著成立。

15. 聚酯预取向丝案例。

如表 4 – 17 所示，我们分别将涉案产品聚酯预取向丝的对韩出口金额、出口数量和出口价格作为被解释变量，使用2005年到2018年涉案产品的出口数据（2005年为可查到涉案产品有效出口数据的第一年），通过多元线性回归来考察反倾销措施对三个被解释变量所产生的影响。对于聚酯预取向丝来说，反倾销措施对涉案产品的出口金额具有负向影响，对涉案产品的出口数量具有正向影响，对出口金额产生的回归系数更加显著，但对出口价格产生影响的回归系数不显著。这一结果说明从长期数据来看，反倾销措施的贸易破坏效应仍在较大程度上影响着聚酯预取向丝的出口金额和出口数量，原本作用于出口价格的贸易破坏效应衰退明显。

表 4 - 17　　　　　　　　涉案产品聚酯预取向丝回归结果

系数		金额 （Exvalue）		数量 （Exquantity）		价格 （Exprice）
	α_1	0. 569 *** (15. 621)	β_1	1. 689 *** (15. 621)	η_1	0. 689 (0. 561)
	α_2	0. 044 (0. 561)	β_2	- 0. 101 (- 0. 754)	η_2	- 0. 531 (- 0. 754)
	α_3	- 0. 289 *** (- 3. 573)	β_3	0. 439 ** (2. 779)	η_3	0. 574 (1. 288)
	α_0	0. 319 ** (2. 869)	β_0	- 0. 446 * (- 2. 057)	η_0	0. 835 (1. 575)
R^2		0. 989		0. 986		0. 555
DW		2. 397		2. 181		1. 856

注：***、**、*分别表示回归结果在1%、5%、10%的置信水平下显著成立。

二、无期终复审的案例反倾销措施贸易破坏效应长效性计量分析

（一）终裁结果为价格承诺与征收反倾销关税并行案例长效性贸易破坏效应分析

1. 电动剃须刀案例。

如表 4 - 18 所示，我们分别将涉案产品电动剃须刀的对韩出口金额、出口数量和出口价格作为被解释变量，使用 1993 年到 2018 年涉案产品的出口数据（1993 年为可查到涉案产品有效出口数据的第一年），通过多元线性回归来考察反倾销措施对三个被解释变量所产生的影响。对于电动剃须刀来说，反倾销措施对于涉案产品的出口金额、出口数量以及出口价格产生影响的回归系数均不显著，从长期数据分析来看，原本作用于电动剃须刀的反倾销措施贸易破坏效应衰退明显。

表 4 - 18　　　　　　　　　　涉案产品电动剃须刀回归结果

		金额 (Exvalue)		数量 (Exquantity)		价格 (Exprice)
系数	α_1	1. 787 *** (7. 969)	β_1	0. 416 *** (7. 969)	η_1	0. 147 *** (7. 777)
	α_2	4. 983 *** (7. 778)	β_2	- 1. 783 *** (- 3. 861)	η_2	- 0. 226 *** (- 3. 861)
	α_3	- 1. 223 (- 0. 799)	β_3	- 0. 555 (- 0. 752)	η_3	0. 229 (0. 874)
	α_0	- 7. 408 *** (- 4. 589)	β_0	4. 141 *** (6. 496)	η_0	1. 396 *** (5. 607)
R^2		0. 932		0. 868		0. 785
DW		1. 437		0. 882		2. 002

注：***、**、*分别表示回归结果在 1%、5%、10% 的置信水平下显著成立。

2. 过氧化苯甲酰案例。

如表 4 - 19 所示，我们分别将涉案产品过氧化苯甲酰的对韩出口金额、出口数量和出口价格作为被解释变量，使用 2004 年到 2018 年涉案产品的出口数据（2004 年为可查到涉案产品有效出口数据的第一年），通过多元线性回归来考察反倾销措施对三个被解释变量所产生的影响。对于过氧化苯甲酰来说，反倾销措施对于涉案产品的出口金额、出口数量以及出口价格产生影响的回归系数均不显著，从长期数据分析来看，原本作用于过氧化苯甲酰的反倾销措施贸易破坏效应衰退明显。

表 4 - 19　　　　　　　　涉案产品过氧化苯甲酰回归结果

		金额 (Exvalue)		数量 (Exquantity)		价格 (Exprice)
系数	α_1	2. 011 *** (10. 758)	β_1	0. 454 *** (10. 758)	η_1	0. 815 *** (6. 509)
	α_2	0. 974 *** (6. 509)	β_2	- 0. 472 *** (- 7. 212)	η_2	- 1. 749 *** (- 7. 212)
	α_3	- 0. 145 (- 0. 624)	β_3	0. 111 (1. 035)	η_3	0. 283 (1. 427)

续表

		金额 （Exvalue）		数量 （Exquantity）		价格 （Exprice）
系数	α_0	-1.918^{***} （-5.116）	β_0	0.992^{***} （7.454）	η_0	1.973^{***} （9.518）
R^2		0.933		0.934		0.859
DW		2.049		2.325		2.886

注：*** 、** 、* 分别表示回归结果在 1%、5%、10% 的置信水平下显著成立。

（二）终裁结果为征收反倾销关税案例阶段性贸易破坏效应分析

1. 糠醇案例。

如表 4 – 20 所示，我们分别将涉案产品糠醇的对韩出口金额、出口数量和出口价格作为被解释变量，使用 1994 年到 2018 年涉案产品的出口数据（1994 年为可查到涉案产品有效出口数据的第一年），通过多元线性回归来考察反倾销措施对三个被解释变量所产生的影响。对于糠醇来说，反倾销措施对于涉案产品的出口金额、出口数量以及出口价格产生影响的回归系数均不显著，从长期数据分析来看，原本作用于糠醇的反倾销措施贸易破坏效应衰退明显。

表 4 – 20 涉案产品糠醇回归结果

		金额 （Exvalue）		数量 （Exquantity）		价格 （Exprice）
系数	α_1	1.849^{***} （13.004）	β_1	0.481^{***} （13.004）	η_1	0.094^{***} （11.093）
	α_2	9.115^{***} （11.093）	β_2	-4.204^{***} （-6.968）	η_2	-0.166^{***} （-6.968）
	α_3	1.205 （0.808）	β_3	-1.008 （-1.362）	η_3	-0.153 （-1.018）
	α_0	-16.688^{***} （-9.212）	β_0	8.787^{***} （11.072）	η_0	1.758^{***} （11.626）
R^2		0.959		0.918		0.877
DW		1.505		1.334		1.327

注：*** 、** 、* 分别表示回归结果在 1%、5%、10% 的置信水平下显著成立。

2. 聚乙烯醇案例。

如表 4-21 所示，我们分别将涉案产品聚乙烯醇的对韩出口金额、出口数量和出口价格作为被解释变量，使用 2003 年到 2018 年涉案产品的出口数据（2003 年为可查到涉案产品有效出口数据的第一年），通过多元线性回归来考察反倾销措施对三个被解释变量所产生的影响。对于聚乙烯醇来说，反倾销措施对涉案产品的出口价格具有正向影响，对涉案产品的出口金额和出口数量产生影响的回归系数不显著。这一结果说明从长期数据来看，反倾销措施的贸易破坏效应仍在一定程度上影响着聚乙烯醇的出口价格，但对出口金额和出口数量的影响程度衰退明显。

表 4-21 涉案产品聚乙烯醇回归结果

		金额（Exvalue）		数量（Exquantity）		价格（Exprice）
系数	α_1	1.376 *** (11.706)	β_1	0.668 *** (11.706)	η_1	0.227 * (2.129)
	α_2	1.206 * (2.129)	β_2	-0.721 (-1.739)	η_2	-0.279 (-1.739)
	α_3	-0.15 (-0.168)	β_3	-0.286 (-0.462)	η_3	0.647 * (1.899)
	α_0	-2.132 ** (-2.531)	β_0	1.733 *** (3.281)	η_0	1.168 *** (3.869)
R^2		0.951		0.953		0.498
DW		1.482		1.313		2.285

注：***、**、* 分别表示回归结果在 1%、5%、10% 的置信水平下显著成立。

3. 阔叶木胶合板案例。

如表 4-22 所示，我们分别将涉案产品阔叶木胶合板的对韩出口金额、出口数量和出口价格作为被解释变量，使用 2008 年到 2018 年涉案产品的出口数据（2008 年为可查到涉案产品有效出口数据的第一年），通过多元线性回归来考察反倾销措施对三个被解释变量所产生的影响。

对于阔叶木胶合板来说，反倾销措施对于涉案产品的出口金额、出口数量以及出口价格产生影响的回归系数均不显著，从长期数据分析来看原本作用于阔叶木胶合板的反倾销措施贸易破坏效应衰退明显。

表 4 - 22　　　　　　　　　　涉案产品阔叶木胶合板回归结果

系数		金额（Exvalue）		数量（Exquantity）		价格（Exprice）
系数	α_1	1.148 *** (52.846)	β_1	0.869 *** (52.846)	η_1	1.893 * (1.965)
系数	α_2	0.188 * (1.965)	β_2	-0.168 * (-2.045)	η_2	-2.231 * (-2.045)
系数	α_3	0.045 (1.582)	β_3	-0.038 (-1.505)	η_3	0.035 (0.331)
系数	α_0	-0.295 ** (-2.863)	β_0	0.262 ** (3.007)	η_0	1.236 *** (10.624)
R^2		0.998		0.998		0.621
DW		1.808		1.842		1.486

注：***、**、*分别表示回归结果在1%、5%、10%的置信水平下显著成立。

4. 取向聚丙烯薄膜案例。

如表 4 - 23 所示，我们分别将涉案产品取向聚丙烯薄膜的对韩出口金额、出口数量和出口价格作为被解释变量，使用 2003 年到 2018 年涉案产品的出口数据（2003 年为可查到涉案产品有效出口数据的第一年），通过多元线性回归来考察反倾销措施对三个被解释变量所产生的影响。对于取向聚丙烯薄膜来说，反倾销措施对于涉案产品的出口金额、出口数量以及出口价格产生影响的回归系数均不显著，从长期数据分析来看，原本作用于取向聚丙烯薄膜的反倾销措施贸易破坏效应衰退明显。

表 4 - 23　　　　　　涉案产品取向聚丙烯薄膜回归结果

		金额 （Exvalue）		数量 （Exquantity）		价格 （Exprice）
系数	α_1	1. 088 *** （44. 311）	β_1	0. 913 *** （44. 311）	η_1	0. 051 *** （10. 569）
	α_2	17. 587 *** （10. 569）	β_2	- 16. 009 *** （ - 9. 915）	η_2	- 0. 056 *** （ - 9. 915）
	α_3	0. 05 （0. 097）	β_3	- 0. 003 （ - 0. 006）	η_3	0. 003 （0. 091）
	α_0	- 18. 892 *** （ - 10. 941）	β_0	17. 316 *** （10. 979）	η_0	1. 065 *** （34. 024）
R^2		0. 996		0. 995		0. 909
DW		1. 475		1. 469		1. 467

注：*** 、 ** 、 * 分别表示回归结果在 1% 、5% 、10% 的置信水平下显著成立。

5. H 型钢案例。

如表 4 - 24 所示，我们分别将涉案产品 H 型钢的对韩出口金额、出口数量和出口价格作为被解释变量，使用 2007 年到 2018 年涉案产品的出口数据（2007 年为可查到涉案产品有效出口数据的第一年），通过多元线性回归来考察反倾销措施对三个被解释变量所产生的影响。对于 H 型钢来说，反倾销措施对于涉案产品的出口金额、出口数量以及出口价格产生影响的回归系数均不显著，从长期数据分析来看，原本作用于 H 型钢的反倾销措施贸易破坏效应衰退明显。

表 4 - 24　　　　　　涉案产品 H 型钢回归结果

		金额 （Exvalue）		数量 （Exquantity）		价格 （Exprice）
系数	α_1	1. 101 *** （14. 094）	β_1	0. 873 *** （14. 094）	η_1	0. 967 *** （6. 166）
	α_2	0. 854 *** （6. 166）	β_2	- 0. 776 *** （ - 7. 029）	η_2	- 1. 109 *** （ - 7. 029）
	α_3	- 0. 002 （ - 0. 025）	β_3	- 0. 011 （ - 0. 192）	η_3	- 0. 052 （ - 0. 821）

续表

		金额 （Exvalue）		数量 （Exquantity）		价格 （Exprice）
系数	α_0	−0.896 *** （−4.648）	β_0	0.847 *** （6.087）	η_0	1.096 *** （14.571）
R^2		0.969		0.969		0.915
DW		2.541		2.353		2.205

注：***、**、*分别表示回归结果在1%、5%、10%的置信水平下显著成立。

6. 针叶木胶合板。

如表4-25所示，我们分别将涉案产品针叶木胶合板的对韩出口金额、出口数量和出口价格作为被解释变量，使用2007年到2018年涉案产品的出口数据（2007年为可查到涉案产品有效出口数据的第一年），通过多元线性回归来考察反倾销措施对三个被解释变量所产生的影响。对于针叶木胶合板来说，反倾销措施对涉案产品的出口金额具有负向影响，对涉案产品的出口数量具有正向影响，对涉案产品的出口价格具有负向影响，对出口价格产生的回归系数最为明显。这一结果说明从长期数据来看，反倾销措施的贸易破坏效应仍在较大程度上影响着针叶木胶合板的出口金额、出口数量和出口价格。

表4-25 涉案产品针叶木胶合板回归结果

		金额 （Exvalue）		数量 （Exquantity）		价格 （Exprice）
系数	α_1	1.014 *** （29.524）	β_1	0.977 *** （29.524）	η_1	−0.171 （−1.402）
	α_2	−1.151 （−1.402）	β_2	1.279 （1.644）	η_2	0.198 （1.644）
	α_3	−1.486 * （−2.207）	β_3	1.579 ** （2.523）	η_3	−0.774 *** （−4.212）
	α_0	1.085 （1.51）	β_0	−1.172 （−1.713）	η_0	0.848 *** （9.055）
R^2		0.996		0.996		0.732
DW		2.259		2.265		2.054

注：***、**、*分别表示回归结果在1%、5%、10%的置信水平下显著成立。

第二节 反倾销立案调查否定性终裁结果长效性 贸易破坏效应分析

一、申请人撤诉案例长效性贸易破坏效应分析

(一) H - 酸案例

如表 4 - 26 所示，我们分别将涉案产品 H - 酸的对韩出口金额、出口数量和出口价格作为被解释变量，使用 1989 年到 2018 年涉案产品的出口数据，通过多元线性回归来考察反倾销措施对三个被解释变量所产生的影响。对于 H - 酸来说，反倾销措施对于涉案产品的出口金额、出口数量以及出口价格产生影响的回归系数均不显著，从长期数据分析来看，原本作用于 H - 酸的反倾销措施贸易破坏效应衰退明显。

表 4 - 26 涉案产品 H - 酸回归结果

		金额 (Exvalue)		数量 (Exquantity)		价格 (Exprice)
系数	α_1	0.869 *** (25.229)	β_1	1.105 *** (25.229)	η_1	0.053 *** (38.777)
	α_2	18.396 *** (38.777)	β_2	− 20.346 *** (− 21.266)	η_2	− 0.046 *** (− 21.266)
	α_3	− 0.441 (− 0.41)	β_3	0.133 (0.109)	η_3	0.024 (0.415)
	α_0	− 16.027 *** (− 22.57)	β_0	18.339 *** (35.38)	η_0	0.872 *** (28.381)
R^2		0.988		0.964		0.983
DW		1.496		1.497		1.569

注：***、**、* 分别表示回归结果在 1%、5%、10% 的置信水平下显著成立。

(二) 自印复写纸案例

如表 4 - 27 所示，我们分别将涉案产品自印复写纸的对韩出口金额、出口数量和出口价格作为被解释变量，使用 1995 年到 2018 年涉案产品的出口数据（1995 年为可查到涉案产品有效出口数据的第一年），通过多元线性回归来考察反倾销措施对三个被解释变量所产生的影响。对于自印复写纸来说，反倾销措施对于涉案产品的出口金额、出口数量以及出口价格产生影响的回归系数均不显著，从长期数据分析来看，原本作用于自印复写纸的反倾销措施贸易破坏效应衰退明显。

表 4 - 27　　　　　　　　涉案产品自印复写纸回归结果

		金额 （Exvalue）		数量 （Exquantity）		价格 （Exprice）
系数	α_1	0.552 *** （23.911）	β_1	1.752 *** （23.911）	η_1	0.024 （0.535）
	α_2	0.592 （0.535）	β_2	- 1.393 （- 0.71）	η_2	- 0.018 （- 0.71）
	α_3	- 3.116 （- 1.226）	β_3	5.083 （1.115）	η_3	- 0.135 （- 0.255）
	α_0	- 0.533 （- 0.396）	β_0	2.479 （1.059）	η_0	0.791 *** （3.845）
R^2		0.968		0.968		0.066
DW		0.594		0.639		3.152

注：***、**、* 分别表示回归结果在 1%、5%、10% 的置信水平下显著成立。

(三) 金红石型钛白粉案例

如表 4 - 28 所示，我们分别将涉案产品金红石型钛白粉的对韩出口金额、出口数量和出口价格作为被解释变量，使用 2000 年到 2018 年涉案产品的出口数据（2000 年为可查到涉案产品有效出口数据的第一年），通过多元线性回归来考察反倾销措施对三个被解释变量所产生的影响。对于金红石型钛白粉来说，反倾销措施对涉案产品的出口金额具有负向影响，对涉案产品的出口数量具有正向影响，对出口金额产生的作用力更加明显，但对出口价格产生影响的回归系数不显著。这一结果说明从长期数据来看，反倾销措施的贸易破坏效应仍在较大程度上影响着金红石型钛白粉的出口金额和出口数量，原本作用于出口价格的贸易破坏效应衰退明显。

表 4 – 28　　　　　　　涉案产品金红石型钛白粉回归结果

		金额 （Exvalue）		数量 （Exquantity）		价格 （Exprice）
系数	α_1	1. 508 *** （19. 158）	β_1	0. 637 *** （19. 158）	η_1	0. 046 *** （5. 081）
	α_2	13. 83 *** （5. 081）	β_2	− 7. 781 *** （− 3. 677）	η_2	− 0. 061 *** （− 3. 667）
	α_3	− 8. 155 *** （− 3. 249）	β_3	6. 032 *** （4. 154）	η_3	0. 189 （1. 037）
	α_0	− 16. 826 *** （− 5. 744）	β_0	9. 891 *** （4. 391）	η_0	1. 145 *** （19. 749）
R^2		0. 989		0. 987		0. 844
DW		1. 218		1. 462		0. 485

注：*** 、** 、* 分别表示回归结果在 1% 、5% 、10% 的置信水平下显著成立。

二、倾销不成立案例长效性贸易破坏效应分析

（一）液碱案例

如表 4 – 29 所示，我们分别将涉案产品液碱的对韩出口金额、出口数量和出口价格作为被解释变量，使用 1990 年到 2016 年涉案产品的出口数据（1990 年为可查到涉案产品有效出口数据的第一年，2016 年涉案产品的出口终止），通过多元线性回归来考察反倾销措施对三个被解释变量所产生的影响。对于液碱来说，反倾销措施对涉案产品的出口金

额具有负向影响，对涉案产品的出口数量和出口价格产生影响的回归系数不显著。这一结果说明从长期数据来看，反倾销措施的贸易破坏效应仍在一定程度上影响着液碱的出口金额，但对出口数量和出口价格的影响程度衰退明显。

表 4 – 29　　　　　　　　　　涉案产品液碱回归结果

		金额 （Exvalue）		数量 （Exquantity）		价格 （Exprice）
系数	α_1	0. 425 *** （16. 801）	β_1	2. 174 *** （16. 801）	η_1	0. 035 *** （3. 221）
	α_2	8. 846 *** （3. 221）	β_2	– 19. 467 *** （– 3. 099）	η_2	– 0. 015 *** （– 3. 099）
	α_3	– 1. 488 *** （– 0. 631）	β_3	3. 17 （0. 594）	η_3	– 0. 022 （– 0. 148）
	α_0	– 5. 102 *** （– 3. 89）	β_0	12. 977 *** （4. 82）	η_0	0. 424 *** （7. 131）
R^2		0. 927		0. 925		0. 322
DW		1. 309		1. 266		0. 609

注：***、**、*分别表示回归结果在1%、5%、10%的置信水平下显著成立。

（二）锌锭案例

如表 4 – 30 所示，我们分别将涉案产品锌锭的对韩出口金额、出口数量和出口价格作为被解释变量，使用 1991 年到 2011 年涉案产品的出口数据（1991 年为可查到涉案产品有效出口数据的第一年，2011 年涉案产品的出口终止），通过多元线性回归来考察反倾销措施对三个被解释变量所产生的影响。对于锌锭来说，反倾销措施对于涉案产品的出口金额、出口数量以及出口价格产生影响的回归系数均不显著，从长期数据分析来看，原本作用于锌锭的反倾销措施贸易破坏效应衰退明显。

表4-30　　　　　　　　　　　涉案产品锌锭回归结果

		金额 （Exvalue）		数量 （Exquantity）		价格 （Exprice）
系数	α_1	0.858 *** （11.904）	β_1	1.041 *** （11.904）	η_1	0.139 *** （6.439）
	α_2	5.109 *** （6.439）	β_2	-5.635 *** （-6.462）	η_2	-0.126 *** （-6.462）
	α_3	0.032 （0.019）	β_3	-0.254 （-0.136）	η_3	-0.103 （-0.369）
	α_0	-4.371 *** （-3.133）	β_0	5.899 *** （4.548）	η_0	1.023 *** （6.91）
R^2		0.901		0.901		0.735
DW		1.584		1.511		1.709

注：*** 、** 、* 分别表示回归结果在1%、5%、10%的置信水平下显著成立。

（三）普通自行车及配件案例

如表4-31所示，我们分别将涉案产品普通自行车及配件的对韩出口金额、出口数量和出口价格作为被解释变量，使用1994年到2018年涉案产品的出口数据（1994年为可查到涉案产品有效出口数据的第一年），通过多元线性回归来考察反倾销措施对三个被解释变量所产生的影响。对于普通自行车及配件来说，反倾销措施对于涉案产品的出口金额、出口数量以及出口价格产生影响的回归系数均不显著，从长期数据分析来看，原本作用于普通自行车及配件的反倾销措施贸易破坏效应衰退明显。

表4-31　　　　　　　涉案产品普通自行车及配件回归结果

		金额 （Exvalue）		数量 （Exquantity）		价格 （Exprice）
系数	α_1	1.435 *** （12.491）	β_1	0.614 *** （12.491）	η_1	0.019 *** （10.155）
	α_2	42.574 *** （10.155）	β_2	-25.206 *** （-6.689）	η_2	-0.027 *** （-6.689）

续表

系数		金额 (Exvalue)		数量 (Exquantity)		价格 (Exprice)
系数	α_3	8.653 (0.609)	β_3	-8.048 (-1.874)	η_3	-0.253 (-0.837)
	α_0	-57.588 *** (-7.113)	β_0	38.798 *** (7.929)	η_0	1.365 *** (11.642)
R^2		0.943		0.893		0.845
DW		1.023		0.978		1.152

注：*** 、** 、* 分别表示回归结果在 1% 、5% 、10% 的置信水平下显著成立。

（四）白水泥案例

如表 4 - 32 所示，我们分别将涉案产品白水泥的对韩出口金额、出口数量和出口价格作为被解释变量，使用 1994 年到 2018 年涉案产品的出口数据（1994 年为可查到涉案产品有效出口数据的第一年），通过多元线性回归来考察反倾销措施对三个被解释变量所产生的影响。对于白水泥来说，反倾销措施对涉案产品的出口数量具有正向影响，但对涉案产品的出口金额和出口价格产生影响的回归系数不显著。这一结果说明从长期数据来看，反倾销措施的贸易破坏效应仍在一定程度上影响着白水泥的出口数量，但对出口金额和出口价格的影响程度衰退明显。

表 4 - 32   **涉案产品白水泥回归结果**

系数		金额 (Exvalue)		数量 (Exquantity)		价格 (Exprice)
系数	α_1	1.065 *** (7.558)	β_1	0.687 *** (7.558)	η_1	3.093 (1.259)
	α_2	0.023 (1.259)	β_2	-0.037 *** (-2.929)	η_2	-7.829 *** (-2.929)
	α_3	-0.188 (-1.257)	β_3	0.273 ** (2.491)	η_3	2.216 (1.266)
	α_0	0.101 (1.153)	β_0	0.077 (1.09)	η_0	3.519 *** (4.864)

续表

	金额 （Exvalue）	数量 （Exquantity）	价格 （Exprice）
R^2	0.811	0.875	0.445
DW	1.437	1.103	1.373

注：***、**、* 分别表示回归结果在1%、5%、10%的置信水平下显著成立。

（五）硅酸钠案例

如表4-33所示，我们分别将涉案产品硅酸钠的对韩出口金额、出口数量和出口价格作为被解释变量，使用1998年到2018年涉案产品的出口数据（1998年为可查到涉案产品有效出口数据的第一年），通过多元线性回归来考察反倾销措施对三个被解释变量所产生的影响。对于硅酸钠来说，反倾销措施对于涉案产品的出口金额、出口数量以及出口价格产生影响的回归系数均不显著，从长期数据分析来看，原本作用于硅酸钠的反倾销措施贸易破坏效应衰退明显。

表4-33　　　　　　　　　涉案产品硅酸钠回归结果

		金额 （Exvalue）		数量 （Exquantity）		价格 （Exprice）
系数	α_1	1.003 *** （16.381）	β_1	0.938 *** （16.381）	η_1	0.051 *** （14.116）
	α_2	18.111 *** （14.116）	β_2	-16.005 *** （-7.524）	η_2	-0.048 *** （-7.524）
	α_3	1.134 （0.931）	β_3	-0.744 （-0.623）	η_3	-0.089 （-1.415）
	α_0	-17.92 *** （-15.813）	β_0	16.396 *** （9.367）	η_0	0.971 *** （27.661）
R^2		0.993		0.978		0.974
DW		1.761		1.712		1.629

注：***、**、* 分别表示回归结果在1%、5%、10%的置信水平下显著成立。

第三节　韩国对我国反倾销立案调查涉案产品长效性贸易破坏效应总结

结合前面章节关于反倾销阶段性贸易破坏效应的相关研究内容，预测韩国对我国采取的反倾销措施。虽然经历了较长的时间周期，但仍然会对涉案产品的对韩出口情况产生一定程度的贸易破坏效应，应该符合反倾销措施的介入会导致涉案产品对韩出口金额和出口数量的减少，同时也会导致涉案产品对韩出口价格上涨的理论判断，预期反倾销措施变量对涉案产品的对韩出口金额和出口数量预期符号为负，对涉案产品出口价格的预期符号为正。

一、有期终复审案例长效性贸易破坏效应总结

（一）终裁结果为价格承诺与征收反倾销关税并行案例长效性贸易破坏效应汇总

如表 4-34 所示，综合分析韩国对我国进行的反倾销立案调查终裁结果为价格承诺与征收反倾销关税并行的 2 起案例，反倾销措施所带来的长效性贸易破坏效应在涉案产品对韩出口金额和对韩出口价格方面影响更为显著，在涉案产品对韩出口数量上影响较弱。

表 4-34　　价格承诺与征税并行案例长效性贸易破坏效应汇总

涉案产品	出口金额影响系数	出口数量影响系数	出口价格影响系数
纯碱	11.814 *** (3.142)	-17.524 *** (-4.295)	-0.177 *** (-4.279)
硅锰铁	0.797 ** (2.331)	-0.367 (-1.753)	-0.505 * (-2.079)

（二）终裁结果为征收反倾销关税案例长效性贸易破坏效应汇总

如表 4 - 35 所示，综合分析韩国对我国进行的反倾销立案调查终裁结果为征收反倾销关税并行的 15 起案例，反倾销措施所带来的长效性贸易破坏效应，在涉案产品对韩出口金额方面影响最为显著，在对韩出口数量和出口价格方面影响次之。

表 4 - 35　　　　　　征税案例长效性贸易破坏效应汇总

涉案产品	出口金额影响系数	出口数量影响系数	出口价格影响系数
精制磷酸	- 0.071 （- 1.615）	- 1.026 （- 1.309）	0.072 （1.631）
氯化胆碱	- 0.364 （- 0.449）	1.489 （0.655）	0.041 （0.056）
电熨斗	2.821 （1.568）	- 7.294 ** （- 2.505）	- 0.179 * （- 1.925）
一次性气体打火机	- 0.86 ** （- 2.476）	1.126 （0.869）	- 0.117 （- 1.559）
碱锰电池	0.035 （1.043）	- 0.036 （- 1.009）	- 0.036 （- 1.699）
打印纸、铜版纸	14.802 * （2.065）	- 4.005 （- 1.132）	0.89 （0.592）
连二亚硫酸钠	- 0.002 （- 0.009）	- 0.254 （- 0.606）	- 0.045 （- 1.067）
二氧化钛	- 0.739 （- 1.078）	0.873 （1.683）	0.114 （0.768）
瓷砖	0.202 ** （2.809）	- 0.124 * （- 1.932）	- 0.694 （- 1.329）
聚酯拉伸变形丝	6.375 （1.493）	- 10.874 （- 1.129）	- 0.186 （- 1.446）
牛皮纸	1.184 （0.322）	- 0.559 （- 0.142）	0.093 （0.578）

续表

涉案产品	出口金额影响系数	出口数量影响系数	出口价格影响系数
浮法玻璃	-0.6 (-1.576)	0.397 (1.179)	0.355 *** (3.349)
包装或工业用薄膜	-0.068 (-0.147)	0.229 (0.609)	0.411 ** (2.568)
醋酸乙酯	2.631 (0.771)	-4.185 (-0.349)	-0.156 (-1.297)
聚酯预取向丝	-0.289 *** (-3.573)	0.439 ** (2.779)	0.574 (1.288)

(三) 有期终复审案例长效性贸易破坏效应汇总

综合分析韩国对我国进行的有期终复审反倾销立案调查的 17 起案例, 反倾销措施所带来的长效性贸易破坏效应, 在涉案产品对韩出口金额方面影响最为显著; 在对韩出口价格方面影响次之; 在对韩出口数量方面影响最小。

将韩国对我国进行反倾销原审立案调查后, 又进行了期终复审立案调查的 17 起案例的计量结果进行分类统计, 发现了 3 种不同类型的统计结果。第一, 以纯碱和电熨斗等涉案产品为代表的 7 起案例, 仍然受到反倾销措施比较明显的贸易破坏效应影响, 占比 41.2%。第二, 以精制磷酸和氯化胆碱等涉案产品为代表的 8 起案例, 反倾销措施所带来的贸易破坏效应几乎全面衰退, 占比 47.1%。第三, 涉案产品硅锰铁和打印纸、铜版纸 2 起案例, 产生了反倾销措施免疫效应, 占比 11.8%。

二、无期终复审案例长效性贸易破坏效应总结

(一) 终裁结果为价格承诺与征收反倾销关税并行案例长效性贸易破坏效应汇总

如表 4-36 所示, 综合分析韩国对我国进行的无期终复审反倾销立

案调查，终裁结果为价格承诺与征收反倾销关税并行的 2 起案例，反倾销措施所带来的长效性贸易破坏效应，在涉案产品对韩出口金额、出口数量以及出口价格方面影响均不显著。

表 4 - 36　　　价格承诺与征税并行案例长效性贸易破坏效应汇总

涉案产品	出口金额影响系数	出口数量影响系数	出口价格影响系数
电动剃须刀	- 1. 223 (- 0. 799)	- 0. 555 (- 0. 752)	0. 229 (0. 874)
过氧化苯甲酰	- 0. 145 (- 0. 624)	0. 111 (1. 035)	0. 283 (1. 427)

（二）终裁结果为征收反倾销关税案例阶段性贸易破坏效应分析

综合分析韩国对我国进行的无期终复审反倾销立案调查，终裁结果为征收反倾销关税的 6 起案例，反倾销措施所带来的长效性贸易破坏效应，仅在涉案产品针叶木胶合板和聚乙烯醇 2 起案例中有所体现，特别是在针叶木胶合板案例中，涉案产品的对韩出口金额、出口数量以及出口价格方面均受到显著影响（见表 4 - 37）。

表 4 - 37　　　　征税案例长效性贸易破坏效应汇总

涉案产品	出口金额影响系数	出口数量影响系数	出口价格影响系数
糠醇	1. 205 (0. 808)	- 1. 008 (- 1. 362)	- 0. 153 (- 1. 018)
聚乙烯醇	- 0. 15 (- 0. 168)	- 0. 286 (- 0. 462)	0. 647 * (1. 899)
阔叶木胶合板	0. 045 (1. 582)	- 0. 038 (- 1. 505)	0. 035 (0. 331)
取向聚丙烯薄膜	0. 05 (0. 097)	- 0. 003 (- 0. 006)	0. 003 (0. 091)

续表

涉案产品	出口金额影响系数	出口数量影响系数	出口价格影响系数
H 型钢	−0.002 (−0.025)	−0.011 (−0.192)	−0.052 (−0.821)
针叶木胶合板	−1.486 * (−2.207)	1.579 ** (2.523)	−0.774 *** (−4.212)

(三) 无期终复审案例长效性贸易破坏效应总结

综合分析韩国对我国进行的无期终复审反倾销立案调查的 8 起案例,反倾销措施所带来的长效性贸易破坏效应,除了在涉案产品针叶木胶合板和聚乙烯醇 2 起案例中有所体现外,在其余案例中均不明显。

统计汇总韩国对我国进行反倾销原审立案调查最终获得肯定性终裁结果,但并未进行反倾销期终复审立案调查的 8 起案例的计量结果,出现了两种不同类型的统计结果。第一,涉案产品聚乙烯醇和针叶木胶合板 2 起案例,仍然受到反倾销措施比较明显的贸易破坏效应影响。第二,以电动剃须刀和糠醇等涉案产品为代表的 6 起案例,反倾销措施所带来的贸易破坏效应消失殆尽。

三、肯定性终裁结果案例总体长效性贸易破坏效应总结

综合分析韩国对我国进行的 25 例反倾销立案调查肯定性终裁结果案例,反倾销措施所带来的长效性贸易破坏效应,在涉案产品对韩出口金额方面影响最为显著;在对韩出口价格方面影响次之;在对韩出口数量方面影响最小。有期终复审的案例总体长效性贸易破坏效应要远高于无期终复审案例。

韩国对我国进行反倾销原审立案调查并获得肯定性终裁结果的 25 起案例的计量结果,出现了 3 种不同类型的统计结果。第一,以纯碱和电熨斗等涉案产品为代表的 9 起案例,仍然受到反倾销措施比较明显的贸易破坏效应影响。第二,以精制磷酸和电动剃须刀等涉案产品为代表

的 14 起案例，反倾销措施所带来的贸易破坏效应消失殆尽。第三，以涉案产品硅锰铁和打印纸、铜版纸为代表的 2 起案例，产生了反倾销措施的免疫效应①。

四、反倾销原审立案调查否定性终裁结果长效性贸易破坏效应总结

（一）反倾销申诉方撤诉案例长效性贸易破坏效应总结

综合分析韩国对我国进行的 3 起反倾销原审立案调查申请人撤诉案例，反倾销措施所带来的长效性贸易破坏效应，仅在金红石型钛白粉案例中涉案产品的对韩出口金额和出口数量受到显著影响，其他案例均不明显（如表 4 – 38 所示）。

表 4 – 38　　　　　　　撤诉案例长效性贸易破坏效应汇总

涉案产品	出口金额影响系数	出口数量影响系数	出口价格影响系数
H – 酸	– 0.441 （– 0.41）	0.133 （0.109）	0.024 （0.415）
自印复写纸	– 3.116 （– 1.226）	5.083 （1.115）	– 0.135 （– 0.255）
金红石型钛白粉	– 8.155 *** （– 3.249）	6.032 *** （4.154）	0.189 （1.037）

（二）终裁结果为倾销不成立案例长效性贸易破坏效应总结

综合分析韩国对我国进行的 5 起终裁结果为倾销不成立的反倾销原审立案案例，反倾销措施所带来的长效性贸易破坏效应，仅在涉案产品

———————

① 本研究发现，在部分反倾销案例中，涉案产品多次被反倾销立案调查后，反倾销措施的贸易破坏效应会产生明显的衰退，就好像人类对某种疾病产生了免疫力一样，因此本研究把这种现象称作反倾销措施的免疫效应。

液碱的对韩出口金额和涉案产品白水泥的对韩出口数量上有显著影响，对于其他案例影响均不明显（如表 4 - 39 所示）。

表 4 - 39　　　　　　倾销不成立案例长效性贸易破坏效应汇总

涉案产品	出口金额影响系数	出口数量影响系数	出口价格影响系数
液碱	- 1. 488 *** (- 0. 631)	3. 17 (0. 594)	- 0. 022 (- 0. 148)
锌锭	0. 032 (0. 019)	- 0. 254 (- 0. 136)	- 0. 103 (- 0. 369)
普通自行车及配件	8. 653 (0. 609)	- 8. 048 (- 1. 874)	- 0. 253 (- 0. 837)
白水泥	- 0. 188 (- 1. 257)	0. 273 ** (2. 491)	2. 216 (1. 266)
硅酸钠	1. 134 (0. 931)	- 0. 744 (- 0. 623)	- 0. 089 (- 1. 415)

（三）反倾销原审立案调查否定性终裁结果案例总体长效性贸易破坏效应总结

综合分析韩国对我国进行的 8 起反倾销立案调查否定性终裁结果案例，反倾销措施所带来的长效性贸易破坏效应，在 3 起案例涉案产品中体现出对韩出口金额和出口数量方面的影响，在对韩出口价格方面则没有产生明显影响。

统计汇总了韩国对我国进行反倾销原审立案调查最终为否定性终裁结果的 8 起案例的计量结果，出现了 3 种不同类型的统计结果。第一，涉案产品液碱和金红石型钛白粉 2 起案例，仍然存在较为明显的贸易破坏效应。第二，以 H - 酸和锌锭等涉案产品为代表的 5 起案例，几乎没有受到反倾销措施的贸易破坏效应影响。第三，涉案产品白水泥 1 起案例，产生了反倾销措施的免疫效应。

五、反倾销立案调查长效性贸易破坏效应总结

根据上述涉案产品的长效性贸易破坏效应统计数据分析，韩国对我国进行的反倾销原审立案调查的 33 起案例中，有 11 起案例仍然存在较为明显的贸易破坏效应，占比 33.3%；有 19 起案例的反倾销贸易破坏效应衰退明显，占比 57.6%；有 3 起案例出现了反倾销免疫效应，占比 9.1%。有期终复审立案调查的案例，反倾销措施的长效性贸易破坏效应要明显高于没有期终复审立案调查的案例。

综上所述，韩国对我国进行的反倾销原审立案调查案例中，有 33.3% 的案例仍然存在较为明显的贸易破坏效应；有 57.6% 的案例反倾销贸易破坏效应衰退明显；有 9.1% 的案例出现了反倾销免疫效应。韩国对我国进行的反倾销期终复审立案调查案例中，有 41.2% 的案例仍然存在较为明显的贸易破坏效应；有 47.1% 的案例反倾销贸易破坏效应衰退明显；有 11.8% 的案例出现了反倾销免疫效应。如果单独从分类占比结果来看，韩国对我国进行的反倾销期终复审立案调查所取得的长期贸易破坏效应比例，要高于反倾销原审立案调查的比例。

第五章

我国对韩国反倾销立案调查的
阶段性贸易破坏效应分析

第一节　反倾销立案调查肯定性终裁
结果贸易破坏效应分析

本节根据涉案产品的税则号，共选取可查有效海关数据的我国对韩国进行的反倾销立案调查肯定性终裁结果案例 27 个。主要评估目标为：通过实际数据观测，获得反倾销原审立案调查和期终复审立案调查对涉案产品的自韩进口金额、进口数量以及进口价格所带来的阶段性贸易破坏效应的影响程度。

一、有期终复审案例阶段性贸易破坏效应分析

（一）终裁结果为价格承诺与征收反倾销税并行案例贸易破坏效应分析

1. 三氯甲烷案例。

三氯甲烷反倾销立案调查案件公告，如表 5 - 1 所示。

表 5-1　　　　　　　三氯甲烷反倾销立案调查案件公告整理

原审立案调查时间	2003 年 5 月 30 日
被诉国家	韩国
申诉国家	中国
涉案产品海关 HS 编码	29031300
涉案产品中文名称	三氯甲烷
涉案产品英文名称	Chloroform
涉案产品所属行业	化学原料和制品工业
原审立案调查初裁时间	2004 年 4 月 8 日
原审立案调查初裁结果	反倾销初裁确定被调查产品存在倾销行为，确定由于涉案产品的进口行为导致国内相关产业同类产品遭受实质性损害，认定倾销和实质性损害之间存在因果关系。根据《中华人民共和国反倾销条例》的相关规定，决定自 2004 年 4 月 8 日起，采用现金保证金形式实施临时反倾销措施，具体比例如下：韩国三星精密化学株式会社 62%、其他韩国公司 62%
原审立案调查终裁时间	2004 年 11 月 8 日
原审立案调查终裁结果	反倾销终裁确定被调查产品存在倾销行为，确定由于涉案产品的进口行为导致国内相关产业同类产品遭受实质性损害，认定倾销和实质性损害之间存在因果关系。根据《中华人民共和国反倾销条例》的相关规定，自 2004 年 11 月 30 日起征收反倾销关税，有效期 5 年，韩国三星精密化学株式会社与中华人民共和国商务部签署了价格承诺协议，该协议与本终裁决定同时生效，上述公司适用价格承诺协议的有关规定，不再适用反倾销税措施，其他韩国企业征收税率为 96%
期终复审立案调查时间	2009 年 11 月 29 日
期终复审立案调查终裁时间	2010 年 11 月 29 日
期终复审立案调查终裁结果	自 2010 年 11 月 30 日起，对进口自韩国的三氯甲烷继续征收反倾销关税，有效期 5 年，反倾销税率 96%

　　资料来源：根据中华人民共和国商务部贸易救济信息网和韩国贸易委员会网站信息整理得到。

　　（1）反倾销原审立案调查阶段自韩进口数据统计分析。

　　通过整理涉案产品在反倾销原审立案调查时间段的实际进口数据，

我们发现三氯甲烷的进口金额和进口数量，在反倾销原审立案调查前的3年里都呈现出持续的增长状态。三氯甲烷的进口价格在反倾销原审立案调查前的1年间，出现了较大幅度的下跌。2003年涉案产品三氯甲烷被反倾销原审立案调查之后，进口金额继续上涨了两年才开始下降，进口数量则继续上涨了一年才开始下降。三氯甲烷的进口价格先上涨后，在反倾销原审立案调查实施后的第3年再次下降。对比反倾销原审立案调查前的3年，反倾销原审立案调查后的3年里，涉案产品的进口金额累计增加了17个统计单位，进口数量累计增加了15805个统计单位，进口价格累计上涨了0.4个统计单位（如表5-2所示）。

表5-2　　　　2000～2006年涉案产品三氯甲烷反倾销原审立案
调查时间段进口数据统计

年度	进口金额（百万美元）	进口数量（吨）	进口价格（美元/千克）
2000	7	16600	0.4
2001	9	22349	0.4
2002	9	26080	0.3
2003	13	27442	0.5
2004	15	30706	0.5
2005	16	25082	0.6
2006	11	25046	0.4

资料来源：根据韩国贸易协会世界贸易统计数据库进出口数据翻译整理得到。

（2）反倾销原审立案调查阶段自韩进口平均指数统计分析。

从涉案产品的反倾销原审立案调查进口平均指数分析结果来看，反倾销原审立案调查对于三氯甲烷的进口金额所产生的贸易破坏效应从"t+2"阶段开始显现，对三氯甲烷进口数量所产生的贸易破坏效应从"t+1"阶段开始显现，对于三氯甲烷的进口价格所产生的贸易破坏效应从"t"阶段出现后，从"t+2"阶段开始衰退（如图5-1所示）。

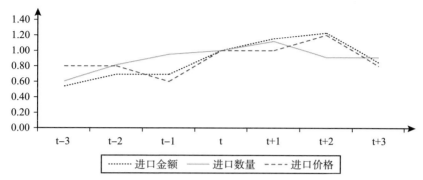

图 5 - 1　涉案产品三氯甲烷反倾销原审立案调查时间段自韩进口平均指数统计

资料来源：以反倾销立案调查年度的各项指标为平均指数基准值计算整理得到。

（3）反倾销期终复审立案调查阶段自韩进口数据统计分析。

通过整理涉案产品在反倾销期终复审立案调查时间段的实际进口数据，我们发现三氯甲烷的进口金额和进口数量，在反倾销期终复审立案调查前的 3 年总体呈现减少趋势，进口价格则在反倾销期终复审立案调查前的 3 年间，几乎没有产生变化。2009 年涉案产品三氯甲烷被反倾销期终复审立案调查之后，进口金额和进口数量均出现了小幅度的增加，进口价格在反倾销期终复审立案调查后连续上涨，两年后再次回落。对比反倾销期终复审立案调查前的 3 年，反倾销期终复审立案调查后的 3 年里，涉案产品的进口金额累计减少了 9 个统计单位，进口数量累计减少了 24053 个统计单位，进口价格累计上涨了 0.3 个统计单位（如表 5 - 3 所示）。

表 5 - 3　2006～2012 年涉案产品三氯甲烷反倾销期终复审立案
调查时间段进口数据统计

年度	进口金额（百万美元）	进口数量（吨）	进口价格（美元/千克）
2006	11	25046	0.4
2007	6	15700	0.4
2008	7	15974	0.4

续表

年度	进口金额（百万美元）	进口数量（吨）	进口价格（美元/千克）
2009	4	13663	0.3
2010	5	8476	0.6
2011	5	8188	0.6
2012	5	16003	0.3

资料来源：根据韩国贸易协会世界贸易统计数据库进出口数据翻译整理得到。

（4）反倾销期终复审立案调查阶段自韩进口平均指数统计分析。

从涉案产品的反倾销期终复审立案调查进口平均指数分析结果来看，反倾销期终复审立案调查对于三氯甲烷的进口金额没有产生明显的贸易破坏效应，对三氯甲烷进口数量所产生的贸易破坏效应从"t"阶段开始显现，自"t＋2"阶段开始衰退，对三氯甲烷进口价格所产生的贸易破坏效应在"t"阶段显现，从"t＋2"阶段开始出现衰退。总体对比反倾销原审立案调查时所产生的贸易破坏效应衰退明显（如图5－2所示）。

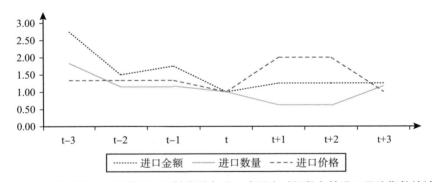

图5－2　涉案产品三氯甲烷反倾销期终复审立案调查时间段自韩进口平均指数统计

资料来源：以反倾销立案调查年度的各项指标为平均指数基准值计算整理得到。

（二）终裁结果为征收反倾销关税案例贸易破坏效应分析

1. 新闻纸案例。

新闻纸反倾销立案调查案件公告，如表 5 - 4 所示。

表 5 - 4　　　　　新闻纸反倾销立案调查案件公告整理

原审立案调查时间	1997 年 12 月 10 日
被诉国家	韩国
申诉国家	中国
涉案产品海关 HS 编码	48010000
涉案产品中文名称	新闻纸
涉案产品英文名称	Newsprint
涉案产品所属行业	造纸工业
原审立案调查初裁时间	1998 年 7 月 9 日
原审立案调查初裁结果	反倾销初裁确定被调查产品存在倾销行为，确定由于涉案产品的进口行为导致国内相关产业同类产品遭受实质性损害，认定倾销和实质性损害之间存在因果关系。根据《中华人民共和国反倾销条例》的相关规定，决定采用征收现金保证金的形式实施临时反倾销措施。自 1998 年 7 月 10 日起，韩国韩松纸业有限公司按照裁定的倾销幅度 17.11% 缴纳保证金，其他涉案韩国公司按照裁定的倾销幅度 55.95% 缴纳保证金
原审立案调查终裁时间	1999 年 6 月 3 日
原审立案调查终裁结果	反倾销终裁确定被调查产品存在倾销行为，确定由于涉案产品的进口行为导致国内相关产业同类产品遭受实质性损害，认定倾销和实质性损害之间存在因果关系。根据《中华人民共和国反倾销条例》的相关规定，决定对进口自韩国韩松纸业有限公司的涉案产品征收 9% 的反倾销关税，对进口自其他韩国公司的涉案产品征收 55% 的反倾销关税，有效期 5 年
期终复审立案调查时间	2003 年 7 月 1 日
期终复审立案调查终裁时间	2004 年 6 月 30 日
期终复审立案调查终裁结果	从 2004 年 7 月 1 日起，继续按照原有税率对涉案产品征收反倾销关税，有效期 5 年，具体税率如下：韩国韩松纸业有限公司 9%、其他韩国公司 55%

资料来源：根据中华人民共和国商务部贸易救济信息网和韩国贸易委员会网站信息整理得到。

（1）反倾销原审立案调查阶段自韩进口数据统计分析。

通过整理涉案产品在反倾销原审立案调查时间段的实际进口数据，我们发现新闻纸的进口金额和进口数量，在反倾销原审立案调查前 1 年即 1996 年出现了大幅度的增长，同时，新闻纸的进口价格在反倾销原审立案调查前的 3 年间，出现了较大幅度的持续下跌。1997 年涉案产品新闻纸被反倾销原审立案调查之后，进口金额和进口数量并没有立刻下跌，而是延续了反倾销原审立案调查之前持续增长的惯性，在 1998 年冲击到最高点，并于 1999 年开始大幅度回落。新闻纸的进口价格也并未由于反倾销原审立案调查的实施而产生较大幅度的上涨。对比反倾销原审立案调查前的 3 年，反倾销原审立案调查后的 3 年里，涉案产品的进口金额累计增加了 30 个统计单位，进口数量累计增加了 8271 个统计单位，进口价格累计下降了 3.53 个统计单位（如表 5 - 5 所示）。

表 5 - 5　　　　　　1994～2000 年涉案产品新闻纸反倾销原审立案
调查时间段进口数据统计

年度	进口金额（百万美元）	进口数量（吨）	进口价格（美元/千克）
1994	1	1	3.70
1995	1	50	0.64
1996	12	2535	0.46
1997	11	2479	0.44
1998	36	7984	0.44
1999	7	1457	0.43
2000	1	1416	0.40

资料来源：根据韩国贸易协会世界贸易统计数据库进出口数据翻译整理得到。

（2）反倾销原审立案调查阶段自韩进口平均指数统计分析。

从涉案产品的反倾销原审立案调查进口平均指数分析结果来看，反倾销原审立案调查对于新闻纸的进口金额和进口数量所产生的贸易破坏效应比较明显，从"t＋1"阶段开始显现，但对于新闻纸的进口价格产生的贸易破坏效应并不十分明显，从"t"阶段开始显现，从"t＋1"阶段开始逐渐减弱（如图5－3所示）。

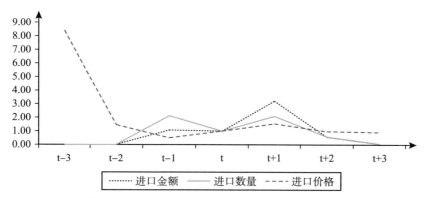

图5－3　涉案产品新闻纸反倾销原审立案调查时间段自韩进口平均指数统计

资料来源：以反倾销立案调查年度的各项指标为平均指数基准值计算整理得到。

（3）反倾销期终复审立案调查阶段自韩进口数据统计分析。

通过整理涉案产品在反倾销期终复审立案调查时间段的实际进口数据，我们发现新闻纸的进口金额和进口数量，在反倾销期终复审立案调查的前1年都出现了较大幅度的增量，进口价格则在反倾销期终复审立案调查的前1年间，出现了较大幅度的下跌。2003年涉案产品新闻纸被反倾销期终复审立案调查之后，进口金额先是急剧减少，而后又逐渐增加。进口数量则出现了连续3年的数量减少现象。进口价格在反倾销期终复审立案调查后出现了较大幅度的上涨。对比反倾销期终复审立案调查前的3年，反倾销期终复审立案调查后的3年里，涉案产品的进口金额累计增加了1.1个统计单位，进口数量累计减少了388个统计单位，进口价格累计上涨了0.5个统计单位（如表5－6所示）。

表5-6　　2000~2006年涉案产品新闻纸反倾销期终复审立案
调查时间段进口数据统计

年度	进口金额（百万美元）	进口数量（吨）	进口价格（美元/千克）
2000	0.57	1415	0.4
2001	0.01	305	0.3
2002	0.4	3932	0.1
2003	1.1	9784	0.11
2004	0.5	2587	0.18
2005	0.9	1450	0.55
2006	0.7	1227	0.57

资料来源：根据韩国贸易协会世界贸易统计数据库进出口数据翻译整理得到。

（4）反倾销期终复审立案调查阶段自韩进口平均指数统计分析。

从涉案产品的反倾销期终复审立案调查进口平均指数分析结果来看，反倾销期终复审立案调查对于新闻纸的进口金额和进口数量以及进口价格所产生的贸易破坏效应都比较明显，从"t"阶段开始出现，对比反倾销原审立案调查时所产生的贸易破坏效应周期有所延长（如图5-4所示）。

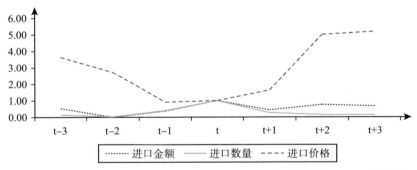

图5-4　涉案产品新闻纸反倾销期终复审立案调查时间段自韩进口平均指数统计

资料来源：以反倾销立案调查年度的各项指标为平均指数基准值计算整理得到。

2. 聚酯薄膜案例。

聚酯薄膜反倾销立案调查案件公告，如表 5 – 7 所示。

表 5 – 7　　　　　　　聚酯薄膜反倾销立案调查案件公告整理

原审立案调查时间	1999 年 4 月 16 日
被诉国家	韩国
申诉国家	中国
涉案产品海关 HS 编码	39206200
涉案产品中文名称	聚酯薄膜
涉案产品英文名称	Bioriented Stretching Polyester Film
涉案产品所属行业	化学原料和制品产业
原审立案调查初裁时间	1999 年 12 月 29 日
原审立案调查初裁结果	反倾销初裁确定被调查产品存在倾销行为，确定由于涉案产品的进口行为导致国内相关产业同类产品遭受实质性损害，认定倾销和实质性损害之间存在因果关系。根据《中华人民共和国反倾销条例》的相关规定，决定采用征收现金保证金的形式实施临时反倾销措施。自 1999 年 12 月 29 日起，按照裁定的倾销幅度征收保证金，具体比例如下：SKC 公司 21%、晓星公司 72%、可隆公司 72%、世韩公司 72%，其他韩国公司 72%
原审立案调查终裁时间	2000 年 8 月 25 日
原审立案调查终裁结果	反倾销终裁确定被调查产品存在倾销行为，确定由于涉案产品的进口行为导致国内相关产业同类产品遭受实质性损害，认定倾销和实质性损害之间存在因果关系。根据《中华人民共和国反倾销条例》的相关规定，对原产于韩国的进口聚酯薄膜征收反倾销关税，具体税率如下：SKC 公司 13%，晓星公司 33%，可隆公司 46%，世韩公司 33%，其他韩国公司 46%。实施期限从 1999 年 12 月 29 日开始，有效期 5 年
期终复审立案调查时间	2004 年 12 月 28 日
期终复审立案调查终裁时间	2005 年 12 月 18 日
期终复审立案调查终裁结果	自 2005 年 12 月 28 日起，继续对涉案产品征收反倾销关税，有效期 5 年，具体税率如下：SKC 公司 13%、晓星公司 33%、可隆公司 46%、世韩公司 33%、其他韩国公司 46%

资料来源：根据中华人民共和国商务部贸易救济信息网和韩国贸易委员会网站信息整理得到。

（1）反倾销原审立案调查阶段自韩进口数据统计分析。

通过整理涉案产品在反倾销原审立案调查时间段的实际进口数据，我们发现聚酯薄膜的进口金额在反倾销原审立案调查前的 3 年内呈现出稳定的逐年上涨的趋势，聚酯薄膜的进口数量则在反倾销原审立案调查的前 1 年，也就是 1998 年突然出现了大幅度的增长，同时，聚酯薄膜的进口价格在反倾销原审立案调查前的 3 年间，出现了较大幅度的持续下跌。1999 年涉案产品聚酯薄膜被反倾销原审立案调查之后，在 2000 年聚酯薄膜的进口金额和进口数量都出现了较为明显的减少，但随即在 2001 年开始止跌反弹逐步上涨，进口金额甚至涨幅超过了反倾销原审立案调查之前的数值。聚酯薄膜的进口价格也在反倾销原审立案调查之后先涨后降，但下降的幅度并不十分明显。对比反倾销原审立案调查前的 3 年，反倾销原审立案调查后的 3 年里，涉案产品的进口金额累计增加了 11 个统计单位，进口数量累计减少了 2766 个统计单位，进口价格累计下降了 0.2 个统计单位（如表 5 - 8 所示）。

表 5 - 8 　　　　1996~2002 年涉案产品聚酯薄膜反倾销原审立案
调查时间段进口数据统计

年度	进口金额（百万美元）	进口数量（吨）	进口价格（美元/千克）
1996	4	877	4.6
1997	6	2773	2.2
1998	11	12248	0.9
1999	12	12065	1
2000	7	2539	2.8
2001	11	4603	2.4
2002	14	5990	2.3

资料来源：根据韩国贸易协会世界贸易统计数据库进出口数据翻译整理得到。

（2）反倾销原审立案调查阶段自韩进口平均指数统计分析。

从涉案产品的反倾销原审立案调查进口平均指数分析结果来看，反倾销原审立案调查对于聚酯薄膜的进口金额和进口数量以及进口价格从 "t" 阶段全部产生了短暂的贸易破坏效应，但随即又从 "t＋1" 阶段出现了贸易破坏效应的衰退（如图 5 – 5 所示）。

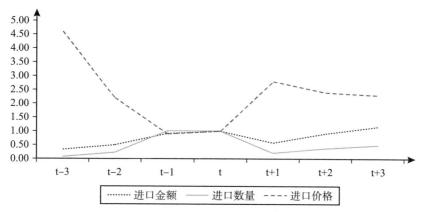

图 5 – 5　涉案产品聚酯薄膜反倾销原审立案调查时间段自韩进口平均指数统计

资料来源：以反倾销立案调查年度的各项指标为平均指数基准值计算整理得到。

（3）反倾销期终复审立案调查阶段自韩进口数据统计分析。

通过整理涉案产品在反倾销期终复审立案调查时间段的实际进口数据，我们发现聚酯薄膜的进口金额和进口数量，在反倾销期终复审立案调查前的 3 年都出现了较大幅度的增量，进口价格在反倾销期终复审立案调查前的 3 年间，小幅度上涨并没有出现下跌。2004 年涉案产品聚酯薄膜被反倾销期终复审立案调查之后，进口金额和进口数量继续保持着稳定增长的状态，进口价格则在反倾销期终复审立案调查后出现了一定幅度的上涨。对比反倾销期终复审立案调查前的 3 年，反倾销期终复审立案调查后的 3 年里，涉案产品的进口金额累计增加了 77 个统计单位，进口数量累计增加了 13450 个统计单位，进口价格累计上涨了 4.3 个统计单位（如表 5 – 9 所示）。

表 5 – 9　　2001 ~ 2007 年涉案产品聚酯薄膜反倾销期终复审立案
调查时间段进口数据统计

年度	进口金额（百万美元）	进口数量（吨）	进口价格（美元/千克）
2001	11	4603	2.4
2002	14	5990	2.3
2003	19	6994	2.7
2004	30	10028	3
2005	39	9859	4
2006	38	10196	3.7
2007	44	10982	4

资料来源：根据韩国贸易协会世界贸易统计数据库进出口数据翻译整理得到。

（4）反倾销期终复审立案调查阶段自韩进口平均指数统计分析。

从涉案产品的反倾销期终复审立案调查进口平均指数分析结果来看，反倾销期终复审立案调查对于聚酯薄膜的进口金额和进口数量所产生的贸易破坏效应并不明显，对聚酯薄膜进口价格所产生的贸易破坏效应则比较明显，从"t"阶段就开始出现并一直持续，总体对比反倾销原审立案调查时所产生的贸易破坏效应衰退明显（如图 5 – 6 所示）。

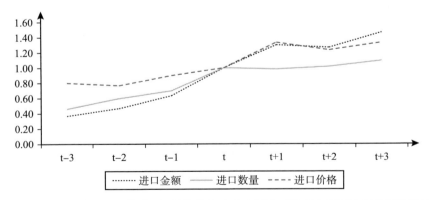

图 5 – 6　涉案产品聚酯薄膜反倾销期终复审立案调查时间段自韩进口平均指数统计

资料来源：以反倾销立案调查年度的各项指标为平均指数基准值计算整理得到。

3. 不锈钢冷轧薄板案例。

不锈钢冷轧薄板反倾销立案调查案件公告，如表 5 - 10 所示。

表 5 - 10　　　　　不锈钢冷轧薄板反倾销立案调查案件公告整理

原审立案调查时间	1999 年 6 月 17 日
被诉国家	韩国
申诉国家	中国
涉案产品海关 HS 编码	72193100、72193200、72193300、72193400、72193500
涉案产品中文名称	不锈钢冷轧薄板
涉案产品英文名称	cold-rolled stainless steel sheet and strip
涉案产品所属行业	钢铁工业
原审立案调查初裁时间	2000 年 4 月 13 日
原审立案调查初裁结果	反倾销初裁确定被调查产品存在倾销行为，确定由于涉案产品的进口行为导致国内相关产业同类产品遭受实质性损害，认定倾销和实质性损害之间存在因果关系。根据《中华人民共和国反倾销条例》的相关规定，决定采用征收现金保证金的形式实施临时反倾销措施。自 2000 年 4 月 13 日起，对原产于韩国的不锈钢冷轧薄板按照裁定的倾销幅度征收保证金，具体比例如下：浦项综合制铁株式会社 27%、仁川制铁株式会社 4%、三美特殊钢株式会社 22%、大韩电线株式会社 12%、株式会社大洋金属 6%、三原精密金属株式会社 6%
原审立案调查终裁时间	2000 年 12 月 18 日
原审立案调查终裁结果	反倾销终裁确定被调查产品存在倾销行为，确定由于涉案产品的进口行为导致国内相关产业同类产品遭受实质性损害，认定倾销和实质性损害之间存在因果关系。根据《中华人民共和国反倾销条例》的相关规定，对原产于韩国的进口不锈钢冷轧薄板征收反倾销关税，有效期 5 年，具体税率如下：浦项综合制铁株式会社 11%、仁川制铁株式会社 4%、三美特殊钢株式会社 6%、大韩电线株式会社 7%、株式会社大洋金属 6%、三原精密金属株式会社 6%
期终复审立案调查时间	2005 年 4 月 8 日
期终复审立案调查终裁时间	2006 年 4 月 8 日

期终复审立案调查终裁结果	自 2006 年 4 月 8 日起，继续对原产于韩国的进口不锈钢冷轧薄板征收反倾销关税，有效期 5 年，具体税率如下：POSCO 株式会社、INI STEEL 株式会社、BNG STEEL 株式会社、大韩电线株式会社、株式会社大洋金属、三原精密金属株式会社 6 家韩国公司自 2006 年 4 月 8 日起适用价格承诺协议的有关规定，其他韩国公司的普遍税率 57%

资料来源：根据中华人民共和国商务部贸易救济信息网和韩国贸易委员会网站信息整理得到。

（1）反倾销原审立案调查阶段自韩进口数据统计分析。

通过整理涉案产品在反倾销原审立案调查时间段的实际进口数据，我们发现不锈钢冷轧薄板的进口金额在反倾销原审立案调查前的 3 年内呈现出稳定的逐年上涨趋势，不锈钢冷轧薄板的进口数量则一反常态的在反倾销原审立案调查的前 2 年，也就是 1997 年突然出现了大幅度的下跌，随即在 1998 年出现小幅度的上涨。同时，不锈钢冷轧薄板的进口价格在反倾销原审立案调查前的 1997 年期间，出现了较大幅度的上涨，1998 年参照前一年的涨幅，出现了价格下跌。1999 年涉案产品不锈钢冷轧薄板被反倾销原审立案调查之后，在 2000 年不锈钢冷轧薄板的进口金额和进口数量都出现了幅度较小的减少，但随即在 2001 年开始缓慢上涨。不锈钢冷轧薄板的进口价格也在反倾销原审立案调查之后先涨后降，但下降的幅度并不十分明显。对比反倾销原审立案调查前的 3 年，反倾销原审立案调查后的 3 年里，涉案产品的进口金额累计减少了 105 个统计单位，进口数量累计减少了 503075 个统计单位，进口价格累计上涨了 1.2 个统计单位（如表 5 - 11 所示）。

表 5 - 11 　　1996~2002 年涉案产品不锈钢冷轧薄板反倾销原审
立案调查时间段进口数据统计

年度	进口金额（百万美元）	进口数量（吨）	进口价格（美元/千克）
1996	103	507000	0.2
1997	136	73137	1.9

续表

年度	进口金额（百万美元）	进口数量（吨）	进口价格（美元/千克）
1998	152	111369	1.4
1999	126	87648	1.4
2000	89	49817	1.8
2001	88	65094	1.4
2002	109	73520	1.5

资料来源：根据韩国贸易协会世界贸易统计数据库进出口数据翻译整理得到。

（2）反倾销原审立案调查阶段自韩进口平均指数统计分析。

从涉案产品的反倾销原审立案调查进口平均指数分析结果来看，反倾销原审立案调查对于不锈钢冷轧薄板的进口金额和进口数量以及进口价格从"t"阶段开始都产生了短暂的贸易破坏效应，但随即又在"t+1"阶段出现了贸易破坏效应衰退的现象（如图5-7所示）。

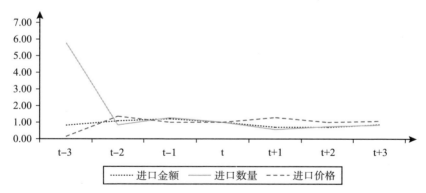

图5-7　涉案产品不锈钢冷轧薄板反倾销原审立案调查时间段自韩进口平均指数统计

资料来源：以反倾销立案调查年度的各项指标为平均指数基准值计算整理得到。

（3）反倾销期终复审立案调查阶段自韩进口数据统计分析。

通过整理涉案产品在反倾销期终复审立案调查时间段的实际进口数据，我们发现不锈钢冷轧薄板的进口金额和进口数量，在反倾销期终复审立案调查前的 3 年内一直呈现增长状态，进口价格则在反倾销期终复审立案调查前的 3 年间，没有出现较为明显的变化。2005 年涉案产品不锈钢冷轧薄板被反倾销期终复审立案调查之后，进口金额和进口数量大幅度减少，直至出现进口停滞。进口价格则在反倾销期终复审立案调查后出现了大幅度的上涨。对比反倾销期终复审立案调查前的 3 年，反倾销期终复审立案调查后的 3 年里，涉案产品的进口金额累计减少了271 个统计单位，进口数量累计减少了 173440 个统计单位，进口价格累计上涨了 9.5 个统计单位（如表 5 - 12 所示）。

表 5 - 12　2002 ~ 2008 年涉案产品不锈钢冷轧薄板反倾销期终复审
立案调查时间段进口数据统计

年度	进口金额（百万美元）	进口数量（吨）	进口价格（美元/千克）
2002	109	73520	1.5
2003	148	94624	1.6
2004	163	89193	1.8
2005	210	108740	1.9
2006	148	83737	1.8
2007	1	160	6.3
2008	0	0	6.3

资料来源：根据韩国贸易协会世界贸易统计数据库进出口数据翻译整理得到。

（4）反倾销期终复审立案调查阶段自韩进口平均指数统计分析。

从涉案产品的反倾销期终复审立案调查进口平均指数分析结果来看，反倾销期终复审立案调查对于不锈钢冷轧薄板的进口金额和进口数量所产生的贸易破坏效应非常明显，从 "t" 阶段开始出现，对进口价格所产生的贸易破坏效应从 "t + 1" 阶段开始作用更加明显，总体对比反倾销原审立案调查时所产生的贸易破坏效应周期有所延长（如图 5 - 8 所示）。

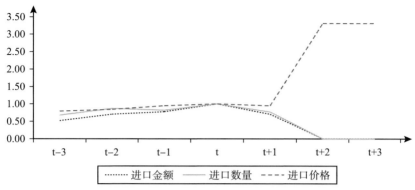

图 5 - 8 涉案产品不锈钢冷轧薄板反倾销期终复审立案调查

时间段自韩进口平均指数统计

资料来源：以反倾销立案调查年度的各项指标为平均指数基准值计算整理得到。

4. 二氯甲烷案例。

二氯甲烷反倾销立案调查案件公告，如表 5 - 13 所示。

表 5 - 13 二氯甲烷反倾销立案调查案件公告整理

原审立案调查时间	2000 年 12 月 20 日
被诉国家	韩国
申诉国家	中国
涉案产品海关 HS 编码	29031200
涉案产品中文名称	二氯甲烷
涉案产品英文名称	Dichloromethane
涉案产品所属行业	化学原料和制品工业
原审立案调查初裁时间	2001 年 8 月 16 日
原审立案调查初裁结果	反倾销初裁确定被调查产品存在倾销行为，确定由于涉案产品的进口行为导致国内相关产业同类产品遭受实质性损害，认定倾销和实质性损害之间存在因果关系。根据《中华人民共和国反倾销条例》的相关规定，决定自 2001 年 8 月 16 日起，采用征收现金保证金的形式实施临时反倾销措施。按照裁定的倾销幅度，具体比例如下：三星精密化学株式会社 7%、其他韩国公司 28%

续表

原审立案调查终裁时间	2002 年 6 月 20 日
原审立案调查终裁结果	反倾销终裁确定被调查产品存在倾销行为，确定由于涉案产品的进口行为导致国内相关产业同类产品遭受实质性损害，认定倾销和实质性损害之间存在因果关系。根据《中华人民共和国反倾销条例》的相关规定，自 2001 年 8 月 16 日起，对涉案产品征收反倾销关税，有效期 5 年。具体税率如下：三星精密化学株式会社 4%，其他韩国公司普遍税率：28%
期终复审立案调查时间	2006 年 8 月 5 日
期终复审立案调查终裁时间	2007 年 8 月 14 日
期终复审立案调查终裁结果	自 2007 年 8 月 15 日起，对进口自韩国的二氯甲烷继续征收反倾销税，有效期 5 年，具体税率如下：三星精密化学株式会社 4%，其他韩国公司 28%

资料来源：根据中华人民共和国商务部贸易救济信息网和韩国贸易委员会网站信息整理得到。

（1）反倾销原审立案调查阶段自韩进口数据统计分析。

通过整理涉案产品在反倾销原审立案调查时间段的实际进口数据，我们发现二氯甲烷的进口金额和进口数量，在反倾销原审立案调查前的三年内均出现了连续的增长。同时，二氯甲烷的进口价格在反倾销原审立案调查前的 1998 年上涨之后，随即下跌。2000 年涉案产品二氯甲烷被反倾销原审立案调查之后，进口金额和进口数量并没有在 2001 年立刻下跌，而是延续了反倾销原审立案调查之前，持续增长的惯性在 2002 年短暂下跌后，于 2003 年止跌反弹并持续上涨，甚至超过了反倾销原审立案调查之前的进口数值。二氯甲烷的进口价格在保持了 2001 年和 2002 年，两年低位运行之后，于 2003 年出现了大幅度的上涨。对比反倾销原审立案调查前的 3 年，反倾销原审立案调查后的 3 年里，涉案产品的进口金额累计增加了 6 个统计单位，进口数量累计增加了 16380 个统计单位，进口价格累计上涨了 0.3 个统计单位（如表 5 - 14 所示）。

表 5 - 14　　　　1997 ~ 2003 年涉案产品二氯甲烷反倾销原审立案
调查时间段进口数据统计

年度	进口金额（百万美元）	进口数量（吨）	进口价格（美元/千克）
1997	1	1973	0.5
1998	3	5342	0.6
1999	3	7274	0.4
2000	3	7020	0.4
2001	4	11590	0.3
2002	2	6721	0.3
2003	7	12658	0.6

资料来源：根据韩国贸易协会世界贸易统计数据库进出口数据翻译整理得到。

（2）反倾销原审立案调查阶段自韩进口平均指数统计分析。

从涉案产品的反倾销原审立案调查进口平均指数分析结果来看，反倾销原审立案调查对于二氯甲烷的进口金额和进口数量所产生的贸易破坏效应从"t + 1"阶段开始出现，维持到"t + 2"阶段开始出现衰退，对进口价格的贸易破坏效应从"t + 1"阶段出现后，在"t + 2"阶段更为显著（如图 5 - 9 所示）。

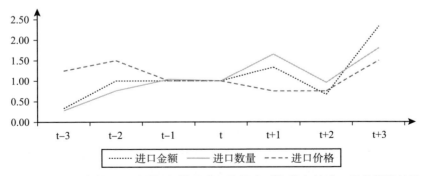

图 5 - 9　涉案产品二氯甲烷反倾销原审立案调查时间段自韩进口平均指数统计
资料来源：以反倾销立案调查年度的各项指标为平均指数基准值计算整理得到。

（3）反倾销期终复审立案调查阶段自韩进口数据统计分析。

通过整理涉案产品在反倾销期终复审立案调查时间段的实际进口数据，我们发现二氯甲烷的进口金额和进口数量，在反倾销期终复审立案调查的前 1 年开始出现缩减，进口价格则在反倾销期终复审立案调查前的 3 年间，没有出现太大幅度的变化。2006 年涉案产品二氯甲烷被反倾销期终复审立案调查之后，进口金额和进口数量总体上都出现了较大幅度的减少现象，进口价格在反倾销期终复审立案调查后开始回升。对比反倾销期终复审立案调查前的 3 年，反倾销期终复审立案调查后的 3 年里，涉案产品的进口金额累计减少了 13 个统计单位，进口数量累计增加了 21863 个统计单位，进口价格累计下降了 0.2 个统计单位（如表 5 – 15 所示）。

表 5 – 15　　2003～2009 年涉案产品二氯甲烷反倾销期终复审立案
调查时间段进口数据统计

年度	进口金额（百万美元）	进口数量（吨）	进口价格（美元/千克）
2003	7	12658	0.6
2004	4	6720	0.6
2005	6	10119	0.6
2006	1	2380	0.4
2007	1	2190	0.5
2008	2	3276	0.6
2009	1	2168	0.5

资料来源：根据韩国贸易协会世界贸易统计数据库进出口数据翻译整理得到。

（4）反倾销期终复审立案调查阶段自韩进口平均指数统计分析。

从涉案产品的反倾销期终复审立案调查进口平均指数分析结果来看，反倾销期终复审立案调查对于二氯甲烷的进口金额和进口数量所产生的贸易破坏效应，从 "t＋2" 阶段开始出现，对二氯甲烷进口价格的贸易破坏效应从 "t" 阶段开始出现。总体对比反倾销原审立案调查时所产生的贸易破坏效应周期有所延长（如图 5 – 10 所示）。

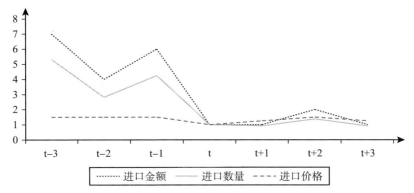

图 5 – 10　涉案产品二氯甲烷反倾销期终复审立案调查时间段自韩进口平均指数统计

资料来源：以反倾销立案调查年度的各项指标为平均指数基准值计算整理得到。

5. 丙烯酸酯案例。

丙烯酸酯反倾销立案调查案件公告，如表 5 – 16 所示。

表 5 – 16　　　　　　　丙烯酸酯反倾销立案调查案件公告整理

原审立案调查时间	2001 年 10 月 10 日
被诉国家	韩国
申诉国家	中国
涉案产品海关 HS 编码	29161200
涉案产品中文名称	丙烯酸酯
涉案产品英文名称	Acrylate
涉案产品所属行业	化工产业
原审立案调查初裁时间	2002 年 12 月 6 日
原审立案调查初裁结果	反倾销初裁确定被调查产品存在倾销行为，确定由于涉案产品的进口行为导致国内相关产业同类产品遭受实质性损害，认定倾销和实质性损害之间存在因果关系。根据《中华人民共和国反倾销条例》的相关规定，决定自 2002 年 12 月 5 日起，按照初裁确定的倾销幅度，采用现金保证金形式实施临时反倾销措施。初裁确定的倾销幅度如下：株式会社 LG 化学 11% 、其他韩国公司 20%

续表

原审立案调查终裁时间	2003 年 4 月 11 日
原审立案调查终裁结果	反倾销终裁确定被调查产品存在倾销行为，确定由于涉案产品的进口行为导致国内相关产业同类产品遭受实质性损害，认定倾销和实质性损害之间存在因果关系。根据《中华人民共和国反倾销条例》的相关规定，自 2003 年 4 月 10 日起，对原产于韩国的进口到中华人民共和国境内的丙烯酸酯征收反倾销关税，有效期 5 年。具体税率如下：株式会社 LG 化学 2%、其他韩国公司 20%
期终复审立案调查时间	2008 年 4 月 9 日
期终复审立案调查终裁时间	2009 年 4 月 8 日
期终复审立案调查终裁结果	自 2009 年 4 月 9 日起，终止对原产于韩国的进口丙烯酸酯征收反倾销关税

资料来源：根据中华人民共和国商务部贸易救济信息网和韩国贸易委员会网站信息整理得到。

（1）反倾销原审立案调查阶段自韩进口数据统计分析。

通过整理涉案产品在反倾销原审立案调查时间段的实际进口数据，我们发现丙烯酸酯的进口金额和进口数量，在反倾销原审立案调查前的 3 年内，一直保持较为稳定的持续增长。丙烯酸酯的进口价格在反倾销原审立案调查前的 3 年间，并未出现较大幅度的持续下跌，而是保持了小幅度的增长状态。2001 年涉案产品丙烯酸酯被反倾销原审立案调查之后，进口金额和进口数量不跌反升，丙烯酸酯的进口价格则因为反倾销原审立案调查的实施而产生较大幅度的上涨。对比反倾销原审立案调查前的 3 年，反倾销原审立案调查后的 3 年里，涉案产品的进口金额累计增加了 49 个统计单位，进口数量累计增加了 25781 个统计单位，进口价格累计上涨了 1.1 个统计单位（如表 5 - 17 所示）。

表 5 - 17   1998 ~ 2004 年涉案产品丙烯酸酯反倾销原审立案
调查时间段进口数据统计

年度	进口金额（百万美元）	进口数量（吨）	进口价格（美元/千克）
1998	9	12910	0.7
1999	10	15033	0.7
2000	14	16068	0.9
2001	15	18744	0.8
2002	14	18133	0.8
2003	26	24102	1.1
2004	42	27557	1.5

资料来源：根据韩国贸易协会世界贸易统计数据库进出口数据翻译整理得到。

（2）反倾销原审立案调查阶段自韩进口平均指数统计分析。

从涉案产品的反倾销原审立案调查进口平均指数分析结果来看，反倾销原审立案调查对于丙烯酸酯的进口金额和进口数量所产生的贸易破坏效应并没有明显体现，从"t + 1"阶段开始出现明显衰退，但对于丙烯酸酯的进口价格所产生的贸易破坏效应从"t + 1"阶段开始非常明显（如图 5 - 11 所示）。

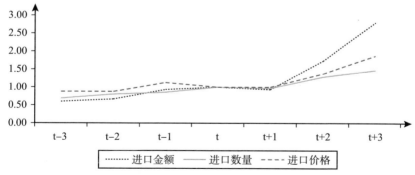

图 5 - 11 涉案产品丙烯酸酯反倾销原审立案调查时间段自韩进口平均指数统计
资料来源：以反倾销立案调查年度的各项指标为平均指数基准值计算整理得到。

（3）反倾销期终复审立案调查阶段自韩进口数据统计分析。

通过整理涉案产品在反倾销期终复审立案调查时间段的实际进口数据，我们发现丙烯酸酯的进口金额和进口数量，在反倾销期终复审立案调查前的 3 年一直处于持续增长的状态，进口价格在反倾销期终复审立案调查前的 3 年间，也呈现出了连续的增长。2009 年涉案产品丙烯酸酯被反倾销期终复审立案调查之后，进口金额和进口数量分别呈现出先减少、后增加的变化特征，进口价格在反倾销期终复审立案调查后涨幅比较明显。对比反倾销期终复审立案调查前的 3 年，反倾销期终复审立案调查后的 3 年里，涉案产品的进口金额累计增加了 39 个统计单位，进口数量累计减少了 4856 个统计单位，进口价格累计上涨了 3.1 个统计单位（如表 5 – 18 所示）。

表 5 – 18　　2006 ~ 2012 年涉案产品丙烯酸酯反倾销期终复审立案
调查时间段进口数据统计

年度	进口金额（百万美元）	进口数量（吨）	进口价格（美元/千克）
2006	20	14526	1.4
2007	26	16635	1.6
2008	35	19961	1.8
2009	38	27153	1.4
2010	33	12562	2.6
2011	43	14499	3
2012	44	19205	2.3

资料来源：根据韩国贸易协会世界贸易统计数据库进出口数据翻译整理得到。

（4）涉案产品丙烯酸酯阶段性平均指数统计分析。

从涉案产品的反倾销期终复审立案调查进口平均指数分析结果来看，反倾销期终复审立案调查对于丙烯酸酯的进口金额和进口数量所产生的贸易破坏效应在 "t" 阶段出现，从 "t + 1" 阶段开始衰退，对丙烯酸酯进口价格所产生的贸易破坏效应在 "t" 阶段出现，从 "t + 2"

阶段开始减弱。总体对比反倾销原审立案调查时所产生的贸易破坏效应持续周期有所缩短（如图 5 - 12 所示）。

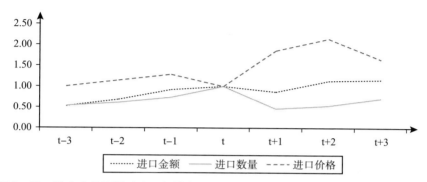

图 5 - 12　涉案产品丙烯酸酯反倾销期终复审立案调查时间段自韩进口平均指数统计

资料来源：以反倾销立案调查年度的各项指标为平均指数基准值计算整理得到。

　　6. 铜版纸案例。

　　铜版纸反倾销立案调查案件公告，如表 5 - 19 所示。

表 5 - 19　　　　　　　　铜版纸反倾销立案调查案件公告整理

原审立案调查时间	2002 年 2 月 6 日
被诉国家	韩国
申诉国家	中国
涉案产品海关 HS 编码	48101100、48101200
涉案产品中文名称	铜版纸
涉案产品英文名称	Coated Art Paper or Board（Coated Woodfree）
涉案产品所属行业	造纸工业
原审立案调查初裁时间	2002 年 11 月 27 日

续表

原审立案调查初裁结果	反倾销初裁确定被调查产品存在倾销行为，确定由于涉案产品的进口行为导致国内相关产业同类产品遭受实质性损害，认定倾销和实质性损害之间存在因果关系。根据《中华人民共和国反倾销条例》的相关规定，决定采用现金保证金形式实施临时反倾销措施。自 2002 年 11 月 26 日起，进口经营者在进口原产于韩国的被调查产品时，应依据本初裁决定所确定的各公司的倾销幅度向中华人民共和国海关提供相应的现金保证金，具体比例如下：启星制纸株式会社 31.09%、南韩制纸株式会社 31.09%、丰满制纸株式会社 31.09%、韩松制纸株式会社 21.81%、新湖制纸株式会社 10.54%、韩国制纸株式会社 10.72%、新茂林制纸株式会社 7.23%、茂林制纸株式会社 5.58%、其他韩国公司 51.09%
原审立案调查终裁时间	2003 年 8 月 7 日
原审立案调查终裁结果	反倾销终裁确定被调查产品存在倾销行为，确定由于涉案产品的进口行为导致国内相关产业同类产品遭受实质性损害，认定倾销和实质性损害之间存在因果关系。根据《中华人民共和国反倾销条例》的相关规定，自 2003 年 8 月 6 日起，对原产于韩国进口到中华人民共和国境内的铜版纸征收反倾销关税，有效期 5 年，具体税率如下：启星制纸株式会社 31%、南韩制纸株式会社 31%、丰满制纸株式会社 31%、韩松制纸株式会社 16%、新湖制纸株式会社 9%、韩国制纸株式会社 9%、新茂林制纸株式会社 4%、茂林制纸株式会社 4%、其他韩国公司 51%
期终复审立案调查时间	2008 年 8 月 6 日
期终复审立案调查终裁日期	2009 年 9 月 2 日
期终复审立案调查终裁结果	自 2009 年 8 月 5 日起，对原产于韩国的进口铜版纸继续征收反倾销关税，有效期 5 年，具体税率如下：启星制纸株式会社 31%、南韩制纸株式会社 31%、丰满制纸株式会社 31%、韩松制纸株式会社 16%、新湖制纸株式会社 9%、韩国制纸株式会社 9%、新茂林制纸株式会社 4%、茂林制纸株式会社 4%、其他韩国公司 51%

资料来源：根据中华人民共和国商务部贸易救济信息网和韩国贸易委员会网站信息整理得到。

（1）反倾销原审立案调查阶段自韩进口数据统计分析。

通过整理涉案产品在反倾销原审立案调查时间段的实际进口数据，

我们发现铜版纸的进口金额和进口数量，在反倾销原审立案调查前的 3 年里几乎没有增长，只是在反倾销原审立案调查当年产生了较大幅度的增长。铜版纸的进口价格在反倾销原审立案调查前的 1 年间，出现了较为明显的下跌。2002 年涉案产品铜版纸被反倾销原审立案调查之后，进口金额和进口数量并没有立刻下跌，而是延续了反倾销原审立案调查之前持续增长的惯性，连续增长了两年之后，从 2005 年开始回落。铜版纸的进口价格也并未由于反倾销原审立案调查的实施而上涨。对比反倾销原审立案调查前的 3 年，反倾销原审立案调查后的 3 年里，涉案产品的进口金额累计增加了 368 个统计单位，进口数量累计增加了 672289 个统计单位，进口价格累计下降了 0.03 个统计单位（如表 5 - 20 所示）。

表 5 - 20　　　　　1999 ~ 2005 年涉案产品铜版纸反倾销原审立案
调查时间段进口数据统计

年度	进口金额（百万美元）	进口数量（吨）	进口价格（美元/千克）
1999	1	534	0.59
2000	1	42	0.62
2001	1	455	0.47
2002	106	156969	0.67
2003	104	191493	0.54
2004	155	278770	0.56
2005	112	203057	0.55

资料来源：根据韩国贸易协会世界贸易统计数据库进出口数据翻译整理得到。

（2）反倾销原审立案调查阶段自韩进口平均指数统计分析。

从涉案产品的反倾销原审立案调查进口平均指数分析结果来看，一开始反倾销原审立案调查对于铜版纸的进口金额和进口数量所产生的贸易破坏效应并不明显，从"t + 2"阶段才开始出现，对于铜版纸的进口价格产生的贸易破坏效应从"t + 1"阶段有所体现，但强度一直维持在较弱水平（如图 5 - 13 所示）。

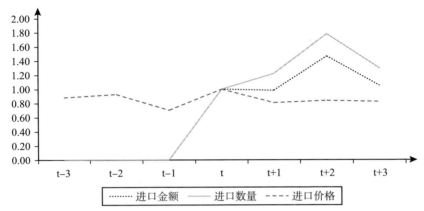

图 5 - 13　涉案产品铜版纸反倾销原审立案调查时间段自韩进口平均指数统计

资料来源：以反倾销立案调查年度的各项指标为平均指数基准值计算整理得到。

（3）反倾销期终复审立案调查阶段自韩进口数据统计分析。

通过整理涉案产品在反倾销期终复审立案调查时间段的实际进口数据，我们发现铜版纸的进口金额和进口数量，在反倾销期终复审立案调查前的 3 年都出现了持续的减少，进口价格则在反倾销期终复审立案调查前的 3 年间，也呈现出逐年上涨的状态。2008 年涉案产品铜版纸被反倾销期终复审立案调查之后，进口金额和进口数量都出现了小幅度的减少，进口价格在反倾销期终复审立案调查后总体开始小幅度的上涨。对比反倾销期终复审立案调查前的 3 年，反倾销期终复审立案调查后的 3 年里，涉案产品的进口金额累计减少了 27 个统计单位，进口数量累计减少了 129189 个统计单位，进口价格累计上涨了 0.44 个统计单位（如表 5 - 21 所示）。

表 5 - 21　2003 ~ 2009 年涉案产品铜版纸反倾销期终复审立案
调查时间段进口数据统计

年度	进口金额（百万美元）	进口数量（吨）	进口价格（美元/千克）
2003	112	203057	0.55
2004	85	141040	0.6

续表

年度	进口金额（百万美元）	进口数量（吨）	进口价格（美元/千克）
2005	74	113591	0.65
2006	88	110449	0.79
2007	72	118280	0.61
2008	85	105879	0.8
2009	87	104340	0.83

资料来源：根据韩国贸易协会世界贸易统计数据库进出口数据翻译整理得到。

（4）反倾销期终复审立案调查阶段自韩进口平均指数统计分析。

从涉案产品的反倾销期终复审立案调查进口平均指数分析结果来看，反倾销期终复审立案调查对于铜版纸的进口金额所产生的贸易破坏效应从"t"阶段出现，自"t＋1"阶段开始减弱，对铜版纸进口数量所产生的贸易破坏效应从"t＋1"阶段开始出现，对铜版纸进口价格所产生的贸易破坏效应，从"t＋1"阶段开始出现，总体对比反倾销原审立案调查时所产生的贸易破坏效应周期有所延长（如图5－14所示）。

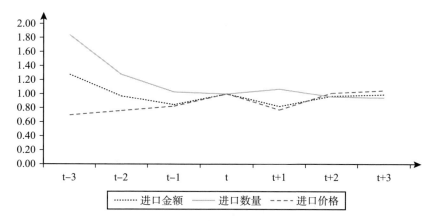

图5－14　涉案产品铜版纸反倾销期终复审立案调查时间段自韩进口平均指数统计

资料来源：以反倾销立案调查年度的各项指标为平均指数基准值计算整理得到。

7. 邻苯二甲酸酐案例。

邻苯二甲酸酐反倾销立案调查案件公告，如表 5 - 22 所示。

表 5 - 22　　　　邻苯二甲酸酐反倾销立案调查案件公告整理

原审立案调查时间	2002 年 3 月 6 日
被诉国家	韩国
申诉国家	中国
涉案产品海关 HS 编码	29173500
涉案产品中文名称	邻苯二甲酸酐
涉案产品外文名称	Purified Anhydride Acid
涉案产品所属行业	化学原料和制品工业
原审立案调查初裁时间	2003 年 1 月 8 日
原审立案调查初裁结果	反倾销初裁确定被调查产品存在倾销行为，确定由于涉案产品的进口行为导致国内相关产业同类产品遭受实质性损害，认定倾销和实质性损害之间存在因果关系。根据《中华人民共和国反倾销条例》的相关规定，决定采用现金保证金形式实施临时反倾销措施。自 2003 年 1 月 7 日起，按照裁定的倾销幅度征收保证金，具体比例如下：株式会社高合化学 18%、爱敬油化株式会社 14%、东洋制铁化学株式会社 33%、其他韩国企业 33%
原审立案调查终裁时间	2003 年 9 月 3 日
原审立案调查终裁结果	反倾销终裁确定被调查产品存在倾销行为，确定由于涉案产品的进口行为导致国内相关产业同类产品遭受实质性损害，认定倾销和实质性损害之间存在因果关系。根据《中华人民共和国反倾销条例》的相关规定，自 2003 年 8 月 31 日起，对涉案产品征收反倾销税，有效期 5 年，具体税率如下：高合化学株式会社 4%、爱敬油化株式会社 0%、东洋制铁化学株式会社 4%，其他韩国公司 13%
期终复审立案调查时间	2008 年 8 月 29 日
期终复审立案调查终裁时间	2009 年 8 月 31 日
期终复审立案调查终裁结果	自 2009 年 8 月 31 日起，对原产于韩国的进口邻苯二甲酸酐继续征收反倾销关税，有效期 5 年，具体税率如下：株式会社高合化学 4%、东洋制铁化学株式会社 4%，其他韩国公司 13%

资料来源：根据中华人民共和国商务部贸易救济信息网和韩国贸易委员会网站信息整理得到。

（1）反倾销原审立案调查阶段自韩进口数据统计分析。

通过整理涉案产品在反倾销原审立案调查时间段的实际进口数据，我们发现邻苯二甲酸酐的进口金额和进口数量，在反倾销原审立案调查前3年内，先是经过了1次较为明显的增长，随后在被反倾销原审立案调查的前1年开始下降。邻苯二甲酸酐的进口价格在被反倾销原审立案调查前的1年间，则出现了一次下跌。2002年涉案产品邻苯二甲酸酐被反倾销原审立案调查之后，进口金额仍然保持了3年上涨状态，进口数量从反倾销原审立案调查后的第2年开始小幅下跌。邻苯二甲酸酐的进口价格从反倾销原审立案调查后进入持续上涨的周期。对比反倾销原审立案调查前的3年，反倾销原审立案调查后的3年里，涉案产品的进口金额累计增加了67个统计单位，进口数量累计增加了17913个统计单位，进口价格累计上涨了0.7个统计单位（如表5-23所示）。

表5-23　　1999~2005年涉案产品邻苯二甲酸酐反倾销原审立案
调查时间段进口数据统计

年度	进口金额（百万美元）	进口数量（吨）	进口价格（美元/千克）
1999	30	72254	0.4
2000	42	86161	0.5
2001	32	76443	0.4
2002	55	109677	0.5
2003	50	91172	0.5
2004	56	76176	0.7
2005	65	85423	0.8

资料来源：根据韩国贸易协会世界贸易统计数据库进出口数据翻译整理得到。

（2）反倾销原审立案调查阶段进口平均指数统计分析。

从涉案产品的反倾销原审立案调查进口平均指数分析结果来看，反倾销原审立案调查对于邻苯二甲酸酐的进口金额所产生的贸易破坏效应从"t"阶段开始出现，并从"t+1"阶段开始衰退，对邻苯二甲酸酐进口数量所产生的贸易破坏效应从"t"阶段开始出现，并从"t+2"阶段开始衰退，对于邻苯二甲酸酐的进口价格所产生的贸易破坏效应从"t"阶段开始出现，并且总体十分显著（如图 5 - 15 所示）。

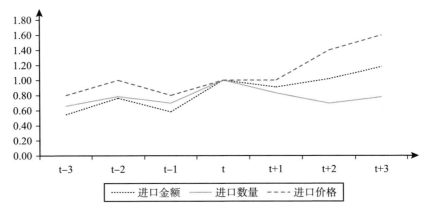

图 5 - 15　涉案产品邻苯二甲酸酐反倾销原审立案调查时间段自韩进口平均指数统计
资料来源：以反倾销立案调查年度的各项指标为平均指数基准值计算整理得到。

（3）反倾销期终复审立案调查阶段自韩进口数据统计分析。

通过整理涉案产品在反倾销期终复审立案调查时间段的实际进口数据，我们发现邻苯二甲酸酐的进口金额和进口数量，在反倾销期终复审立案调查前的 3 年间都呈现出了持续的缩减，进口价格则在反倾销期终复审立案调查前的 3 年间，呈现出连续上涨的分布，2008 年涉案产品邻苯二甲酸酐被反倾销期终复审立案调查之后，进口金额和进口数量都出现了不同程度的增长，进口价格在反倾销期终复审立案调查后开始逐渐上涨。对比反倾销期终复审立案调查前的 3 年，反倾销期终复审立案调查后的 3 年里，涉案产品的进口金额累计增加了 1 个统计单位，进口数量累计减少了 25398 个统计单位，进口价格累计上涨了 0.2 个统计单位（如表 5 - 24 所示）。

表 5 – 24　　2005 ~ 2011 年涉案产品邻苯二甲酸酐反倾销期终复审
立案调查时间段进口数据统计

年度	进口金额（百万美元）	进口数量（吨）	进口价格（美元/千克）
2005	65	85423	0.8
2006	59	57486	1
2007	45	38924	1.2
2008	34	32949	1
2009	47	51173	0.9
2010	53	51568	1
2011	70	53694	1.3

资料来源：根据韩国贸易协会世界贸易统计数据库进出口数据翻译整理得到。

（4）反倾销期终复审立案调查阶段自韩进口平均指数统计分析。

从涉案产品的反倾销期终复审立案调查进口平均指数分析结果来看，反倾销期终复审立案调查对于邻苯二甲酸酐的进口金额和进口数量没有产生明显的贸易破坏效应，对邻苯二甲酸酐进口价格所产生的贸易破坏效应从"t + 2"阶段开始出现。总体对比反倾销原审立案调查时所产生的贸易破坏效应衰退明显（如图 5 – 16 所示）。

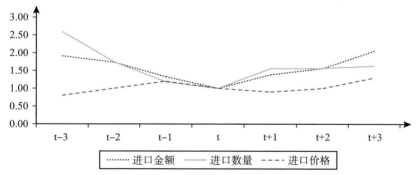

图 5 – 16　涉案产品邻苯二甲酸酐反倾销期终复审立案调查
时间段自韩进口平均指数统计

资料来源：以反倾销立案调查年度的各项指标为平均指数基准值计算整理得到。

8. 丁苯橡胶案例。

丁苯橡胶反倾销立案调查案件公告，如表 5 - 25 所示。

表 5 - 25   丁苯橡胶反倾销立案调查案件公告整理

原审立案调查时间	2002 年 3 月 19 日
被诉国家	韩国
申诉国家	中国
涉案产品海关 HS 编码	40021911、40021912、40021919
涉案产品中文名称	丁苯橡胶
涉案产品英文名称	Styrene Butadiene Rubber
涉案产品所属行业	化学原料和制品工业
原审立案调查初裁时间	2003 年 4 月 16 日
原审立案调查初裁结果	反倾销初裁确定被调查产品存在倾销行为，确定由于涉案产品的进口行为导致国内相关产业同类产品遭受实质性损害，认定倾销和实质性损害之间存在因果关系。根据《中华人民共和国反倾销条例》的相关规定，中国决定采用现金保证金形式实施临时反倾销措施。自 2003 年 4 月 16 日起，按照裁定的倾销幅度征收保证金：现代石油公司 19%、锦湖石油化学株式会社 10%、其他韩国公司 27%
原审立案调查终裁时间	2003 年 9 月 9 日
原审立案调查终裁结果	反倾销终裁确定被调查产品存在倾销行为，确定由于涉案产品的进口行为导致国内相关产业同类产品遭受实质性损害，认定倾销和实质性损害之间存在因果关系。根据《中华人民共和国反倾销条例》的相关规定，自 2003 年 9 月 9 日起，对原产于韩国的丁苯橡胶征收反倾销关税，有效期 5 年，具体税率如下：现代石油化学株式会社 19%、锦湖石油化学株式会社 7%、其他韩国公司 27%
期终复审立案调查时间	2008 年 9 月 8 日
期终复审立案调查终裁时间	2009 年 9 月 7 日
期终复审立案调查终裁结果	自 2009 年 9 月 8 日起，对原产于韩国的进口丁苯橡胶继续征收反倾销关税，有效期 5 年，具体税率如下：现代石油化学株式会社 19%、锦湖石油化学株式会社 7%、其他韩国公司 27%

资料来源：根据中华人民共和国商务部贸易救济信息网和韩国贸易委员会网站信息整理得到。

（1）反倾销原审立案调查阶段自韩进口数据统计分析。

通过整理涉案产品在反倾销原审立案调查时间段的实际进口数据，我们发现丁苯橡胶的进口金额和进口数量，在反倾销原审立案调查前的3年内，一直保持着较小幅度的连续增长。丁苯橡胶的进口价格在反倾销原审立案调查前的3年间，没有出现较大幅度的下跌。2002年涉案产品丁苯橡胶被反倾销原审立案调查之后，进口金额仍然保持着持续增长的状态，进口数量在小幅度回调了两年后再次上涨。丁苯橡胶的进口价格则出现了幅度较大的连续增长。对比反倾销原审立案调查前的3年，反倾销原审立案调查后的3年里，涉案产品的进口金额累计增加了118个统计单位，进口数量累计增加了29485个统计单位，进口价格累计上涨了1.2个统计单位（如表5-26所示）。

表5-26　　　　1999~2005年涉案产品丁苯橡胶反倾销原审立案
调查时间段进口数据统计

年度	进口金额（百万美元）	进口数量（吨）	进口价格（美元/千克）
1999	33	53090	0.6
2000	43	53460	0.8
2001	46	56614	0.8
2002	49	64411	0.8
2003	55	58469	0.9
2004	71	59696	1.2
2005	114	74484	1.5

资料来源：根据韩国贸易协会世界贸易统计数据库进出口数据翻译整理得到。

（2）原审立案调查阶段自韩进口平均指数统计分析。

从涉案产品的反倾销原审立案调查进口平均指数分析结果来看，反倾销原审立案调查对于丁苯橡胶的进口金额和进口数量所产生的贸易破坏效应并不明显，但对于丁苯橡胶的进口价格所产生的贸易破坏效应从"t"阶段开始体现的十分明显（如图5-17所示）。

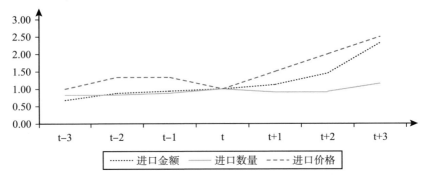

图 5 – 17　涉案产品丁苯橡胶反倾销原审立案调查时间段自韩进口平均指数统计

资料来源：以反倾销立案调查年度的各项指标为平均指数基准值计算整理得到。

（3）反倾销期终复审立案调查阶段自韩进口数据统计分析。

通过整理涉案产品在反倾销期终复审立案调查时间段的实际进口数据，我们发现丁苯橡胶的进口金额和进口数量，在反倾销期终复审立案调查的前 3 年都呈现出连续的增长变化，进口价格则在反倾销期终复审立案调查前的 3 年间，没有出现较大幅度的下跌。2008 年涉案产品丁苯橡胶被反倾销期终复审立案调查之后，进口金额仍然保持持续上涨的态势，进口数量则延续惯性上涨 1 年后，开始出现连续 2 年的数量减少现象，进口价格在反倾销期终复审立案调查后出现了较大幅度的连续上涨。对比反倾销期终复审立案调查前的 3 年，反倾销期终复审立案调查后的 3 年里，涉案产品的进口金额累计增加了 488 个统计单位，进口数量累计增加了 139760 个统计单位，进口价格累计上涨了 2.1 个统计单位。

表 5 – 27　2005 ~ 2011 年涉案产品丁苯橡胶反倾销期终复审立案
调查时间段进口数据统计

年度	进口金额（百万美元）	进口数量（吨）	进口价格（美元/千克）
2005	114	74484	1.5
2006	170	108925	1.6

续表

年度	进口金额（百万美元）	进口数量（吨）	进口价格（美元/千克）
2007	179	114036	1.6
2008	212	98529	2.2
2009	247	174248	1.4
2010	300	141421	2.1
2011	404	121536	3.3

资料来源：根据韩国贸易协会世界贸易统计数据库进出口数据翻译整理得到。

（4）反倾销期终复审阶段自韩进口平均指数统计分析。

从涉案产品的反倾销期终复审立案调查进口平均指数分析结果来看，反倾销期终复审立案调查对于丁苯橡胶的进口金额所产生的贸易破坏效应没有体现，对丁苯橡胶进口数量产生的贸易破坏效应从"t+1"阶段开始出现，对丁苯橡胶进口价格所产生的贸易破坏效应从"t+1"阶段开始出现。总体对比反倾销原审立案调查时所产生的贸易破坏效应有所增强（如图5-18所示）。

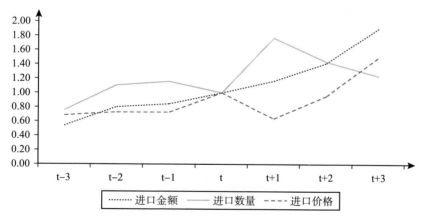

图 5-18　涉案产品丁苯橡胶反倾销期终复审立案调查时间段自韩进口平均指数统计

资料来源：以反倾销立案调查年度的各项指标为平均指数基准值计算整理得到。

9. 聚氯乙烯案例。

聚氯乙烯反倾销立案调查案件公告，如表 5 – 28 所示。

表 5 – 28 　　　　　　　　聚氯乙烯反倾销立案调查案件公告整理

原审立案调查时间	2002 年 3 月 29 日
被诉国家	韩国
申诉国家	中国
涉案产品海关 HS 编码	39041000
涉案产品中文名称	聚氯乙烯
涉案产品英文名称	Polyviny Chloride
涉案产品所属行业	化学原料和制品工业
原审立案调查初裁时间	2003 年 5 月 12 日
原审立案调查初裁结果	反倾销初裁确定被调查产品存在倾销行为，确定由于涉案产品的进口行为导致国内相关产业同类产品遭受实质性损害，认定倾销和实质性损害之间存在因果关系。根据《中华人民共和国反倾销条例》的相关规定，中国决定自 2003 年 5 月 12 日起，采用现金保证金形式实施临时反倾销措施，具体比例如下：LG 化学 10%、韩华石油化学株式会社 13%、其他韩国企业 76%
原审立案调查终裁时间	2003 年 9 月 29 日
原审立案调查终裁结果	反倾销终裁确定被调查产品存在倾销行为，确定由于涉案产品的进口行为导致国内相关产业同类产品遭受实质性损害，认定倾销和实质性损害之间存在因果关系。根据《中华人民共和国反倾销条例》的相关规定，自 2003 年 9 月 29 日起，对进口自韩国的聚氯乙烯经征收反倾销关税，有效期 5 年，具体税率如下：LG 化学 6%、韩华石油化学株式会社 12%、其他韩国企业 76%
期终复审立案调查时间	2008 年 9 月 28 日
期终复审立案调查终裁时间	2009 年 9 月 28 日
期终复审立案调查终裁结果	自 2009 年 9 月 29 日起，对原产于韩国的进口聚氯乙烯继续征收反倾销关税，有效期 5 年，具体税率如下：LG 化学 6%、韩华石油化学株式会社 12%、其他韩国公司 76%

资料来源：根据中华人民共和国商务部贸易救济信息网和韩国贸易委员会网站信息整理得到。

（1）反倾销原审立案调查阶段自韩进口数据统计分析。

通过整理涉案产品在反倾销原审立案调查时间段的实际进口数据，我们发现聚氯乙烯的进口金额在反倾销原审立案调查前的 3 年内先出现了上涨，随后又回落到上涨之前的水平。聚氯乙烯的进口数量则在反倾销原审立案调查前的 3 年间，一直保持着上涨的状态。同时，聚氯乙烯的进口价格在反倾销原审立案调查的前 1 年间，出现了较大幅度的持续下跌。2002 年涉案产品聚氯乙烯被反倾销原审立案调查之后，进口金额和进口数量惯性上涨了 2 年之后，开始下跌。聚氯乙烯的进口价格则在反倾销原审立案调查之后呈现出逐年上涨的状态。对比反倾销原审立案调查前的 3 年，反倾销原审立案调查后的 3 年里，涉案产品的进口金额累计减少了 28 个统计单位，进口数量累计减少了 225071 个统计单位，进口价格累计上涨了 0.6 个统计单位（如表 5 - 29 所示）。

表 5 - 29　　　1999 ~ 2005 年涉案产品聚氯乙烯反倾销原审立案
调查时间段进口数据统计

年度	进口金额（百万美元）	进口数量（吨）	进口价格（美元/千克）
1999	131	244624	0.5
2000	171	257724	0.7
2001	141	267632	0.5
2002	97	170542	0.6
2003	128	207797	0.6
2004	165	199228	0.8
2005	122	137884	0.9

资料来源：根据韩国贸易协会世界贸易统计数据库进出口数据翻译整理得到。

（2）反倾销原审立案调查阶段自韩进口平均指数统计分析。

从涉案产品的反倾销原审立案调查进口平均指数分析结果来看，反倾销原审立案调查对于聚氯乙烯的进口金额所产生的贸易破坏效应从

"t+2"阶段才开始出现,对聚氯乙烯进口数量所产生的贸易破坏效应从"t+1"阶段开始显现,对于聚氯乙烯进口价格所产生的贸易破坏效应十分明显,从"t"阶段就开始出现(如图5-19所示)。

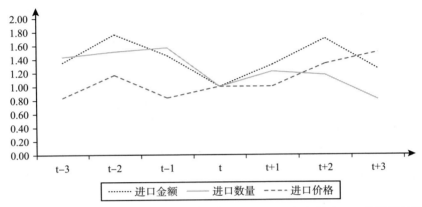

图5-19 涉案产品聚氯乙烯反倾销原审立案调查时间段自韩进口平均指数统计

资料来源:以反倾销立案调查年度的各项指标为平均指数基准值计算整理得到。

(3)反倾销期终复审立案调查阶段自韩进口数据统计分析。

通过整理涉案产品在反倾销期终复审立案调查时间段的实际进口数据,我们发现聚氯乙烯的进口金额和进口数量,在反倾销期终复审立案调查前的3年间持续下降,进口价格则在反倾销期终复审立案调查前的3年间,出现了小幅度的上涨。2008年涉案产品聚氯乙烯被反倾销期终复审立案调查之后,进口金额和进口数量延续惯性继续增加1年后,开始减少,进口价格在反倾销期终复审立案调查后出现了较大幅度的持续上涨。对比反倾销期终复审立案调查前的3年,反倾销期终复审立案调查后的3年里,涉案产品的进口金额累计增加了73个统计单位,进口数量累计增加了31872个统计单位,进口价格累计上涨了0.6个统计单位(如表5-30所示)。

表 5 – 30　　2005 ~ 2011 年涉案产品聚氯乙烯反倾销期终复审立案
调查时间段进口数据统计

年度	进口金额（百万美元）	进口数量（吨）	进口价格（美元/千克）
2005	122	137884	0.9
2006	96	100465	1
2007	83	80366	1
2008	102	96773	1.1
2009	145	181066	0.8
2010	110	90781	1.2
2011	119	78740	1.5

资料来源：根据韩国贸易协会世界贸易统计数据库进出口数据翻译整理得到。

（4）反倾销期终复审立案调查阶段自韩进口平均指数统计分析。

从涉案产品的反倾销期终复审立案调查进口平均指数分析结果来看，反倾销期终复审立案调查对于聚氯乙烯的进口金额所产生的贸易破坏效应从"t + 1"阶段开始出现，自"t + 2"阶段开始衰退，对聚氯乙烯进口数量所产生的贸易破坏效应从"t + 1"阶段开始出现，对聚氯乙烯进口价格所产生的贸易破坏效应从"t + 1"阶段开始出现，总体对比反倾销原审立案调查时所产生的贸易破坏效应持续周期有所缩短（如图 5 – 20 所示）。

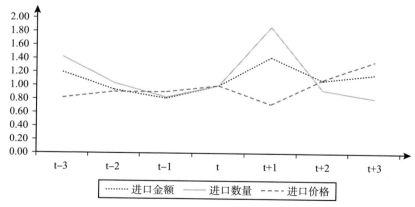

图 5 – 20　涉案产品聚氯乙烯反倾销期终复审立案调查时间段自韩进口平均指数统计

资料来源：以反倾销立案调查年度的各项指标为平均指数基准值计算整理得到。

10. 甲苯二异氰酸酯案例。

甲苯二异氰酸酯反倾销立案调查案件公告，如表 5 – 31 所示。

表 5 – 31　　　甲苯二异氰酸酯反倾销立案调查案件公告整理

原审立案调查时间	2002 年 5 月 22 日
被诉国家	韩国
申诉国家	中国
涉案产品海关 HS 编码	29291010
涉案产品中文名称	甲苯二异氰酸酯
涉案产品英文名称	Toluene Diisocyanate
涉案产品所属行业	化学原料和制品工业
原审立案调查初裁时间	2003 年 6 月 11 日
原审立案调查初裁结果	反倾销初裁确定被调查产品存在倾销行为，确定由于涉案产品的进口行为导致国内相关产业同类产品遭受实质性损害，认定倾销和实质性损害之间存在因果关系。根据《中华人民共和国反倾销条例》的相关规定，决定自 2003 年 6 月 11 日起，采用现金保证金形式实施临时反倾销措施，具体比例如下：东洋制铁化学株式会社 22%、韩国 Fine Chemical 株式会社 6%、其他韩国公司 22%
原审立案调查终裁时间	2003 年 11 月 25 日
原审立案调查终裁结果	反倾销终裁确定被调查产品存在倾销行为，确定由于涉案产品的进口行为导致国内相关产业同类产品遭受实质性损害，认定倾销和实质性损害之间存在因果关系。根据《中华人民共和国反倾销条例》的相关规定，自 2003 年 11 月 25 日起，向进口自韩国的甲苯二异氰酸酯（TDI）征收反倾销关税，有效期 5 年，具体税率如下：东洋制铁化学株式会社 3%、韩国 Fine Chemical 株式会社 3%、其他韩国公司 5%
期终复审立案调查时间	2008 年 11 月 21 日
期终复审立案调查终裁时间	2009 年 11 月 21 日
期终复审立案调查终裁结果	自 2009 年 11 月 21 日起，对原产于韩国的进口甲苯二异氰酸酯继续征收反倾销关税，有效期 5 年，具体税率如下：东洋制铁化学株式会社 3%、韩国 Fine Chemical 株式会社 3%、其他韩国公司 5%

资料来源：根据中华人民共和国商务部贸易救济信息网和韩国贸易委员会网站信息整理得到。

（1）反倾销原审立案调查阶段自韩进口数据统计分析。

通过整理涉案产品在反倾销原审立案调查时间段的实际进口数据，我们发现甲苯二异氰酸酯的进口金额和进口数量，在反倾销原审立案调查前的 3 年内，没有出现过较大幅度的增长。甲苯二异氰酸酯的进口价格在反倾销原审立案调查前的 1 年间，出现了较大幅度的下跌。2002年涉案产品甲苯二异氰酸酯被反倾销原审立案调查之后，进口金额和进口数量并没有立刻下跌，而是延续了反倾销原审立案调查之前持续增长的惯性，在 2004 年冲击到最高点后开始较大幅度回落。甲苯二异氰酸酯的进口价格从反倾销原审立案调查后开始持续小幅度上涨。对比反倾销原审立案调查前的 3 年，反倾销原审立案调查后的 3 年里，涉案产品的进口金额累计增加了 320 个统计单位，进口数量累计增加了 189536个统计单位，进口价格累计下降了 0.3 个统计单位（如表 5 - 32 所示）。

表 5 - 32　1999 ~ 2005 年涉案产品甲苯二异氰酸酯反倾销原审立案
调查时间段进口数据统计

年度	进口金额（百万美元）	进口数量（吨）	进口价格（美元/千克）
1999	29	16346	1.8
2000	45	20993	2.1
2001	35	23184	1.5
2002	38	27049	1.4
2003	84	51840	1.6
2004	195	115835	1.7
2005	150	82384	1.8

资料来源：根据韩国贸易协会世界贸易统计数据库进出口数据翻译整理得到。

（2）反倾销原审立案调查阶段自韩进口平均指数统计分析。

从涉案产品的反倾销原审立案调查进口平均指数分析结果来看，反倾销原审立案调查对于甲苯二异氰酸酯的进口金额和进口数量所产生的贸易破坏效应一直滞后到"t + 2"阶段才开始出现，对于甲苯二异氰酸酯进口价格所产生的贸易破坏效应并不十分明显（如图 5 - 21 所示）。

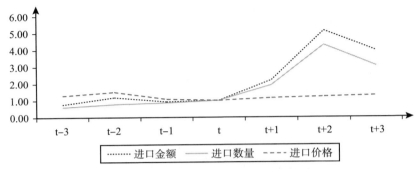

**图 5 - 21　涉案产品甲苯二异氰酸酯反倾销原审立案调查时间段
自韩进口平均指数统计**

资料来源：以反倾销立案调查年度的各项指标为平均指数基准值计算整理得到。

（3）反倾销期终复审立案调查阶段自韩进口数据统计分析。

通过整理涉案产品在反倾销期终复审立案调查时间段的实际进口数据，我们发现甲苯二异氰酸酯的进口金额和进口数量，在反倾销期终复审立案调查前的 3 年一直在削减，进口价格则在反倾销期终复审立案调查前的 3 年间，呈现出持续上涨的状态。2008 年涉案产品甲苯二异氰酸酯被反倾销期终复审立案调查之后，进口金额和进口数量都开始逐步减少，进口价格在反倾销期终复审立案调查后没有出现上涨。对比反倾销期终复审立案调查前的 3 年，反倾销期终复审立案调查后的 3 年里，涉案产品的进口金额累计减少了 171 个统计单位，进口数量累计减少了 85109 个统计单位，进口价格累计下降了 0.2 个统计单位（如表 5 - 33 所示）。

**表 5 - 33　2005 ~ 2011 年涉案产品甲苯二异氰酸酯反倾销期终复审
立案调查时间段进口数据统计**

年度	进口金额（百万美元）	进口数量（吨）	进口价格（美元/千克）
2005	150	82384	1.8
2006	78	34174	2.3

续表

年度	进口金额（百万美元）	进口数量（吨）	进口价格（美元/千克）
2007	74	21126	3.5
2008	50	14324	3.5
2009	53	21859	2.4
2010	48	18464	2.6
2011	30	12252	2.4

资料来源：根据韩国贸易协会世界贸易统计数据库进出口数据翻译整理得到。

（4）反倾销期终复审立案调查阶段自韩进口平均指数统计分析。

从涉案产品的反倾销期终复审立案调查进口平均指数的分析结果来看，反倾销期终复审立案调查对于甲苯二异氰酸酯的进口金额所产生的贸易破坏效应从"t"阶段开始显现，对甲苯二异氰酸酯进口数量所产生的贸易破坏效应从"t＋1"阶段开始出现，但对甲苯二异氰酸酯进口价格所产生的贸易破坏效应并不显著，总体对比反倾销原审立案调查时所产生的贸易破坏效应周期有所延长（如图5－22所示）。

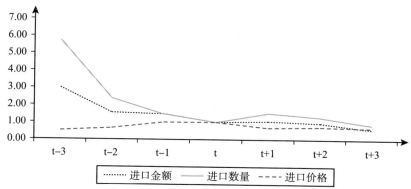

图 5 - 22　涉案产品甲苯二异氰酸酯反倾销期终复审立案调查时间段自韩进口平均指数统计

资料来源：以反倾销立案调查年度的各项指标为平均指数基准值计算整理得到。

11. 非色散位移单模光纤案例。

非色散位移单模光纤反倾销立案调查案件公告，如表 5 – 34 所示。

表 5 – 34   非色散位移单模光纤反倾销立案调查案件公告整理

原审立案调查时间	2003 年 7 月 1 日
被诉国家	韩国
申诉国家	中国
涉案产品海关 HS 编码	90011000
涉案产品中文名称	非色散位移单模光纤（简称 G652 单模光纤）
涉案产品外文名称	Dispersion Unshifted Single – Mode Optical Fiber
涉案产品所属行业	电气工业
原审立案调查初裁时间	2004 年 6 月 17 日
原审立案调查初裁结果	反倾销初裁确定被调查产品存在倾销行为，确定由于涉案产品的进口行为导致国内相关产业同类产品遭受实质性损害，认定倾销和实质性损害之间存在因果关系。根据《中华人民共和国反倾销条例》的相关规定，决定自 2004 年 6 月 16 日起，采用现金保证金形式实施临时反倾销措施，具体比例如下：韩国 LG 电线株式会社 7%、韩国株式会社 OPTOMAGIC 32%、其他韩国公司 46%
原审立案调查终裁时间	2005 年 1 月 4 日
原审立案调查终裁结果	反倾销终裁确定被调查产品存在倾销行为，确定由于涉案产品的进口行为导致国内相关产业同类产品遭受实质性损害，认定倾销和实质性损害之间存在因果关系。根据《中华人民共和国反倾销条例》的相关规定，自 2005 年 1 月 1 日起征收反倾销关税，有效期 5 年，具体税率如下：韩国 LG 电线株式会社 7%、韩国株式会社 OPTOMAGIC 13%、其他韩国公司 46%
期终复审立案调查时间	2009 年 12 月 31 日
期终复审立案调查终裁日期	2010 年 12 月 31 日
期终复审立案调查终裁结果	自 2011 年 1 月 1 日起，对原产于韩国的进口非色散位移单模光纤继续征收反倾销关税，有效期 5 年，具体税率如下：韩国 LG 电线株式会社 7%、韩国株式会社 OPTOMAGIC 13%、其他韩国公司 46%
第二次期终复审立案调查时间	2015 年 12 月 30 日

第二次期终复审立案调查终裁时间	2016 年 12 月 30 日
第二次期终复审立案调查终裁结果	自 2017 年 1 月 1 日起，对原产于韩国的进口非色散位移单模光纤继续征收反倾销关税，有效期 5 年，具体税率如下：韩国 LG 电线株式会社 7%、韩国株式会社 OPTOMAGIC 32%、其他韩国公司 46%

资料来源：根据中华人民共和国商务部贸易救济信息网和韩国贸易委员会网站信息整理得到。

（1）反倾销原审立案调查阶段自韩进口数据统计分析。

通过整理涉案产品在反倾销原审立案调查时间段的实际进口数据，我们发现非色散位移单模光纤的进口金额和数量，在反倾销原审立案调查前 3 年都出现了较大幅度的增长，特别是进口数量在反倾销原审立案调查的前 1 年，出现了爆发式的增长。非色散位移单模光纤的进口价格在反倾销原审立案调查前的 1 年间，出现了大幅度的下跌。2003 年涉案产品非色散位移单模光纤被反倾销原审立案调查之后，进口金额和数量立刻呈现出持续下跌的特征。非色散位移单模光纤的进口价格在反倾销原审立案调查后一直比较稳定，没有产生较大幅度的上涨。对比反倾销原审立案调查前的 3 年，反倾销原审立案调查后的 3 年里，涉案产品的进口金额累计减少了 16 个统计单位，进口数量累计减少了 57 个统计单位，进口价格累计下降了 147 个统计单位（如表 5 - 35 所示）。

表 5 - 35　2000 ~ 2006 年涉案产品非色散位移单模光纤反倾销原审
立案调查时间段进口数据统计

年度	进口金额（百万美元）	进口数量（吨）	进口价格（美元/千克）
2000	2	10	20
2001	12	32	375
2002	19	154	123
2003	18	121	149
2004	11	92	120

续表

年度	进口金额（百万美元）	进口数量（吨）	进口价格（美元/千克）
2005	4	30	133
2006	2	17	118

资料来源：根据韩国贸易协会世界贸易统计数据库进出口数据翻译整理得到。

（2）反倾销原审立案调查阶段自韩进口平均指数统计分析。

从涉案产品的反倾销原审立案调查进口平均指数分析结果来看，反倾销原审立案调查对于非色散位移单模光纤的进口金额和进口数量所产生的贸易破坏效应比较明显，从"t"阶段开始显现，但对于非色散位移单模光纤的进口价格所产生的贸易破坏效应并不十分明显（如图 5 - 23 所示）。

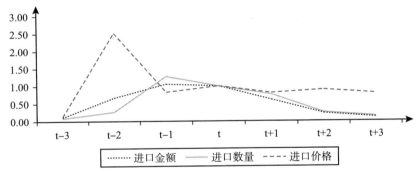

**图 5 - 23　涉案产品非色散位移单模光纤反倾销原审立案调查
时间段自韩进口平均指数统计**

资料来源：以反倾销立案调查年度的各项指标为平均指数基准值计算整理得到。

（3）反倾销期终复审立案调查阶段自韩进口数据统计分析。

通过整理涉案产品在反倾销期终复审立案调查时间段的实际进口数据，我们发现非色散位移单模光纤的进口金额和进口数量，在反倾销期终复审立案调查前的 3 年内，一直在幅度较小的区间范围内波动，进口价格则在反倾销期终复审立案调查的前 1 年间，出现了大幅度的下跌。

2009 年涉案产品非色散位移单模光纤被反倾销期终复审立案调查之后，进口金额和进口数量都出现了连续的增长，进口价格在反倾销期终复审立案调查后没有出现较大幅度的上涨。对比反倾销期终复审立案调查前的 3 年，反倾销期终复审立案调查后的 3 年里，涉案产品的进口金额累计增加了 117 个统计单位，进口数量累计增加了 973 个统计单位，进口价格累计上涨了 58.7 个统计单位（如表 5-36 所示）。

表 5-36　　2006~2012 年涉案产品非色散位移单模光纤反倾销期
终复审立案调查时间段进口数据统计

年度	进口金额（百万美元）	进口数量（吨）	进口价格（美元/千克）
2006	2	17	118
2007	1	7	143
2008	1	30	33.3
2009	30	235	128
2010	31	268	116
2011	44	367	120
2012	46	392	117

资料来源：根据韩国贸易协会世界贸易统计数据库进出口数据翻译整理得到。

（4）反倾销期终复审立案调查阶段自韩进口平均指数统计分析。

从涉案产品的反倾销期终复审立案调查进口平均指数分析结果来看，反倾销期终复审立案调查对于非色散位移单模光纤的进口金额和进口数量以及进口价格所产生的贸易破坏效应都不显著，总体对比反倾销原审立案调查时所产生的贸易破坏效应衰退明显（如图 5-24 所示）。

（5）第二次反倾销期终复审立案调查阶段自韩进口数据统计分析。

通过整理涉案产品在反倾销期终复审立案调查时间段的实际进口数据，我们发现非色散位移单模光纤的进口金额和进口数量，在第二次反倾销期终复审立案调查前的 3 年内，都连续出现了较大幅度的减少，进口价格总体趋于下降。2015 年涉案产品非色散位移单模光纤被第二次反

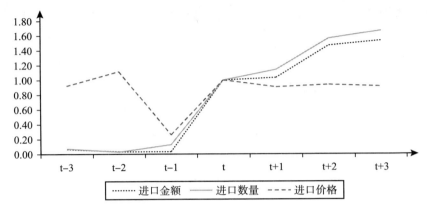

**图 5 – 24 涉案产品非色散位移单模光纤反倾销期终复审立案调查
期间自韩进口平均指数统计**

资料来源：以反倾销立案调查年度的各项指标为平均指数基准值计算整理得到。

倾销期终复审立案调查之后，进口金额和进口数量总体开始持续减少，
进口价格出现了较大幅度的持续上涨。对比反倾销期终复审立案调查前
的 3 年，反倾销期终复审立案调查后的 3 年里，涉案产品的进口金额累
计减少了 11 个统计单位，进口数量累计减少了 184 个统计单位，进口
价格累计上涨了 68 个统计单位（如表 5 – 37 所示）。

**表 5 – 37 2012 ~ 2018 年涉案产品非色散位移单模光纤第二次反倾
销期终复审立案调查时间段进口数据统计**

年度	进口金额（百万美元）	进口数量（吨）	进口价格（美元/千克）
2012	46	392	117
2013	26	320	81
2014	7	86	81
2015	22	279	79
2016	33	320	103
2017	25	216	116
2018	10	78	128

资料来源：根据韩国贸易协会世界贸易统计数据库进出口数据翻译整理得到。

（6）第二次反倾销期终复审立案调查阶段自韩进口平均指数统计分析。

从涉案产品的第二次反倾销期终复审立案调查进口平均指数分析结果来看，第二次反倾销期终复审立案调查对于非色散位移单模光纤的进口金额和进口数量所产生的贸易破坏效应，从"t+1"阶段开始出现，对于进口金额所产生的贸易破坏效应从"t"阶段开始出现。总体对比反倾销原审立案调查时所产生的贸易破坏效应显著增强（如图5-25所示）。

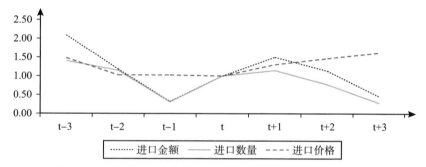

图5-25　涉案产品非色散位移单模光纤第二次期终复审立案调查时间段自韩进口平均指数

资料来源：以反倾销立案调查年度的各项指标为平均指数基准值计算整理得到。

12. 水合肼案例。

水合肼反倾销立案调查案件公告，如表5-38所示。

表5-38	水合肼反倾销立案调查案件公告整理
原审立案调查时间	2003年12月19日
被诉国家	韩国
申诉国家	中国
涉案产品海关HS编码	28251010
涉案产品中文名称	水合肼
涉案产品外文名称	Hydrazine Hydrate

续表

涉案产品所属行业	化学原料和制品工业
原审立案调查初裁时间	2004 年 8 月 3 日
原审立案调查初裁结果	反倾销初裁确定被调查产品存在倾销行为，确定由于涉案产品的进口行为导致国内相关产业同类产品遭受实质性损害，认定倾销和实质性损害之间存在因果关系。根据《中华人民共和国反倾销条例》的相关规定，决定自 2004 年 8 月 1 日起，采用现金保证金形式实施临时反倾销措施，具体比例如下：KOC 株式会社 28%、其他韩国公司 35%
原审立案调查终裁时间	2005 年 6 月 17 日
原审立案调查终裁结果	反倾销终裁确定被调查产品存在倾销行为，确定由于涉案产品的进口行为导致国内相关产业同类产品遭受实质性损害，认定倾销和实质性损害之间存在因果关系。根据《中华人民共和国反倾销条例》的相关规定，自 2005 年 6 月 17 日起征收反倾销关税，有效期 5 年，具体税率如下：KOC 株式会社 28%、其他韩国公司 184%
期终复审立案调查时间	2010 年 6 月 17 日
期终复审立案调查终裁时间	2011 年 6 月 17 日
期终复审立案调查终裁结果	自 2011 年 6 月 17 日起，对进口自韩国的水合肼继续征收反倾销关税，有效期 5 年，具体税率如下：KOC 株式会社 28%、其他韩国公司 184%

资料来源：根据中华人民共和国商务部贸易救济信息网和韩国贸易委员会网站信息整理得到。

（1）反倾销原审立案调查阶段自韩进口数据统计分析。

通过整理涉案产品在反倾销原审立案调查时间段的实际进口数据，我们发现水合肼的进口金额和进口数量，在反倾销原审立案调查前的 3 年间，一直呈现出下降的趋势。水合肼的进口价格在反倾销原审立案调查前的 3 年间，没有出现较大幅度的下跌。2003 年涉案产品水合肼被反倾销原审立案调查之后，进口金额和进口数量并没有下跌，而是出现了上涨的迹象。水合肼的进口价格在反倾销原审立案调查之后，在 2004 年短暂下跌后，从 2005 年开始小幅度上涨。对比反倾销原审立案调查前的 3 年，反倾销原审立案调查后的 3 年里，涉案产品的进口金额累计增加了 2 个统计单位，进口数量累计增加了 1414 个统计单位，进口价格累计上涨了 11.9 个统计单位（如表 5 – 39 所示）。

表 5 – 39 　　　　2000 ~ 2006 年涉案产品水合肼反倾销原审立案
调查时间段进口数据统计

年度	进口金额（百万美元）	进口数量（吨）	进口价格（美元/千克）
2000	2	1270	1.57
2001	1	640	1.56
2002	1	521	1.92
2003	1	101	9.90
2004	1	270	3.70
2005	3	413	7.26
2006	2	334	5.99

资料来源：根据韩国贸易协会世界贸易统计数据库进出口数据翻译整理得到。

（2）反倾销原审立案调查阶段自韩进口平均指数统计分析。

从涉案产品的反倾销原审立案调查进口平均指数分析结果来看，反倾销原审立案调查对于水合肼的进口金额和进口数量所产生的贸易破坏效应从"t + 2"阶段开始体现，但对于水合肼的进口价格所产生的贸易破坏效应并不十分明显（如图 5 – 26 所示）。

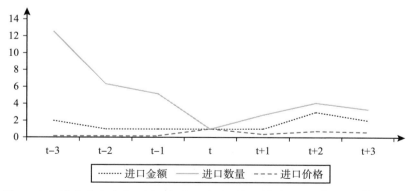

图 5 – 26 　涉案产品水合肼反倾销原审立案调查时间段自韩进口平均指数统计
资料来源：以反倾销立案调查年度的各项指标为平均指数基准值计算整理得到。

（3）反倾销期终复审立案调查阶段自韩进口数据统计分析。

通过整理涉案产品在反倾销期终复审立案调查时间段的实际进口数据，我们发现水合肼的进口金额和进口数量，在反倾销期终复审立案调查前的 3 年间，总体均出现了较为明显的增量，进口价格则在反倾销期终复审立案调查前的 3 年间，一直保持上涨状态。2010 年涉案产品水合肼被反倾销期终复审立案调查之后，进口金额延续惯性增加 1 年后，开始减少，进口数量出现了连续 2 年的增长后，从 2013 年开始下降，进口价格在反倾销期终复审立案调查后波动较大，但总体趋于上涨状态。对比反倾销期终复审立案调查前的 3 年，反倾销期终复审立案调查后的 3 年里，涉案产品的进口金额累计增加了 3 个统计单位，进口数量累计增加了 3775 个统计单位，进口价格累计下降了 1.69 个统计单位（如表 5 - 40 所示）。

表 5 - 40　　2007 ~ 2013 年涉案产品水合肼反倾销期终复审立案
调查时间段进口数据统计

年度	进口金额（百万美元）	进口数量（吨）	进口价格（美元/千克）
2007	2	723	2.77
2008	3	701	4.28
2009	4	934	4.28
2010	4	1072	3.73
2011	6	1336	4.49
2012	3	4118	0.73
2013	3	679	4.42

资料来源：根据韩国贸易协会世界贸易统计数据库进出口数据翻译整理得到。

（4）反倾销期终复审立案调查阶段自韩进口平均指数统计分析。

从涉案产品的反倾销期终复审立案调查进口平均指数分析结果来看，反倾销期终复审立案调查对于水合肼的进口金额比较明显，从"t + 1"阶段开始显现，对进口数量和进口价格所产生的贸易破坏效应均从"t+2"时间段开始出现，总体对比反倾销原审立案调查时所产生的贸易破坏效应有所增强（如图 5 - 27 所示）。

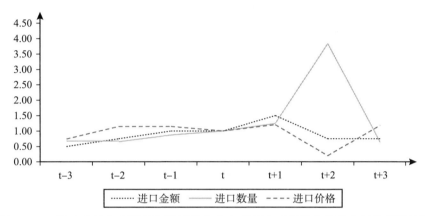

图 5 - 27　涉案产品水合肼反倾销期终复审立案调查时间段自韩进口平均指数统计

资料来源：以反倾销立案调查年度的各项指标为平均指数基准值计算整理得到。

13. 环氧氯丙烷案例。

环氧氯丙烷反倾销立案调查案件公告，如表 5 - 41 所示。

表 5 - 41　　　　环氧氯丙烷反倾销立案调查案件公告整理

原审立案调查时间	2004 年 12 月 28 日
被诉国家	韩国
申诉国家	中国
涉案产品海关 HS 编码	29103000
涉案产品中文名称	环氧氯丙烷，又名 1 - 氯 - 2，3 - 环氧丙烷、表氯醇
涉案产品英文名称	Epi Chloro Hydrin（ECH）
涉案产品所属行业	化学原料和制品工业
原审立案调查初裁时间	2005 年 9 月 21 日

续表

原审立案调查初裁结果	反倾销初裁确定被调查产品存在倾销行为，确定由于涉案产品的进口行为导致国内相关产业同类产品遭受实质性损害，认定倾销和实质性损害之间存在因果关系。根据《中华人民共和国反倾销条例》的相关规定，决定自2005年9月21日起，采用现金保证金形式实施临时反倾销措施，具体比例如下：韩华石油化学株式会社4.5%、三星精密化学株式会社4.3%、其他韩国公司71.5%
原审立案调查终裁时间	2006年6月28日
原审立案调查终裁结果	反倾销终裁确定被调查产品存在倾销行为，确定由于涉案产品的进口行为导致国内相关产业同类产品遭受实质性损害，认定倾销和实质性损害之间存在因果关系。根据《中华人民共和国反倾销条例》的相关规定，自2006年6月28日起征收反倾销关税，有效期5年，具体税率如下：韩华石油化学株式会社4.0%、三星精密化学株式会社3.8%、其他韩国公司71.5%
期终复审立案调查时间	2011年6月27日
期终复审立案调查终裁时间	2012年6月27日
期终复审立案调查终裁结果	自2012年6月28日起，对进口自韩国的环氧氯丙烷继续征收反倾销关税，有效期5年，具体税率如下：韩华石油化学株式会社4.0%、三星精密化学株式会社3.8%、其他韩国公司71.5%

资料来源：根据中华人民共和国商务部贸易救济信息网和韩国贸易委员会网站信息整理得到。

（1）反倾销原审立案调查阶段自韩进口数据统计分析。

通过整理涉案产品在反倾销原审立案调查时间段的实际进口数据，我们发现环氧氯丙烷的进口金额和进口数量，在反倾销原审立案调查的前1年均出现了较大幅度的增长。环氧氯丙烷的进口价格在反倾销原审立案调查前的3年间，没有出现较大幅度的下跌。2004年涉案产品环氧氯丙烷被反倾销原审立案调查之后，进口金额并没有立刻下跌，而是延续了反倾销原审立案调查之前，持续增长的惯性在2006年冲击到最高点，并于2007年开始大幅度回落。环氧氯丙烷的进口数量在反倾销原审立案调查之后，出现持续下跌的状态。而进口价格在反倾销原审立案调查之后也产生了较大幅度的上涨。对比反倾销原审立案调查前的3年，反倾销原审立案调查后的3年里，涉案产品的进口金额累计增加了50个统计单位，进口数量累计增加了11730个统计单位，进口价格累计上涨了2.8个统计单位（如表5-42所示）。

表5-42　　　2001~2007年涉案产品环氧氯丙烷反倾销原审立案
调查时间段进口数据统计

年度	进口金额（百万美元）	进口数量（吨）	进口价格（美元/千克）
2001	6	7869	0.8
2002	6	7364	0.8
2003	16	16948	0.9
2004	21	19127	1.1
2005	24	15745	1.5
2006	30	14940	2
2007	24	13226	1.8

资料来源：根据韩国贸易协会世界贸易统计数据库进出口数据翻译整理得到。

（2）反倾销原审立案调查阶段自韩进口平均指数统计分析。

从涉案产品的反倾销原审立案调查进口平均指数分析结果来看，反倾销原审立案调查对于环氧氯丙烷进口金额的贸易破坏效应从"t+2"阶段开始显现，而对于环氧氯丙烷进口数量所产生的贸易破坏效应，从"t"阶段开始显现，对于环氧氯丙烷的进口价格所产生的贸易破坏效应，从"t"阶段开始显现，并从"t+2"阶段进入衰退（如图5-28所示）。

（3）反倾销期终复审立案调查阶段自韩进口数据统计分析。

通过整理涉案产品在反倾销期终复审立案调查时间段的实际进口数据，我们发现环氧氯丙烷的进口金额和进口数量都在反倾销期终复审立案调查前的1年减少明显，进口价格则在反倾销期终复审立案调查前的1年间，涨幅明显。2011年涉案产品环氧氯丙烷被反倾销期终复审立案

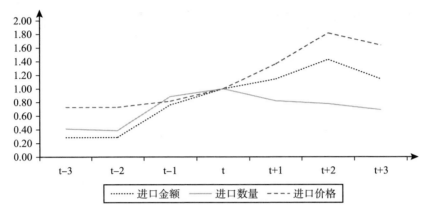

图 5 – 28   涉案产品环氧氯丙烷反倾销原审立案调查时间段自韩进口平均指数统计

资料来源：以反倾销立案调查年度的各项指标为平均指数基准值计算整理得到。

调查之后，进口金额和进口数量连续两年减少后，在 2014 年出现较大幅度的增长，进口价格在反倾销期终复审立案调查后没有出现较大幅度的上涨。对比反倾销期终复审立案调查前的 3 年，反倾销期终复审立案调查后的 3 年里，涉案产品的进口金额累计减少了 6 个统计单位，进口数量累计减少了 6285 个统计单位，进口价格累计下降了 0.2 个统计单位（如表 5 – 43 所示）。

表 5 – 43   2008 ~ 2014 年涉案产品环氧氯丙烷反倾销期终复审立案调查时间段进口数据统计

年度	进口金额（百万美元）	进口数量（吨）	进口价格（美元/千克）
2008	13	7796	1.7
2009	13	12760	1
2010	7	3659	1.9
2011	5	2643	1.9
2012	8	5330	1.5
2013	6	4182	1.4
2014	13	8418	1.5

资料来源：根据韩国贸易协会世界贸易统计数据库进出口数据翻译整理得到。

（4）反倾销期终复审阶段自韩进口平均指数统计分析。

从涉案产品的反倾销期终复审立案调查进口平均指数分析结果来看，反倾销期终复审立案调查对于环氧氯丙烷的进口金额和进口数量产生的贸易破坏效应从"t+1"阶段出现，自"t+2"阶段开始衰退，对环氧氯丙烷进口价格所产生的贸易破坏效应并不明显，总体对比反倾销原审立案调查时所产生的贸易破坏效应衰退明显（如图 5 - 29 所示）。

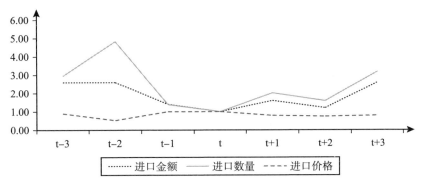

图 5 - 29　涉案产品环氧氯丙烷反倾销期终复审立案调查时间段
自韩进口平均指数统计

资料来源：以反倾销立案调查年度的各项指标为平均指数基准值计算整理得到。

14. 氨纶案例。

氨纶反倾销立案调查案件公告，如表 5 - 44 所示。

表 5 - 44　　　　　　　　氨纶反倾销立案调查案件公告整理

原审立案调查时间	2005 年 4 月 13 日
被诉国家	韩国
申诉国家	中国
涉案产品海关 HS 编码	54024920、54026920
涉案产品中文名称	氨纶（或称：聚氨基甲酸酯纤维、聚氨酯弹性纤维，或称斯潘得克斯）

续表

涉案产品英文名称	Polyurethane 或 Spandex 或 Elastane
涉案产品所属行业	化纤工业
原审立案调查初裁时间	2006 年 5 月 24 日
原审立案调查初裁结果	反倾销初裁确定被调查产品存在倾销行为，确定由于涉案产品的进口行为导致国内相关产业同类产品遭受实质性损害，认定倾销和实质性损害之间存在因果关系。根据《中华人民共和国反倾销条例》的相关规定，决定自 2006 年 5 月 24 日起，采用现金保证金形式实施临时反倾销措施，具体比例如下：韩国晓星株式会社 0、韩国东国贸易公司 2.86、韩国泰光产业株式会社 2.31% 、其他韩国公司 61.00%
原审立案调查终裁时间	2006 年 10 月 19 日
原审立案调查终裁结果	反倾销终裁确定被调查产品存在倾销行为，确定由于涉案产品的进口行为导致国内相关产业同类产品遭受实质性损害，认定倾销和实质性损害之间存在因果关系。根据《中华人民共和国反倾销条例》的相关规定，自 2006 年 10 月 13 日起征收反倾销关税，有效期 5 年，具体税率如下：韩国晓星株式会社 0、韩国东国贸易公司 2.86% 、韩国泰光产业株式会社 2.31% 、其他韩国公司 61.00%
期终复审立案调查时间	2011 年 10 月 14 日
期终复审立案调查终裁时间	2012 年 10 月 12 日
期终复审立案调查终裁结果	自 2012 年 10 月 13 日起，对进口自韩国的氨纶继续征收反倾销关税，有效期 5 年，具体税率如下：韩国晓星株式会社 0、韩国东国贸易公司 2.86% 、韩国泰光产业株式会社 2.31% 、其他韩国公司 61.00%

资料来源：根据中华人民共和国商务部贸易救济信息网和韩国贸易委员会网站信息整理得到。

（1）反倾销原审立案调查阶段自韩进口数据统计分析。

通过整理涉案产品在反倾销原审立案调查时间段的实际进口数据，我们发现氨纶的进口金额和进口数量在反倾销原审立案调查前的 3 年内总体呈现增长的趋势，但在反倾销原审立案调查的前 1 年出现了小幅度下跌。氨纶的进口价格在反倾销原审立案调查前的 3 年间，总体呈现小幅上涨的状态。2005 年涉案产品氨纶被反倾销原审立案调查之后，进口金额和数量呈现出整体下跌的趋势。氨纶的进口价格则在反倾销原审立案调查之后产生了持续的上涨。对比反倾销原审立案调查前的 3 年，反倾销原审立案调查后的 3 年里，涉案产品的进口金额累计减少了 184 个统计单位，进口数量累计减少了 176295 个统计单位，进口价格累计上涨了 3.21 个统计单位（如表 5 - 45 所示）。

表 5 - 45　　　　2002～2008 年涉案产品氨纶反倾销原审立案
调查时间段进口数据统计

年度	进口金额（百万美元）	进口数量（吨）	进口价格（美元/千克）
2002	213	97016	2.2
2003	277	146719	1.89
2004	260	107995	2.41
2005	237	83674	2.83
2006	190	62853	3.02
2007	196	59435	3.3
2008	180	53147	3.39

资料来源：根据韩国贸易协会世界贸易统计数据库进出口数据翻译整理得到。

（2）涉案产品氨纶阶段性进口平均指数统计分析。

从涉案产品的反倾销原审立案调查进口平均指数分析结果来看，反倾销原审立案调查对于氨纶的进口金额和进口数量以及进口价格均产生了较为明显的贸易破坏效应，从"t"阶段开始出现（如图 5 - 30 所示）。

（3）反倾销期终复审立案调查阶段自韩进口数据统计分析。

通过整理涉案产品在反倾销期终复审立案调查时间段的实际进口数据，我们发现氨纶的进口金额和进口数量在反倾销期终复审立案调查前的 3 年内，总体上都出现了一定程度的增长，进口价格则在反倾销期终复审立案调查前的 3 年间，没有出现较大幅度的下跌。2011 年涉案产品氨纶被反倾销期终复审立案调查之后，进口金额和进口数量都出现了

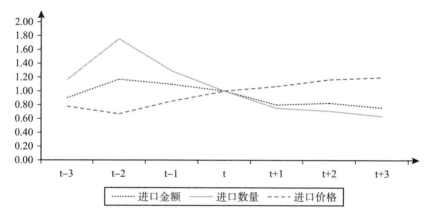

图 5 – 30   涉案产品氨纶反倾销原审立案调查时间段自韩进口平均指数统计

资料来源：以反倾销立案调查年度的各项指标为平均指数基准值计算整理得到。

明显地减少，进口价格在反倾销期终复审立案调查后开始平稳上涨。对
比反倾销期终复审立案调查前的 3 年，反倾销期终复审立案调查后的 3
年里，涉案产品的进口金额累计减少了 83 个统计单位，进口数量累计
减少了 57463 个统计单位，进口价格累计上涨了 2.93 个统计单位（如
表 5 – 46 所示）。

表 5 – 46   2008 ~ 2014 年涉案产品氨纶反倾销期终复审立案
调查时间段进口数据统计

年度	进口金额（百万美元）	进口数量（吨）	进口价格（美元/千克）
2008	180	53147	3.39
2009	165	57141	2.89
2010	185	53710	3.44
2011	191	46688	4.09
2012	166	40806	4.07
2013	146	35370	4.13
2014	135	30359	4.45

资料来源：根据韩国贸易协会世界贸易统计数据库进出口数据翻译整理得到。

（4）反倾销期终复审立案调查阶段自韩进口平均指数统计分析。

从涉案产品的反倾销期终复审立案调查进口平均指数分析结果来看，反倾销期终复审立案调查对于氨纶的进口金额和进口数量以及进口价格所产生的贸易破坏效应都比较明显，从"t"阶段已经开始出现，总体对比反倾销原审立案调查时所产生的贸易破坏效应没有明显变化（如图 5 - 31 所示）。

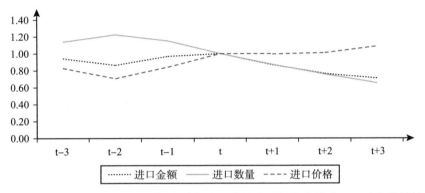

图 5 - 31　涉案产品氨纶反倾销期终复审立案调查时间段自韩进口平均指数统计

资料来源：以反倾销立案调查年度的各项指标为平均指数基准值计算整理得到。

15. 双酚 A 案例。

双酚 A 反倾销立案调查案件公告，如表 5 - 47 所示。

表 5 - 47　　　　双酚 A 反倾销立案调查案件公告整理

原审立案调查时间	2004 年 5 月 12 日
被诉国家	韩国
申诉国家	中国
涉案产品海关 HS 编码	29072300
涉案产品中文名称	双酚 A
涉案产品英文名称	Bisphenol - A
涉案产品所属行业	化学原料和制品工业

续表

原审立案调查终裁时间	2005 年 11 月 7 日
原审立案调查终裁结果	2005 年 9 月 28 日，本案申请人——蓝星化工新材料股份有限公司向商务部提出撤销其双酚 A 反倾销调查申请，并请求终止双酚 A 反倾销调查。商务部决定自 2005 年 11 月 7 日起，终止对原产于韩国的进口双酚 A 的反倾销立案调查
第二次原审立案调查时间	2006 年 8 月 30 日
第二次原审立案调查终裁时间	2007 年 3 月 21 日
第二次原审立案调查初裁结果	反倾销初裁确定被调查产品存在倾销行为，确定由于涉案产品的进口行为导致国内相关产业同类产品遭受实质性损害，认定倾销和实质性损害之间存在因果关系。根据《中华人民共和国反倾销条例》的相关规定，决定自 2007 年 3 月 22 日起，采用现金保证金形式实施临时反倾销措施，具体比例如下：锦湖 P&B 化学株式会社 6.9%、LG 石油化学株式会社 7.9%、其他韩国公司 37.1%
第二次原审立案调查终裁时间	2007 年 8 月 29 日
第二次原审立案调查终裁结果	反倾销终裁确定被调查产品存在倾销行为，确定由于涉案产品的进口行为导致国内相关产业同类产品遭受实质性损害，认定倾销和实质性损害之间存在因果关系。根据《中华人民共和国反倾销条例》的相关规定，自 2007 年 8 月 30 日起征收反倾销关税，有效期 5 年，具体税率如下：锦湖 P&B 化学株式会社 5.8%、LG 石油化学株式会社 6.4%、其他韩国公司 37.1%
期终复审立案调查时间	2012 年 8 月 29 日
期终复审立案调查终裁时间	2013 年 8 月 29 日
期终复审立案调查终裁结果	自 2013 年 8 月 30 日起，对原产于韩国的进口双酚 A 继续征收反倾销关税，有效期 5 年，具体税率如下：锦湖 P&B 化学株式会社 5.8%、LG 石油化学株式会社 6.4%、其他韩国公司 37.1%

资料来源：根据中华人民共和国商务部贸易救济信息网和韩国贸易委员会网站信息整理得到。

（1）反倾销原审立案调查阶段自韩进口数据统计分析。

通过整理涉案产品在反倾销原审立案调查时间段的实际进口数据，我们发现双酚 A 的进口金额和进口数量，在反倾销原审立案调查前的 3

年内，一直处于持续增长的状态。双酚 A 的进口价格在反倾销原审立案调查前的 2002 年出现了较大幅度的下跌，2003 年期间小幅度回升。2004 年涉案产品双酚 A 被反倾销原审立案调查之后，进口金额一直持续上涨，进口数量持续上涨两年后，从 2007 年开始回落。双酚 A 的进口价格在反倾销原审立案调查后惯性下跌 2 年后，于 2007 年出现较大幅度的上涨。对比反倾销原审立案调查前的 3 年，反倾销原审立案调查后的 3 年里，涉案产品的进口金额累计增加了 317 个统计单位，进口数量累计增加了 210928 个统计单位，进口价格累计上涨了 1.1 个统计单位（如表 5 - 48 所示）。

表 5 - 48　　　　　2001~2007 年涉案产品双酚 A 反倾销原审立案
调查时间段进口数据统计

年度	进口金额（百万美元）	进口数量（吨）	进口价格（美元/千克）
2001	1	500	2
2002	1	1873	0.5
2003	9	10765	0.8
2004	30	18284	1.6
2005	84	60888	1.4
2006	118	90371	1.3
2007	126	72807	1.7

资料来源：根据韩国贸易协会世界贸易统计数据库进出口数据翻译整理得到。

（2）反倾销原审立案调查阶段自韩进口平均指数统计分析。

从涉案产品的反倾销原审立案调查进口平均指数分析结果来看，反倾销原审立案调查对于双酚 A 的进口金额所产生的贸易破坏效应并不明显，对双酚 A 进口数量所产生的贸易破坏效应从 "t + 2" 阶段开始显现，对双酚 A 的进口价格所产生的贸易破坏效应从 "t + 2" 阶段开始有所体现（如图 5 - 32 所示）。

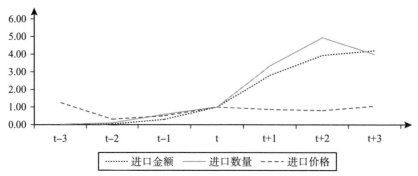

图 5 - 32 涉案产品双酚 A 反倾销原审立案调查时间段自韩进口平均指数统计

资料来源：以反倾销立案调查年度的各项指标为平均指数基准值计算整理得到。

（3）第二次反倾销原审立案调查阶段自韩进口数据统计分析。

通过整理涉案产品在反倾销原审立案调查时间段的实际进口数据，我们发现双酚 A 的进口金额和进口数量，在反倾销原审立案调查前的 3 年里一直呈现出持续的增长。双酚 A 的进口价格在反倾销原审立案调查前的 1 年里，出现了小幅度的下跌。2006 年涉案产品双酚 A 被反倾销原审立案调查之后，进口金额和进口数量连续下跌两年后于第 3 年开始上涨。双酚 A 的进口价格在 2007 年上涨后，从 2008 年再次开始持续下跌也并未由于反倾销原审立案调查的实施而产生较大幅度的上涨。对比反倾销原审立案调查前的 3 年，反倾销原审立案调查后的 3 年里，涉案产品的进口金额累计增加了 247 个统计单位，进口数量累计增加了 194730 个统计单位，进口价格累计上涨了 0.4 个统计单位（如表 5 - 49 所示）。

表 5 - 49 2003～2009 年涉案产品双酚 A 第二次反倾销原审立案
调查时间段进口数据统计

年度	进口金额（百万美元）	进口数量（吨）	进口价格（美元/千克）
2003	9	10765	0.8
2004	30	18284	1.6

续表

年度	进口金额（百万美元）	进口数量（吨）	进口价格（美元/千克）
2005	84	60888	1.4
2006	118	90371	1.3
2007	126	72807	1.7
2008	87	57067	1.5
2009	157	154793	1

资料来源：根据韩国贸易协会世界贸易统计数据库进出口数据翻译整理得到。

（4）第二次反倾销原审立案调查阶段自韩进口平均指数统计分析。

从涉案产品的反倾销原审立案调查进口平均指数分析结果来看，第二次反倾销原审立案调查对于双酚 A 进口金额的贸易破坏效应从"t +1"阶段开始出现，自"t +2"阶段开始出现衰退，对双酚 A 进口数量所产生的贸易破坏效应从"t"阶段开始出现，自"t +2"阶段开始衰退，对双酚 A 进口价格产生的贸易破坏效应，从"t +1"阶段开始出现了衰退的迹象（如图 5 - 33 所示）。

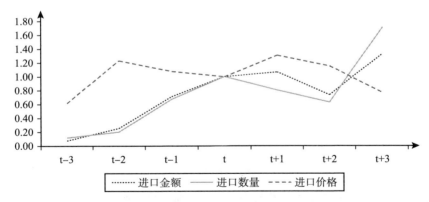

图 5 - 33 涉案产品双酚 A 第二次反倾销原审立案调查时间段自韩进口平均指数统计
资料来源：以反倾销立案调查年度的各项指标为平均指数基准值计算整理得到。

（5）反倾销期终复审立案调查阶段自韩进口数据统计分析。

通过整理涉案产品在反倾销期终复审立案调查时间段的实际进口数

据,我们发现双酚 A 的进口金额在反倾销期终复审立案调查之前逐年增加,进口数量在反倾销期终复审立案调查前呈现逐渐减少的趋势,进口价格则在反倾销期终复审立案调查前保持了持续增长的状态。2003 年涉案产品双酚 A 被反倾销期终复审立案调查之后,进口金额和进口数量总体趋于减少,进口价格总体呈现下跌趋势。对比反倾销期终复审立案调查前的 3 年,反倾销期终复审立案调查后的 3 年里,涉案产品的进口金额累计增加了 131 个统计单位,进口数量累计增加了99460 个统计单位,进口价格累计下降了 0.4 个统计单位(如表 5 - 50所示)。

表 5 - 50　　2009 ~ 2015 年涉案产品双酚 A 反倾销期终复审立案
调查时间段进口数据统计

年度	进口金额(百万美元)	进口数量(吨)	进口价格(美元/千克)
2009	157	154793	1
2010	195	104388	1.9
2011	201	100116	2
2012	148	91154	1.6
2013	287	171641	1.7
2014	238	142460	1.7
2015	159	144656	1.1

资料来源:根据韩国贸易协会世界贸易统计数据库进出口数据翻译整理得到。

(6)反倾销期终复审立案调查阶段自韩进口平均指数统计分析。

从涉案产品的反倾销期终复审立案调查进口平均指数分析结果来看,反倾销期终复审立案调查对于双酚 A 的进口金额和进口数量所产生的贸易破坏效应从"t + 1"阶段开始显现,对进口价格所产生的贸易破坏效应并不明显,总体对比反倾销原审立案调查时所产生的贸易破坏效应衰退明显(如图 5 - 34 所示)。

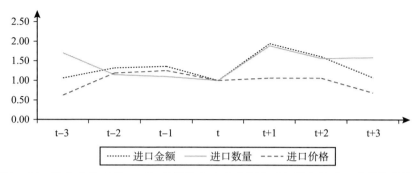

图 5 - 34　涉案产品双酚 A 反倾销期终复审立案调查时间段自韩进口平均指数统计

资料来源：以反倾销立案调查年度的各项指标为平均指数基准值计算整理得到。

16. 丙酮案例。

丙酮反倾销立案调查案件公告，如表 5 - 51 所示。

表 5 - 51　　　　　　丙酮反倾销立案调查案件公告整理

原审立案调查时间	2007 年 3 月 9 日
被诉国家	韩国
申诉国家	中国
涉案产品海关 HS 编码	29141100
涉案产品中文名称	丙酮（又称二甲基甲酮，简称二甲酮，或称醋酮、木酮）
涉案产品英文名称	Acetone，Dimethyl ketone 或 2 - Propanone
涉案产品所属行业	化学原料及其制品工业
原审立案调查初裁时间	2007 年 11 月 22 日
原审立案调查初裁结果	反倾销初裁确定被调查产品存在倾销行为，确定由于涉案产品的进口行为导致国内相关产业同类产品遭受实质性损害，认定倾销和实质性损害之间存在因果关系。根据《中华人民共和国反倾销条例》的相关规定，决定自 2007 年 11 月 23 日起，采用现金保证金形式实施临时反倾销措施，具体比例如下：（株）LG 化学 5.0%、锦湖 P&B 化学株式会社 10.9%、其他韩国公司 52.9%
原审立案调查终裁时间	2008 年 6 月 10 日

续表

原审立案调查终裁结果	反倾销终裁确定被调查产品存在倾销行为，确定由于涉案产品的进口行为导致国内相关产业同类产品遭受实质性损害，认定倾销和实质性损害之间存在因果关系。根据《中华人民共和国反倾销条例》的相关规定，自 2008 年 6 月 9 日起征收反倾销关税，有效期 5 年，具体税率如下：（株）LG 化学 5.0%、锦湖 P&B 化学株式会社 8.9%、其他韩国公司 51.6%
期终复审立案调查时间	2013 年 6 月 7 日
期终复审立案调查终裁时间	2014 年 6 月 6 日
期终复审立案调查终裁结果	自 2014 年 6 月 6 日起，对原产于韩国的进口丙酮继续征收反倾销关税，有效期 5 年，具体税率如下：（株）LG 化学 5%、锦湖 P&B 化学株式会社 8.9%、其他韩国公司 51.6%

资料来源：根据中华人民共和国商务部贸易救济信息网和韩国贸易委员会网站信息整理得到。

（1）反倾销原审立案调查阶段自韩进口数据统计分析。

通过整理涉案产品在反倾销原审立案调查时间段的实际进口数据，我们发现丙酮的进口金额和进口数量，在反倾销原审立案调查前的 3 年出现了大幅度的增长，同时，丙酮的进口价格在反倾销原审立案调查前的 3 年间，出现了不同程度的价格下跌。2007 年涉案产品丙酮被反倾销原审立案调查之后，进口金额和进口数量纷纷呈现连续下跌的状态。丙酮的进口价格在反倾销原审立案调查后，并未出现上涨的迹象。对比反倾销原审立案调查前的 3 年，反倾销原审立案调查后的 3 年里，涉案产品的进口金额累计增加了 18 个统计单位，进口数量累计增加了 14507 个统计单位，进口价格累计下降了 0.2 个统计单位（如表 5 - 52 所示）。

表 5 – 52   2004 ～ 2010 年涉案产品丙酮反倾销原审立案
调查时间段进口数据统计

年度	进口金额（百万美元）	进口数量（吨）	进口价格（美元/千克）
2004	2	2105	1
2005	29	43800	0.7
2006	59	89345	0.7
2007	89	106928	0.8
2008	46	56507	0.8
2009	34	57719	0.6
2010	28	35531	0.8

资料来源：根据韩国贸易协会世界贸易统计数据库进出口数据翻译整理得到。

（2）反倾销原审立案调查阶段自韩进口平均指数统计分析。

从涉案产品的反倾销原审立案调查进口平均指数分析结果来看，反倾销原审立案调查对于丙酮的进口金额和进口数量所产生的贸易破坏效应比较明显，从"t"阶段开始出现，但对于丙酮的进口价格产生的贸易破坏效应从"t + 2"阶段才开始出现（如图 5 – 35 所示）。

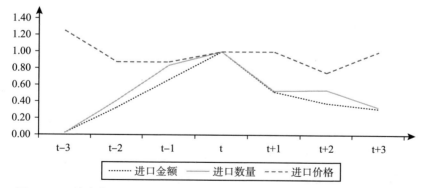

图 5 – 35   涉案产品丙酮反倾销原审立案调查时间段自韩进口平均指数统计

资料来源：以反倾销立案调查年度的各项指标为平均指数基准值计算整理得到。

（3）反倾销期终复审立案调查阶段自韩进口数据统计分析。

通过整理涉案产品在反倾销期终复审立案调查时间段的实际进口数据，我们发现丙酮的进口金额和进口数量，在反倾销期终复审立案调查前的 3 年间都出现了比较明显的增加，进口价格则在反倾销期终复审立案调查的前 1 年间，出现了下跌情况。2013 年涉案产品丙酮被反倾销期终复审立案调查之后，进口金额和进口数量先是减少，随后又开始增加，进口价格在反倾销期终复审立案调查后开始下跌。对比反倾销期终复审立案调查前的 3 年，反倾销期终复审立案调查后的 3 年里，涉案产品的进口金额累计增加了 82 个统计单位，进口数量累计增加了 180971 个统计单位，进口价格累计下降了 0.7 个统计单位（如表 5 - 53 所示）。

表 5 - 53　　2010 ~ 2016 年涉案产品丙酮反倾销期终复审立案
调查时间段进口数据统计

年度	进口金额（百万美元）	进口数量（吨）	进口价格（美元/千克）
2010	28	35531	0.8
2011	67	66536	1
2012	63	67960	0.9
2013	113	108306	1
2014	112	108091	1
2015	41	79455	0.5
2016	87	163452	0.5

资料来源：根据韩国贸易协会世界贸易统计数据库进出口数据翻译整理得到。

（4）反倾销期终复审立案调查阶段自韩进口平均指数统计分析。

从涉案产品的反倾销期终复审立案调查进口平均指数分析结果来看，反倾销期终复审立案调查对于丙酮的进口金额和进口数量所产生的贸易破坏效应都比较明显，从"t"阶段出现后，自"t + 2"阶段开始出现衰退，对丙酮进口价格没有产生明显的贸易破坏效应，总体对比反倾销原审立案调查时所产生的贸易破坏效应衰退明显（如图 5 - 36 所示）。

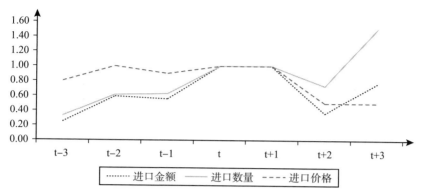

图5-36　涉案产品丙酮反倾销期终复审立案调查时间段自韩进口平均指数统计

资料来源：以反倾销立案调查年度的各项指标为平均指数基准值计算整理得到。

17. 己二酸案例。

己二酸反倾销立案调查案件公告，如表5-54所示。

表5-54　　　　　　　己二酸反倾销立案调查案件公告整理

原审立案调查时间	2008年11月10日
被诉国家	韩国
申诉国家	中国
涉案产品海关HS编码	29171200
涉案产品中文名称	己二酸
涉案产品英文名称	Adipic Acid，简称"AA"
涉案产品所属行业	化学原料和制品工业
原审立案调查初裁时间	2009年6月26日
原审立案调查初裁结果	反倾销初裁确定被调查产品存在倾销行为，确定由于涉案产品的进口行为导致国内相关产业同类产品遭受实质性损害，认定倾销和实质性损害之间存在因果关系。根据《中华人民共和国反倾销条例》的相关规定，决定自2009年6月27日起，采用现金保证金形式实施临时反倾销措施，具体比例如下：罗地亚聚酰胺有限公司6.0%、旭化成化学5.7%、其他韩国公司16.7%
原审立案调查终裁时间	2009年11月1日

续表

原审立案调查终裁结果	反倾销终裁确定被调查产品存在倾销行为,确定由于涉案产品的进口行为导致国内相关产业同类产品遭受实质性损害,认定倾销和实质性损害之间存在因果关系。根据《中华人民共和国反倾销条例》的相关规定,自2009 年11 月2 日起征收反倾销关税,有效期5 年,具体税率如下:罗地亚聚酰胺有限公司5.9% 、旭化成化学5.0% 、其他韩国公司16.7%
期终复审立案调查时间	2014 年11 月2 日
期终复审立案调查终裁时间	2015 年10 月26 日
期终复审立案调查终裁结果	自2015 年11 月2 日起,对原产于韩国的进口己二酸继续征收反倾销关税,有效期5 年,具体税率如下:罗地亚聚酰胺有限公司5.9% 、旭化成化学韩国5% 、其他韩国公司16.7%

资料来源:根据中华人民共和国商务部贸易救济信息网和韩国贸易委员会网站信息整理得到。

(1) 反倾销原审立案调查阶段自韩进口数据统计分析。

通过整理涉案产品在反倾销原审立案调查时间段的实际进口数据,我们发现己二酸的进口金额和进口数量,在反倾销原审立案调查前的3年里,呈现出逐年上涨的状态,进口价格在反倾销原审立案调查前的3年间,没有出现下跌。2008 年涉案产品己二酸被反倾销原审立案调查之后,进口金额和进口数量开始下降,期终进口数量下降较为明显。己二酸的进口价格在反倾销原审立案调查后,开始持续上涨。对比反倾销原审立案调查前的3 年,反倾销原审立案调查后的3 年里,涉案产品的进口金额累计减少了116 个统计单位,进口数量累计减少了81198 个统计单位,进口价格累计上涨了0.9 个统计单位(如表5 -55 所示)。

表5 -55　　　2005 ~ 2011 年涉案产品己二酸反倾销原审立案
调查时间段进口数据统计

年度	进口金额(百万美元)	进口数量(吨)	进口价格(美元/千克)
2005	50	40383	1.2
2006	90	55499	1.6

续表

年度	进口金额（百万美元）	进口数量（吨）	进口价格（美元/千克）
2007	123	72389	1.7
2008	72	45764	1.6
2009	51	40457	1.3
2010	47	24652	1.9
2011	49	21964	2.2

资料来源：根据韩国贸易协会世界贸易统计数据库进出口数据翻译整理得到。

（2）反倾销原审立案调查阶段自韩进口平均指数统计分析。

从涉案产品的反倾销原审立案调查进口平均指数分析结果来看，反倾销原审立案调查对于己二酸的进口金额和进口数量所产生的贸易破坏效应比较明显，从"t"阶段开始出现，对于己二酸进口价格所产生的贸易破坏效应从"t+1"阶段开始出现（如图5-37所示）。

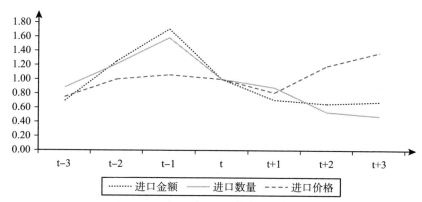

图5-37　涉案产品己二酸反倾销原审立案调查时间段自韩进口平均指数统计
资料来源：以反倾销立案调查年度的各项指标为平均指数基准值计算整理得到。

（3）反倾销期终复审立案调查阶段自韩进口数据统计分析。

通过整理涉案产品在反倾销期终复审立案调查时间段的实际进口数据，我们发现己二酸的进口金额和进口数量，在反倾销期终复审立案调查前的 3 年间均开始逐渐减少，进口价格则在反倾销期终复审立案调查前的 3 年间，出现了小幅度的下跌。2014 年涉案产品己二酸被反倾销期终复审立案调查之后，进口金额和进口数量都维持在较低的总量，没有产生太大的波动，进口价格在反倾销期终复审立案调查后连续下跌两年后，在 2017 年开始上涨。对比反倾销期终复审立案调查前的 3 年，反倾销期终复审立案调查后的 3 年里，涉案产品的进口金额累计减少了 74 个统计单位，进口数量累计减少了 21052 个统计单位，进口价格累计下降了 1.5 个统计单位（如表 5 - 56 所示）。

表 5 - 56　　2011 ~ 2017 年涉案产品己二酸反倾销期终复审立案
调查时间段进口数据统计

年度	进口金额（百万美元）	进口数量（吨）	进口价格（美元/千克）
2011	49	21964	2.2
2012	41	18952	2.2
2013	27	12592	2.1
2014	19	10032	1.9
2015	14	10688	1.3
2016	14	11774	1.2
2017	15	9994	1.5

资料来源：根据韩国贸易协会世界贸易统计数据库进出口数据翻译整理得到。

（4）反倾销期终复审立案调查阶段自韩进口平均指数统计分析。

从涉案产品的反倾销期终复审立案调查进口平均指数分析结果来看，反倾销期终复审立案调查对于己二酸的进口金额所产生的贸易破坏效应从"t"阶段开始出现，对己二酸进口数量所产生的贸易破坏效应从"t + 2"阶段开始出现，对己二酸进口价格所产生的贸易破坏效应，从"t + 2"阶段开始出现，总体对比反倾销原审立案调查时所产生的贸易破坏效应持续周期有所缩短（如图 5 - 38 所示）。

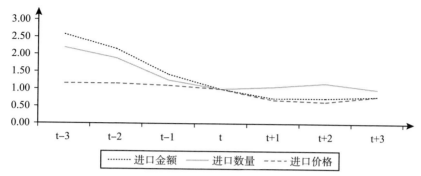

图 5 - 38   涉案产品己二酸反倾销期终复审立案调查时间段自韩进口平均指数统计

资料来源：以反倾销立案调查年度的各项指标为平均指数基准值计算整理得到。

18. 精对苯二甲酸案例。

精对苯二甲酸反倾销立案调查案件公告，如表 5 - 57 所示。

表 5 - 57   精对苯二甲酸反倾销立案调查案件公告整理

原审立案调查时间	2009 年 2 月 12 日
被诉国家	韩国
申诉国家	中国
涉案产品海关 HS 编码	29173611、29173619
涉案产品中文名称	精对苯二甲酸
涉案产品英文名称	Terephthalic Acid
涉案产品所属行业	化学原料和制品产业
原审立案调查初裁时间	2010 年 2 月 2 日
原审立案调查初裁结果	反倾销初裁确定被调查产品存在倾销行为，确定由于涉案产品的进口行为导致国内相关产业同类产品遭受实质性损害，认定倾销和实质性损害之间存在因果关系。根据《中华人民共和国反倾销条例》的相关规定，决定自 2010 年 2 月 1 日起，采用现金保证金形式实施临时反倾销措施，具体比例如下：晓星株式会社 2.6%、三星石油化学株式会社 2.0%、SK 油化株式会社 11.2%、三南石油化学株式会社 3.7%、KP 化学公司 2.0%、泰光产业（株）2.4%、其他韩国公司 11.2%

续表

原审立案调查终裁时间	2010 年 8 月 12 日
原审立案调查终裁结果	反倾销终裁确定被调查产品存在倾销行为，确定由于涉案产品的进口行为导致国内相关产业同类产品遭受实质性损害，认定倾销和实质性损害之间存在因果关系。根据《中华人民共和国反倾销条例》的相关规定，自 2010 年 8 月 12 日起征收反倾销关税，有效期 5 年，具体税率如下：晓星株式会社 2.6%、三星石油化学株式会社 2.0%、SK 油化株式会社 11.2%、三南石油化学株式会社 3.7%、KP 化学公司 2.0%、泰光产业（株）2.4%、其他韩国公司 11.2%
期终复审立案调查时间	2015 年 8 月 10 日
期终复审立案调查终裁时间	2016 年 8 月 10 日
期终复审立案调查终裁结果	自 2016 年 8 月 10 日起，对原产于韩国的进口精对苯二甲酸继续征收反倾销关税，有效期 5 年，具体税率如下：株式会社晓星 2.6%、三星石油化学株式会社 2%、SK 油化株式会社 11.2%、三南石油化学株式会社 3.7%、KP 化学公司 2%、泰光产业（株）2.4%、其他韩国公司 11.2%

资料来源：根据中华人民共和国商务部贸易救济信息网和韩国贸易委员会网站信息整理得到。

（1）反倾销原审立案调查阶段自韩进口数据统计分析。

通过整理涉案产品在反倾销原审立案调查时间段的实际进口数据，我们发现精对苯二甲酸的进口金额和进口数量，在反倾销原审立案调查前的 3 年时间里呈现出持续增长的状态。精对苯二甲酸的进口价格在反倾销原审立案调查前的 3 年间，表现得很稳定，没有出现价格下降。2009 年涉案产品精对苯二甲酸被反倾销原审立案调查之后，进口金额延续惯性继续上涨两年后于 2012 年开始下跌，进口数量从反倾销原审立案调查之后，开始逐年小幅度减少，进口价格在反倾销原审立案调查后开始持续上涨。对比反倾销原审立案调查前的 3 年，反倾销原审立案调查后的 3 年里，涉案产品的进口金额累计增加了 1914 个统计单位，进口数量累计增加了 336656 个统计单位，进口价格累计上涨了 0.8 个统计单位（如表 5 - 58 所示）。

表 5-58　　2006~2012 年涉案产品精对苯二甲酸反倾销原审立案
调查时间段进口数据统计

年度	进口金额（百万美元）	进口数量（吨）	进口价格（美元/千克）
2006	2345	2867818	0.8
2007	2369	2934575	0.8
2008	2804	3326505	0.8
2009	2522	3160517	0.8
2010	2857	3090457	0.9
2011	3703	3022278	1.2
2012	2872	2679507	1.1

资料来源：根据韩国贸易协会世界贸易统计数据库进出口数据翻译整理得到。

（2）反倾销原审立案调查阶段自韩进口平均指数统计分析。

从涉案产品的反倾销原审立案调查进口平均指数分析结果来看，反倾销原审立案调查对于精对苯二甲酸的进口金额所产生的贸易破坏效应有些滞后，从"t+2"阶段开始出现，对精对苯二甲酸进口数量所产生的贸易破坏效应比较明显，从"t"阶段开始出现，对精对苯二甲酸进口价格所产生的贸易破坏效应十分明显，从"t"阶段开始出现，自"t+2"阶段开始出现衰退（如图 5-39 所示）。

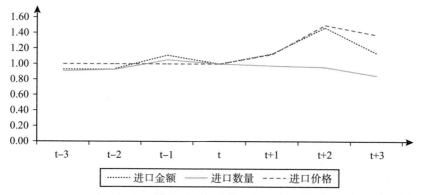

图 5-39　涉案产品精对苯二甲酸反倾销原审立案调查时间段自韩进口平均指数统计

资料来源：以反倾销立案调查年度的各项指标为平均指数基准值计算整理得到。

（3）反倾销期终复审立案调查阶段自韩进口数据统计分析。

通过整理涉案产品在反倾销期终复审立案调查时间段的实际进口数据，我们发现精对苯二甲酸的进口金额和进口数量，在反倾销期终复审立案调查前的3年间逐年减少，进口价格则在反倾销期终复审立案调查前的3年间逐渐下跌。2015年涉案产品精对苯二甲酸被反倾销期终复审立案调查之后，进口金额和进口数量持续维持在较低水平的区间，没有出现大的增长，进口价格则在反倾销期终复审立案调查后开始上涨。对比反倾销期终复审立案调查前的3年，反倾销期终复审立案调查后的3年里，涉案产品的进口金额累计减少了4998个统计单位，进口数量累计减少了4651571个统计单位，进口价格累计下降了1.1个统计单位（如表5-59所示）。

表5-59　　2012~2018年涉案产品精对苯二甲酸反倾销期终复审
立案调查时间段进口数据统计

年度	进口金额（百万美元）	进口数量（吨）	进口价格（美元/千克）
2012	2872	2679507	1.1
2013	1845	1744680	1.1
2014	596	674355	0.9
2015	197	320056	0.6
2016	51	85673	0.6
2017	131	205224	0.6
2018	129	156074	0.8

资料来源：根据韩国贸易协会世界贸易统计数据库进出口数据翻译整理得到。

（4）反倾销期终复审立案调查阶段自韩进口平均指数统计分析。

从涉案产品的反倾销期终复审立案调查进口平均指数分析结果来看，反倾销期终复审立案调查对于精对苯二甲酸的进口金额和进口数量所产生的贸易破坏效应从"t"阶段开始出现，对精对苯二甲酸进口价格所产生的贸易破坏效应从"t+2"阶段开始出现，总体对比反倾销原审立案调查时所产生的贸易破坏效应没有明显变化（如图5–40所示）。

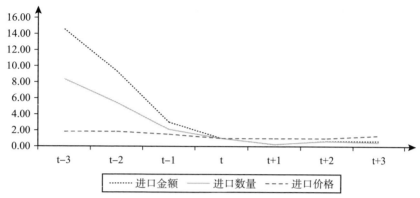

图5–40 涉案产品精对苯二甲酸反倾销期终复审立案调查
时间段自韩进口平均指数统计

资料来源：以反倾销立案调查年度的各项指标为平均指数基准值计算整理得到。

二、无期终复审案例阶段性贸易破坏效应分析

我国对韩国无期终复审案例的终裁结果只有征收反倾销关税一种，因此选择8起案例分析其贸易破坏效应。

1. 聚酯切片案例。

聚酯切片反倾销原审立案调查案件公告，如表5–60所示。

表5–60 聚酯切片反倾销原审立案调查案件公告整理

原审立案调查时间	2001年8月3日
被诉国家	韩国
申诉国家	中国
涉案产品海关HS编码	39076011、39076019
涉案产品中文名称	聚酯切片
涉案产品英文名称	Polyglyceride Slices

续表

涉案产品所属行业	化学原料和制品产业
原审立案调查初裁时间	2002 年 10 月 29 日
原审立案调查初裁结果	反倾销初裁确定被调查产品存在倾销行为，确定由于涉案产品的进口行为导致国内相关产业同类产品遭受实质性损害，认定倾销和实质性损害之间存在因果关系。根据《中华人民共和国反倾销条例》的相关规定，对韩国的涉案企业按照裁定的倾销幅度征收保证金，具体比例如下：大韩化纤株式会社 8%、高合化学株式会社 16%、HUVIS 株式会社 41%、世韩株式会社 30%、合纤株式会社 8%、东丽世韩株式会社 6%、SK 化学株式会社 13%、其他韩国企业 52%
原审立案调查终裁时间	2003 年 2 月 3 日
原审立案调查终裁结果	反倾销终裁确定被调查产品存在倾销行为，确定由于涉案产品的进口行为导致国内相关产业同类产品遭受实质性损害，认定倾销和实质性损害之间存在因果关系。根据《中华人民共和国反倾销条例》的相关规定，自 2003 年 2 月 3 日起，对涉案产品征收反倾销关税，有效期 5 年，具体税率如下：大韩化纤株式会社 5%、高合化学株式会社 11%、HUVIS 株式会社 13%、世韩株式会社 11%、合纤株式会社 8%、东丽世韩株式会社 6%、SK 化学株式会社 13%、其他韩国公司 52%

资料来源：根据中华人民共和国商务部贸易救济信息网和韩国贸易委员会网站信息整理得到。

（1）反倾销原审立案调查阶段自韩进口数据统计分析。

通过整理涉案产品在反倾销原审立案调查时间段的实际进口数据，我们发现聚酯切片的进口金额和数量，在反倾销原审立案调查前 3 年一直呈现出大幅度的增长状态。聚酯切片的进口价格在反倾销原审立案调查前的 3 年间，并未出现下降，反而呈现逐年上涨的分布状态。2001年涉案产品聚酯切片被反倾销原审立案调查之后，进口金额和数量在 2002 年出现短暂下跌，随即又呈现出较大幅度的增长。聚酯切片的进口价格先是在 2002 年短暂下跌后，从 2003 年开始逐渐上涨。对比反倾销原审立案调查前的 3 年，反倾销原审立案调查后的 3 年里，涉案产品的进口金额累计增加了 19 个统计单位，进口数量累计增加了 54334 个统计单位，进口价格累计下降了 0.1 个统计单位（如表 5 - 61 所示）。

表 5 - 61   1998 ~ 2004 年涉案产品聚酯切片反倾销原审立案
调查时间段进口数据统计

年度	进口金额（百万美元）	进口数量（吨）	进口价格（美元/千克）
1998	1	2362	0.4
1999	16	25787	0.6
2000	43	60030	0.7
2001	23	41014	0.6
2002	12	32689	0.4
2003	24	48925	0.5
2004	43	60899	0.7

资料来源：根据韩国贸易协会世界贸易统计数据库进出口数据翻译整理得到。

（2）反倾销原审立案调查阶段自韩进口平均指数统计分析。

从涉案产品的反倾销原审立案调查进口平均指数分析结果来看，反倾销原审立案调查对于聚酯切片的进口金额和进口数量所产生的贸易破坏效应从"t"阶段开始出现，从"t+1"阶段开始衰退，对于聚酯切片的进口价格所产生的贸易破坏效应从"t+1"阶段开始体现明显（如图 5 - 41 所示）。

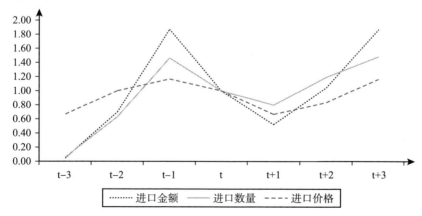

图 5 - 41　涉案产品聚酯切片反倾销原审立案调查时间段自韩进口平均指数统计

资料来源：以反倾销立案调查年度的各项指标为平均指数基准值计算整理得到。

2. 涤纶短纤维案例。

涤纶短纤维反倾销原审立案调查案件公告，如表 5 – 62 所示。

表 5 – 62　　　　　涤纶短纤维反倾销原审立案调查案件公告整理

原审立案调查时间	2001 年 8 月 3 日
被诉国家	韩国
申诉国家	中国
涉案产品海关 HS 编码	54024920、54026920
涉案产品中文名称	涤纶短纤维
涉案产品英文名称	Polyester Short Fiber
涉案产品所属行业	化纤工业
原审立案调查初裁时间	2002 年 10 月 22 日
原审立案调查初裁结果	反倾销初裁确定被调查产品存在倾销行为，确定由于涉案产品的进口行为导致国内相关产业同类产品遭受实质性损害，认定倾销和实质性损害之间存在因果关系。根据《中华人民共和国反倾销条例》的相关规定，自 2002 年 10 月 22 日起，按照裁定的倾销幅度征收保证金，具体比例如下：世韩株式会社 4%、三兴韩国株式会社 12%、成林株式会社 4%、HUVIS 株式会社 7%、大韩化纤株式会社 35%、其他韩国企业 48%
原审立案调查终裁时间	2003 年 2 月 3 日
原审立案调查终裁结果	反倾销终裁确定被调查产品存在倾销行为，确定由于涉案产品的进口行为导致国内相关产业同类产品遭受实质性损害，认定倾销和实质性损害之间存在因果关系。根据《中华人民共和国反倾销条例》的相关规定，从 2003 年 2 月 3 日起，对进口自韩国的涤纶短纤维征收反倾销关税，有效期 5 年，具体税率如下：世韩株式会社 2%、三兴韩国株式会社 5%、成林株式会社 2%、HUVIS 株式会社 3%、大韩化纤株式会社 33%、其他韩国企业 48%

资料来源：根据中华人民共和国商务部贸易救济信息网和韩国贸易委员会网站信息整理得到。

（1）反倾销原审立案调查阶段自韩进口数据统计分析。

通过整理涉案产品在反倾销原审立案调查时间段的实际进口数据，我们发现涤纶短纤维的进口金额和进口数量，在反倾销原审立案调查前3年间一直保持着小幅度的稳定增长。同时，涤纶短纤维的进口价格在反倾销原审立案调查前的3年间，并未出现下跌，反而有小幅度的上涨。2001年涉案产品涤纶短纤维被反倾销原审立案调查之后，进口金额和进口数量下降较为明显。涤纶短纤维的进口价格也呈现出逐年上涨的状态。对比反倾销原审立案调查前的3年，反倾销原审立案调查后的3年里，涉案产品的进口金额累计减少了313个统计单位，进口数量累计减少了524631个统计单位，进口价格累计上涨了0.6个统计单位（如表5-63所示）。

表5-63　　　1998~2004年涉案产品涤纶短纤维反倾销原审立案
调查时间段进口数据统计

年度	进口金额（百万美元）	进口数量（吨）	进口价格（美元/千克）
1998	235	338134	0.7
1999	237	333919	0.7
2000	282	347499	0.8
2001	201	274432	0.7
2002	139	179958	0.8
2003	153	174552	0.9
2004	149	140411	1.1

资料来源：根据韩国贸易协会世界贸易统计数据库进出口数据翻译整理得到。

（2）反倾销原审立案调查阶段自韩进口平均指数统计分析。

从涉案产品的反倾销原审立案调查进口平均指数分析结果来看，反倾销原审立案调查对于涤纶短纤维的进口金额和进口数量所产生的贸易破坏效应从"t"阶段开始出现，在"t+1"阶段虽有所减弱，但总体仍在持续，对涤纶短纤维的进口价格所产生的贸易破坏效应从 "t" 阶段开始体现的十分明显（如图 5 – 42 所示）。

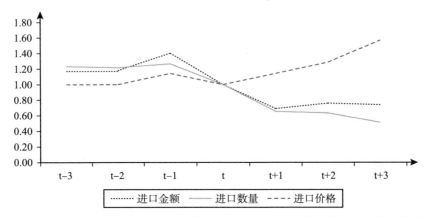

图 5 – 42　涉案产品涤纶短纤维反倾销原审立案调查时间段自韩进口平均指数统计

资料来源：以反倾销立案调查年度的各项指标为平均指数基准值计算整理得到。

3. 未漂白牛皮箱纸板案例。

未漂白牛皮箱纸板反倾销原审立案调查案件公告，如表 5 – 64 所示。

表 5 – 64　　未漂白牛皮箱纸板反倾销原审立案调查案件公告整理

原审立案调查时间	2004 年 3 月 31 日
被诉国家	韩国
申诉国家	中国
涉案产品海关 HS 编码	48043100、48044100、48045100、48052400、48052500
涉案产品中文名称	未漂白牛皮箱纸板
涉案产品英文名称	Unbleached Kraft Liner/Liner board
涉案产品所属行业	造纸工业产业
原审立案调查初裁时间	2005 年 5 月 31 日

原审立案调查初裁结果	反倾销初裁确定被调查产品存在倾销行为，确定由于涉案产品的进口行为导致国内相关产业同类产品遭受实质性损害，认定倾销和实质性损害之间存在因果关系。根据《中华人民共和国反倾销条例》的相关规定，决定自 2005 年 5 月 31 日起，采用现金保证金形式实施临时反倾销措施，具体比例如下：和承制纸株式会社 11%、新大洋制纸株式会社 11%、朝日制纸株式会社 11%、斗林制纸株式会社 11%、亚细亚制纸株式会社 11%、东日制纸株式会社 11%、月山制纸株式会社 11%、其他公司 65.2%
原审立案调查终裁时间	2005 年 9 月 30 日
原审立案调查终裁结果	反倾销终裁确定被调查产品存在倾销行为，确定由于涉案产品的进口行为导致国内相关产业同类产品遭受实质性损害，认定倾销和实质性损害之间存在因果关系。根据《中华人民共和国反倾销条例》的相关规定，自 2005 年 9 月 30 日起征收反倾销关税，有效期 5 年，具体税率如下：和承制纸株式会社 11%、新大洋制纸株式会社 11%、朝日制纸株式会社 11%、斗林制纸株式会社 11%、亚细亚制纸株式会社 11%、东日制纸株式会社 11%、株式会社月山 11%、其他公司普遍税率 65.2%

资料来源：根据中华人民共和国商务部贸易救济信息网和韩国贸易委员会网站信息整理得到。

（1）反倾销原审立案调查阶段自韩进口数据统计分析。

通过整理涉案产品在反倾销原审立案调查时间段的实际进口数据，我们发现未漂白牛皮箱纸板的进口金额和进口数量，在反倾销原审立案调查前的 3 年内，先是在 2002 年出现了大幅度的增长，随后又在 2003 年下跌了一部分。未漂白牛皮箱纸板的进口价格则在反倾销原审立案调查前的 3 年间，没有出现下跌迹象。2004 年涉案产品未漂白牛皮箱纸板被反倾销原审立案调查之后，进口金额和进口数量出现了持续的下跌。未漂白牛皮箱纸板的进口价格在反倾销原审立案调查之后，呈现出逐渐上涨的趋势。对比反倾销原审立案调查前的 3 年，反倾销原审立案调查后的 3 年里，涉案产品的进口金额累计减少了 16 个统计单位，进口数量累计减少了 81599 个统计单位，进口价格累计上涨了 0.16 个统计单位（如表 5 - 65 所示）。

表 5 - 65　　2001～2007 年涉案产品未漂白牛皮箱纸板反倾销原审
立案调查时间段进口数据统计

年度	进口金额（百万美元）	进口数量（吨）	进口价格（美元/千克）
2001	12	45875	0.26
2002	24	88558	0.27
2003	19	65140	0.28
2004	21	66155	0.3
2005	21	67649	0.3
2006	12	36126	0.31
2007	6	14199	0.36

资料来源：根据韩国贸易协会世界贸易统计数据库进出口数据翻译整理得到。

（2）反倾销原审立案调查阶段自韩进口平均指数统计分析。

从涉案产品的反倾销原审立案调查进口平均指数分析结果来看，反倾销原审立案调查对于未漂白牛皮箱纸板的进口金额和进口数量所产生的贸易破坏效应非常明显，从"t＋1"阶段开始出现，对于未漂白牛皮箱纸板的进口价格所产生的贸易破坏效应也比较明显，从"t"阶段开始出现（如图 5 - 43 所示）。

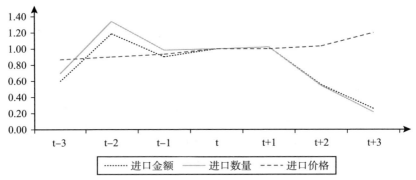

图 5 - 43　涉案产品未漂白牛皮箱纸板反倾销原审立案调查
时间段自韩进口平均指数统计

资料来源：以反倾销立案调查年度的各项指标为平均指数基准值计算整理得到。

4. 核苷酸类食品添加剂案例。

核苷酸类食品添加剂反倾销原审立案调查案件公告，如表 5 – 66 所示。

表 5 – 66　核苷酸类食品添加剂反倾销原审立案调查案件公告整理

原审立案调查时间	2004 年 11 月 12 日
被诉国家	韩国
申诉国家	中国
涉案产品海关 HS 编码	29349930、38249090
涉案产品中文名称	核苷酸类食品添加剂
涉案产品英文名称	Disodium 5' – Inosinate、Disodium 5' – Guanylate and Disodium 5' – Ribonucleotide
涉案产品所属行业	化学原料和制品工业
原审立案调查初裁时间	2005 年 8 月 4 日
原审立案调查初裁结果	反倾销初裁确定被调查产品存在倾销行为，确定由于涉案产品的进口行为导致国内相关产业同类产品遭受实质性损害，认定倾销和实质性损害之间存在因果关系。根据《中华人民共和国反倾销条例》的相关规定，决定自 2005 年 8 月 4 日起，采用现金保证金形式实施临时反倾销措施，具体比例如下：大象株式会社 25%、其他韩国公司 144%
原审立案调查终裁时间	2006 年 5 月 12 日
原审立案调查终裁结果	反倾销终裁确定被调查产品存在倾销行为，确定由于涉案产品的进口行为导致国内相关产业同类产品遭受实质性损害，认定倾销和实质性损害之间存在因果关系。根据《中华人民共和国反倾销条例》的相关规定，自 2006 年 5 月 12 日起征收反倾销关税，有效期 5 年，具体税率如下：大象株式会社 25%，其他公司 119%

资料来源：根据中华人民共和国商务部贸易救济信息网和韩国贸易委员会网站信息整理得到。

（1）反倾销原审立案调查阶段自韩进口数据统计分析（见表 5 – 67）。

表 5 – 67   2001 ～ 2007 年涉案产品核苷酸类食品添加剂反倾销
原审立案调查时间段进口数据统计

年度	进口金额（百万美元）	进口数量（吨）	进口价格（美元/千克）
2001	50	34977	1.4
2002	92	43931	2.1
2003	83	34800	2.4
2004	98	38025	2.6
2005	171	65954	2.6
2006	146	64054	2.3
2007	225	86049	2.6

资料来源：根据韩国贸易协会世界贸易统计数据库进出口数据翻译整理得到。

通过整理涉案产品在反倾销原审立案调查时间段的实际进口数据，我们发现核苷酸类食品添加剂的进口金额在反倾销原审立案调查之前产生了小幅上涨，而进口数量在反倾销原审立案调查前则出现了小幅度下跌。核苷酸类食品添加剂的进口价格在反倾销原审立案调查前的 3 年间，呈现出持续上涨的趋势。2004 年涉案产品核苷酸类食品添加剂被反倾销原审立案调查之后，进口金额和进口数量总体上仍然延续了持续上涨的趋势。核苷酸类食品添加剂的进口价格总体表现平稳，并未出现较大幅度的上涨。对比反倾销原审立案调查前的 3 年，反倾销原审立案调查后 3 年里，涉案产品的进口金额累计增加了 317 个统计单位，进口数量累计增加了 102349 个统计单位，进口价格累计上涨了 1.6 个统计单位。

（2）反倾销原审立案调查阶段自韩进口平均指数统计分析。

从涉案产品的反倾销原审立案调查进口平均指数分析结果来看，反倾销原审立案调查对于核苷酸类食品添加剂的进口金额和进口数量总体上没有产生明显的贸易破坏效应，对于核苷酸类食品添加剂的进口价格从"t＋2"阶段，贸易破坏效应开始显现（如图 5－44 所示）。

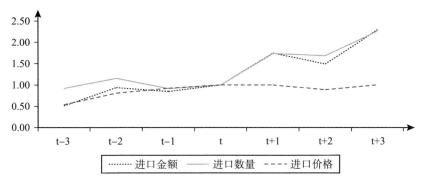

图 5－44　涉案产品核苷酸类食品添加剂反倾销原审立案调查

时间段自韩进口平均指数统计

资料来源：以反倾销立案调查年度的各项指标为平均指数基准值计算整理得到。

5. 初级形态二甲基环体硅氧烷案例。

初级形态二甲基环体硅氧烷反倾销原审立案调查案件公告，如表 5－68 所示。

表 5－68　　　　初级形态二甲基环体硅氧烷反倾销原审

立案调查案件公告整理

原审立案调查时间	2008 年 5 月 28 日
被诉国家	韩国
申诉国家	中国
涉案产品海关 HS 编码	29310000、38249099
涉案产品中文名称	初级形态二甲基环体硅氧烷
涉案产品英文名称	Dimethyl Cyclosiloxane 或 Cyclic Dimethyl Siloxane
涉案产品所属行业	化学原料和制品工业
原审立案调查初裁时间	2008 年 11 月 10 日

续表

原审立案调查初裁结果	反倾销初裁确定被调查产品存在倾销行为，确定由于涉案产品的进口行为导致国内相关产业同类产品遭受实质性损害，认定倾销和实质性损害之间存在因果关系。根据《中华人民共和国反倾销条例》的相关规定，决定自 2008 年 11 月 7 日起，进口经营者在进口原产于韩国的进口初级形态二甲基环体硅氧烷时，应依据本初裁决定所确定的各公司的倾销幅度向中华人民共和国海关提供相应的保证金
原审立案调查终裁时间	2009 年 6 月 2 日
原审立案调查终裁结果	反倾销终裁确定被调查产品存在倾销行为，确定由于涉案产品的进口行为导致国内相关产业同类产品遭受实质性损害，认定倾销和实质性损害之间存在因果关系。根据《中华人民共和国反倾销条例》的相关规定，自 2009 年 5 月 28 日起，对原产于韩国的进口初级形态二甲基环体硅氧烷征收 25.1% 的反倾销关税，有效期 5 年

资料来源：根据中华人民共和国商务部贸易救济信息网和韩国贸易委员会网站信息整理得到。

（1）反倾销原审立案调查阶段自韩进口数据统计分析。

通过整理涉案产品在反倾销原审立案调查时间段的实际进口数据，我们发现初级形态二甲基环体硅氧烷的进口金额和数量，在反倾销原审立案调查前的 3 年内均出现了不同程度的增长，进口价格在反倾销原审立案调查前的 3 年间，并未出现较大幅度的下跌。2008 年涉案产品初级形态二甲基环体硅氧烷被反倾销原审立案调查之后，进口金额和进口数量延续惯性继续上涨，进口价格在反倾销原审立案调查后，开始了小幅度的逐渐上涨。对比反倾销原审立案调查前的 3 年，反倾销原审立案调查后的 3 年里，涉案产品的进口金额累计增加了 337 个统计单位，进口数量累计增加了 144266 个统计单位，进口价格累计下降了 0.3 个统计单位（如表 5 - 69 所示）。

表 5 – 69　　　2005 ~ 2011 年涉案产品初级形态二甲基环体硅氧烷
反倾销原审立案调查时间段进口数据统计

年度	进口金额（百万美元）	进口数量（吨）	进口价格（美元/千克）
2005	168	66709	2. 5
2006	150	64542	2. 3
2007	230	86445	2. 7
2008	226	76105	3
2009	248	110963	2. 2
2010	314	128188	2. 4
2011	323	122811	2. 6

资料来源：根据韩国贸易协会世界贸易统计数据库进出口数据翻译整理得到。

（2）反倾销原审立案调查阶段自韩进口平均指数统计分析。

从涉案产品的反倾销原审立案调查进口平均指数分析结果来看，反
倾销原审立案调查对于初级形态二甲基环体硅氧烷的进口金额并未产生
明显的贸易破坏效应，对于初级形态二甲基环体硅氧烷的进口数量产生
的贸易破坏效应从"t + 2"阶段开始略有体现，对于初级形态二甲基环
体硅氧烷的进口价格所产生的贸易破坏效应从"t + 1"阶段开始出现
（如图 5 – 45 所示）。

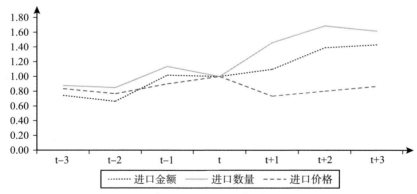

图 5 – 45　涉案产品初级形态二甲基环体硅氧烷原审立案调查
时间段自韩进口平均指数统计

资料来源：以反倾销立案调查年度的各项指标为平均指数基准值计算整理得到。

6. 太阳能级多晶硅案例。

太阳能级多晶硅反倾销原审立案调查案件公告，如表 5 - 70 所示。

表 5 - 70　　太阳能级多晶硅反倾销原审立案调查案件公告整理

原审立案调查时间	2012 年 7 月 20 日
被诉国家	韩国
申诉国家	中国
涉案产品海关 HS 编码	28046190
涉案产品中文名称	太阳能级多晶硅
涉案产品英文名称	Solar - Grade Polysilicon
涉案产品所属行业	光伏产业
原审立案调查初裁时间	2013 年 7 月 18 日
原审立案调查初裁结果	反倾销初裁确定被调查产品存在倾销行为，确定由于涉案产品的进口行为导致国内相关产业同类产品遭受实质性损害，认定倾销和实质性损害之间存在因果关系。根据《中华人民共和国反倾销条例》的相关规定，决定自 2013 年 7 月 24 日起，采用现金保证金形式实施临时反倾销措施，具体比例如下：熊津多晶硅有限公司 12.3%、OCI 株式会社 2.4%、韩国硅业株式会社 2.8%、KCC Corp. and Korean Advanced Materials 48.7%、Innovation Silicon Co., Ltd. 48.7%、其他韩国公司 12.3%
原审立案调查终裁时间	2014 年 1 月 21 日
原审立案调查终裁结果	反倾销终裁确定被调查产品存在倾销行为，确定由于涉案产品的进口行为导致国内相关产业同类产品遭受实质性损害，认定倾销和实质性损害之间存在因果关系。根据《中华人民共和国反倾销条例》的相关规定，自 2014 年 1 月 20 日起征收反倾销税税，有效期 5 年，具体税率如下：熊津多晶硅有限公司 12.3%、OCI 株式会社 2.4%、韩国硅业株式会社 2.8%、KCC Corp. and Korean Advanced Materials 48.7%、Innovation Silicon Co., Ltd. 48.7%、其他韩国公司 12.3%

资料来源：根据中华人民共和国商务部贸易救济信息网和韩国贸易委员会网站信息整理得到。

（1）反倾销原审立案调查阶段自韩进口数据统计分析。

通过整理涉案产品在反倾销原审立案调查时间段的实际进口数据，我们发现太阳能级多晶硅的进口金额和进口数量，在反倾销原审立案调查前的 3 年内，一直呈现出连续增长的状态，太阳能级多晶硅的进口价格在反倾销原审立案调查前的 3 年间，出现了较为明显的持续下跌。2012 年涉案产品太阳能级多晶硅被反倾销原审立案调查之后，进口金额和进口数量先是出现短暂减少，然后又继续大幅增加，进口价格在反倾销原审立案调查实施以后，并未产生幅度明显的上涨。对比反倾销原审立案调查前的 3 年，反倾销原审立案调查后的 3 年里，涉案产品的进口金额累计减少了 176 个统计单位，进口数量累计增加了 61421 个统计单位，进口价格累计下降了 123 个统计单位（如表 5 - 71 所示）。

表 5 - 71　　　2009 ~ 2015 年涉案产品太阳能级多晶硅反倾销原审
立案调查时间段进口数据统计

年度	进口金额（百万美元）	进口数量（吨）	进口价格（美元/千克）
2009	331	4521	73
2010	653	11669	56
2011	991	19601	51
2012	437	18470	24
2013	328	16998	19
2014	663	31339	21
2015	808	48875	17

资料来源：根据韩国贸易协会世界贸易统计数据库进出口数据翻译整理得到。

（2）反倾销原审立案调查阶段自韩进口平均指数统计分析。

从涉案产品的反倾销原审立案调查进口平均指数分析结果来看，反倾销原审立案调查对于太阳能级多晶硅的进口金额和进口数量所产生的贸易破坏效应从 "t" 阶段开始有所体现，自 "t + 1" 阶段开始明显减弱，对于太阳能级多晶硅的进口价格所产生的贸易破坏效应没有明显体现（如图 5 - 46 所示）。

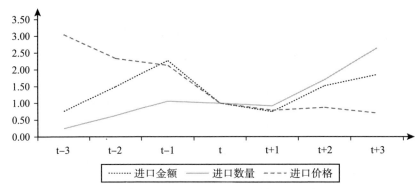

图 5 - 46   涉案产品太阳能级多晶硅反倾销原审立案调查时间段

自韩进口平均指数统计

资料来源：以反倾销立案调查年度的各项指标为平均指数基准值计算整理得到。

7. 腈纶案例。

腈纶反倾销原审立案调查案件公告，如表 5 - 72 所示。

表 5 - 72   腈纶反倾销原审立案调查案件公告整理

原审立案调查时间	2015 年 7 月 14 日
被诉国家	韩国
申诉国家	中国
涉案产品海关 HS 编码	55013000、55033000、55063000
涉案产品中文名称	腈纶，又称聚丙烯腈纤维
涉案产品英文名称	Polyacrylonitrile Fiber，或 Acrylicfiber
涉案产品所属行业	化学原料和制品工业
原审立案调查初裁时间	2016 年 4 月 1 日
原审立案调查初裁结果	反倾销初裁确定被调查产品存在倾销行为，确定由于涉案产品的进口行为导致国内相关产业同类产品遭受实质性损害，认定倾销和实质性损害之间存在因果关系。根据《中华人民共和国反倾销条例》的相关规定，决定自 2016 年 4 月 2 日起，采用现金保证金形式实施临时反倾销措施，具体比例如下：泰光产业株式会社 6.1%、其他韩国公司 6.1%

原审立案调查终裁时间	2016 年 7 月 13 日
原审立案调查终裁结果	反倾销终裁确定被调查产品存在倾销行为，确定由于涉案产品的进口行为导致国内相关产业同类产品遭受实质性损害，认定倾销和实质性损害之间存在因果关系。根据《中华人民共和国反倾销条例》的相关规定，自 2016 年 7 月 14 日起征收反倾销关税，有效期 5 年，具体税率如下：泰光产业株式会社 4.1%、其他韩国公司 16.1%

　　资料来源：根据中华人民共和国商务部贸易救济信息网和韩国贸易委员会网站信息整理得到。

　　（1）反倾销原审立案调查阶段自韩进口数据统计分析。

　　通过整理涉案产品在反倾销原审立案调查时间段的实际进口数据，我们发现腈纶的进口金额和进口数量，虽然在反倾销原审立案调查前的 1 年内规模有所缩减，但在反倾销原审立案调查前的 3 年内总体增长幅度较大，腈纶的进口价格在反倾销原审立案调查前的 3 年间，没有出现价格下降。2015 年涉案产品腈纶被反倾销原审立案调查之后，进口金额和进口数量的增长基本被控制在很小的范围内波动，而腈纶的进口价格在继续下跌 1 年后，开始逐年上涨。对比反倾销原审立案调查前的 3 年，反倾销原审立案调查后的 3 年里，涉案产品的进口金额累计减少了 70 个统计单位，进口数量累计减少了 19741 个统计单位，进口价格累计下降了 1.7 个统计单位（如表 5 - 73 所示）。

表 5 - 73　　　　2012 ~ 2018 年涉案产品腈纶反倾销原审立案
调查时间段进口数据统计

年度	进口金额（百万美元）	进口数量（吨）	进口价格（美元/千克）
2012	37	14554	2.5
2013	49	20292	2.4
2014	42	16189	2.6
2015	19	9606	2

年度	进口金额（百万美元）	进口数量（吨）	进口价格（美元/千克）
2016	21	13422	1.6
2017	17	9677	1.8
2018	20	8195	2.4

资料来源：根据韩国贸易协会世界贸易统计数据库进出口数据翻译整理得到。

（2）反倾销原审立案调查阶段自韩进口平均指数统计分析。

从涉案产品的反倾销原审立案调查进口平均指数分析结果来看，反倾销原审立案调查对于腈纶的进口金额所产生的贸易破坏效应从"t+1"阶段开始出现，自"t+2"阶段开始减弱，对腈纶进口数量所产生的贸易破坏效应从"t+1"阶段开始显现，对于腈纶进口价格所产生的贸易破坏效应也从"t+1"阶段开始出现（如图5-47所示）。

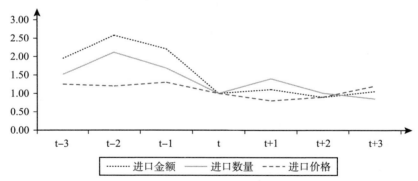

图 5-47　涉案产品腈纶反倾销原审立案调查时间段自韩进口平均指数统计

资料来源：以反倾销立案调查年度的各项指标为平均指数基准值计算整理得到。

8. 取向电工钢案例。

取向电工钢反倾销原审立案调查案件公告，如表5-74所示。

表 5 - 74　　　取向电工钢反倾销原审立案调查案件公告整理

原审立案调查时间	2015 年 7 月 23 日
被诉国家	韩国
申诉国家	中国
涉案产品海关 HS 编码	72251100、72261100
涉案产品中文名称	取向电工钢，又称冷轧取向硅钢
涉案产品英文名称	Grain Oriented Flat-rolled Electrical Steel，简称 GOES
涉案产品所属行业	钢铁工业
原审立案调查初裁时间	2016 年 4 月 1 日
原审立案调查初裁结果	反倾销初裁确定被调查产品存在倾销行为，确定由于涉案产品的进口行为导致国内相关产业同类产品遭受实质性损害，认定倾销和实质性损害之间存在因果关系。根据《中华人民共和国反倾销条例》的相关规定，决定自 2016 年 4 月 2 日起，采用现金保证金形式实施临时反倾销措施，具体比例如下：株式会社 POSCO 37.3%、其他韩国公司 37.3%
原审立案调查终裁时间	2016 年 7 月 23 日
原审立案调查终裁结果	反倾销终裁确定被调查产品存在倾销行为，确定由于涉案产品的进口行为导致国内相关产业同类产品遭受实质性损害，认定倾销和实质性损害之间存在因果关系。根据《中华人民共和国反倾销条例》的相关规定，自 2016 年 7 月 14 日起征收反倾销关税，有效期 5 年，具体税率如下：株式会社 POSCO 37.3%、其他韩国公司 37.3%

资料来源：根据中华人民共和国商务部贸易救济信息网和韩国贸易委员会网站信息整理得到。

（1）反倾销原审立案调查阶段自韩进口数据统计分析。

通过整理涉案产品在反倾销原审立案调查时间段的实际进口数据，我们发现取向电工钢的进口金额和进口数量，在反倾销原审立案调查前的 1 年均发生了较大幅度的减少，进口价格在反倾销原审立案调查前的 3 年间，则出现了下跌。2015 年涉案产品取向电工钢被反倾销原审立案调查之后，进口金额和进口数量减少幅度非常明显，进口价格略有小幅度的回升。对比反倾销原审立案调查前的 3 年，反倾销原审立案调查后的 3 年里，涉案产品的进口金额累计减少了 166 个统计单位，进口数量

累计减少了 90532 个统计单位,进口价格累计下降了 0.3 个统计单位
(如表 5 - 75 所示)。

表 5 - 75　　　　　2012 ~ 2018 年涉案产品取向电工钢反倾销原审
立案调查时间段进口数据统计

年度	进口金额（百万美元）	进口数量（吨）	进口价格（美元/千克）
2012	86	41041	2.1
2013	92	53153	1.7
2014	45	25483	1.8
2015	86	35805	2.4
2016	45	21934	2.1
2017	11	6747	1.6
2018	1	464	2.2

资料来源:根据韩国贸易协会世界贸易统计数据库进出口数据翻译整理得到。

（2）反倾销原审立案调查阶段自韩进口平均指数统计分析。

从涉案产品的反倾销原审立案调查进口平均指数分析结果来看,反
倾销原审立案调查对于取向电工钢的进口金额和进口数量所产生的贸易
破坏效应十分明显,从"t"阶段开始显现,但对于进口价格所产生的
贸易破坏效应从"t + 2"阶段才开始出现（如图 5 - 48 所示）。

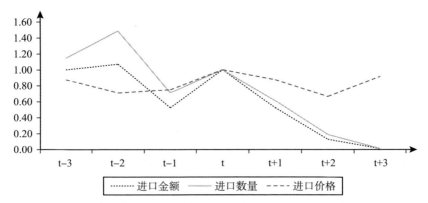

图 5 - 48　涉案产品取向电工钢反倾销原审立案调查时间段自韩进口平均指数统计

资料来源:以反倾销立案调查年度的各项指标为平均指数基准值计算整理得到。

第二节　反倾销原审立案调查否定性终裁结果阶段性贸易破坏效应分析

本节根据涉案产品的税则号，共选取可查有效海关数据的，我国对韩国进行的反倾销立案调查否定性终裁结果案例 6 个。主要评估目标为：通过实际数据观测，反倾销原审立案调查对涉案产品的自韩进口金额、进口数量以及进口价格所带来的阶段性贸易破坏效应影响程度。

一、反倾销申诉方撤诉案例贸易破坏效应分析

（一）二苯基甲烷二异氰酸酯、多亚甲基多苯基异氰酸酯（MDI）案例

MDI 反倾销原审立案调查公告，如表 5 - 76 所示。

表 5 - 76　　　　　　MDI 反倾销原审立案调查公告整理

原审立案调查时间	2002 年 9 月 20 日
被诉国家	韩国
申诉国家	中国
涉案产品海关 HS 编码	29291030、38249090
涉案产品中文名称	二苯基甲烷二异氰酸酯、多亚甲基多苯基异氰酸酯
涉案产品英文名称	Polymeric - MDI
涉案产品所属行业	化学原料和制品工业
原审立案调查终裁时间	2003 年 11 月 28 日
原审立案调查终裁结果	鉴于本案申请人已撤销了反倾销立案调查的申请，商务部决定自 2003 年 11 月 28 日起，终止对原产于韩国的进口 MDI（二苯基甲烷二异氰酸酯、多亚甲基多苯基异氰酸酯）的反倾销立案调查

资料来源：根据中华人民共和国商务部贸易救济信息网和韩国贸易委员会网站信息整理得到。

1. 反倾销原审立案调查阶段自韩进口数据统计分析。

通过整理涉案产品在反倾销原审立案调查时间段的实际进口数据，我们发现 MDI 的进口金额和进口数量，在反倾销原审立案调查前的 3 年内主要呈现出小幅度的增长。MDI 的进口价格在反倾销原审立案调查前的 3 年间，没有出现较大幅度的持续下跌，只在反倾销原审立案调查的前 1 年发生了价格下跌。2002 年涉案产品 MDI 被反倾销原审立案调查之后，进口金额和进口数量不降反升，呈现出持续上涨的状态。MDI 的进口价格也在反倾销原审立案调查后开始逐年上涨。对比反倾销原审立案调查前的 3 年，反倾销原审立案调查后的 3 年里，涉案产品的进口金额累计增加了 644 个统计单位，进口数量累计增加了 296438 个统计单位，进口价格累计上涨了 1.1 个统计单位（如表 5 − 77 所示）。

表 5 − 77　　　　　1999 ~ 2005 年涉案产品 MDI 反倾销原审立案
调查时间段进口数据统计

年度	进口金额（百万美元）	进口数量（吨）	进口价格（美元/千克）
1999	66	42632	1.5
2000	103	59866	1.7
2001	106	71184	1.5
2002	128	88306	1.5
2003	178	105089	1.7
2004	330	173883	1.9
2005	411	191148	2.2

资料来源：根据韩国贸易协会世界贸易统计数据库进出口数据翻译整理得到。

2. 反倾销原审立案调查阶段自韩进口平均指数统计分析。

从涉案产品的反倾销原审立案调查进口平均指数分析结果来看，反倾销原审立案调查对于 MDI 的进口金额和进口数量并未产生明显的贸易破坏效应，但对于 MDI 的进口价格所产生的贸易破坏效应从 "t" 阶段开始体现明显（如图 5 - 49 所示）。

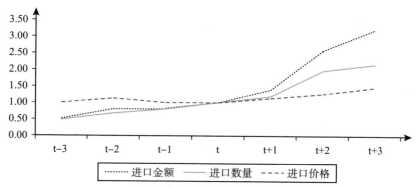

图 5 - 49　涉案产品 MDI 反倾销原审立案调查时间段自韩进口平均指数统计

资料来源：以反倾销立案调查年度的各项指标为平均指数基准值计算整理得到。

（二）三元乙丙橡胶案例

三元乙丙橡胶反倾销原审立案调查案件公告，如表 5 - 78 所示。

表 5 - 78　　　三元乙丙橡胶反倾销原审立案调查案件公告整理

原审立案调查时间	2004 年 8 月 10 日
被诉国家	韩国
申诉国家	中国
涉案产品海关 HS 编码	40027010、40027090
涉案产品中文名称	三元乙丙橡胶
涉案产品英文名称	Ethylene – Propylene-non-conjugated Diene Rubber
涉案产品所属行业	化学原料和制品工业
原审立案调查初裁时间	2005 年 11 月 16 日

续表

原审立案调查初裁结果	反倾销初裁确定被调查产品存在倾销行为,确定由于涉案产品的进口行为导致国内相关产业同类产品遭受实质性损害,认定倾销和实质性损害之间存在因果关系。根据《中华人民共和国反倾销条例》的相关规定,决定自 2005 年 11 月 16 日起,采用现金保证金形式实施临时反倾销措施,具体比例如下:锦湖 Polychem 株式会社 11%、其他韩国公司 43%
原审立案调查终裁时间	2006 年 2 月 9 日
原审立案调查终裁结果	2006 年 1 月 23 日,本案申请人——吉林化学工业股份有限公司向商务部提出撤销其三元乙丙橡胶反倾销调查申请,并请求终止三元乙丙橡胶反倾销调查。根据《中华人民共和国反倾销条例》第二十七条的规定,商务部接受申请人提出的撤诉申请,并决定自 2006 年 2 月 9 日起终止对原产于韩国的进口三元乙丙橡胶的反倾销调查。有关进口经营者根据初步裁定,就进口原产于韩国的被调查产品向中华人民共和国海关所提供的保证金,海关予以退还

资料来源:根据中华人民共和国商务部贸易救济信息网和韩国贸易委员会网站信息整理得到。

1. 反倾销原审立案调查阶段自韩进口数据统计分析。

通过整理涉案产品在反倾销原审立案调查时间段的实际进口数据,我们发现三元乙丙橡胶的进口金额和进口数量,在反倾销原审立案调查前的 3 年内,呈现出连续的上涨状态。三元乙丙橡胶的进口价格在反倾销原审立案调查前的 3 年间,没有出现下降的情况。2004 年涉案产品三元乙丙橡胶被反倾销原审立案调查之后,进口金额和进口数量并没有下跌,保持了持续的上涨,并创出新高。三元乙丙橡胶的进口价格在反倾销原审立案调查后出现了持续的上涨。对比反倾销原审立案调查前的 3 年,反倾销原审立案调查后的 3 年里,涉案产品的进口金额累计增加了 50 个统计单位,进口数量累计增加了 17726 个统计单位,进口价格累计上涨了 2.7 个统计单位(如表 5 – 79 所示)。

表 5 - 79　　2001～2007 年涉案产品三元乙丙橡胶反倾销原审立案
调查时间段进口数据统计

年度	进口金额（百万美元）	进口数量（吨）	进口价格（美元/千克）
2001	3	1940	1.5
2002	4	2638	1.5
2003	6	3834	1.6
2004	8	4559	1.8
2005	12	4909	2.4
2006	18	6958	2.6
2007	33	14271	2.3

资料来源：根据韩国贸易协会世界贸易统计数据库进出口数据翻译整理得到。

2. 反倾销原审立案调查阶段自韩进口平均指数统计分析。

从涉案产品的反倾销原审立案调查进口平均指数分析结果来看，反
倾销原审立案调查对于三元乙丙橡胶的进口金额和进口数量没有产生明
显的贸易破坏效应，对于三元乙丙橡胶的进口价格从"t"阶段开始产
生了贸易破坏效应，并从"t+2"阶段开始衰退（如图 5 - 50 所示）。

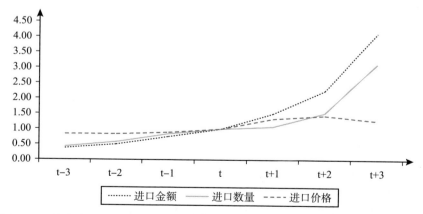

图 5 - 50　涉案产品三元乙丙橡胶反倾销原审立案调查时间段自韩进口平均指数统计
资料来源：以反倾销立案调查年度的各项指标为平均指数基准值计算整理得到。

二、调查机构终止调查案例贸易破坏效应分析

以冷轧板卷为例，其反倾销原审立案调查案件公告，如表 5 – 80 所示。

表 5 – 80　　　　　冷轧板卷反倾销原审立案调查案件公告整理

原审立案调查时间	2002 年 3 月 20 日
被诉国家	韩国
申诉国家	中国
涉案产品海关 HS 编码	72091500、72091600、72091700、72091800、72092500、72092600、72092700、72092800、72099000、72112300、72112900、72119000
涉案产品中文名称	冷轧板卷
涉案产品英文名称	Cold Rolled Steel Products
涉案产品所属行业	钢铁工业
原审立案调查初裁时间	2003 年 5 月 20 日
原审立案调查初裁结果	反倾销初裁确定被调查产品存在倾销行为，确定由于涉案产品的进口行为导致国内相关产业同类产品遭受实质性损害，认定倾销和实质性损害之间存在因果关系。根据《中华人民共和国反倾销条例》的相关规定，裁定的具体倾销幅度如下：株式会社 POSCO 10%、联合钢铁工业株式会社 9%、东部制钢株式会社 14%、韩国现代 HYSCO 株式会社 12%，其他韩国企业 40%。鉴于本案涉及的被调查产品特殊市场情况，因此商务部决定暂缓对原产于韩国的进口冷轧板卷实施临时反倾销措施，并将视情况决定是否恢复实施临时反倾销措施，本反倾销案的调查将继续进行，直至做出最终裁定
原审立案调查终裁时间	2004 年 9 月 10 日
原审立案调查终裁结果	商务部终裁决定自 2004 年 9 月 10 日起，终止对原产于韩国冷轧板卷的反倾销调查

资料来源：根据中华人民共和国商务部贸易救济信息网和韩国贸易委员会网站信息整理得到。

1. 反倾销原审立案调查阶段自韩进口数据统计分析。

通过整理涉案产品在反倾销原审立案调查时间段的实际进口数据，我们发现冷轧板卷的进口金额和数量，在反倾销原审立案调查前的 3 年里，先出现了小幅度的上涨，随后又回落至上涨前的水平。冷轧板卷的进口价格在反倾销原审立案调查前的 1 年间，开始出现小幅度的下跌。2002 年涉案产品冷轧板卷被反倾销原审立案调查之后，进口金额和数量并没有立刻下跌，而是延续了反倾销原审立案调查之前，持续增长的惯性在 2004 年上涨到最高点，并于 2005 年开始大幅度回落。冷轧板卷的进口价格则从 2003 年开始上涨。对比反倾销原审立案调查前的 3 年，反倾销原审立案调查后的 3 年里，涉案产品的进口金额累计增加了 6285 个统计单位，进口数量累计增加了 10685807 个统计单位，进口价格累计上涨了 0.6 个统计单位（如表 5 - 81 所示）。

表 5 - 81　　　1999 ~ 2005 年涉案产品冷轧板卷反倾销原审立案
调查时间段进口数据统计

年度	进口金额（百万美元）	进口数量（吨）	进口价格（美元/千克）
1999	223	636385	0.4
2000	492	1275043	0.4
2001	275	828164	0.3
2002	405	1113008	0.4
2003	692	1420708	0.5
2004	3625	8385544	0.4
2005	2958	3619147	0.8

资料来源：根据韩国贸易协会世界贸易统计数据库进出口数据翻译整理得到。

2. 反倾销原审立案调查阶段自韩进口平均指数统计分析。

从涉案产品的反倾销原审立案调查进口平均指数分析结果来看，反倾销原审立案调查对于冷轧板卷的进口金额和进口数量所产生的贸易破坏效应有一定的滞后性，从"t + 2"阶段才开始显现，对于冷轧板卷的进口价格所产生的贸易破坏效应相对比较明显，从"t"阶段开始出现（如图 5 - 51 所示）。

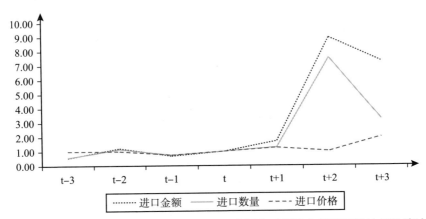

图 5 - 51　涉案产品冷轧板卷反倾销原审立案调查时间段自韩进口平均指数统计

资料来源：以反倾销立案调查年度的各项指标为平均指数基准值计算整理得到。

三、终裁结果为倾销不成立案例贸易破坏效应分析

（一）聚苯乙烯案例

聚苯乙烯反倾销原审立案调查案件公告，如表 5 - 82 所示。

表 5 - 82　　　聚苯乙烯反倾销原审立案调查案件公告整理

原审立案调查时间	2001 年 2 月 9 日
反倾销被诉国家	韩国
反倾销申诉国家	中国
涉案产品海关 HS 编码	39031900
涉案产品中文名称	聚苯乙烯
涉案产品外文名称	Polystyrene
涉案产品所属行业	化学原料和制品产业

原审立案调查终裁时间	2001 年 12 月 6 日
原审立案调查终裁结果	反倾销终裁确定被调查产品倾销不成立，确定原产于韩国的聚苯乙烯的进口行为，并未对中国国内相关产业同类产品造成实质性损害，根据《中华人民共和国反倾销条例》的相关规定，决定终止本案的调查

资料来源：根据中华人民共和国商务部贸易救济信息网和韩国贸易委员会网站信息整理得到。

1. 反倾销原审立案调查阶段自韩进口数据统计分析。

通过整理涉案产品在反倾销原审立案调查时间段的实际进口数据，我们发现聚苯乙烯的进口金额在反倾销原审立案调查前的 3 年内呈现出小幅度上涨的趋势，聚苯乙烯的进口数量则在反倾销原审立案调查的前的 1999 年和 2000 年并没有上涨，反而出现了小幅度的下跌，同时，聚苯乙烯的进口价格在反倾销原审立案调查前的 3 年间，也并没有出现持续的下跌现象，反而保持着逐年稳定增长的状态。2001 年涉案产品聚苯乙烯被反倾销原审立案调查之后，进口金额和进口数量不降反升，都出现了持续的增长。聚苯乙烯的进口价格在反倾销原审立案调查之后呈现出逐年上涨的状态。对比反倾销原审立案调查前的 3 年，反倾销原审立案调查后的 3 年里，涉案产品的进口金额累计增加了 148 个统计单位，进口数量累计增加了 110291 个统计单位，进口价格累计上涨了 0.7 个统计单位（如表 5 - 83 所示）。

表 5 - 83　　　　1998 ~ 2004 年涉案产品聚苯乙烯反倾销原审立案
调查时间段进口数据统计

年度	进口金额（百万美元）	进口数量（吨）	进口价格（美元/千克）
1998	34	66153	0.5
1999	35	50052	0.7
2000	52	51155	1
2001	49	63591	0.8

续表

年度	进口金额（百万美元）	进口数量（吨）	进口价格（美元/千克）
2002	58	70429	0.8
2003	88	101473	0.9
2004	123	105749	1.2

资料来源：根据韩国贸易协会世界贸易统计数据库进出口数据翻译整理得到。

2. 反倾销原审立案调查阶段自韩进口平均指数统计分析。

从涉案产品的反倾销原审立案调查进口平均指数分析结果来看，反倾销原审立案调查对于聚苯乙烯的进口金额和进口数量所产生的贸易破坏效应几乎没有体现，但对于聚苯乙烯进口价格产生的贸易破坏效应十分明显，从"t"阶段一直持续到"t＋3"阶段，并且没有减弱的征兆（如图 5 – 52 所示）。

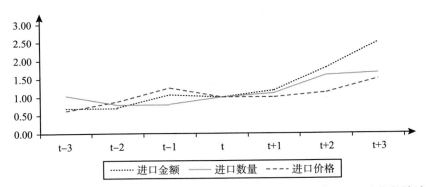

图 5 – 52　涉案产品聚苯乙烯反倾销原审立案调查时间段自韩进口平均指数统计

资料来源：以反倾销立案调查年度的各项指标为平均指数基准值计算整理得到。

（二）饲料级 L – 赖氨酸盐案例

饲料级 L – 赖氨酸盐反倾销原审立案调查案件公告，如表 5 – 84 所示。

表5-84 饲料级L-赖氨酸盐反倾销原审立案调查案件公告整理

原审立案调查时间	2001年6月19日
被诉国家	韩国
申诉国家	中国
涉案产品海关HS编码	29224110、29224190
涉案产品中文名称	饲料级L-赖氨酸盐
涉案产品英文名称	Feed grade L-lysate
涉案产品所属行业	化学原料和制品产业
原审立案调查终裁时间	2002年9月29日
原审立案调查终裁结果	反倾销终裁确定被调查产品倾销不成立，确定原产于韩国的饲料级L-赖氨酸盐的进口行为，并未对中国国内相关产业同类产品造成实质性损害，根据《中华人民共和国反倾销条例》的相关规定，决定终止本案的调查

资料来源：根据中华人民共和国商务部贸易救济信息网和韩国贸易委员会网站信息整理得到。

1. 反倾销原审立案调查阶段自韩进口数据统计分析。

通过整理涉案产品在反倾销原审立案调查时间段的实际进口数据，我们发现饲料级L-赖氨酸盐的进口金额和进口数量，在反倾销原审立案调查前的2000年出现了较大幅度的增长，同时，饲料级L-赖氨酸盐的进口价格在反倾销原审立案调查前的3年间，出现了持续下跌。2001年涉案产品饲料级L-赖氨酸盐被反倾销原审立案调查之后，进口金额和进口数量开始逐渐减少。饲料级L-赖氨酸盐的进口价格在2002年和2003年持续下降两年之后，开始止跌回升。对比反倾销原审立案调查前的3年，反倾销原审立案调查后的3年里，涉案产品的进口金额累计减少了15个统计单位，进口数量累计减少了6761个统计单位，进口价格累计下降了0.3个统计单位（如表5-85所示）。

表5-85　　1998~2004年涉案产品L-赖氨酸盐反倾销原审立案
调查时间段进口数据统计

年度	进口金额（百万美元）	进口数量（吨）	进口价格（美元/千克）
1998	25	15419	1.6
1999	21	14093	1.5
2000	31	20553	1.5
2001	24	16388	1.5
2002	22	15249	1.4
2003	22	15886	1.4
2004	18	12169	1.5

资料来源：根据韩国贸易协会世界贸易统计数据库进出口数据翻译整理得到。

2. 反倾销原审立案调查阶段自韩进口平均指数统计分析。

从涉案产品的反倾销原审立案调查进口平均指数分析结果来看，反倾销原审立案调查对于饲料级L-赖氨酸盐的进口金额和进口数量从"t"阶段开始到"t+3"阶段为止，总体上所产生的贸易破坏效应比较明显，对于饲料级L-赖氨酸盐的进口价格的贸易破坏效应从"t+2"阶段开始出现（如图5-53所示）。

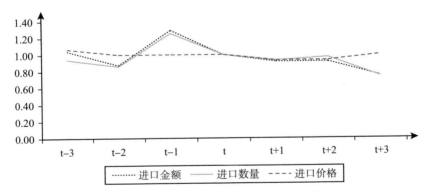

图5-53　涉案产品饲料级L-赖氨酸盐反倾销原审立案调查
时间段自韩进口平均指数统计

资料来源：以反倾销立案调查年度的各项指标为平均指数基准值计算整理得到。

（三）辛醇案例

辛醇反倾销原审立案调查案件公告，如表 5 - 86 所示。

表 5 - 86　　　　　　辛醇反倾销原审立案调查案件公告整理

原审立案调查时间	2005 年 9 月 15 日
被诉国家	韩国
申诉国家	中国
涉案产品海关 HS 编码	29051600
涉案产品中文名称	辛醇
涉案产品英文名称	Octanol
涉案产品所属行业	化学原料和制品工业
原审立案调查终裁时间	2007 年 1 月 31 日
原审立案调查终裁结果	国家经贸委裁定：韩国向中华人民共和国出口的辛醇，未对中国国内相关产业造成实质损害或产生实质损害的威胁。外经贸部决定终止对原产于韩国的进口辛醇的反倾销调查

资料来源：根据中华人民共和国商务部贸易救济信息网和韩国贸易委员会网站信息整理得到。

1. 反倾销原审立案调查阶段自韩进口数据统计分析。

通过整理涉案产品在反倾销原审立案调查时间段的实际进口数据，我们发现辛醇的进口金额在反倾销原审立案调查前的 3 年内呈现出稳定的逐年上涨的趋势，辛醇的进口数量则在反倾销原审立案调查的前的 2003 年出现减少，次年开始小幅度回升。辛醇的进口价格在反倾销原审立案调查前的 3 年间，呈现逐年上涨的变化趋势。2005 年涉案产品辛醇被反倾销原审立案调查之后，进口金额仍然延续惯性上涨，进口数量在 2006 年下降，随后在 2007 年上涨，在 2008 年再次下降。辛醇的进口价格则在反倾销原审立案调查之后呈现出持续上涨的分布状态。对比反倾销原审立案调查前的 3 年，反倾销原审立案调查后的 3 年里，涉案产品的进口金额累计增加了 156 个统计单位，进口数量累计增加了 19521 个统计单位，进口价格累计上涨了 2.4 个统计单位（如表 5 - 87 所示）。

表 5 – 87　　　　　　2002 ~ 2008 年涉案产品辛醇反倾销原审立案
调查时间段进口数据统计

年度	进口金额（百万美元）	进口数量（吨）	进口价格（美元/千克）
2002	44	83193	0.5
2003	42	74710	0.6
2004	60	76637	0.8
2005	70	78902	0.9
2006	81	70152	1.2
2007	112	75360	1.5
2008	109	69507	1.6

资料来源：根据韩国贸易协会世界贸易统计数据库进出口数据翻译整理得到。

2. 反倾销原审立案调查阶段自韩进口平均指数统计分析。

从涉案产品的反倾销原审立案调查进口平均指数分析结果来看，反倾销原审立案调查对于辛醇的进口金额所产生的贸易破坏效应从"t +2"阶段开始出现，对辛醇进口数量产生的贸易破坏效应总体比较明显，从"t"阶段开始显现，对辛醇进口价格所产生的贸易破坏效应则十分明显，从"t"阶段开始显现（如图 5 – 54 所示）。

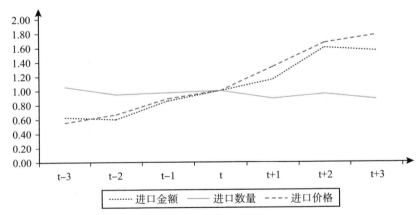

图 5 – 54　涉案产品辛醇反倾销原审立案调查时间段自韩进口平均指数统计

资料来源：以反倾销立案调查年度的各项指标为平均指数基准值计算整理得到。

第三节 我国对韩国反倾销贸易破坏效应对中韩逆差的影响总结

一、有期终复审案例阶段性贸易破坏效应总结

（一）终裁结果为价格承诺与征收反倾销关税并行案例阶段性贸易破坏效应汇总

在我国对韩国进行的反倾销原审立案调查案件中，终裁结果为价格承诺与征收反倾销关税并行的只有三氯甲烷这一案例。在三氯甲烷案例中反倾销立案调查阶段性贸易破坏效应具体表现为，涉案产品在遭到反倾销立案调查后（包括原审立案调查和期终复审立案调查）自韩进口金额和进口数量的减少，以及自韩进口价格的上涨。在三氯甲烷案例中，反倾销原审立案调查的阶段性贸易破坏效应，导致涉案产品自韩进口金额减少的平均持续周期为 1 年；导致涉案产品自韩进口数量减少的平均持续周期为 2 年；导致涉案产品自韩进口价格上涨的平均持续周期为 2 年。反倾销期终复审立案调查的阶段性贸易破坏效应，没有导致涉案产品自韩进口金额减少；导致涉案产品自韩进口数量减少的平均持续周期为 2 年；导致涉案产品自韩进口价格上涨的平均持续周期为 2 年。反倾销立案调查总体的阶段性贸易破坏效应，导致涉案产品自韩进口金额减少的平均持续周期为 1 年；导致涉案产品自韩进口数量减少的平均持续周期为 4 年；导致涉案产品自韩进口价格上涨的平均持续周期为 4 年（如表 5 - 88 所示）。

表 5 - 88 价格承诺与征税并行案例阶段性贸易破坏效应汇总

涉案产品	对进口金额影响	对进口数量影响	对进口价格影响
三氯甲烷（原审）	从"t+2"到"t+3"	从"t+1"到"t+3"	从"t"到"t+2"
三氯甲烷（期终复审）	不显著	从"t"到"t+2"	从"t"到"t+2"

（二）终裁结果为征收反倾销关税案例阶段性贸易破坏效应汇总

在这组案例中反倾销立案调查阶段性贸易破坏效应具体表现为，涉案产品在遭到反倾销立案调查后（包括原审立案调查和期终复审立案调查）自韩进口金额和进口数量的下降，以及自韩进口价格的上涨。在我国对韩国反倾销原审立案调查终裁结果为征收反倾销关税案例中，反倾销原审立案调查的阶段性贸易破坏效应，导致涉案产品自韩进口金额减少，平均持续周期为 1 年零 4 个月；导致涉案产品自韩进口数量减少平均持续周期为 1 年零 9 个月；导致涉案产品自韩进口价格上涨平均持续周期为 1 年零 6 个月。反倾销期终复审立案调查的阶段性贸易破坏效应，导致涉案产品自韩进口金额减少，平均持续周期为 1 年零 9 个月；导致涉案产品自韩进口数量减少，平均持续周期为 1 年零 9 个月；导致涉案产品自韩进口价格上涨，平均持续周期为 1 年零 7 个月。反倾销立案调查总体的阶段性贸易破坏效应，导致涉案产品自韩进口金额减少，平均持续周期为 3 年零 3 个月；导致涉案产品自韩进口数量减少，平均持续周期为 3 年零 8 个月；导致涉案产品自韩进口价格上涨平均持续周期为 3 年零 3 个月（如表 5 - 89 所示）。

表 5 - 89 　　　　　　　　征税案例阶段性贸易破坏效应汇总

涉案产品	对进口金额影响	对进口数量影响	对进口价格影响
新闻纸（原审）	从"t+1"到"t+3"	从"t+1"到"t+3"	从"t"到"t+1"
新闻纸（期终复审）	从"t"到"t+3"	从"t"到"t+3"	从"t"到"t+3"
聚酯薄膜（原审）	从"t"到"t+1"	从"t"到"t+1"	从"t"到"t+1"
聚酯薄膜（期终复审）	不显著	不显著	从"t"到"t+3"
不锈钢冷轧薄板（原审）	从"t"到"t+1"	从"t"到"t+1"	从"t"到"t+1"
不锈钢冷轧薄板（期终复审）	从"t"到"t+3"	从"t"到"t+3"	从"t+1"到"t+3"
二氯甲烷（原审）	从"t+1"到"t+2"	从"t+1"到"t+2"	从"t+1"到"t+3"

续表

涉案产品	对进口金额影响	对进口数量影响	对进口价格影响
二氯甲烷（期终复审）	从"t+2"到"t+3"	从"t+2"到"t+3"	从"t"到"t+3"
丙烯酸酯（原审）	从"t"到"t+1"	从"t"到"t+1"	从"t+1"到"t+3"
丙烯酸酯（期终复审）	从"t"到"t+1"	从"t"到"t+1"	从"t"到"t+2"
铜版纸（原审）	从"t+2"到"t+3"	从"t+2"到"t+3"	从"t+1"到"t+3"
铜版纸（期终复审）	从"t"到"t+1"	从"t+1"到"t+3"	从"t+1"到"t+3"
邻苯二甲酸酐（原审）	从"t"到"t+1"	从"t"到"t+2"	从"t"到"t+3"
邻苯二甲酸酐（期终复审）	不显著	不显著	从"t+2"到"t+3"
丁苯橡胶（原审）	不显著	不显著	从"t"到"t+3"
丁苯橡胶（期终复审）	不显著	从"t+1"到"t+3"	从"t+1"到"t+3"
聚氯乙烯（原审）	从"t+2"到"t+3"	从"t+1"到"t+3"	从"t"到"t+3"
聚氯乙烯（期终复审）	从"t+1"到"t+2"	从"t+1"到"t+3"	从"t+1"到"t+3"
聚氯乙烯（第二次复审）	从"t"到"t+3"	从"t"到"t+3"	从"t+1"到"t+3"
甲苯二异氰酸酯（原审）	从"t+2"到"t+3"	从"t+2"到"t+3"	不显著
甲苯二异氰酸酯（期终复审）	从"t"到"t+3"	从"t+1"到"t+3"	不显著
非色散位移单模光纤（原审）	从"t"到"t+3"	从"t"到"t+3"	不显著
非色散位移单模光纤（期终复审）	不显著	不显著	不显著
非色散位移单模光纤（第二次复审）	从"t+1"到"t+3"	从"t+1"到"t+3"	从"t"到"t+3"
水合肼（原审）	从"t+2"到"t+3"	从"t+2"到"t+3"	不显著
水合肼（期终复审）	从"t+2"到"t+3"	从"t+2"到"t+3"	从"t+2"到"t+3"
环氧氯丙烷（原审）	从"t+2"到"t+3"	从"t"到"t+3"	从"t+2"到"t+3"
环氧氯丙烷（期终复审）	从"t+1"到"t+2"	从"t+1"到"t+2"	不显著
氨纶（原审）	从"t"到"t+3"	从"t"到"t+3"	从"t"到"t+3"
氨纶（期终复审）	从"t"到"t+3"	从"t"到"t+3"	从"t"到"t+3"
双酚A（原审）	不显著	从"t+2"到"t+3"	从"t+2"到"t+3"

续表

涉案产品	对进口金额影响	对进口数量影响	对进口价格影响
双酚A（第二次原审）	从"t+1"到"t+2"	从"t"到"t+2"	从"t"到"t+1"
双酚A（期终复审）	从"t+1"到"t+3"	从"t+1"到"t+3"	不显著
丙酮（原审）	从"t"到"t+3"	从"t"到"t+3"	从"t+2"到"t+3"
丙酮（期终复审）	从"t"到"t+2"	从"t"到"t+2"	不显著
己二酸（原审）	从"t"到"t+3"	从"t"到"t+3"	从"t+1"到"t+3"
己二酸（期终复审）	从"t"到"t+3"	从"t+2"到"t+3"	从"t+2"到"t+3"
精对苯二甲酸（原审）	从"t+2"到"t+3"	从"t"到"t+3"	从"t"到"t+2"
精对苯二甲酸（期终复审）	从"t"到"t+3"	从"t"到"t+3"	从"t+2"到"t+3"

（三）有期终复审案例阶段性贸易破坏效应汇总

有期终复审的反倾销立案调查阶段性贸易破坏效应具体表现为，涉案产品在遭到反倾销立案调查后（包括原审立案调查和期终复审立案调查）自韩进口金额和进口数量的下降，以及自韩进口价格的上涨。在我国对韩国进行的期终复审的反倾销案例中，反倾销原审立案调查的阶段性贸易破坏效应，导致涉案产品自韩进口金额减少，平均持续周期为1年零4个月；导致涉案产品自韩进口数量减少，平均持续周期为1年零9个月；导致涉案产品自韩进口价格上涨，平均持续周期为1年零6个月。反倾销期终复审立案调查的阶段性贸易破坏效应，导致涉案产品自韩进口金额减少，平均持续周期为1年零8个月；导致涉案产品自韩进口数量减少，平均持续周期为1年零9个月；导致涉案产品自韩进口价格上涨，平均持续周期为1年零7个月。反倾销立案调查总体的阶段性贸易破坏效应，导致涉案产品自韩进口金额减少，平均持续周期为3年零2个月；导致涉案产品自韩进口数量减少，平均持续周期为3年零8个月；导致涉案产品自韩进口价格上涨，平均持续周期为3年零4个月。

二、无期终复审案例阶段性贸易破坏效应总结

终裁结果为征收反倾销税案例阶段性贸易破坏效应如下，在这组案例中反倾销立案调查阶段性贸易破坏效应具体表现为，涉案产品在遭到反倾销原审立案调查后自韩进口金额和进口数量的下降，以及自韩进口价格的上涨。在我国对韩国反倾销原审立案调查终裁结果为征收反倾销关税案例中，反倾销原审立案调查的阶段性贸易破坏效应，导致涉案产品自韩进口金额减少，平均持续周期为 1 年零 4 个月；导致涉案产品自韩进口数量减少，平均持续周期为 1 年零 6 个月；导致涉案产品自韩进口价格上涨，平均持续周期为 1 年零 8 个月（如表 5 - 90 所示）。

表 5 - 90　　　　　　　征税案例阶段性贸易破坏效应汇总

涉案产品	对进口金额影响	对进口数量影响	对进口价格影响
聚酯切片	从 "t" 到 "t+1"	从 "t" 到 "t+1"	从 "t+1" 到 "t+3"
涤纶短纤维	从 "t" 到 "t+3"	从 "t" 到 "t+3"	从 "t" 到 "t+3"
未漂白牛皮箱纸板	从 "t+1" 到 "t+3"	从 "t+1" 到 "t+3"	从 "t" 到 "t+3"
核苷酸类食品添加剂	不显著	不显著	从 "t+2" 到 "t+3"
初级形态二甲基环体硅氧烷	不显著	从 "t+2" 到 "t+3"	从 "t+1" 到 "t+3"
太阳能级多晶硅	从 "t" 到 "t+1"	从 "t" 到 "t+1"	不显著
腈纶	从 "t+1" 到 "t+2"	从 "t+1" 到 "t+3"	从 "t+1" 到 "t+3"
取向电工钢	从 "t" 到 "t+3"	从 "t" 到 "t+3"	从 "t+2" 到 "t+3"

三、肯定性终裁结果案例总体阶段性贸易破坏效应总结

反倾销原审立案调查肯定性终裁结果的全部案例中，反倾销立案调查阶段性贸易破坏效应具体表现为，涉案产品在遭到反倾销立案调查后

（包括原审立案调查和期终复审立案调查）自韩进口金额和进口数量的下降，以及自韩进口价格的上涨。我国对韩国进行的全部反倾销原审立案调查的阶段性贸易破坏效应，导致涉案产品自韩进口金额减少，平均持续周期为 1 年零 4 个月；导致涉案产品自韩进口数量减少，平均持续周期为 1 年零 8 个月；导致涉案产品自韩进口价格上涨，平均持续周期为 1 年零 7 个月。反倾销期终复审立案调查的阶段性贸易破坏效应，导致涉案产品自韩进口金额减少，平均持续周期为 1 年零 8 个月；导致涉案产品自韩进口数量减少，平均持续周期为 1 年零 9 个月；导致涉案产品自韩进口价格上涨，平均持续周期为 1 年零 7 个月。反倾销立案调查总体的阶段性贸易破坏效应，导致涉案产品自韩进口金额减少，平均持续周期为 2 年零 7 个月；导致涉案产品对韩出口数量减少，平均持续周期为 3 年零 1 个月；导致涉案产品对韩出口价格上涨，平均持续周期为 2 年零 9 个月。

四、反倾销原审立案调查否定性终裁结果阶段性贸易破坏效应总结

（一）反倾销申诉方撤诉案例阶段性贸易破坏效应总结

申请人撤诉的否定性终裁结果案例中，反倾销立案调查阶段性贸易破坏效应具体表现为，涉案产品在遭到反倾销原审立案调查后自韩进口金额和进口数量的下降，以及自韩进口价格的上涨。在我国对韩国反倾销原审立案调查终裁结果为申请人撤诉的案例中，MDI 与三元乙丙橡胶两起案例涉案产品的自韩进口金额和进口数量均未受到明显的阶段性贸易破坏效应；反倾销原审立案调查阶段性贸易破坏效应导致涉案产品自韩进口价格上涨平均持续周期为 2 年零 5 个月（如表 5 - 91 所示）。

表 5 - 91　　　　　　　　　**撤诉案例阶段性贸易破坏效应总结**

涉案产品	对进口金额影响	对进口数量影响	对进口价格影响
MDI	不显著	不显著	从"t"到"t+3"
三元乙丙橡胶	不显著	不显著	从"t"到"t+2"

（二）调查机构终止调查案例阶段性贸易破坏效应总结

在我国对韩国反倾销原审立案调查否定性终裁结果案例中，冷轧板卷案例比较特殊，属于反倾销调查机构主动终止调查的案例，冷轧板卷案例的反倾销立案调查阶段性贸易破坏效应具体表现为，涉案产品在遭到反倾销原审立案调查后自韩进口金额和进口数量的下降，以及自韩进口价格的上涨。反倾销原审立案调查阶段性贸易破坏效应导致涉案产品自韩进口金额减少，平均持续周期为 1 年；导致涉案产品自韩进口数量减少，平均持续周期为 1 年；导致涉案产品自韩进口价格上涨，平均持续周期为 3 年（如表 5 - 92 所示）。

表 5 - 92　　　　　　　　　**终止调查案例阶段性贸易破坏效应总结**

涉案产品	对进口金额影响	对进口数量影响	对进口价格影响
冷轧板卷	从"t+2"到"t+3"	从"t+2"到"t+3"	从"t"到"t+3"

（三）终裁结果为倾销不成立案例阶段性贸易破坏效应总结

倾销不成立的否定性终裁结果案例中，反倾销立案调查阶段性贸易破坏效应具体表现为，涉案产品在遭到反倾销原审立案调查后自韩进口金额和进口数量的下降，以及自韩进口价格的上涨。在我国对韩国反倾销原审立案调查终裁结果为倾销不成立的案例中，反倾销原审立案调查的阶段性贸易破坏效应，导致涉案产品自韩进口金额减少，平均持续周期为 1 年零 3 个月；导致涉案产品自韩进口数量减少，平均持续周期为 2 年；导致自韩进口价格上涨，平均持续周期为 2 年零 3 个月（如表 5 - 93 所示）。

表 5 – 93　　　　　　　倾销不成立案例阶段性贸易破坏效应总结

涉案产品	对进口金额影响	对进口数量影响	对进口价格影响
聚苯乙烯	不显著	不显著	从 "t" 到 "t +3"
饲料级 L – 赖氨酸盐	从 "t" 到 "t +3"	从 "t" 到 "t +3"	从 "t +2" 到 "t +3"
辛醇	从 "t +2" 到 "t +3"	从 "t" 到 "t +3"	从 "t" 到 "t +3"

（四）反倾销原审立案调查否定性终裁结果案例总体阶段性贸易破坏效应总结

反倾销原审立案调查否定性终裁结果的全部案例中，反倾销立案调查阶段性贸易破坏效应具体表现为，涉案产品在遭到反倾销原审立案调查后自韩进口金额和进口数量的下降，以及自韩进口价格的上涨。在我国对韩反倾销原审立案调查否定性终裁结果的案例中，反倾销原审立案调查的阶段性贸易破坏效应，导致涉案产品自韩进口金额减少，平均持续周期为 8 个月；导致涉案产品对韩出口数量减少，平均持续周期为 1 年零 2 个月；导致对韩出口价格上涨，平均持续周期为 2 年零 5 个月。

五、反倾销立案调查阶段性贸易破坏效应总结

根据研究样本选取的 33 个我国对韩国进行反倾销原审立案调查的涉案产品，综合不同类型及终裁结果的阶段性贸易破坏效应，总结出反倾销立案调查阶段性贸易破坏效应具体表现为，涉案产品在遭到反倾销原审立案调查后自韩进口金额和进口数量的下降，以及自韩进口价格的上涨。在我国对韩国进行反倾销立案调查的案例中，反倾销立案调查总体所带来的阶段性贸易破坏效应，导致涉案产品自韩进口金额减少，平均持续周期为 2 年零 3 个月；导致涉案产品自韩进口数量减少，平均持续周期为 2 年零 8 个月；导致涉案产品自韩进口价格上涨，平均持续周期为 2 年零 8 个月。

第六章

我国对韩国反倾销立案调查长效性贸易破坏效应分析

为测量我国对韩国实施反倾销措施的贸易破坏效应，本章节采用聚类稳健标准差的 OLS（普通最小二乘法）进行分析，具体计量模型设计如下：

$$Invalue_{i,t} = \alpha_0 + \alpha_1 Inquantity_{i,t} + \alpha_2 Inprice_{i,t} + \alpha_3 d_{i,t} + u_t$$

$$Inquantity_{i,t} = \beta_0 + \beta_1 Invalue_{i,t} + \beta_2 Inprice_{i,t} + \beta_3 d_{i,t} + u_t$$

$$Inprice_{i,t} = \eta_0 + \eta_1 Invalue_{i,t} + \eta_2 Inquantity_{i,t} + \eta_3 d_{i,t} + u_t$$

被解释变量分别使用反倾销涉案产品的进口金额（Invalue）、进口数量（Inquantity）、进口价格（Inprice），虚拟变量 d 为反倾销措施的影响因素，有反倾销措施介入的年度取值为"1"，没有反倾销措施介入的年度取值为"0"。按照反倾销贸易破坏效应的相关理论逻辑关系，我们了解到反倾销措施的介入会导致涉案产品的进口金额和进口数量减少，同时也会导致涉案产品的进口价格上涨，基于此种判断，预期反倾销措施变量对涉案产品的进口金额和进口数量预期符号为负，对涉案产品进口价格的预期符号为正。

为测量评估我国对韩国实施反倾销措施具体涉案产品的贸易破坏效应，本章选取了 1997~2015 年，我国对韩国发起的全部反倾销涉案产品作为研究样本。由于可使用的有效海关进口统计数据是从 1993 年开始的，因此，本章对相关进口数据统计取值涵盖的范围区间为 1993~

2018 年。有关我国对韩国进行反倾销立案调查的案件信息，来源于中华人民共和国商务部运维的中国贸易救济信息网站中的案件公示，并结合大韩民国贸易委员会网站中公示的反倾销案件信息进行翻译、对比、校对获得。本章所有反倾销涉案产品的进口金额、进口数量和进口价格基础数据均取自大韩民国贸易协会运维的世界贸易统计数据库。为进一步确保涉案产品数据的精准，本章使用的是海关 HS 编码 8 位进制的产品进口数据。涉案产品进口金额单位为美元，进口数量单位为千克，进口价格单位为美元/千克。舍去部分进口数据不完全的案例，最终保留涉案产品样本 33 例。

第一节　肯定性终裁结果长效性贸易破坏效应分析

一、有期终复审的案例反倾销措施贸易破坏效应长效性计量分析

（一）终裁结果为价格承诺与征收反倾销税并行案例长效性贸易破坏效应分析

1. 三氯甲烷案例。

如表 6 - 1 所示，我们分别将涉案产品三氯甲烷的进口金额、进口数量和进口价格作为被解释变量，使用 1993 年到 2018 年涉案产品的进口数据，通过多元线性回归来考察反倾销措施对三个被解释变量所产生的影响。对于三氯甲烷来说，反倾销措施对于涉案产品的自韩进口金额、进口数量以及进口价格产生影响的回归系数均不显著，从长期数据分析来看，原本作用于三氯甲烷的反倾销措施贸易破坏效应衰退明显。

表 6 - 1 涉案产品三氯甲烷回归结果

系数		金额（Invalue）		数量（Inquantity）		价格（Inprice）
系数	α_1	0.984 *** (10.406)	β_1	0.845 *** (10.406)	η_1	0.349 * (1.843)
	α_2	0.382 * (1.843)	β_2	- 0.439 ** (- 2.389)	η_2	- 0.469 ** (- 2.389)
	α_3	- 0.109 (- 0.279)	β_3	0.337 (0.943)	η_3	- 0.209 (- 0.559)
	α_0	- 0.542 (- 1.115)	β_0	1.028 ** (2.519)	η_0	1.713 *** (5.551)
R^2		0.854		0.875		0.287
DW		1.42		1.417		1.456

注：***、**、* 分别表示回归结果在 1%、5%、10% 的置信水平下显著成立。

（二）终裁结果为征收反倾销关税案例长效性贸易破坏效应分析

1. 新闻纸案例。

如表 6 - 2 所示，我们分别将涉案产品新闻纸的进口金额、进口数量和进口价格作为被解释变量，使用 1993 年到 2018 年涉案产品的进口数据，通过多元线性回归来考察反倾销措施对三个被解释变量所产生的影响。对于新闻纸来说，反倾销措施对于涉案产品的自韩进口金额、进口数量以及进口价格产生影响的回归系数不显著，说明从长期数据分析来看，原本作用于新闻纸的反倾销措施贸易破坏效应衰退明显。

表 6 - 2 涉案产品新闻纸回归结果

系数		进口金额		进口数量		进口价格
系数	α_1	1.409 *** (29.041)	β_1	0.692 *** (29.041)	η_1	0.203 (0.504)

续表

		进口金额		进口数量		进口价格
系数	α_2	0.056 (0.504)	β_2	−0.044 (−0.568)	η_2	−0.327 (−0.568)
	α_3	−4.256 (−1.186)	β_3	2.162 (0.847)	η_3	4.449 (0.637)
	α_0	0.191 (0.062)	β_0	0.963 (0.446)	η_0	3.699 (0.633)
R^2		0.979		0.979		0.047
DW		1.463		1.514		2.234

注：*** 、 ** 、 * 分别表示回归结果在 1% 、5% 、10% 的置信水平下显著成立。

2. 聚酯薄膜案例。

如表 6 - 3 所示，我们分别将涉案产品聚酯薄膜的进口金额、进口数量和进口价格作为被解释变量，使用 1993 年到 2018 年涉案产品的进口数据，通过多元线性回归来考察反倾销措施对三个被解释变量所产生的影响。对于聚酯薄膜来说，反倾销措施对于涉案产品的自韩进口金额、进口数量以及进口价格产生影响的回归系数不显著，说明从长期数据分析来看，原本作用于聚酯薄膜的反倾销措施贸易破坏效应衰退明显。

表 6 - 3　　　　　　　　　涉案产品聚酯薄膜回归结果

		金额 (Invalue)		数量 (Inquantity)		价格 (Inprice)
系数	α_1	2.05 *** (20.758)	β_1	0.464 *** (20.758)	η_1	0.018 *** (7.361)
	α_2	39.907 *** (7.361)	β_2	−16.819 *** (−5.272)	η_2	−0.033 *** (−5.272)
	α_3	−10.974 (−1.664)	β_3	4.547 (1.428)	η_3	0.112 (0.77)

续表

		金额 （Invalue）		数量 （Inquantity）		价格 （Inprice）
系数	α_0	-57.256^{***} （-6.103）	β_0	26.128^{***} （5.493）	η_0	1.398^{***} （10.738）
R^2		0.986		0.976		0.864
DW		1.599		1.621		1.129

注：***、**、*分别表示回归结果在1%、5%、10%的置信水平下显著成立。

3. 不锈钢冷轧薄板案例。

如表6-4所示，我们分别将涉案产品不锈钢冷轧薄板的进口金额、进口数量和进口价格作为被解释变量，使用1993年到2008年涉案产品的进口数据（2008年后该涉案产品处于进口停滞状态，因此有效数据到2008年截止），通过多元线性回归来考察反倾销措施对三个被解释变量所产生的影响。对于不锈钢冷轧薄板来说，反倾销措施对涉案产品的自韩进口金额、进口数量以及进口价格产生影响的回归系数不显著，说明从长期数据分析来看，原本作用于不锈钢冷轧薄板的反倾销措施贸易破坏效应衰退明显。

表6-4　　　　　涉案产品不锈钢冷轧薄板回归结果

		金额 （Invalue）		数量 （Inquantity）		价格 （Inprice）
系数	α_1	0.139 （1.64）	β_1	1.159 （1.64）	η_1	0.089 （0.443）
	α_2	0.154 （0.443）	β_2	-1.085 （-1.122）	η_2	-0.076 （-1.122）
	α_3	0.246 （0.432）	β_3	-2.159 （-1.389）	η_3	-0.169 （-0.386）
	α_0	0.895 （1.33）	β_0	3.009 （1.585）	η_0	1.059^{**} （2.271）

续表

	金额 （Invalue）	数量 （Inquantity）	价格 （Inprice）
R^2	0.162	0.299	0.083
DW	0.91	2.431	2.023

注：***、**、*分别表示回归结果在 1%、5%、10% 的置信水平下显著成立。

4. 二氯甲烷案例。

如表 6-5 所示，我们分别将涉案产品二氯甲烷的进口金额、进口数量和进口价格作为被解释变量，使用 1995 年到 2010 年涉案产品的进口数据（1995 年为可查到涉案产品有效进口数据的第一年，2010 年后该涉案产品处于进口停滞状态，因此有效数据到 2010 年截止），通过多元线性回归来考察反倾销措施对三个被解释变量所产生的影响。对于二氯甲烷来说，反倾销措施对涉案产品的自韩进口金额、进口数量以及进口价格产生影响的回归系数不显著，说明从长期数据分析来看，原本作用于二氯甲烷的反倾销措施贸易破坏效应衰退明显。

表 6-5　　　　　　　　　涉案产品二氯甲烷回归结果

		金额 （Invalue）		数量 （Inquantity）		价格 （Inprice）
系数	α_1	0.783 *** （10.981）	β_1	1.152 *** （10.981）	η_1	0.245 *** （3.167）
	α_2	1.776 *** （3.167）	β_2	-1.905 ** （-2.591）	η_2	-0.179 ** （-2.591）
	α_3	0.155 （0.452）	β_3	-0.073 （-0.174）	η_3	-0.153 （-1.263）
	α_0	-1.314 ** （-2.249）	β_0	1.612 ** （2.286）	η_0	0.818 *** （6.917）
R^2		0.921		0.909		0.505
DW		1.459		1.118		1.546

注：***、**、*分别表示回归结果在 1%、5%、10% 的置信水平下显著成立。

5. 丙烯酸酯案例。

如表 6 - 6 所示，我们分别将涉案产品丙烯酸酯的自韩进口金额、进口数量和进口价格作为被解释变量，使用 1993 年到 2018 年涉案产品的进口数据，通过多元线性回归来考察反倾销措施对三个被解释变量所产生的影响。对于丙烯酸酯来说，反倾销措施对涉案产品的自韩进口金额具有负向影响，对涉案产品的自韩进口数量具有正向影响，并且对涉案产品的自韩进口金额负向影响的作用力大于对涉案产品进口数量产生的正向影响，但对于涉案产品进口价格产生影响的回归系数不显著。这一结果说明从长期数据来看，反倾销措施的贸易破坏效应仍在较大程度上影响着丙烯酸酯的进口金额和进口数量，但对进口价格的影响程度衰退明显。

表 6 - 6　　　　　　　　　涉案产品丙烯酸酯回归结果

		金额 （Invalue）		数量 （Inquantity）		价格 （Inprice）
系数	α_1	1.997 *** （10.465）	β_1	0.417 *** （10.465）	η_1	0.366 *** （9.558）
	α_2	2.2 *** （9.558）	β_2	- 0.925 *** （- 6.859）	η_2	- 0.736 *** （- 6.859）
	α_3	- 1.16 ** （- 1.731）	β_3	0.885 *** （3.319）	η_3	0.295 （1.036）
	α_0	- 4.393 *** （- 6.047）	β_0	2.217 *** （8.383）	η_0	2.053 *** （9.976）
R^2		0.907		0.917		0.829
DW		0.644		0.627		0.562

注：*** 、** 、* 分别表示回归结果在 1% 、5% 、10% 的置信水平下显著成立。

6. 铜版纸案例。

如表 6 - 7 所示，我们分别将涉案产品铜版纸的自韩进口金额、进口数量和进口价格作为被解释变量，使用 1993 年到 2018 年涉案产品的进口数据，通过多元线性回归来考察反倾销措施对三个被解释变量所产生的影响。对于铜版纸来说，反倾销措施对涉案产品的自韩进口金额、进口数量以及进口价格产生影响的回归系数不显著，原本作用于涉案产品的反倾销措施贸易破坏效应衰退明显。

表 6 - 7   涉案产品铜版纸回归结果

		金额 （Invalue）		数量 （Inquantity）		价格 （Inprice）
系数	α_1	1. 111 *** （17. 28）	β_1	0. 838 *** （17. 28）	η_1	0. 002 *** （4. 586）
	α_2	275. 204 *** （4. 586）	β_2	- 241. 074 *** （- 4. 667）	η_2	- 0. 002 *** （- 4. 667）
	α_3	73. 328 （1. 603）	β_3	- 23. 162 （- 0. 556）	η_3	- 0. 099 （- 0. 817）
	α_0	- 327. 485 *** （- 3. 735）	β_0	297. 793 *** （4. 037）	η_0	1. 307 *** （22. 418）
R^2		0. 976		0. 974		0. 505
DW		0. 983		0. 992		1. 267

注：***、**、*分别表示回归结果在1%、5%、10%的置信水平下显著成立。

7. 邻苯二甲酸酐案例。

如表6-8所示，我们分别将涉案产品邻苯二甲酸酐的进口金额、进口数量和进口价格作为被解释变量，使用1993年到2018年涉案产品的进口数据，通过多元线性回归来考察反倾销措施对三个被解释变量所产生的影响。对于邻苯二甲酸酐来说，反倾销措施对涉案产品的自韩进口金额具有正向影响，对涉案产品的自韩进口数量和进口价格产生影响的回归系数不显著。这一结果说明从长期数据来看，反倾销措施的贸易破坏效应仍在一定程度上影响着邻苯二甲酸酐的自韩进口金额，但对进口数量和进口价格的影响程度衰退明显。

表6－8 涉案产品邻苯二甲酸酐回归结果

		金额 （Invalue）		数量 （Inquantity）		价格 （Inprice）
系数	α_1	1.285 *** （6.862）	β_1	0.53 *** （6.862）	η_1	0.863 *** （3.7）
	α_2	0.444 *** （3.7）	β_2	-0.377 *** （-6.688）	η_2	-1.777 *** （-6.688）
	α_3	0.369 ** （1.746）	β_3	0.008 （0.054）	η_3	0.434 （1.442）
	α_0	-0.741 *** （-2.109）	β_0	0.911 *** （5.933）	η_0	2.241 *** （9.123）
R^2		0.818		0.839		0.762
DW		1.314		1.208		1.561

注：***、**、*分别表示回归结果在1%、5%、10%的置信水平下显著成立。

8. 丁苯橡胶案例。

如表6－9所示，我们分别将涉案产品丁苯橡胶的进口金额、进口数量和进口价格作为被解释变量，使用1993年到2018年涉案产品的进口数据，通过多元线性回归来考察反倾销措施对三个被解释变量所产生的影响。对于丁苯橡胶来说，反倾销措施对于涉案产品的自韩进口金额、进口数量以及进口价格产生影响的回归系数不显著，从长期数据分析来看，原本作用于丁苯橡胶的反倾销措施贸易破坏效应衰退明显。

表6－9 涉案产品丁苯橡胶回归结果

		金额 （Invalue）		数量 （Inquantity）		价格 （Inprice）
系数	α_1	1.525 *** （11.135）	β_1	0.557 *** （11.135）	η_1	0.036 *** （14.917）
	α_2	25.424 *** （14.917）	β_2	-13.142 *** （-6.618）	η_2	-0.051 *** （-6.618）
	α_3	-1.587 （-0.578）	β_3	1.564 （0.955）	η_3	0.104 （1.025）

续表

	金额 (Invalue)		数量 (Inquantity)		价格 (Inprice)	
系数	α_0	-36.135^{***} (-13.045)	β_0	20.812^{***} (9.504)	η_0	1.372^{***} (14.678)
R^2	0.98		0.921		0.956	
DW	0.962		0.652		1.28	

注：$***$、$**$、$*$分别表示回归结果在1%、5%、10%的置信水平下显著成立。

9. 聚氯乙烯案例。

如表6-10所示，我们分别将涉案产品聚氯乙烯的进口金额、进口数量和进口价格作为被解释变量，使用1993年到2018年涉案产品的进口数据，通过多元线性回归来考察反倾销措施对三个被解释变量所产生的影响。对于聚氯乙烯来说，反倾销措施对涉案产品的进口金额和进口数量产生的回归系数不显著，但对于进口价格有正向影响。这一结果说明从长期数据来看，反倾销措施的贸易破坏效应仍在一定程度上影响着聚氯乙烯的进口价格，但对进口金额和进口数量产生的贸易破坏效应衰退明显。

表6-10　　　　　　　　　涉案产品聚氯乙烯回归结果

		金额 (Invalue)		数量 (Inquantity)		价格 (Inprice)
系数	α_1	1.138^{***} (15.559)	β_1	0.806^{***} (15.559)	η_1	0.049^{***} (4.017)
	α_2	8.626^{***} (4.017)	β_2	-8.167^{***} (-5.061)	η_2	-0.066^{***} (-5.061)
	α_3	2.136 (0.96)	β_3	-1.233 (-0.651)	η_3	0.323^{**} (2.057)
	α_0	-11.848^{***} (-3.126)	β_0	12.764^{***} (4.726)	η_0	1.479^{***} (10.887)
R^2		0.923		0.943		0.799
DW		1.027		1.055		1.007

注：$***$、$**$、$*$分别表示回归结果在1%、5%、10%的置信水平下显著成立。

10. 甲苯二异氰酸酯案例。

如表 6 - 11 所示，我们分别将涉案产品甲苯二异氰酸酯的进口金额、进口数量和进口价格作为被解释变量，使用 1993 年到 2018 年涉案产品的进口数据，通过多元线性回归来考察反倾销措施对三个被解释变量所产生的影响。对于甲苯二异氰酸酯来说，反倾销措施对涉案产品的自韩进口金额具有负向影响，对涉案产品的自韩进口数量和进口价格具有正向影响，并且对产品数量正向影响的作用力最大，对产品金额产生的负向影响其次，对于进口价格产生的正向影响排在最后。这一结果说明从长期数据来看，反倾销措施的贸易破坏效应仍在较大程度上影响着甲苯二异氰酸酯的自韩进口金额、进口数量和进口价格。

表 6 - 11　　　　　　　涉案产品甲苯二异氰酸酯回归结果

		金额 （Invalue）		数量 （Inquantity）		价格 （Inprice）
系数	α_1	1.019 *** （33.233）	β_1	0.961 *** （33.233）	η_1	0.224 *** （12.541）
	α_2	3.921 *** （12.541）	β_2	- 3.827 *** （- 13.114）	η_2	- 0.232 *** （- 13.114）
	α_3	- 0.477 ** （- 1.984）	β_3	0.524 ** （2.303）	η_3	0.131 *** （2.355）
	α_0	- 4.017 *** （- 9.247）	β_0	3.982 *** （10.331）	η_0	1.056 *** （23.804）
R^2		0.984		0.985		0.89
DW		1.813		1.893		2.017

注：***、**、* 分别表示回归结果在 1%、5%、10% 的置信水平下显著成立。

11. 非色散位移单模光纤案例。

如表 6 - 12 所示，我们分别将涉案产品非色散位移单模光纤的进口金额、进口数量和进口价格作为被解释变量，使用 1995 年到 2018 年涉案产品的进口数据（1995 年为可查到涉案产品有效进口数据的第一年），通过多元线性回归来考察反倾销措施对三个被解释变量所产生的影响。对于非色散位移单模光纤来说，反倾销措施对涉案产品的自韩进口金额具有正向影响，对于涉案产品的自韩进口价格具有负向影响，并且对涉案产品进口金额的正向影响的作用力大于对进口价格产生的负向影响，对涉案产品的进口数量产生影响的回归系数不显著。这一结果说明从长期数据来看，反倾销措施的贸易破坏效应仍在较大程度上影响着非色散位移单模光纤的自韩进口金额和进口价格，但对进口数量的影响程度衰退明显。

表 6 – 12   涉案产品非色散位移单模光纤回归结果

		金额（Invalue）		数量（Inquantity）		价格（Inprice）
系数	α_1	0.202 *** (11.669)	β_1	4.322 *** (11.669)	η_1	0.015 ** (2.622)
	α_2	16.638 ** (2.622)	β_2	– 86.646 *** （– 3.095）	η_2	– 0.004 *** （– 3.095）
	α_3	5.027 * (1.952)	β_3	– 18.103 （– 1.465）	η_3	– 0.22 *** （– 3.159）
	α_0	– 7.27 * （– 2.028）	β_0	42.569 ** (2.74)	η_0	0.477 *** (8.758)
R^2		0.896		0.903		0.549
DW		1.705		1.905		1.851

注： *** 、 ** 、 * 分别表示回归结果在 1% 、5% 、10% 的置信水平下显著成立。

12. 水合肼案例。

如表 6 – 13 所示，我们分别将涉案产品水合肼的进口金额、进口数量和进口价格作为被解释变量，使用 1994 年到 2018 年涉案产品的进口数据（1994 年为可查到涉案产品有效进口数据的第一年），通过多元线性回归来考察反倾销措施对三个被解释变量所产生的影响。对于水合肼来说，反倾销措施对于涉案产品的自韩进口金额、进口数量以及进口价格产生影响的回归系数均不显著，从长期数据分析来看，原本作用于水合肼的反倾销措施贸易破坏效应衰退明显。

表 6 - 13   涉案产品水合肼回归结果

		金额 (Invalue)		数量 (Inquantity)		价格 (Inprice)
系数	α_1	0.221 *** (3.672)	β_1	1.771 *** (3.672)	η_1	0.085 *** (3.511)
	α_2	4.375 *** (3.511)	β_2	-11.853 *** (-3.278)	η_2	-0.029 *** (-3.278)
	α_3	0.645 (0.565)	β_3	0.719 (0.221)	η_3	-0.13 (-0.826)
	α_0	-1.161 (-0.873)	β_0	9.636 *** (3.004)	η_0	0.568 *** (4.01)
R^2		0.488		0.481		0.458
DW		1.139		2.103		1.79

注：***、**、*分别表示回归结果在1%、5%、10%的置信水平下显著成立。

13. 环氧氯丙烷案例。

如表 6 - 14 所示，我们分别将涉案产品环氧氯丙烷的进口金额、进口数量和进口价格作为被解释变量，使用 1993 年到 2018 年涉案产品的进口数据，通过多元线性回归来考察反倾销措施对三个被解释变量所产生的影响。对于环氧氯丙烷来说，反倾销措施对涉案产品的进口金额具有正向影响，对涉案产品的进口数量和进口价格产生影响的回归系数不显著。这一结果说明从长期数据来看，反倾销措施的贸易破坏效应仍在一定程度上影响着环氧氯丙烷的自韩进口金额，但对自韩进口数量和进口价格的影响程度衰退明显。

表 6 - 14   涉案产品环氧氯丙烷回归结果

		金额 (Invalue)		数量 (Inquantity)		价格 (Inprice)
系数	α_1	1.475 *** (11.176)	β_1	0.576 *** (11.176)	η_1	0.092 ** (2.554)
	α_2	2.496 ** (2.554)	β_2	-1.976 *** (-3.57)	η_2	-0.186 *** (-3.57)

续表

		金额 （Invalue）		数量 （Inquantity）		价格 （Inprice）
系数	α_3	2.373 * (1.819)	β_3	-0.606 (-0.701)	η_3	0.138 (0.518)
	α_0	-5.363 ** (-2.657)	β_0	4.469 *** (4.09)	η_0	1.916 *** (10.952)
R^2		0.904		0.906		0.419
DW		1.107		1.207		1.762

注：***、**、*分别表示回归结果在1%、5%、10%的置信水平下显著成立。

14. 氨纶案例。

如表6-15所示，我们分别将涉案产品氨纶的进口金额、进口数量和进口价格作为被解释变量，使用1993年到2018年涉案产品的进口数据，通过多元线性回归来考察反倾销措施对三个被解释变量所产生的影响。对于氨纶来说，反倾销措施对涉案产品的自韩进口金额具有正向影响，对涉案产品的自韩进口数量具有负向影响，并且对产品数量负向影响的作用力大于对产品金额产生的正向影响，但对于进口价格产生影响的回归系数不显著。这一结果说明从长期数据来看，反倾销措施的贸易破坏效应仍在较大程度上影响着氨纶的进口金额和进口数量，但对进口价格的影响程度衰退明显。

表6-15 涉案产品氨纶回归结果

		金额 （Invalue）		数量 （Inquantity）		价格 （Inprice）
系数	α_1	0.621 *** (13.008)	β_1	1.425 *** (13.008)	η_1	0.178 *** (3.462)
	α_2	1.98 *** (3.462)	β_2	-3.759 *** (-5.232)	η_2	-0.147 *** (-5.232)
	α_3	0.584 * (2.059)	β_3	-0.759 * (-1.723)	η_3	0.089 (0.985)

续表

		金额 （Invalue）		数量 （Inquantity）		价格 （Inprice）
系数	α_0	-1.247^* （-1.762）	β_0	3.254^{***} （3.569）	η_0	0.966^{***} （10.146）
R^2		0.913		0.955		0.837
DW		0.661		0.672		0.717

注：$***$、$**$、$*$分别表示回归结果在 1%、5%、10% 的置信水平下显著成立。

15. 双酚 A 案例。

如表 6-16 所示，我们分别将涉案产品双酚 A 的进口金额、进口数量和进口价格作为被解释变量，使用 1993 年到 2018 年涉案产品的进口数据，通过多元线性回归来考察反倾销措施对三个被解释变量所产生的影响。对于双酚 A 来说，反倾销措施对涉案产品的自韩进口数量和进口价格具有正向影响，并且对涉案产品进口数量的正向影响的作用力大于对进口价格产生的正向影响作用力，但对涉案产品的进口金额产生影响的回归系数不显著。这一结果说明从长期数据来看，反倾销措施的贸易破坏效应仍在较大程度上影响着双酚 A 的进口数量和进口价格，但对进口金额的影响程度衰退明显。

表 6-16　　　　　　　　　　涉案产品双酚 A 回归结果

		金额 （Invalue）		数量 （Inquantity）		价格 （Inprice）
系数	α_1	2.035^{***} （8.427）	β_1	0.375^{***} （8.427）	η_1	0.035^{***} （2.844）
	α_2	7.632^{***} （2.845）	β_2	-3.134^{**} （-2.678）	η_2	-0.078^{**} （-2.678）
	α_3	-4.39 （-0.602）	β_3	7.358^{**} （2.688）	η_3	1.076^{**} （2.426）
	α_0	-8.87^{**} （-2.291）	β_0	3.782^{**} （2.271）	η_0	1.105^{***} （6.352）

续表

	金额 （Invalue）	数量 （Inquantity）	价格 （Inprice）
R^2	0.931	0.937	0.572
DW	1.776	1.951	2.405

注：***、**、*分别表示回归结果在1%、5%、10%的置信水平下显著成立。

16. 丙酮案例。

如表6－17所示，我们分别将涉案产品丙酮的进口金额、进口数量和进口价格作为被解释变量，使用1993年到2018年涉案产品的进口数据，通过多元线性回归来考察反倾销措施对三个被解释变量所产生的影响。对于丙酮来说，反倾销措施对于涉案产品的自韩进口金额、进口数量以及进口价格产生影响的回归系数均不显著，从长期数据分析来看，原本作用于丙酮的反倾销措施贸易破坏效应衰退明显。

表6－17　　　　　　　　　　涉案产品丙酮回归结果

		金额 （Invalue）		数量 （Inquantity）		价格 （Inprice）
系数	α_1	2.713*** (8.969)	β_1	0.289*** (8.969)	η_1	0.049*** (4.071)
	α_2	8.838*** (4.071)	β_2	-2.626*** (-3.485)	η_2	-0.135*** (-3.485)
	α_3	4.047 (0.554)	β_3	2.635 (1.128)	η_3	0.584 (1.099)
	α_0	-23.198*** (-3.631)	β_0	7.661*** (3.697)	η_0	2.607*** (11.646)
R^2		0.936		0.917		0.604
DW		1.324		1.046		1.173

注：***、**、*分别表示回归结果在1%、5%、10%的置信水平下显著成立。

17. 己二酸案例。

如表6－18所示，我们分别将涉案产品己二酸的进口金额、进口数量和进口价格作为被解释变量，使用1996年到2018年涉案产品的进口数据，通过多元线性回归来考察反倾销措施对三个被解释变量所产生的影响。对于己二酸来说，反倾销措施对涉案产品的自韩进口金额和进口数量产生的回归系数不显著，但对于进口价格有正向影响。这一结果说明从长期数据来看，反倾销措施的贸易破坏效应仍在一定程度上影响着己二酸的进口价格，但对进口金额和进口数量产生的贸易破坏效应衰退明显。

表 6-18 涉案产品己二酸回归结果

系数		金额 （Invalue）		数量 （Inquantity）		价格 （Inprice）
系数	α_1	1.078 *** (22.605)	β_1	0.894 *** (22.605)	η_1	0.086 *** (6.895)
	α_2	8.279 *** (6.895)	β_2	-7.183 *** (-5.923)	η_2	-0.09 *** (-5.923)
	α_3	-1.149 (-1.461)	β_3	0.829 (1.135)	η_3	0.226 *** (3.375)
	α_0	-8.469 *** (-7.481)	β_0	7.714 *** (7.491)	η_0	0.961 *** (15.072)
R^2		0.973		0.968		0.846
DW		0.926		0.906		0.834

注：*** 、 ** 、 * 分别表示回归结果在 1%、5%、10% 的置信水平下显著成立。

18. 精对苯二甲酸案例。

如表 6-19 所示，我们分别将涉案产品精对苯二甲酸的进口金额、进口数量和进口价格作为被解释变量，使用 1993 年到 2018 年涉案产品的进口数据，通过多元线性回归来考察反倾销措施对三个被解释变量所产生的影响。对于精对苯二甲酸来说，反倾销措施对涉案产品的进口数量具有负向影响，对涉案产品的进口金额和进口价格产生影响的回归系数不显著。这一结果说明从长期数据来看，反倾销措施的贸易破坏效应仍在一定程度上影响着精对苯二甲酸的自韩进口数量，但对进口金额和进口价格的影响程度衰退明显。

表 6 – 19 涉案产品精对苯二甲酸回归结果

系数		金额 (Invalue)		数量 (Inquantity)		价格 (Inprice)
	α_1	1.449 *** (19.149)	β_1	0.651 *** (19.149)	η_1	0.008 *** (4.087)
	α_2	51.314 *** (4.087)	β_2	−28.695 *** (−3.072)	η_2	−0.01 *** (−3.072)
	α_3	13.704 (1.503)	β_3	−10.388 * (−1.724)	η_3	0.113 (0.939)
	α_0	−66.28 *** (−5.552)	β_0	41.9 *** (4.869)	η_0	1.02 *** (10.899)
R^2		0.968		0.958		0.693
DW		1.419		1.231		1.721

注：***、**、* 分别表示回归结果在 1%、5%、10% 的置信水平下显著成立。

（三）有期终复审案例长效性贸易破坏效应汇总

综合分析我国对韩国进行的有期终复审反倾销立案调查的 19 起案例，反倾销措施所带来的长效性贸易破坏效应，在涉案产品自韩进口金额方面影响程度较为显著；在自韩进口数量和进口价格方面影响程度略低于对进口金额的影响。

二、无期终复审案例长效性贸易破坏效应总结

（一）聚酯切片案例

如表 6 – 20 所示，我们分别将涉案产品聚酯切片的进口金额、进口数量和进口价格作为被解释变量，使用 1994 年到 2016 年涉案产品的进口数据（1994 年为可查到涉案产品有效进口数据的第一年，2016 年后该涉案产品处于进口停滞状态，因此有效数据到 2016 年截止），通过多元线性回归来考察反倾销措施对三个被解释变量所产生的影响。对于聚酯切片来说，反倾销措施对涉案产品的自韩进口金额具有负向影响，对

涉案产品的进口数量具有正向影响，并且对产品数量正向影响的作用力大于对产品金额产生的负向影响，但对于进口价格产生影响的回归系数不显著。这一结果说明从长期数据来看，反倾销措施的贸易破坏效应仍在较大程度上影响着聚酯切片的进口金额和进口数量，但对进口价格的影响程度衰退明显。

表 6-20 涉案产品聚酯切片回归结果

系数		金额 （Invalue）		数量 （Inquantity）		价格 （Inprice）
系数	α_1	0.542 *** （20.439）	β_1	1.764 *** （20.439）	η_1	0.01 *** （2.911）
	α_2	29.441 *** （2.911）	β_2	-51.65 ** （-2.799）	η_2	-0.006 ** （-2.798）
	α_3	-11.33 *** （-2.878）	β_3	19.618 ** （2.718）	η_3	-0.001 （-0.015）
	α_0	-20.203 *** （-3.393）	β_0	40.109 *** （4.001）	η_0	0.545 *** （8.021）
R^2		0.961		0.957		0.447
DW		1.299		1.367		0.723

注：***、**、* 分别表示回归结果在1%、5%、10%的置信水平下显著成立。

（二）涤纶短纤维案例

如表 6-21 所示，我们分别将涉案产品涤纶短纤维的进口金额、进口数量和进口价格作为被解释变量，使用1993年到2018年涉案产品的进口数据，通过多元线性回归来考察反倾销措施对三个被解释变量所产生的影响。对于涤纶短纤维来说，反倾销措施对涉案产品的自韩进口金额和进口数量产生的回归系数不显著，但对于进口价格有负向影响。这一结果说明从长期数据来看，反倾销措施的贸易破坏效应仍在较大程度上影响着涤纶短纤维的进口价格，但对进口金额和进口数量产生的贸易破坏效应衰退明显。

表 6 - 21　　　　　　　　　　涉案产品涤纶短纤维回归结果

系数		金额 （Invalue）		数量 （Inquantity）		价格 （Inprice）
系数	α_1	0.917 *** (11.66)	β_1	0.938 *** (11.66)	η_1	0.525 *** (4.479)
系数	α_2	0.909 *** (4.479)	β_2	-1.129 *** (-7.526)	η_2	-0.638 *** (-7.526)
系数	α_3	0.068 (0.646)	β_3	-0.133 (-1.284)	η_3	-0.178 ** (-2.484)
系数	α_0	-0.945 *** (-2.991)	β_0	1.369 *** (5.657)	η_0	1.291 *** (17.582)
R^2		0.895		0.944		0.821
DW		0.58		0.608		0.856

注：***、**、*分别表示回归结果在1%、5%、10%的置信水平下显著成立。

（三）未漂白牛皮箱纸板案例

如表 6 - 22 所示，我们分别将涉案产品未漂白牛皮箱纸板的进口金额、进口数量和进口价格作为被解释变量，使用 1993 年到 2018 年涉案产品的进口数据，通过多元线性回归来考察反倾销措施对三个被解释变量所产生的影响。对于未漂白牛皮箱纸板来说，反倾销措施对涉案产品的自韩进口金额和进口数量产生的回归系数不显著，但对于进口价格有负向影响。这一结果说明从长期数据来看，反倾销措施的贸易破坏效应仍在一定程度上影响着未漂白牛皮箱纸板的进口价格，但对进口金额和进口数量产生的贸易破坏效应衰退明显。

表 6 - 22　　　　　　　　涉案产品未漂白牛皮箱纸板回归结果

系数		金额 （Invalue）		数量 （Inquantity）		价格 （Inprice）
系数	α_1	0.181 *** (21.974)	β_1	5.295 *** (21.974)	η_1	-3.15 (-0.011)
系数	α_2	-0.189 (-0.011)	β_2	-38.318 (-0.43)	η_2	-0.001 (-0.43)

续表

		金额 (Invalue)		数量 (Inquantity)		价格 (Inprice)
系数	α_3	12.104 (0.539)	β_3	−57.845 (−0.475)	η_3	−0.488 * (−1.793)
	α_0	23.461 (1.119)	β_0	−61.836 (−0.534)	η_0	1.067 *** (6.673)
R^2		0.967		0.968		0.349
DW		0.773		0.707		1.918

注：***、**、* 分别表示回归结果在 1%、5%、10% 的置信水平下显著成立。

（四）核苷酸类食品添加剂案例

如表 6 - 23 所示，我们分别将涉案产品核苷酸类食品添加剂的进口金额、进口数量和进口价格作为被解释变量，使用 1996 年到 2017 年涉案产品的进口数据（1996 年为可查到涉案产品有效进口数据的第一年，2017 年涉案产品终止进口），通过多元线性回归来考察反倾销措施对三个被解释变量所产生的影响。对于核苷酸类食品添加剂来说，反倾销措施对涉案产品的进口数量具有正向影响，对涉案产品的进口金额和进口价格产生影响的回归系数不显著，这一结果说明从长期数据来看，反倾销措施的贸易破坏效应仍在一定程度上影响着核苷酸类食品添加剂的进口数量，但对进口金额和进口价格的影响程度衰退明显。

表 6 - 23　　　　　　涉案产品核苷酸类食品添加剂回归结果

		金额 (Invalue)		数量 (Inquantity)		价格 (Inprice)
系数	α_1	1.428 *** (11.046)	β_1	0.61 *** (11.046)	η_1	0.194 *** (8.72)
	α_2	4.164 *** (8.72)	β_2	−2.315 *** (−5.035)	η_2	−0.253 *** (−5.035)
	α_3	−1.379 (−1.379)	β_3	1.587 ** (2.75)	η_3	0.121 (0.537)
	α_0	−4.281 *** (−5.566)	β_0	2.783 *** (5.479)	η_0	1.022 *** (7.841)

	金额 （Invalue）	数量 （Inquantity）	价格 （Inprice）
R^2	0.964	0.949	0.852
DW	0.639	0.851	0.783

注：***、**、*分别表示回归结果在1%、5%、10%的置信水平下显著成立。

（五）初级形态二甲基环体硅氧烷案例

如表6-24所示，我们分别将涉案产品初级形态二甲基环体硅氧烷的进口金额、进口数量和进口价格作为被解释变量，使用1996年到2016年涉案产品的进口数据（1996年为可查到涉案产品有效进口数据的第一年，2016年后涉案产品进口终止），通过多元线性回归来考察反倾销措施对三个被解释变量所产生的影响。对于初级形态二甲基环体硅氧烷来说，反倾销措施对于涉案产品的自韩进口金额、进口数量以及进口价格产生影响的回归系数均不显著，从长期数据分析来看，原本作用于初级形态二甲基环体硅氧烷的反倾销措施贸易破坏效应衰退明显。

表6-24　　　涉案产品初级形态二甲基环体硅氧烷回归结果

		金额 （Invalue）		数量 （Inquantity）		价格 （Inprice）
系数	α_1	1.292 *** (12.583)	β_1	0.695 *** (12.583)	η_1	0.179 *** (8.007)
	α_2	4.351 *** (8.007)	β_2	-3.021 *** (-6.488)	η_2	-0.232 *** (-6.488)
	α_3	0.381 (0.372)	β_3	0.225 (0.299)	η_3	0.148 (0.721)
	α_0	-4.311 *** (-4.885)	β_0	3.459 *** (6.223)	η_0	1.027 *** (8.1)
R^2		0.962		0.931		0.859
DW		0.492		0.498		0.886

注：***、**、*分别表示回归结果在1%、5%、10%的置信水平下显著成立。

（六）太阳能级多晶硅案例

如表6-25所示，我们分别将涉案产品太阳能级多晶硅的进口金额、进口数量和进口价格作为被解释变量，使用1993年到2018年涉案产品的进口数据，通过多元线性回归来考察反倾销措施对三个被解释变量所产生的影响。对于太阳能级多晶硅来说，反倾销措施对涉案产品的自韩进口数量具有正向影响，对涉案产品的进口金额和进口价格产生影响的回归系数不显著。这一结果说明从长期数据来看，反倾销措施的贸易破坏效应仍在一定程度上影响着太阳能级多晶硅的进口数量，但对进口金额和进口价格的影响程度衰退明显。

表6-25　　　　　　　涉案产品太阳能级多晶硅回归结果

系数		金额 (Invalue)		数量 (Inquantity)		价格 (Inprice)
系数	α_1	0.511 *** (6.021)	β_1	1.357 *** (6.021)	η_1	0.003 (1.715)
	α_2	47.228 (1.715)	β_2	-61.304 (-1.322)	η_2	-0.002 (-1.322)
	α_3	-120.325 (-0.912)	β_3	487.947 ** (2.657)	η_3	-0.743 (-0.667)
	α_0	47.711 (0.702)	β_0	-36.707 (-0.328)	η_0	1.252 ** (2.589)
R^2		0.776		0.845		0.265
DW		0.794		1.322		1.382

注：***、**、*分别表示回归结果在1%、5%、10%的置信水平下显著成立。

（七）腈纶案例

如表6-26所示，我们分别将涉案产品腈纶的进口金额、进口数量和进口价格作为被解释变量，使用1993年到2018年涉案产品的进口数据，通过多元线性回归来考察反倾销措施对三个被解释变量所产生的影响。对于腈纶来说，反倾销措施对涉案产品的自韩进口金额和进口数量产生的回归系数不显著，但对于进口价格有负向影响。这一结果说明从长期数据来看，反倾销措施的贸易破坏效应仍在一定程度上影响着腈纶的进口价格，但对进口金额和进口数量产生的贸易破坏效应衰退明显。

表6-26   涉案产品腈纶回归结果

		金额 （Invalue）		数量 （Inquantity）		价格 （Inprice）
系数	α_1	1.288 *** （15.194）	β_1	0.709 *** （15.194）	η_1	1.078 *** （7.559）
	α_2	0.669 *** （7.559）	β_2	-0.543 *** （-11.795）	η_2	-1.589 *** （-11.795）
	α_3	0.058 （0.653）	β_3	-0.099 （-1.574）	η_3	-0.187 * （-1.736）
	α_0	-1.019 *** （-5.275）	β_0	0.901 *** （9.162）	η_0	1.676 *** （18.168）
R^2		0.949		0.973		0.881
DW		1.142		1.232		1.288

注：***、**、*分别表示回归结果在1%、5%、10%的置信水平下显著成立。

（八）取向电工钢案例

如表6-27所示，我们分别将涉案产品取向电工钢的进口金额、进口数量和进口价格作为被解释变量，使用1996年到2018年涉案产品的进口数据（1996年为可查到涉案产品有效进口数据的第一年），通过多元线性回归来考察反倾销措施对三个被解释变量所产生的影响。对于取向电工钢来说，反倾销措施对于涉案产品的自韩进口金额、进口数量以及进口价格产生影响的回归系数均不显著，从长期数据分析来看，原本作用于取向电工钢的反倾销措施贸易破坏效应衰退明显。

表6-27   涉案产品取向电工钢回归结果

		金额 （Invalue）		数量 （Inquantity）		价格 （Inprice）
系数	α_1	0.789 *** （7.325）	β_1	0.936 *** （7.325）	η_1	0.005 *** （5.187）
	α_2	119.48 *** （5.187）	β_2	-72.242 * （-2.046）	η_2	-0.002 * （-2.046）

续表

		金额 （Invalue）		数量 （Inquantity）		价格 （Inprice）
系数	α_3	−8.676 （−0.575）	β_3	1.689 （0.102）	η_3	0.056 （0.577）
	α_0	−70.793 *** （−5.042）	β_0	59.095 *** （3.101）	η_0	0.541 *** （9.076）
R^2		0.937		0.875		0.796
DW		1.153		0.778		1.454

注：***、**、* 分别表示回归结果在 1%、5%、10% 的置信水平下显著成立。

第二节 反倾销立案调查否定性终裁结果长效性贸易破坏效应分析

一、申请人撤诉案例长效性贸易破坏效应分析

（一）MDI 案例

如表 6 - 28 所示，我们分别将涉案产品 MDI 的进口金额、进口数量和进口价格作为被解释变量，使用 1993 年到 2018 年涉案产品的进口数据，通过多元线性回归来考察反倾销措施对三个被解释变量所产生的影响。对于 MDI 来说，反倾销措施对于涉案产品的自韩进口金额、进口数量以及进口价格产生影响的回归系数均不显著，从长期数据分析来看，原本作用于 MDI 的反倾销措施贸易破坏效应衰退明显。

表 6 - 28　　　　　　　　　涉案产品 MDI 回归结果

		金额 （Invalue）		数量 （Inquantity）		价格 （Inprice）
系数	α_1	1.185 *** （28.624）	β_1	0.822 *** （28.624）	η_1	0.069 *** （14.026）

续表

		金额 (Invalue)		数量 (Inquantity)		价格 (Inprice)
系数	α_2	12.998 *** (14.026)	β_2	-10.55 *** (-11.381)	η_2	-0.081 *** (-11.381)
	α_3	-2.056 (-1.412)	β_3	1.783 (1.476)	η_3	0.093 (0.848)
	α_0	-14.382 *** (-10.772)	β_0	12.025 *** (11.066)	η_0	1.118 *** (21.453)
R^2		0.983		0.975		0.913
DW		1.601		1.512		1.511

注：*** 、** 、* 分别表示回归结果在 1% 、5% 、10% 的置信水平下显著成立。

(二) 三元乙丙橡胶案例

如表 6-29 所示，我们分别将涉案产品三元乙丙橡胶的进口金额、进口数量和进口价格作为被解释变量，使用 1993 年到 2018 年涉案产品的进口数据，通过多元线性回归来考察反倾销措施对三个被解释变量所产生的影响。对于三元乙丙橡胶来说，反倾销措施对涉案产品的进口金额具有负向影响，对涉案产品的进口数量和进口价格具有正向影响，对进口金额产生的回归系数最显著，对产品金额产生的负向影响的作用力大于对产品数量产生的正向影响。这一结果说明从长期数据来看，反倾销措施的贸易破坏效应仍在较大程度上影响着三元乙丙橡胶的自韩进口金额、进口数量和进口价格。

表 6-29 涉案产品三元乙丙橡胶回归结果

		金额 (Invalue)		数量 (Inquantity)		价格 (Inprice)
系数	α_1	1.18 *** (19.912)	β_1	0.803 *** (19.912)	η_1	0.021 *** (9.61)
	α_2	38.383 *** (9.61)	β_2	-28.744 *** (-6.62)	η_2	-0.023 *** (-6.62)
	α_3	-12.29 ** (-2.613)	β_3	8.575 ** (2.119)	η_3	0.306 *** (2.843)

续表

		金额 （Invalue）		数量 （Inquantity）		价格 （Inprice）
系数	α_0	-37.227^{***} (-8.181)	β_0	28.908^{***} (6.639)	η_0	0.976^{***} (19.335)
R^2		0.981		0.967		0.874
DW		0.863		0.757		0.935

注：***、**、*分别表示回归结果在1%、5%、10%的置信水平下显著成立。

二、调查机构终止调查案例贸易破坏效应分析

以冷轧板卷为例，如表6-30所示，我们分别将涉案产品冷轧板卷的进口金额、进口数量和进口价格作为被解释变量，使用1993年到2018年涉案产品的进口数据，通过多元线性回归来考察反倾销措施对三个被解释变量所产生的影响。对于冷轧板卷来说，反倾销措施对涉案产品的进口金额具有负向影响，对涉案产品的进口数量具有正向影响，并且对产品金额负向影响的作用力小于对产品数量产生的正向影响，但对于进口价格产生影响的回归系数不显著。这一结果说明从长期数据来看，反倾销措施的贸易破坏效应仍在较大程度上影响着冷轧板卷的进口金额和进口数量，但对进口价格的影响程度衰退明显。

表 6-30 涉案产品冷轧板卷回归结果

		金额 （Invalue）		数量 （Inquantity）		价格 （Inprice）
系数	α_1	1.098^{***} (13.547)	β_1	0.814^{***} (13.547)	η_1	0.001 (0.246)
	α_2	15.262 (0.246)	β_2	-35.524 (-0.671)	η_2	-0.001 (-0.671)
	α_3	-515.432^{**} (-2.251)	β_3	562.622^{***} (3.077)	η_3	-0.568 (-0.657)
	α_0	2.033 (0.013)	β_0	77.393 (0.59)	η_0	2.219^{***} (9.543)

续表

	金额 (Invalue)	数量 (Inquantity)	价格 (Inprice)
R^2	0.916	0.932	0.208
DW	2.039	2.481	0.53

注：***、**、*分别表示回归结果在1%、5%、10%的置信水平下显著成立。

三、终裁结果为倾销不成立案例贸易破坏效应分析

（一）聚苯乙烯案例

如表6-31所示，我们分别将涉案产品聚苯乙烯的进口金额、进口数量和进口价格作为被解释变量，使用1993年到2018年涉案产品的进口数据，通过多元线性回归来考察反倾销措施对三个被解释变量所产生的影响。对于聚苯乙烯来说，反倾销措施对涉案产品的进口金额、进口数量以及进口价格产生影响的回归系数不显著，由于涉案产品本身的否定性终裁结果导致贸易破坏效应已经被削弱，再放大到长期数据来看，反倾销措施贸易破坏效应的衰退更为明显。

表6-31　　　　　　　　涉案产品聚苯乙烯回归结果

		金额 (Invalue)		数量 (Inquantity)		价格 (Inprice)
系数	α_1	-191.392 (1.005)	β_1	-0.001 (-1.005)	η_1	0.001 (1.014)
	α_2	115.847 (1.014)	β_2	0.6 *** (19.386)	η_2	1.666 *** (19.386)
	α_3	-3.125 (-1.203)	β_3	-0.003 (-0.914)	η_3	0.004 (0.917)
	α_0	0.803 (0.659)	β_0	0.001 (0.718)	η_0	-0.002 (-0.713)
R^2		0.63		0.999		0.999
DW		0.519		2.199		2.2

注：***、**、*分别表示回归结果在1%、5%、10%的置信水平下显著成立。

（二）饲料级 L - 赖氨酸盐案例

如表 6 - 32 所示，我们分别将涉案产品饲料级 L - 赖氨酸盐的进口金额、进口数量和进口价格作为被解释变量，使用 1997 年到 2009 年涉案产品的进口数据（1997 年为可查到涉案产品有效进口数据的第一年，2009 年后该涉案产品处于进口停滞状态，因此有效数据到 2009 年截止），通过多元线性回归来考察反倾销措施对三个被解释变量所产生的影响。对于饲料级 L - 赖氨酸盐来说，反倾销措施对涉案产品的进口金额、进口数量以及进口价格产生影响的回归系数不显著，由于涉案产品本身的否定性终裁结果导致贸易破坏效应已经被削弱，再放大到长期数据来看，反倾销措施贸易破坏效应的衰退更为明显。

表 6 - 32　　　　　涉案产品饲料级 L - 赖氨酸盐回归结果

		金额 （Invalue）		数量 （Inquantity）		价格 （Inprice）
系数	α_1	0.629 *** （6.134）	β_1	1.281 *** （6.134）	η_1	0.922 （1.418）
	α_2	0.198 （1.418）	β_2	- 0.396 ** （- 2.245）	η_2	- 0.906 ** （- 2.245）
	α_3	- 0.071 （- 0.489）	β_3	0.144 （0.704）	η_3	0.069 （0.219）
	α_0	- 0.175 （- 1.059）	β_0	0.483 *** （2.543）	η_0	0.996 *** （5.587）
R^2		0.829		0.871		0.431
DW		1.089		1.336		1.557

注：***、**、* 分别表示回归结果在 1%、5%、10% 的置信水平下显著成立。

（三）辛醇案例

如表 6 - 33 所示，我们分别将涉案产品辛醇的进口金额、进口数量和进口价格作为被解释变量，使用 1996 年到 2018 年涉案产品的进口数据（1996 年为可查到涉案产品有效进口数据的第一年），通过多元线性回归来考察反倾销措施对三个被解释变量所产生的影响。对于辛醇来说，反倾销措施对于涉案产品的进口金额、进口数量以及进口价格产生影响的回归系数均不显著，从长期数据分析来看，原本作用于辛醇的反倾销措施贸易破坏效应衰退明显。

表 6 - 33　　　　　　　　　　涉案产品辛醇回归结果

系数		金额 （Invalue）		数量 （Inquantity）		价格 （Inprice）
	α_1	1.391 *** (10.959)	β_1	0.621 *** (10.959)	η_1	0.106 *** (8.448)
	α_2	7.439 *** (8.448)	β_2	-4.858 *** (-7.646)	η_2	-0.155 *** (-7.646)
	α_3	2.194 (1.249)	β_3	-0.539 (-0.444)	η_3	-0.121 (-0.558)
	α_0	-10.961 *** (-6.062)	β_0	8.155 *** (9.227)	η_0	1.511 *** (11.67)
R^2		0.919		0.892		0.809
DW		0.859		0.721		0.572

注：*** 、 ** 、 * 分别表示回归结果在 1% 、 5% 、 10% 的置信水平下显著成立。

第三节　我国对韩国反倾销立案调查涉案产品长效性贸易破坏效应总结

　　结合前面章节关于反倾销贸易破坏效应的相关研究内容可以预测出，我国对韩国采取的反倾销措施虽然经历了较长的时间周期，但仍然会对涉案产品的进口情况产生一定程度的贸易破坏效应，反倾销措施的介入会导致涉案产品进口金额和进口数量减少，同时也会导致涉案产品进口价格上涨的理论判断，预期反倾销措施变量对涉案产品的自韩进口金额和进口数量预期符号为负，对涉案产品自韩进口价格的预期符号为正。

一、有期终复审案例长效性贸易破坏效应总结

（一）终裁结果为价格承诺与征收反倾销关税并行案例长效性贸易破坏效应汇总

我国对韩国进行的反倾销立案调查终裁结果为价格承诺与征收反倾销关税并行的只有三氯甲烷 1 起案例，反倾销措施所带来的长效性贸易破坏效应，在涉案产品自韩进口金额、进口数量和进口价格方面没有明显体现（如表 6 - 34 所示）。

表 6 - 34　　价格承诺与征税并行案例长效性贸易破坏效应汇总

涉案产品	进口金额影响系数	进口数量影响系数	进口价格影响系数
三氯甲烷	- 0. 109 (- 0. 279)	0. 337 (0. 943)	- 0. 209 (- 0. 559)

（二）终裁结果为征收反倾销关税案例长效性贸易破坏效应汇总

综合分析在我国对韩国进行的反倾销立案调查终裁结果为征收反倾销关税并行的 18 起案例，反倾销措施所带来的长效性贸易破坏效应，在涉案产品自韩进口金额方面影响最为显著；在自韩进口数量和进口价格方面影响次之（如表 6 - 35 所示）。

表 6 - 35　　　　征税案例长效性贸易破坏效应汇总

涉案产品	进口金额影响系数	进口数量影响系数	进口价格影响系数
新闻纸	- 4. 256 (- 1. 186)	2. 162 (0. 847)	4. 449 (0. 637)
聚酯薄膜	- 10. 974 (- 1. 664)	4. 547 (1. 428)	0. 112 (0. 77)

续表

涉案产品	进口金额影响系数	进口数量影响系数	进口价格影响系数
不锈钢冷轧薄板	0.246 (0.432)	-2.159 (-1.389)	-0.169 (-0.386)
二氯甲烷	0.155 (0.452)	-0.073 (-0.174)	-0.153 (-1.263)
丙烯酸酯	-1.16** (-1.731)	0.885*** (3.319)	0.295 (1.036)
铜版纸	73.328 (1.603)	-23.162 (-0.556)	-0.099 (-0.817)
邻苯二甲酸酐	0.369** (1.746)	0.008 (0.054)	0.434 (1.442)
丁苯橡胶	-1.587 (-0.578)	1.564 (0.955)	0.104 (1.025)
聚氯乙烯	2.136 (0.96)	-1.233 (-0.651)	0.323** (2.057)
甲苯二异氰酸酯	-0.477** (-1.984)	0.524** (2.303)	0.131*** (2.355)
非色散位移单模光纤	5.027* (1.952)	-18.103 (-1.465)	-0.22*** (-3.159)
水合肼	0.645 (0.565)	0.719 (0.221)	-0.13 (-0.826)
环氧氯丙烷	2.373* (1.819)	-0.606 (-0.701)	0.138 (0.518)
氨纶	0.584* (2.059)	-0.759* (-1.723)	0.089 (0.985)
双酚A	-4.39 (-0.602)	7.358** (2.688)	1.076** (2.426)
丙酮	4.047 (0.554)	2.635 (1.128)	0.584 (1.099)
己二酸	-1.149 (-1.461)	0.829 (1.135)	0.226*** (3.375)
精对苯二甲酸	13.704 (1.503)	-10.388* (-1.724)	0.113 (0.939)

（三）有期终复审案例长效性贸易破坏效应汇总

综合分析我国对韩国进行的有期终复审反倾销立案调查的 19 起案例，反倾销措施所带来的长效性贸易破坏效应，在涉案产品自韩进口金额方面影响较为显著；在自韩进口数量和进口价格方面影响次之。

统计汇总我国对韩国进行反倾销原审立案调查，后又进行了期终复审立案调查的 19 起案例的计量结果，发现了 3 种不同类型的统计结果。第一，以丙烯酸酯、聚氯乙烯等涉案产品为代表的 7 起案例，仍然受到反倾销措施比较明显的贸易破坏效应影响，占比 36.8%。第二，以新闻纸、聚酯薄膜等涉案产品为代表的 9 起案例，反倾销措施所带来的贸易破坏效应消失殆尽，占比 47.4%。第三，邻苯二甲酸酐和非色散位移单模光纤以及环氧氯丙烷 3 起案例，产生了上文中提及的反倾销措施免疫效应，占比 15.8%。

二、无期终复审案例长效性贸易破坏效应总结

综合分析，我国对韩国进行的无期终复审反倾销立案调查，终裁结果为征收反倾销关税的 6 起案例，反倾销措施所带来的长效性贸易破坏效应，在涉案产品自韩进口数量和进口价格方面体现的较为明显，在进口金额方面，仅在聚酯切片案例中有所体现（如表 6-36 所示）。

表 6-36　　　　　　　　征税案例长效性贸易破坏效应汇总

涉案产品	进口金额影响系数	进口数量影响系数	进口价格影响系数
聚酯切片	-11.33*** (-2.878)	19.618** (2.718)	-0.001 (-0.015)
涤纶短纤维	0.068 (0.646)	-0.133 (-1.284)	-0.178** (-2.484)
未漂白牛皮箱纸板	12.104 (0.539)	-57.845 (-0.475)	-0.488* (-1.793)

续表

涉案产品	进口金额影响系数	进口数量影响系数	进口价格影响系数
核苷酸类食品添加剂	− 1.379 (− 1.379)	1.587 ** (2.75)	0.121 (0.537)
初级形态 二甲基环体硅氧烷	0.381 (0.372)	0.225 (0.299)	0.148 (0.721)
太阳能级多晶硅	− 120.325 (− 0.912)	487.947 ** (2.657)	− 0.743 (− 0.667)
腈纶	0.058 (0.653)	− 0.099 (− 1.574)	− 0.187 * (− 1.736)
取向电工钢	− 8.676 (− 0.575)	1.689 (0.102)	0.056 (0.577)

统计汇总我国对韩国进行反倾销原审立案调查最终获得肯定性终裁结果，但并未进行反倾销期终复审立案调查的 8 起案例的计量结果，出现了 3 种不同类型的统计结果。第一，涉案产品聚酯切片 1 起案例，仍然受到反倾销措施比较明显的贸易破坏效应影响。第二，涉案产品初级形态二甲基环体硅氧烷和取向电工钢 2 起案例，反倾销措施所带来的贸易破坏效应消失殆尽。第三，以涤纶短纤维和未漂白牛皮箱纸板等涉案产品为代表的 5 起案例，产生了反倾销措施免疫效应。

三、肯定性终裁结果案例总体长效性贸易破坏效应总结

综合分析，我国对韩国进行的 27 例反倾销立案调查肯定性终裁结果案例，反倾销措施所带来的长效性贸易破坏效应，在涉案产品自韩进口数量和进口价格方面影响最为显著；在对韩出口金额方面影响次之。有期终复审的案例，总体长效性贸易破坏效应要远高于无期终复审案例。

统计汇总我国对韩国进行反倾销原审立案调查并获得肯定性终裁结果的 27 起案例的计量结果，发现了 3 种不同类型的统计结果。第一，以聚酯切片、丙烯酸酯等涉案产品为代表的 8 起案例，仍然受到反倾销

措施比较明显的贸易破坏效应影响。第二，以新闻纸、聚酯薄膜等涉案产品为代表的 12 起案例，反倾销措施所带来的贸易破坏效应消失殆尽。第三，以涤纶短纤维、邻苯二甲酸酐等涉案产品为代表的 7 起案例，产生了类似于部分反倾销否定性终裁结果案例公示后所产生的报复性增长，产生了反倾销措施的免疫效应。

四、反倾销原审立案调查否定性终裁结果长效性贸易破坏效应总结

（一）反倾销申诉方撤诉案例长效性贸易破坏效应总结

综合分析我国对韩国进行的 2 起反倾销原审立案调查申请人撤诉案例，反倾销措施所带来的长效性贸易破坏效应，在三元乙丙橡胶案例中涉案产品的自韩进口金额和进口数量以及进口价格均受到显著影响，MDI 案例则均不明显（如表 6 - 37 所示）。

表 6 - 37　　　　　　　　撤诉案例长效性贸易破坏效应汇总

涉案产品	进口金额影响系数	进口数量影响系数	进口价格影响系数
MDI	- 2.056 (- 1.412)	1.783 (1.476)	0.093 (0.848)
三元乙丙橡胶	- 12.29 ** (- 2.613)	8.575 ** (2.119)	0.306 *** (2.843)

（二）终裁结果为调查机关终止调查案例长效性贸易破坏效应总结

终裁结果为调查机关终止的调查案例只有冷轧板卷 1 起，涉案产品的自韩进口金额和进口数量受反倾销措施长效性贸易破坏效应影响显著，涉案产品的自韩进口价格没有受到明显的长效性影响（如表 6 - 38 所示）。

表 6 - 38   终止调查案例长效性贸易破坏效应汇总

涉案产品	进口金额影响系数	进口数量影响系数	进口价格影响系数
冷轧板卷	- 515. 432 ** (- 2. 251)	562. 622 *** (3. 077)	- 0. 568 (- 0. 657)

(三) 终裁结果为倾销不成立案例长效性贸易破坏效应总结

综合分析，我国对韩国进行的 3 起终裁结果为倾销不成立的反倾销原审立案案例，反倾销措施所带来的长效性贸易破坏效应，在涉案产品的自韩进口金额、进口数量以及进口价格方面均无明显体现（如表 6 - 39 所示）。

表 6 - 39   倾销不成立案例长效性贸易破坏效应汇总

涉案产品	进口金额影响系数	进口数量影响系数	进口价格影响系数
聚苯乙烯	- 3. 125 (- 1. 203)	- 0. 003 (- 0. 914)	0. 004 (0. 917)
饲料级 L - 赖氨酸盐	- 0. 071 (- 0. 489)	0. 144 (0. 704)	0. 069 (0. 219)
辛醇	2. 194 (1. 249)	- 0. 539 (- 0. 444)	- 0. 121 (- 0. 558)

(四) 反倾销原审立案调查否定性终裁结果案例总体长效性贸易破坏效应总结

综合分析我国对韩国进行的 6 起反倾销立案调查否定性终裁结果案例，反倾销措施所带来的长效性贸易破坏效应，在 2 起案例涉案产品中体现出自韩进口金额和进口数量方面的影响；有 1 起案例涉案产品中体现出自韩进口价格方面的影响。

统计汇总我国对韩国进行反倾销原审立案调查最终为否定性终裁结果的 5 起案例的计量结果，出现了两种不同类型的统计结果。第一，聚苯乙烯和饲料级 L - 赖氨酸盐以及辛醇 3 起案例，几乎没有受到反倾销措施的贸易破坏效应影响。第二，冷轧板卷和三元乙丙橡胶 2 起案例，仍然存在较为明显的贸易破坏效应。

五、反倾销立案调查长效性贸易破坏效应总结

综合表统计结果，依据涉案产品的长期统计数据分析，我国对韩国进行的反倾销原审立案调查 33 起案例中，有 10 起案例仍然存在较为明显的贸易破坏效应，占比 30.3%；有 15 起案例的反倾销贸易破坏效应衰退明显，占比 45.5%；有 8 起案例出现了反倾销免疫效应，占比 24.2%。

我国对韩国进行的反倾销原审立案调查案例中，有 30.3% 的案例仍然存在较为明显的贸易破坏效应；有 45.5% 的案例反倾销贸易破坏效应衰退明显；有 24.2% 的案例出现了反倾销免疫效应。我国对韩国进行的反倾销期终复审立案调查案例中，有 36.8% 的案例仍然存在较为明显的贸易破坏效应；有 47.4% 的案例反倾销贸易破坏效应衰退明显；有 15.8% 的案例出现了反倾销免疫效应。如果单独从分类占比结果来看，我国对韩国进行的反倾销期终复审立案调查所取得的长效性贸易破坏效应比例，要高于反倾销原审立案调查的比例。

第七章

结　　论

第一节　反倾销贸易破坏效应与对韩贸易逆差的关联研究结论

一、中韩两国反倾销立案调查应用策略与对韩贸易逆差影响

（一）韩国的反倾销立案调查应用策略影响因素

根据前面章节中对韩国从 1988 年到 2018 年的 313 起反倾销立案调查案例的整理分析，可以将韩国的反倾销立案调查总体战略对中韩贸易逆差扩大所产生的影响因素简单概况为下列几点：

1. 反倾销立案调查数量因素。

韩国通过 2001 年的反倾销相关条例再次修订，对反倾销相关政策作出了再次调整，给韩国的反倾销立案调查申请彻底铺平了道路，政策调整之后的韩国反倾销立案调查总体数量出现了明显的增加。首先，在反倾销的原审立案调查年度数量分布上，基本遵循着每连续递增两年或三年便开始回落的波动规律。这一特征与韩国的反倾销立案调查周期保

持一致，立案调查高峰阶段，进口总量减少明显。其次，韩国反倾销期终复审立案调查的数量和比例非常高，实际上研究数据采集范围中的2016年、2017年和2018年中未到期的案例都存在被反倾销期终复审立案调查的可能性，如果涵盖这一比例的话，韩国的反倾销期终复审立案调查比例在90%以上。因此从反倾销立案调查应用战略来看，韩国使用的仍是以最大限度增加反倾销立案调查数量进而扩大反倾销立案调查贸易破坏效应的手法。最后，在针对我国的反倾销立案调查上，伴随着我国加入世贸组织，韩国对我国开展的反倾销原审立案调查数量有所减少，这很容易造成韩国对我国反倾销立案调查的数量减少的误判，但仔细观察总体数量后发现，这一阶段的韩国对我国进行的期终复审立案调查数量不断增加，弥补了反倾销原审立案调查所带来的数量减少，进而达到反倾销立案调查总体数量增加的战略目的。另外，值得注意的是韩国关于反倾销措施的相关法规中虽然规定了"反倾销关税从开始征收之日起计算，有效期为5年"，但在韩国对我国进行的反倾销案例实际操作中，一般为3年，随后进行反倾销期终复审立案调查。

2. 反倾销立案调查对象因素。

从统计数据分析，韩国进行反倾销立案调查的主要对象国家是我国、日本和美国，都是与其保持着密切经贸往来的贸易伙伴国，这一点表面上基本符合反倾销立案调查的基本应用策略，但又有其自身的不同特点。首先，从1988~2018年的韩国与上述国家进出口统计数据来看，韩国从我国进口的比重为15.3%，从日本进口的比重为15.1%，从美国进口的比重为12%，但进行反倾销原审立案调查的比重分别为23.6%、14.9%和10.6%，我国和日本的对韩出口总额相差无几，而日本被韩国反倾销立案调查的案件数量仅为我国的6成左右；同一时期韩国对我国进行的反倾销立案调查数量更是接近美国的3倍，而中美间对韩出口的贸易差额仅有4%。虽然美国和日本在对韩出口产品的结构上高附加值的产品比重更大，但也不足以引发如此大的差距。假设基于韩美日三国的战略同盟关系，可能会对反倾销立案调查的进行产生一些影响。但反倾销立案调查数量差别如此之大，不得不让人联想到使用反倾销立案调查所带来的贸易破坏效应这一战略应用目的。其次,韩国的反倾销期终复审立案调查,仍是把主要精力放在对我国的立案调查上,而对美国进行的立案调查却数量较少,这是由于美国对韩贸易额占据期终复审立案调查前三位的原因,此现象充分体现出了韩国反倾销措施在实际应用过程中受政治因素扰动明显。

3. 反倾销立案调查产业因素。

在韩国进行反倾销立案调查的各个产业分布统计结果中,以化学原料及制品、造纸和木材以及钢铁和金属这些韩国国内资源较为匮乏的进口产品,占据被反倾销立案调查的比重达到近70%。在立案调查产业分布中,战略应用意图特色较为明显。首先,韩国的反倾销措施应用比较矛盾,一方面需要满足国内对资源匮乏类产品的进口依赖,另一方面又试图用反倾销贸易破坏效应来限制这些涉案产品的进口规模。其次,在反倾销原审立案调查中被集中关注的化学原料和制品、钢铁和金属以及造纸和木材等资源相对匮乏的产业,在反倾销期终复审立案调查中同样是被关注的焦点。这也客观说明了韩国的反倾销立案调查在重点行业领域计划周密,并采取了持续关注、长期限制的应用策略。再次,韩国对我国反倾销原审立案调查的涉案产品行业分布特征与韩国总体反倾销原审立案调查的涉案产品行业特征一致,化学原料和制品、造纸和木材以及钢铁和金属这些韩国国内资源较为匮乏的进口产品,占据被反倾销立案调查的比重达到近60%,玻璃和陶瓷制品行业继传统的化学原料及制品行业后成为新兴的立案调查重点领域。最后,值得注意的是韩国对我国进行的反倾销期终复审立案调查虽然有35起,但仅仅集中于17种涉案产品,大多数涉案产品都经历过两次甚至三次的期终复审立案调查。大部分案例普遍进行两次反倾销期终复审立案调查,个别案件如瓷砖和醋酸乙酯等甚至进行了三次反倾销期终复审立案调查。而且这些反倾销期终复审案例大部分使用的都是每间隔三年进行一次立案调查的战略。

4. 反倾销立案调查结果因素。

韩国反倾销立案调查总体肯定性终裁结果比例不高,产生这一现象的原因与韩国较为重视反倾销立案调查时所产生的贸易破坏效应有关。第一，从韩国反倾销原审立案调查终裁结果的分布比例来看，肯定性的终裁结果占比不到6成，这充分说明了韩国更加依赖于反倾销立案调查本身所带来的贸易破坏效应，至于是否能实际得到肯定性的终裁结果不是首要的考虑因素。第二，韩国的反倾销期终复审立案调查肯定性终裁结果比例维持在较高的水平。这一现象反映出韩国在反倾销策略应用中的真实意图和在重点领域的规划，在比较关注的涉案产品领域采取的是增加肯定性终裁结果而产生的更加持续有效的贸易破坏效应。第三，韩国对我国进行的反倾销立案调查总体肯定性终裁结果比例略高于韩国反倾销原审立案调查总体肯定性终裁结果比例。产生这一现象的原因主要是期终复审的肯定性终裁比例较高。这一特征突显出韩国在针对我国的反倾销政策使用上采取了利用反倾销原审立案调查的阶段性贸易破坏效应，以及通过提高反倾销期终复审立案调查肯定性终裁结果比例，进而达到长效性贸易破坏效应的组合应用战略。第四，韩国关于反倾销措施的相关法规中虽然也有关于价格承诺的明确规定，但在本研究的统计范围内，韩国对我国进行的反倾销原审立案调查终裁结果中，未发现终裁结果为单独进行价格承诺的案例，反而是将价格承诺与征收反倾销关税同时捆绑使用的案例多达5起，推测这一现象与只进行价格承诺所带来的贸易破坏效应对涉案产品的进出口总量影响不大有关。第五，韩国关于反倾销措施的相关法规中虽然明确规定了"复审过程中的倾销幅度原则上需要重新计算"，但实际对中国进行期终复审的案例，几乎都维持了原审立案调查终裁中的反倾销关税税率。

（二）我国的反倾销立案调查应用策略影响因素

根据前面章节中对我国从1997年到2018年的407起反倾销立案调查案例的整理分析，我国在对外进行反倾销立案调查时的年度数量波动幅度较大，但是基本遵循了我国反倾销相关立法和执行细则不断完善的基本规律。可以将我国的反倾销立案调查总体战略对中韩贸易逆差扩大所产生的影响因素简单概况为下列几点：

1. 反倾销立案调查数量因素。

我国在较短的时间内完成了数量较多的反倾销原审立案调查和期终复审立案调查。这体现了主管部门的大力宣传和国内企业维权意识的进一步提升。首先，在 2004 年反倾销条例基本固定之后，反倾销立案调查的总体数量呈现明显增加的趋势。但从统计数据反馈结果来看，我国的反倾销期终复审立案调查比例一直维持在较低水平。其次，我国对韩国进行的反倾销立案调查案件呈现出总体数量减少的趋势。特别是从 2004 年后的反倾销原审立案调查第二阶段，我国对韩国的反倾销原审立案调查数量迅速下降。最后，我国对韩国进行反倾销期终复审立案调查的比例不是很高，期终复审立案调查的执行时限与 WTO 反倾销条例中规定的 5 年期限保持一致。从反倾销立案调查数量的影响因素来看，我国并没有对韩国采取，以反倾销立案调查数量取胜进而扩大贸易破坏效应边际范围的策略。

2. 反倾销立案调查对象因素。

从反倾销原审立案调查和期终复审立案调查的涉案国家和地区汇总数据来看。首先，我国反倾销立案调查对象的主体固定在我国的主要贸易伙伴身上。我国进行反倾销原审立案调查的主要对象集中分布在美国、日本、韩国、欧盟成员国、俄罗斯及我国的台湾地区，反倾销期终复审立案调查的涉案国家和地区与原审立案调查保持一致。其次，从反倾销立案调查对象的影响因素来看，虽然对韩贸易逆差不断扩大，但我国并没有把韩国列为首要反倾销立案调查对象国。

3. 反倾销立案调查产业因素。

从我国的反倾销立案调查总体产业分布来看，首先，反倾销立案调查涉案产业有些过度集中于化学原料及其制品领域。在我国反倾销原审立案调查主要集中在了化学及其制品、造纸、钢铁和金属产品，以及机械和电子领域，而反倾销期终复审立案调查涉案产品则主要集中在了化学原料及其产品领域，这点在反倾销措施应用的产业布局上与韩国的反倾销立案调查关注重点领域基本一致。其次，我国在对韩国进行的反倾销原审立案调查以及期终复审立案调查中，依然存在涉案产品领域分布过分集中在化学和化工产业的严重失衡现象。这也成为我国对韩的反倾销措施，不能最大限度地全面发挥贸易救济作用的重要原因之一。

4. 反倾销立案调查结果因素。

我国的反倾销立案调查总体肯定性终裁结果比重较高，这在反倾销新兴的应用国家中比较罕见。第一，这一现象说明了我国在反倾销措施的使用过程中相对保守谨慎，而并非采取不管倾销行为是否实际成立，滥用反倾销立案调查进行贸易破坏的战略。第二，相对于韩国而言，我国的反倾销原审立案调查肯定性终裁结果比例较高，这一现象说明，我国的反倾销措施应用同立案调查的阶段性贸易破坏效应相比，更倾向于肯定性终裁结果所带来的贸易破坏效应，但这样的应用理念在一定程度上削弱了反倾销措施的贸易破坏效应。第三，我国的反倾销期终复审立案调查肯定性终裁结果比例不是很高，一方面与我国的反倾销立案调查应用经验特别是期终复审立案调查应用经验较少有关，另一方面遭受倾销损害的企业在期终复审立案调查环节的准备积极性和经验略有欠缺有关。第四，我国对韩国的反倾销立案调查总体肯定性终裁结果比例维持在较高水平，反倾销原审立案调查肯定性终裁结果比重很高，这一点客观上证明了，在对韩反倾销原审立案调查过程中反倾销措施的贸易破坏效应有所束缚。第五，我国对韩国进行的反倾销期终复审立案调查肯定性终裁结果比重维持在相对较少的水平。

造成我国对韩国反倾销期终复审立案调查案件比例较少的主要原因有两个：一是我国的反倾销立案调查开始较晚，影响了期终复审立案调查的进度；二是我国反倾销措施执行周期过长，耽误了快速启动反倾销期终复审立案调查的最佳时机。

（三）中韩两国反倾销立案调查应用策略对比

1. 反倾销原审立案调查应用策略差异。

根据反倾销立案调查年度数量分布和反倾销立案调查年度数量肯定性终裁结果特征总结出下列结论：第一，如果排除韩国反倾销立案调查起步较早的因素，我国在相同的时间周期内对外发起的反倾销立案调查数量已经基本与韩国持平，这主要得益于相关部门对反倾销贸易救济政策的推广宣传、学术界对反倾销相关理论的研究贡献，以及国内各个反倾销关联产业维权意识的日益增强。第二，在不考虑韩国独立发展周期的前提下，中韩两国在相同的分段统计周期内，对外进行的反倾销立案调查数量非常接近，这一现象的产生可能与中韩两国的产业结构以及出口贸易结构比较相近有关。第三，从反倾销立案调查年度数量分布特征推断，无论是我国还是韩国的反倾销立案调查数量变化，都与反倾销相关政策措施的不断完善与丰富，以及国际贸易大环境的变化密切相关。第四，从中韩两国反倾销肯定性终裁结果的统计对比分析推断，我国的对外反倾销立案调查肯定性终裁结果比例较高、定位更加精准，具有较强的针对性，较为严格地秉承了反倾销作为贸易救济措施的应用初衷。韩国的对外反倾销立案调查肯定性终裁结果比例较低、精准定位不够突出、针对性不强，明显暴露出通过大范围反倾销立案调查的实施，进而取得大范围的贸易破坏效应的战略应用思路。

根据反倾销立案调查国家和地区的数量分布特征和反倾销立案调查肯定性终裁结果以及国家和地区分布特征，总结出下列结论：第一，中韩两国的反倾销立案调查对象都高度集中在主要贸易伙伴国身上，韩国对我国发起的反倾销立案调查数量几乎两倍于我国对韩国发起的反倾销立案调查数量，并且韩国对于首位反倾销立案调查对象国的总体占比要远远高于我国，而我国恰好又是韩国最大的贸易伙伴国，这些都在客观上体现出了韩国对外反倾销立案调查对象的具有针对性的战略布局。第二，韩国对其主要贸易伙伴国的反倾销立案调查肯定性终裁比例要高于我国，但韩国对我国发起的反倾销立案调查肯定性终裁结果比例，却低于我国对韩国进行的反倾销立案调查肯定性终裁结果比例，这一现象再次说明了韩国最大限度地利用反倾销立案调查贸易破坏效应的战略意图。

根据反倾销立案调查涉案产品年度数量分布特征和反倾销立案调查涉案产品肯定性终裁结果年度数量分布特征，总结出下列结论：第一，韩国对外进行的反倾销立案调查所涵盖的涉案产品种类要远多于我国，这一现象再次体现出了韩国广泛使用反倾销立案调查，从而取得更大的贸易破坏效应的战略应用思路;第二,在反倾销立案调查涉案产品的行业集中度方面,我国的反倾销立案调查集中程度更高,和韩国相比我国的反倾销立案调查肯定性终裁比例更高;第三,中韩两国共同集中进行反倾销立案调查的行业领域是化学原料及制品行业和钢铁行业,这一现象也再次说明了中韩两国的贸易结构比较相近;第四,我国在第2个统计周期内对反倾销立案调查策略作出了相应调整,原审立案调查涉及了更多种类的涉案产品。

2. 反倾销期终复审立案调查应用策略差异。

根据反倾销期终复审立案调查周期数量分布特征和反倾销期终复审立案调查国家和地区分布特征以及反倾销期终复审立案调查涉案产品分布特征,总结出下列结论:第一,我国在反倾销期终复审立案调查的绝对数量上要多于韩国,但在反倾销期终复审立案调查总体比例上却低于韩国。第二,中韩两国的反倾销期终复审立案调查涉案国家和地区集中度都比较高,韩国反倾销期终复审立案调查的重点对象国仍然是我国,并且反倾销期终复审立案调查首位对象国数量所占比重要远高于其他国家和地区。第三,韩国在反倾销期终复审立案调查的涉案产品种类上要多于我国,这一现象再次说明韩国反倾销期终复审立案调查的应用战略,依然是大范围立案调查,充分利用反倾销期终复审立案调查的贸易破坏效应,来限制涉案产品进口的思路。第四,中韩两国反倾销期终复审的共同焦点依然是化学原料和制品行业。这与中韩两国在化学原料与制品行业的进出口产品相似度高,同类竞争产品较多有着直接的关系,也给我国对韩出口商品结构调整提出了新的挑战。

(四) 反倾销立案调查现状与贸易差额的关系

1. 反倾销立案调查数量增加与对韩出口总量减少。

中韩两国间不同的反倾销措施应用策略也导致了对相互贸易的不同影响结果,反倾销措施对涉案产品的进出口造成了不同程度的破坏效应,导致了总体贸易量的减少。图7-1和图7-2的统计结果直观地呈现出了反倾销立案调查数量的增减与贸易量之间的变化。每一次韩国对我国反倾销立案调查的数量增长,都对应的是第二年我国对韩贸易额的大幅度下跌,韩国向我国发起的反倾销立案调查对我国对韩出口数量减少的总体影响显而易见。

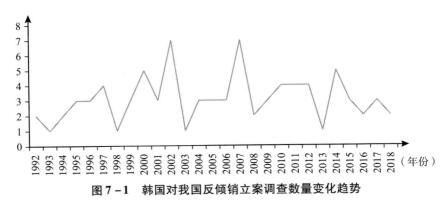

图 7 - 1　韩国对我国反倾销立案调查数量变化趋势

资料来源:根据韩国贸易委员会网站贸易救济资料库数据翻译整理得到。

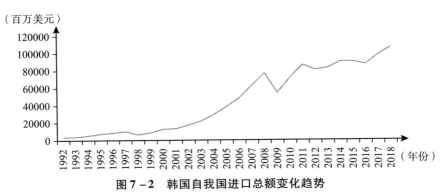

图 7 - 2　韩国自我国进口总额变化趋势

资料来源:根据韩国贸易协会网站世界贸易统计数据库数据翻译整理得到。

2. 反倾销立案调查数量减少与自韩进口总量增加。

从图 7 - 3 和图 7 - 4 的统计结果来看,我国对韩国反倾销立案调查数量减少的同时,自韩进口额开始不断攀升。比较明显的区间段,例如,1997 ~ 2006 年,我国对韩反倾销立案调查数量增加的时期,对韩贸易逆差也呈现出逐渐缩小的趋势。而 2007 ~ 2018 年,我国逐渐放松了对韩国的反倾销原审立案调查，立案调查数量明显减少，这一期间对韩贸易逆差也出现持续扩大的现象。

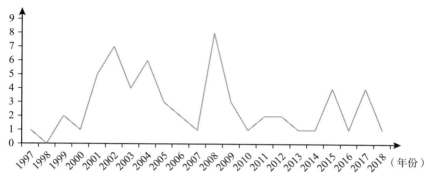

图 7-3 我国对韩国反倾销立案调查总体年度数量分布

资料来源：根据中华人民共和国商务部贸易救济信息网反倾销案例整理得到。

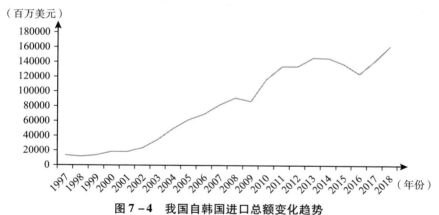

图 7-4 我国自韩国进口总额变化趋势

资料来源：根据韩国贸易协会网站世界贸易统计数据库数据翻译整理得到。

二、中韩两国反倾销立案调查贸易破坏效应与对韩贸易逆差影响

（一）反倾销阶段性贸易破坏效应影响对比

韩国与我国相互进行的反倾销立案调查案例，具体所引发的阶段性

贸易破坏效应已经分别在第三章和第五章中进行了详细验证，此处不再赘述，仅对中韩两国反倾销立案调查阶段性贸易破坏效应所带来的影响，按照肯定性终裁结果案例和否定性终裁结果案例以及反倾销立案调查总体效果三个部分进行对比总结。

1. 肯定性终裁结果案例对比。

首先，从有期终复审的肯定性终裁结果案例的平均指数统计分析。在韩国对我国进行的反倾销立案调查中，涉案产品的对韩出口金额减少的平均持续周期为 4 年零 5 个月，而我国对韩国进行的相同性质案例中，涉案产品自韩进口金额减少的平均持续周期为 3 年零 2 个月。在韩国对我国进行的反倾销立案调查中，涉案产品对韩出口数量减少平均持续周期为 4 年零 1 个月，而我国对韩国进行的相同性质案例中，涉案产品自韩进口数量减少平均持续周期为 3 年零 8 个月。在韩国对我国进行的反倾销立案调查中，涉案产品对韩出口价格上涨平均持续周期为 3 年零 9 个月，而我国对韩国进行的相同性质案例中，涉案产品自韩进口价格上涨平均持续周期为 3 年零 4 个月。在有期终复审的肯定性终裁结果案例中，我国的反倾销立案调查贸易破坏效应对涉案产品的进出口金额、数量和价格方面的阶段性影响均弱于韩国。这里需要特别关注的是韩国对我国大部分涉案产品均实施了 2 次及以上的期终复审立案调查。首次反倾销期终复审立案调查对涉案产品对韩出口金额和出口数量所产生的贸易破坏效应都比较明显，虽然从反倾销立案调查后的第 1 年就出现衰退，但出口金额和出口数量的总体增长幅度一直未能恢复到首次反倾销期终复审立案调查前的水平，对涉案产品出口价格所产生的贸易破坏效应也比较明显，从反倾销立案调查后的第 2 年开始衰退。从韩国对我国进行的第二次反倾销期终复审立案调查全体涉案产品平均指数分析来看，第二次反倾销期终复审立案调查对涉案产品出口金额和出口数量的贸易破坏效应都出现了比较明显的衰退，对于出口价格的贸易破坏效应则比较明显。

其次，从无期终复审的肯定性终裁结果案例的平均指数统计分析。在韩国对我国进行的反倾销立案调查中，涉案产品的对韩出口金额减少

的平均持续周期为 2 年零 4 个月，而我国对韩国进行的相同性质案例
中，涉案产品自韩进口金额减少的平均持续周期为 1 年零 4 个月。在韩
国对我国进行的反倾销立案调查中，涉案产品对韩出口数量减少平均持
续周期为 2 年零 1 个月，而我国对韩国进行的相同性质案例中，涉案产
品自韩进口数量减少平均持续周期为 1 年零 6 个月。在韩国对我国进行
的反倾销立案调查中，涉案产品对韩出口价格上涨平均持续周期为 1 年
零 5 个月，而我国对韩国进行的相同性质案例中，涉案产品自韩进口价
格上涨平均持续周期为 1 年零 8 个月。在无期终复审的肯定性终裁结果
案例中，我国的反倾销立案调查贸易破坏效应对涉案产品的进出口金
额、数量的阶段性影响弱于韩国，但在对涉案产品的进出口价格掌控上
要略强于韩国。

最后，从肯定性终裁结果案例总体分析。在韩国对我国进行的反倾
销立案调查中，涉案产品的对韩出口金额减少的平均持续周期为 3 年零
9 个月，而我国对韩国进行的相同性质案例中，涉案产品自韩进口金额
减少的平均持续周期为 2 年零 7 个月。在韩国对我国进行的反倾销立案
调查中，涉案产品对韩出口数量减少平均持续周期为 3 年零 5 个月，而
我国对韩国进行的相同性质案例中，涉案产品自韩进口数量减少平均持
续周期为 3 年零 1 个月。在韩国对我国进行的反倾销立案调查中，涉案
产品对韩出口价格上涨平均持续周期为 3 年零 1 个月，而我国对韩国进
行的相同性质案例中，涉案产品自韩进口价格上涨平均持续周期为 2 年
零 9 个月。在肯定性终裁结果案例总体中，我国的反倾销立案调查贸易
破坏效应对涉案产品的进出口金额、数量以及价格的阶段性影响力均弱
于韩国。

2. 否定性终裁结果案例对比。

从否定性终裁结果平均指数统计分析来看，在韩国对我国进行的反
倾销立案调查中，涉案产品的对韩出口金额减少的平均持续周期为 2 年
零 4 个月，而我国对韩国进行的相同性质案例中，涉案产品自韩进口金
额减少的平均持续周期为 1 年零 4 个月。在韩国对我国进行的反倾销立
案调查中，涉案产品对韩出口数量减少平均持续周期为 2 年零 1 个月，

而我国对韩国进行的相同性质案例中，涉案产品自韩进口数量减少平均持续周期为 1 年零 6 个月。在韩国对我国进行的反倾销立案调查中，涉案产品对韩出口价格上涨平均持续周期为 1 年零 5 个月，而我国对韩国进行的相同性质案例中，涉案产品自韩进口价格上涨平均持续周期为 1 年零 8 个月。在无期终复审的肯定性终裁结果案例中，我国的反倾销立案调查贸易破坏效应对涉案产品的进出口金额、数量的阶段性影响弱于韩国，但在对涉案产品的进出口价格掌控上要略强于韩国。

3. 反倾销立案调查总体对比。

从反倾销立案调查总体平均指数统计分析来看，在韩国对我国进行的反倾销立案调查案例中，涉案产品的对韩出口金额减少的平均持续周期为 3 年零 2 个月，而我国对韩国进行的反倾销立案调查案例中，涉案产品自韩进口金额减少的平均持续周期为 2 年零 3 个月。在韩国对我国进行的反倾销立案调查案例中，涉案产品对韩出口数量减少平均持续周期为 3 年，而我国对韩国进行的反倾销立案调查案例中，涉案产品自韩进口数量减少平均持续周期为 2 年零 8 个月。在韩国对我国进行的反倾销立案调查案例中，涉案产品对韩出口价格上涨平均持续周期为 2 年零 8 个月，而我国对韩国进行的反倾销立案调查案例中，涉案产品自韩进口价格上涨平均持续周期为 2 年零 8 个月。在分析的所有案例中，我国的反倾销立案调查贸易破坏效应对涉案产品的进出口金额、数量的阶段性影响均弱于韩国，在对涉案产品的进出口价格影响上与韩国持平。

（二）反倾销长效性贸易破坏效应影响对比

韩国与我国相互进行的反倾销立案调查案例，具体所引发的长效性贸易破坏效应已经分别在第四章和第六章中进行了详细的验证和论述，此处不再赘述，仅对中韩两国反倾销立案调查长效性贸易破坏效应所带来的影响，按照肯定性终裁结果案例和否定性终裁结果案例以及反倾销立案调查总体效果三个部分进行对比总结。

1. 肯定性终裁结果案例。

首先，韩国对我国进行的 25 起反倾销立案调查肯定性终裁结果案例，反倾销措施所带来的长效性贸易破坏效应，在涉案产品对韩出口金额方面最为显著；在对韩出口价格方面影响相对较弱；在对韩出口数量方面影响最小。其中，以纯碱和电熨斗等涉案产品为代表的 9 起案例，反倾销长效性贸易破坏效应最为明显；以精制磷酸和电动剃须刀等涉案产品为代表的 14 起案例，反倾销贸易破坏效应消失殆尽；以涉案产品硅锰铁和打印纸、铜版纸为代表的 2 起案例，产生了反倾销免疫效应。

其次，我国对韩国进行的 27 例反倾销立案调查肯定性终裁结果案例，反倾销措施所带来的长效性贸易破坏效应，在涉案产品自韩进口数量和进口价格方面影响最为显著；在对韩出口金额方面影响相对较弱。其中，以聚酯切片、丙烯酸酯等涉案产品为代表的 8 起案例，反倾销长效性贸易破坏效应最为明显；以新闻纸、聚酯薄膜等涉案产品为代表的 12 起案例，反倾销贸易破坏效应消失殆尽；以涤纶短纤维、邻苯二甲酸酐等涉案产品为代表的 7 起案例，产生了反倾销免疫效应。

最后，无论是韩国对我国还是我国对韩国进行的反倾销案例中，有期终复审的案例反倾销长效性贸易破坏效应要远强于无期终复审的案例。

2. 否定性终裁结果案例。

首先，韩国对我国进行的 8 起反倾销立案调查否定性终裁结果案例，反倾销措施所带来的长效性贸易破坏效应，在 3 起案例涉案产品中体现出对韩出口金额和出口数量方面的影响；在对韩出口价格方面则没有产生明显影响。其中，涉案产品液碱和金红石型钛白粉 2 起案例，长效性贸易破坏效应明显；以 H - 酸和锌锭等涉案产品为代表的 5 起案例，反倾销措施的贸易破坏效应衰退严重；涉案产品白水泥 1 起案例，产生了反倾销措施的免疫效应。

其次，我国对韩国进行的 6 起反倾销立案调查否定性终裁结果案例，反倾销措施所带来的长效性贸易破坏效应，在 2 起案例涉案产品中体现出自韩进口金额和进口数量方面的影响；有 1 起案例涉案产品中体现出自韩进口价格方面的影响。其中，聚苯乙烯和饲料级 L - 赖氨酸盐以及辛醇 3 起案例，几乎没有受到反倾销措施的贸易破坏效应影响；冷轧板卷和三元乙丙橡胶 2 起案例，仍然存在较为明显的贸易破坏效应。

3. 反倾销立案调查总体。

首先，韩国对我国进行的反倾销原审立案调查案例中，有 33.3%
的案例仍然存在较为明显的贸易破坏效应；有 57.6% 的案例中的反倾
销贸易破坏效应衰退明显；有 9.1% 的案例出现了反倾销免疫效应。韩
国对我国进行的反倾销期终复审立案调查案例中，有 41.2% 的案例仍
然存在较为明显的贸易破坏效应；有 47.1% 的案例中的反倾销贸易破
坏效应衰退明显；有 11.8% 的案例出现了反倾销免疫效应。如果单独
从分类占比结果来看，韩国对我国进行的反倾销期终复审立案调查所取
得的长期贸易破坏效应比例要高于反倾销原审立案调查的比例。

其次，我国对韩国进行的反倾销原审立案调查案例中，有 30.3%
的案例仍然存在较为明显的贸易破坏效应；有 45.5% 的案例中的反倾
销贸易破坏效应衰退明显；有 24.2% 的案例出现了反倾销免疫效应。
我国对韩国进行的反倾销期终复审立案调查案例中，有 36.8% 的案例
仍然存在较为明显的贸易破坏效应；有 47.4% 的案例中的反倾销贸易
破坏效应衰退明显；有 15.8% 的案例出现了反倾销免疫效应。如果单
独从分类占比结果来看，我国对韩国进行的反倾销期终复审立案调查所
取得的长效性贸易破坏效应比例，要高于反倾销原审立案调查的比例。

最后，通过横向对比分析统计结果，可以发现韩国对我国实施的反
倾销原审立案调查以及反倾销期终复审立案调查贸易破坏效应，比我国
对韩国进行的同等措施的贸易破坏效应更具有长效性，产生反倾销免疫
效应的案例比重更低，对涉案产品的出口金额控制力度更大。在反倾销
贸易破坏效应长效性统计分析中，反倾销措施的贸易破坏效应，对进出
口金额或进出口数量以及进出价格的独立影响要多于整体影响。

（三）反倾销立案调查数量与涉案产品金额变化对比

1. 韩国对我国立案调查数量与涉案产品金额变化。

在计量统计范围内的韩国对我国进行的反倾销立案调查案例，涵盖
了 84 个海关税号项下的 33 种涉案产品，波及 10 余个行业领域，涉案
产品金额达到 219 亿美元。

　　为了进一步直观地体现反倾销立案调查对涉案产品进口金额所产生的贸易破坏效应，我们将参与反倾销立案调查贸易破坏效应评估的 33 宗涉案产品的年度对韩出口金额取平均值，并将韩国对我国 33 宗涉案产品进行的 62 次反倾销立案调查数量对应到统计年度得到下列统计结果。

　　如图 7 - 5 所示，统计结果直观地反映出，反倾销立案调查数量一旦增加，涉案产品的对韩出口金额就会迅速体现出相应的减少；反之如果涉案产品的对韩出口金额大幅度增加后，反倾销立案调查的数量也会随之出现大幅度增加，反倾销立案调查数量与涉案产品对韩出口金额始终保持紧密联动。

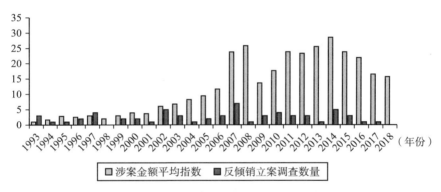

图 7 - 5　韩国对我国反倾销立案调查数量与涉案产品金额平均指数

资料来源：根据韩国贸易协会网站世界贸易统计数据库数据翻译整理得到。

　　2. 我国对韩国立案调查数量与涉案产品金额变化。

　　在计量统计范围内，我国对韩国实施的反倾销立案调查案例涉及 67 个海关税号项下的 33 种涉案产品，涵盖了 6 个行业领域，涉案产品金额达到 941 亿美元。

　　为了进一步直观地体现反倾销立案调查对涉案产品进口金额所产生的贸易破坏效应，我们将参与反倾销立案调查贸易破坏效应评估的 33 宗涉案产品的年度自韩进口金额取平均值，对应我国对这 33 宗涉案产品进行的 55 次反倾销立案调查数量，合并统计年度，得到图 7 - 6 的统计结果。

如图 7 - 6 所示，统计结果直观地反映出，在我国对韩国出口涉案产品的过程中，随着对韩国反倾销立案调查数量的增加，涉案产品的自韩进口金额会迅速表现出相应的减少；同时如果涉案产品的自韩出口金额大幅度增加后，反倾销立案调查的数量也会随之增加。反倾销立案调查总体控制效果比较显著。反倾销立案调查数量与涉案产品自韩进口金额联系较为紧密。

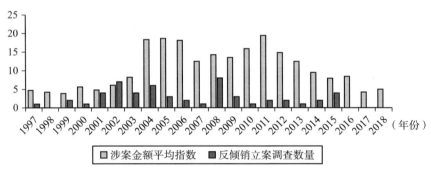

图 7 - 6 我国对韩国反倾销期立案调查涉案产品金额与立案调查数量分布特征

第二节 政策调整建议与研究展望

综合前面各个章节的研究结论，可以明确反倾销的贸易破坏效应是造成我国对韩贸易逆差的一个不容忽视的重要因素，针对这一问题，提出下列几点政策调整建议。

一、充分发挥反倾销主管部门的作用

第一，进一步稳固优化中国特色社会主义市场经济地位。改革开放以来，国民经济突飞猛进的发展，离不开对外贸易的巨大贡献。随着全

球经济一体化进程的加速和全球金融危机影响的深入，出口市场的需求开始出现下降，出口贸易出现衰退，同时，长期以加工贸易为主要贸易的生产加工基地，在出口产品主要集中于劳动密集型行业的同时，贸易增长方式较为粗放，产品利润低且容易遭受反倾销立案调查，为我国经济结构的健康发展埋下了隐患。因此，一方面，政府要及时出台相关扶持政策，促进出口企业增长方式实现转型，由低附加值产品向高附加值产品转变，从源头上减少反倾销立案调查的可能性；另一方面，我国应积极关注国内市场，实施内外市场并举的发展战略，不仅要鼓励国内产品走向国际市场，同时也要积极开发国内市场，在出口产品外销受阻时，转销国内市场。我国目前已经获得了 WTO 完全市场经济地位的认证，在贸易摩擦问题上可以和更多的国家建立自由贸易区，并通过限制使用反倾销手段等自贸区规则的制定，来进一步解决对我国滥用反倾销措施的问题。同时，继续深化改革，进一步转变政府职能，加大放管服力度，使得各项经济活动符合 WTO 的相关规则，促进企业成本要素、产品定价由市场决定，确保中国特色社会主义市场经济地位的稳固。

第二，进一步推进主管部门战略职能转变。政府主管部门尽可能发挥信息发布者、利益协调者和整体利益代表者的功能。在国内产业遭受损害时，应迅速做出反应，并号召行业协会和企业积极申诉或应诉。特别是地方政府和本地区企业联系紧密，对于本地区企业受倾销与反倾销影响的情况掌握程度远比中央政府具有优势。因此，在反倾销工作中地方政府的作用不可忽视，应充分明确各地方政府职能定位，与中央政府紧密配合，切实促进我国反倾销工作的开展。政府主管部门还应主动分析出口国市场动态变化，保护国内出口企业利益。建立全国统一的反倾销应诉数据库，为企业收集反倾销信息提供便利。各地方商务部门应做好涉及本地区企业反倾销案件信息统计工作、建立信息报送系统、评估国外反倾销对本地区出口贸易的影响。相关部门和机构要加强对出口市场的分析研判，了解本国出口占出口国市场的份额，同时了解对出口国出口占我国出口总额比重，全面综合地考量我国的出口现状。对历年的出口集中度进行深入研究，以便降低对单一或几个出口市场的依赖度，提高我国反倾销立案调查的威慑力，保护国内出口企业的正当利益。

第三，进一步完善国内反倾销相关法律法规。政府及其职能部门是市场经济秩序的维护者，对企业利益的维护就是在保护本国经济健康的发展，而这种保护更多地体现在组织和协调各个部门的工作、颁布保护本国贸易发展的法律、法规等方面。我国作为 WTO 重要成员之一，在受到反倾销指控后积极应诉的同时，拥有向 WTO 争端解决机构提出对反倾销措施滥用的上诉和质疑，达到遏制滥用反倾销措施，保护我国相关产业合法利益的目的。同时，可以充分发挥 WTO 反倾销委员会成员身份，联合其他发展中国家，争取对发展中国家的更多保护措施。我们还要仔细学习研究出口国反倾销相关法律条款，关注各国在反倾销相关法律上的动态，熟悉反倾销各个阶段博弈的重要规则，不断更新、修改和完善我国的反倾销法律法规、确保国内出口产业有序发展。

第四，进一步加大反倾销相关人才培养力度。抓紧培养高素质人才，提高应诉的专业水平。人才竞争是各行各业各个领域的核心竞争，由于反倾销立法较晚，实践经验较少，我国熟悉反倾销法规的人才相对匮乏，因此，应该将反倾销专业人才的培养列入高校人才培养计划之中。充分发挥高校法律和经贸专业的科研教学资源优势，加强设置反倾销法律法规和实践实际的相关专业和课程，培养储备更多的反倾销领域后备力量，树立反倾销应诉的专业形象，提高我国应对国外反倾销的力度。人才培养与研究领域应重点关注反倾销涉案企业的应诉情况，并给予宏观层面的指导。

二、充分发挥对韩出口产品行业协会的积极作用

行业协会在沟通政府与出口企业的关系上起着承上启下的纽带作用，在反倾销立案调查中具有政府及企业不可替代的协调功能。国内产业遭受韩国倾销损害时，由于部分企业规模较小，法律意识淡薄，对整个行业情况缺乏全面了解和掌握，难以维护全行业企业的合法权益。在这种情况下，行业协会作为各个企业的共同组织和整个行业利益的代

表，在全面了解本行业的整体情况以及各企业实质利益的情况下，可充分发挥行业管理和协调的职能。

第一，行业协会应引导对韩出口企业开展有序竞争。我国大多数对韩出口企业已经在市场经济环境下采取独立经营、自负盈亏的模式，产品也是自主定价。行业协会应依据国际反倾销最新形势和韩国的反倾销最新动态，建立出口价格协调机制，对行业内企业给予指导、管理并引导其进行有序竞争，避免企业为争夺市场而竞相压价，最终导致恶性竞争情况的发生。当行业内企业在韩国的出口销售临近反倾销标准时，应该及时对企业发出警告，完善切实可行的保障机制。

第二，行业协会应建立"谁应诉、谁受益"的激励机制。在实际操作中，如果反倾销应诉成功，整个行业均可以摆脱被征收反倾销税和退出市场的危险。如果积极应诉争取到较低的反倾销关税税率，也会使整个行业内所有企业共享该税率。但如果应诉失败，则所有企业都将被征收统一反倾销关税，除非企业申请单独税率。反倾销应诉的集体行动特征，使得很多对韩出口企业消极应对，习惯于"搭便车"。由行业协会组织应诉，并协调企业应诉，不仅可减少应诉成本，减少信息收集障碍，加强企业间信息沟通和合作，而且也以小集体应诉形式，改变单个企业面对韩国反倾销机关时信息和经济实力不对等的情形，避免中小企业放弃应诉。行业协会要对我国的对韩出口重点企业，深入开展研究普及反倾销的基本理论知识，一旦企业成为反倾销立案调查对象，务必要争取到企业积极配合应诉，争取赢得最有利的裁决结果。即使是肯定性终裁结果，积极应诉所被征收反倾销关税的平均税率也要低于放弃应诉的情况，并且只要积极应诉就有可能争取到否定性的终裁结果，在最大限度上削弱反倾销立案调查贸易破坏效应给对韩出口带来的负面影响。

第三，行业协会应成立专门对韩反倾销应诉小组。告知各应诉企业反倾销调查进程以及后续程序。根据应诉企业要求，就有分别裁决等技术问题的抗辩、国外调查机关的实地核查等问题予以协助。组织应诉企业积极参加听证会、与韩国反倾销调查机关和相关行业组织或企业进行磋商、谈判。根据应诉企业要求，就价格承诺协议谈判的有关问题予以协助，如需以政府名义签订"价格承诺协议"或"中止协议"，可向商务部提出方案建议。协助应诉企业就不合理的反倾销裁决结果向 WTO 争端解决机构寻求司法救济。

第四，行业协会应积极与韩国反倾销执行机构协调沟通。向韩国反倾销机关提供涉案企业产业生产和出口信息，以证明本国该产业产品成本价格和国内同类产品销售价格。由于行业组织熟悉该行业企业生产模式和经营信息，对于该行业内占多数生产份额的企业信息掌握全面，对产业独立经济地位证明有优势。由其直接提供信息，能够减少企业信息成本，更有效地达到证明目的。

第五，反倾销调查申诉工作是一项具有系统性和复杂性的工作，从搜集证据、申诉到案件终了需要有一段较长的时间，并且要涉案企业内许多部门和花费一定的费用。因此，行业协会要牵头充分做好费用预算评估工作，还可以设立专项对韩反倾销基金，由其成员按其在所在行业国内销售额的一定比例，每年缴纳，用于支撑对韩反倾销诉讼所产生的相关费用。

三、充分建立健全对韩反倾销预警机制

反倾销预警是贸易救济工作的基础。建立并完善对韩反倾销预警机制，及时监控韩国反倾销动态和自韩进口产品对国内产业的冲击程度。通过搜集相关信息、资料，建立重要产品的生产数量、消费以及价格变化的预测分析系统，对可能发生的反倾销指控提前预警并及时制定相应对策，进而争取产业保护的主动权，是目前亟待解决的问题。

第一，从研究结果来看，韩国反倾销措施的应用策略，充分体现出最大限度利用反倾销立案调查所引发的贸易破坏效应来影响进出口业绩的战略意图。鉴于韩国对我国进行的反倾销立案调查短期贸易破坏效应非常显著，甚至对部分涉案产品产生的贸易破坏效应长期存在，因此应该主动防范韩国反倾销立案调查的战略性部署，尽量避免卷入反倾销贸易摩擦，降低反倾销贸易破坏效应对向韩国出口的影响程度。

第二，我国应针对被韩国反倾销立案调查的高发行业以及重点企业，例如化学原料及制品工业和钢铁工业、造纸工业等产业要优先建立行业预警机制，时时关注韩国贸易救济政策的调整变化，以及韩国国内重点行业、代表性企业的最新动态。要对重要的对韩出口产品的出口金额、出口数量、出口价格以及当地市场情况变化等情况进行有效监控，及时对可能发生的反倾销行为进行预警，并及时通报出口企业，采取有效的规避措施。与此同时，也要随时对我国自韩进口的重点产品进口金额、进口数量、进口价格的变化进行监控，并对这些变化有可能产生的影响进行评估，及时发现进口产品的异常行为，并迅速组织国内产业抓住有利时机提出反倾销调查申请，以保证国内产业的合法权益得到有效保护。

四、充分发挥对韩出口企业自我调节能力

企业作为反倾销的直接当事人和反倾销申诉的主体，除了提高防范意识，通过正当的法律手段来维护自己的权益之外，还应主动规范企业自身建设，进一步提高企业软硬实力，突出行业竞争力，提升自身应对反倾销风险的能力。

第一，对韩出口企业要综合分析韩国市场，加大技术创新，协调好出口商品总量与价格之间的关系。要对韩国市场进行深入调研和总体把握，全面分析韩国消费水平和消费结构，开发产品核心竞争力，不能单纯依靠低价营销模式，避免造成同行同类产品的恶性低价竞争。对韩出口企业还应积极探索学习韩国的社会风俗、消费习惯和消费心理，对产品不断进行技术创新和后续改进，出口适应当地消费市场的产品，机动灵活地调整对韩出口产品的数量与价格之间的平衡关系。长久以来我国大量对韩出口产品以劳动密集型的为主，产品附加值低，价格偏低。价格下降使这些出口产品在价格上的比较优势更为强烈，从而对进口国利益方产生更强烈的刺激。从长远的发展来看，出口企业要实现出口的可持续发展就一定要重视产品的升级，而要实现产品的升级则必须要增加

企业的科研投入。通过产品升级而提高附加值实现竞争优势,降低进口国对我国出口产品的价格敏感度,进而减轻反倾销威胁。

第二,对韩出口企业要建立现代企业管理体系。企业采用现代公司组织模式,按照市场经济运行要求,独立进行企业运营,独立承担法律责任。对韩出口企业一定要建立完整的财务系统,加强企业财务管理,完善会计资料。因为这不仅是企业市场经济地位的衡量要素,也是证明产品成本价格的有利证据。韩国在反倾销立案调查的过程中,通常会要求涉案企业出示包括原材料费用、工资、管理费用、销售费用、资产负债和损益表,涉案产品的生产能力、产量、销售量等在内的产品成本数据,用来核算和判断涉案产品的出口价格是否低于其正常价值。只有建立起与国际接轨的财务制度和规范化的企业管理模式,才能提供出准确翔实的数据。这些准确的财务信息是保证企业能顺利证明其出口产品并未构成倾销,产品出口价格未低于正常价值的重要依据。

第三,对韩出口企业产业链要向纵深贯穿发展。韩国对我国实施反倾销立案调查的涉案产品大多为中间产品,其上游产业是生产涉案产品的重要保障,下游是涉案产品的需求来源。如果企业只注重自身领域的销售,不掌握上游产业的核心生产技术,不注重挖掘新的可能需求,不善于发现新的产品市场,不思考和实施新的国际战略,那么随着市场的逐渐饱和,必然会导致竞争加剧,利润降低。同时对韩出口企业还应根据商务部公布的有关本国同类产业主要生产商的出口信息以及整体出口地区和国家状况、各主要出口国家产业分布和市场变化情况,及时调整自己的出口策略,尤其是出口价格和出口比例,尽量使自己出口产品的种类多元化,积极开辟其他出口市场,积极提高上游产业技术和培育下游用户,不应只局限在韩国市场进行产品价格肉搏战。

五、适度调整我国对韩反倾销应用策略

在本研究中发现并定义的反倾销免疫效应包括两种特征。一是针对相同涉案国家、同一涉案产品进行多次反倾销立案调查之后,反倾销立

案调查的贸易破坏效应会被削弱。二是在确定涉案产品得到肯定性终裁结果之后，涉案产品的进口金额和进口数量不降反增，涉案产品的进口金额不升反降。无论是哪种情况，都会严重削弱反倾销措施的贸易救济效果，使得反倾销措施不为使用者所控，因此如何调整反倾销措施应用策略，尽量规避免疫效应的产生变得格外重要。

第一，在反倾销措施实际应用过程中，韩国的肯定性终裁结果案例，如果征收反倾销关税，通常会采取 3 年的执行有效期，而我国在相同情况下则会采取 5 年的执行有效期。这一差异化，直接导致了在同一涉案产品的 5 年时间里，韩国可以进行两次反倾销立案调查，这也是韩国反倾销期终复审比例高于我国的原因。同时，较长的反倾销肯定性终裁措施执行期也给涉案产品和涉案行业以及涉案国家和地区划定了更稳定的对策范围，让规避反倾销制裁变得有规律可循，客观上不利于反倾销这类贸易救济政策的灵活应用。另外从实证分析统计结果来看，反倾销立案调查所引发的贸易破坏效应，大部分会在反倾销立案调查后的第三年大幅度衰减。此时再次进行反倾销立案调查的做法，大大降低了产生反倾销免疫效应的可能性，保持了反倾销贸易破坏效应的长效性。因此，在只考虑保持反倾销立案调查贸易破坏效应长效性的前提下，3 年的执行有效期更为合理。

第二，在一些特殊的案例中，虽然经历了反倾销原审立案调查，期终复审立案调查，以及第二次和第三次期终复审立案调查后，反倾销贸易破坏效应依然体现得不够明显，此时可以考虑根据涉案产品的市场环境特殊性、行业特殊性、产品特殊性等综合因素特征，采取多种类型贸易救济手段并行的办法来予以掌控。

第三，根据本研究的反倾销案例反馈结果，我们得知如果反倾销原审立案调查时间与裁决倾销不成立的驳回时间间隔过短，则会导致反倾销原审立案调查否定性终裁结果案例的贸易破坏效应，不能完全发挥出来。因此，建议我国在对韩进行反倾销立案调查时，在 WTO 规定的终裁结果最大时间跨度范围内给出相应的裁决，可以在更大程度上限制涉案产品的自韩进口规模。

六、积极寻求解决对韩贸易逆差的其他途径

客观上讲，中韩两国的贸易结构和贸易模式在短时间内很难产生根本性转变，由此所引发的对韩贸易逆差也无法在短时间内彻底扭转。中韩贸易的巨幅逆差更不能完全归结于韩国对我国实施的贸易救济政策，除了对反倾销应用策略加以适当调整之外，中韩两国之间贸易发展不均衡的现象还可以通过下列几个途径加以修正：

第一，我国要不断进行技术创新，促进生产力发展和产业结构调整，要不断优化对韩出口贸易结构，以中高技术含量产品为主，以劳动密集型产品为辅，实现由劳动密集型产品为主向资本、技术密集型产品为主的转变。

第二，韩国是我国的第三大贸易伙伴，我国在对韩出口贸易方面应该进一步提高重视程度，进一步构筑完善对韩出口贸易的促进和支持体系，对重点企业要在出口技术开发、市场开拓、风险防范、对外直接投资等方面提供政策性支持和融资便利。

第三，在保持双方互惠互利的前提下，深度开展区域贸易合作，积极探索多元化、全方位、高水平的合作项目，实现两国产业结构的优化，形成双赢。

第四，继续吸引优质的韩资企业在华投资，建立长效战略合作目标，形成有效的优势互补，引导韩国在华投资带动我国向其他国家的出口，抵消部分对韩贸易赤字所带来的负面影响。同时，也可以加大我国企业对韩投资力度，鼓励我国企业不断扩大对韩国的直接投资，以投资带动出口。

七、研究展望

本研究对中韩两国之间的反倾销贸易破坏效应及影响做了较为全面地分析研究，取得了一定的创新性成果，但限于基础数据和研究时限等

客观因素，还有许多与本研究相关的重要问题，未能深入探讨，值得在后续进行的研究中加以补充。

在今后的研究中主要有下列几项重点关注的内容：一是要深度分析产生反倾销免疫效应的原因，系统地研究避免反倾销免疫效应产生或降低其产生比例的有效措施。二是要更加细致的重点分析反倾销措施贸易破坏效应长效性显著的案例，探寻其背后存在的共性和原因。三是要继续丰富关于中韩两国反倾销措施对贸易不均衡发展影响的研究，在评估了反倾销贸易破坏效应对贸易不均衡发展影响的基础上，继续开展对贸易转移效应、寒蝉效应等一系列反倾销措施贸易救济效应的评估，不断地补充完善研究内容，为反倾销措施与贸易不均衡发展的相关研究贡献更多的成果。

参 考 文 献

[1] 鲍晓华：《反倾销措施的贸易救济效果评估》，载《经济研究》2007 年第 2 期。

[2] 鲍晓华：《中国实施反倾销措施的经济效应分析》，载《经济纵横》2004 年第 1 期。

[3] 宾建成：《中国首次反倾销措施效果评估》，载《世界经济》2003 年第 9 期。

[4] 陈汉林、孔令香：《美国对华反倾销出口转移效应的实证分析》，载《世界经济研究》2010 年第 10 期。

[5] 陈汉林：《美国对华反倾销的贸易转移效应分析及对策》，载《国际贸易》2008 年第 9 期。

[6] 陈力：《美国反倾销法之非市场经济规则研究》，载《美国研究》2006 年第 3 期。

[7] 冯宗宪、向洪金：《欧美对华反倾销措施的贸易效应：理论与经验研究》，载《世界经济》2010 年第 3 期。

[8] 谷克鉴：《应用于中国贸易政策内生化的模型综合》，载《经济研究》2003 年第 9 期。

[9] 归秀娥：《对中韩贸易发展潜在性问题的思考》，载《西安财经学院学报》2017 年第 3 期。

[10] 韩冰、张清正：《结构和因素视角的中韩贸易双边发展的路径选择》，载《国际贸易》2016 年第 4 期。

[11] 胡俊、朱晶：《美国对华农产品反倾销贸易转移效应的实证分析》，载《浙江农业学报》2011 年第 23 期。

［12］ 胡俊芳：《中韩贸易逆差的原因及对策分析》，载《国际论坛》2007 年第 3 期。

［13］ 胡麦秀、严明义：《反倾销保护引致的市场转移效应分析》，载《国际贸易问题》2005 年第 10 期。

［14］ 胡艺、沈铭辉：《中韩贸易 20 年：回顾与展望》，载《东北亚论坛》2012 年第 5 期。

［15］ 蒋海曦：《历史与现状：中韩自由贸易关系的优劣势问题》，载《四川大学学报（哲学社会科学版）》2016 年第 1 期。

［16］ 李恒：《中韩贸易中的非一体化贸易转向：机制、过程与结果》，载《国际贸易问题》2007 年第 6 期。

［17］ 李坤望、王孝松：《待售的美国对华反倾销税：基于保护待售模型的经验分析》，载《经济科学》2008 年第 2 期。

［18］ 李坤望、王孝松：《美国对华贸易政策的决策和形成因素——以 PNTR 议案投票结果为例的政治经济学分析》，载《经济学（季刊）》2009 年第 8 期。

［19］ 李坤望、王孝松：《申诉者政治势力与美国对华反倾销的歧视性：美国对华反倾销裁定影响因素的经验分析》，载《世界经济》2008 年第 6 期。

［20］ 李磊、漆鑫、朱玉：《报复、安全阀效应与发展中国家对外反倾销》，载《中央财经大学学报》2011 年第 1 期。

［21］ 李晓峰、冷莎：《1995－2006 年美国对中国反倾销的实证分析》，载《财贸研究》2007 年第 6 期。

［22］ 李秀芳：《美国对华化工产品反倾销的贸易限制和转移效应的统计分析》，载《消费导刊》2009 年第 10 期。

［23］ 刘秋平：《对外反倾销对我国进口贸易的影响效应分析》，载《价格月刊》2011 年第 3 期。

［24］ 刘重力、曹杰：《欧盟对华反倾销的贸易转移效应：基于产品角度的经验分析》，载《国际贸易问题》2011 年第 7 期。

［25］ 刘重力、邵敏：《印度对华反倾销的贸易转移效应——基于

产品角度的经验分析》，载《国际经贸探索》2009 年第 9 期。

[26] 马常娥：《中韩贸易逆差：状况、原因和对策》，载《世界经济与政治论坛》2004 年第 5 期。

[27] 潘圆圆：《中国被反倾销的实证分析》，载《经济科学》2008年第 5 期。

[28] 齐俊妍：《中国遭遇反倾销和对外反倾销的指数比较分析》，载《财贸研究》2006 年第 1 期。

[29] 沈国兵：《单一起诉和多重起诉下美国对中国反倾销的贸易效应：经验研究》，载《世界经济文汇》2011 年第 6 期。

[30] 沈国兵：《美国对中国反倾销的宏观决定因素及其影响效应》，载《世界经济》2007 年第 11 期。

[31] 沈国兵：《美国对中国反倾销的贸易效应：基于木制卧室家具的实证分析》，载《管理世界》2008 年第 4 期。

[32] 沈瑶、王继柯：《中国反倾销实施中的贸易转向研究：以丙烯酸酯为案例》，载《国际贸易问题》2004 年第 3 期。

[33] 苏科五：《中韩贸易逆差持续增长的原因及对策》，载《当代亚太》2002 年第 1 期。

[34] 苏振东、刘芳、严敏：《中国反倾销措施产业救济效应的作用机制和实际效果》，载《财贸经济》2011 年第 11 期。

[35] 唐宇：《反倾销保护引发的四种经济效应分析》，载《财贸经济》2004 年第 11 期。

[36] 田玉红：《转轨时期中国应对国际反倾销战略的实证分析》，载《财经问题研究》2009 年第 6 期。

[37] 王根蓓、彭立志：《论反倾销威胁下的出口产业政策》，载《财经研究》2005 年第 3 期。

[38] 王世军：《国外反倾销对我国自行车出口影响的实证分析》，载《数量经济技术经济研究》2003 年第 5 期。

[39] 王晰、张国政：《美国反倾销与制造业进口、产出、直接投资双向关系——基于 VAR 模型实证》，载《国际经贸探索》2009 年第

10 期。

[40] 王孝松、谢申祥：《中国究竟为何遭遇反倾销》，载《管理世界》2009 年第 12 期。

[41] 王孝松：《ITC 裁定对华反倾销案时具有歧视性吗》，载《国际贸易问题》2008 年第 9 期。

[42] 吴敏编著：《贸易救济法》，中国海关出版社 2010 年版。

[43] 夏申、储祥银：《关税与贸易总协定大辞典》，对外贸易教育出版社 1993 年版。

[44] 向洪金：《国外对华反倾销措施的贸易限制效应与贸易转移效应研究》，载《数量经济技术经济研究》2008 年第 10 期。

[45] 肖伟主编：《国际反倾销法律与实务·WTO 卷》，知识产权出版社 2006 年版。

[46] 谢建国：《经济影响、政治分歧与制度摩擦——美国对华贸易反倾销实证研究》，载《管理世界》2006 年第 12 期。

[47] 谢申祥、张林霞、王孝松：《美国对华反倾销的新动向：2002－2008》，载《财贸经济》2010 年第 4 期。

[48] 徐长文：《寻求均衡——中韩贸易关系中的逆差与争端》，载《国际贸易》2001 年第 5 期。

[49] 杨海艳、杨仕辉：《美国对华反倾销贸易转移效应的实证研究》，载《通化师范学院学报》2011 年第 7 期。

[50] 杨海艳、杨仕辉：《欧盟反倾销对我国产业的影响：以焦炭为例》，载《科技和产业》2006 年第 11 期。

[51] 杨海艳、杨仕辉：《印度反倾销对中国产业的影响：以氧化锌为例》，载《中国经贸导刊》2006 年第 19 期。

[52] 杨仕辉、邓莹莹、谢雨池：《美国反倾销贸易效应的实证分析》，载《财贸研究》2012 年第 1 期。

[53] 杨仕辉、邓莹莹：《被诉反倾销措施贸易效应的实证分析与比较》，载《国际经贸探索》2012 年第 5 期。

[54] 杨仕辉、刘秋平：《中国反倾销申诉寒蝉效应的实证分析》，

载《产经评论》2011 年第 1 期。

[55] 杨仕辉、邵骏:《美国反倾销贸易保护效应的实证分析》,载《商业经济与管理》2011 年第 6 期。

[56] 杨仕辉、魏守道:《中国被诉反倾销寒蝉效应的实证分析》,载《国际经贸探索》2011 年第 4 期。

[57] 杨仕辉、肖德:《反倾销对抗博弈——兼论我国少有对外反倾销的成因分析》,载《预测》2000 年第 6 期。

[58] 杨仕辉、谢雨池、邓莹莹:《欧盟反倾销贸易效应的实证分析》,载《广东外语外贸大学学报》2011 年第 5 期。

[59] 杨仕辉、谢雨池:《反倾销对中国出口行业损害的实证分析》,载《产业经济研究》2011 年第 3 期。

[60] 杨仕辉、熊艳:《国际反倾销趋势、特点、成因和我国对策》,载《管理世界》2002 年第 3 期。

[61] 杨仕辉、许乐生、邓莹莹:《反倾销被诉贸易效应的实证分析与比较》,载《产经评论》2012 年第 2 期。

[62] 杨仕辉、许乐生、邓莹莹:《印度对华反倾销贸易效应的实证分析与比较》,载《中国软科学》2012 年第 5 期。

[63] 杨仕辉、张娟:《不完全信息倾销与反倾销博弈》,载《数量经济技术经济研究》2000 年第 11 期。

[64] 杨仕辉、张娟:《不完全信息条件下倾销与反倾销动态博弈》,载《中国管理科学》2000 年第 1 期。

[65] 杨仕辉:《反倾销的国际比较、博弈与我国对策研究》,科学出版社 2005 年版。

[66] 杨仕辉:《印度反倾销申诉贸易效应的实证分析》,载《暨南大学学报》2012 年第 5 期。

[67] 叶静怡、王沛:《中韩贸易逆差探析》,载《经济科学》2005 年第 1 期。

[68] 殷秀玲、范爱军:《中国反倾销政策的内生性分析》,载《财经问题研究》2009 年第 5 期。

［69］张倩、杨庆运、徐卫章：《中国对日韩征收反倾销税的贸易救济效应分析》，载《统计与决策》2011 年第 15 期。

［70］张永：《国外对华反倾销的寒蝉效应分析》，载《商业研究》2012 年第 9 期。

［71］张永：《欧盟反倾销对中国出口的影响——基于动态面板数据的 2SLS 分析》，载《江苏商论》2012 年第 3 期。

［72］赵维田：《世贸组织 WTO 的法律制度》，吉林人民出版社2000 年版。

［73］郑宝银、林发勤：《中韩两国贸易的均衡分析》，载《亚太经济》2008 年第 8 期。

［74］周申：《论贸易自由化与反倾销》，载《南开学报》2003 年第 5 期。

［75］Aggarwal A. Trade Effects of Anti-dumping in India: Who Benefits? ［J］. *The International Trade Journal*, 2010, 25 (1): 112 – 158.

［76］Aggarwal, Aradhna, Macro Economic Determinants of Anti-dumping: A Comparative Analysis of Developed and Developing Countries ［J］. *World Development*, 2004, 32 (6): 1043 – 1057.

［77］Anderson J. E. , Domino Dumping I: Competitive exporters ［J］. *The American Economic Review*, 1992, 82 (1): 65 – 83.

［78］Anderson T. W. and C. Hiao, Estimation of Dynamic Models with Error Components ［J］. *Journal of the American Statistical Association*, 1982, 76 (375): 598 – 606.

［79］Anderson, Simon P. , and Nicolas Schmitt, Nontariff Barriers and Trade Liberalization ［J］. *Economic Inquiry*, 2003, 41 (1): 80 – 97.

［80］Angelos Pangratis & Edwin Vermulst, "Injury in Antidumping Proceedings: The Need to Look Beyond the Uruguay Results" ［J］. *Journal of World Trade*, 1994, 28 (5): 67.

［81］Arellano, M. and S. Bond, Some tests of specification for panel data: Monte Carlo evidence and an application to employment equations

[J]. *Review of Economic Studies*, 1991, 58 (2): 277 – 297.

[82] Arellano, M. and O. Bover, Antother look at the instrumental-variable estimation of error components models [J]. *Journal of Econometrics*, 1995, 68 (1): 29 – 52.

[83] Avsar V., The Anatomy of Trade Deflection. Working Paper, 2012.

[84] Bagwell, K., Staiger, R., A Theory of Managed Trade [J]. *American Economic Review*, 1990, 80, 779 – 795.

[85] Baldwin, Robert E. and Jeffrey W. Steagall., An Analysis of ITC Decisions in Antidumping, Countervailing Duty and Safeguard Cases [J]. *Weltwirtscha filiches Archiv*, 1994, 130 (2): 290 – 308.

[86] Baruah, Nandana, An Analysis of Factors Influencing the Antidumping Behavior in India [J]. *The World Economy*, 2007, 30 (7): 1170 – 1191.

[87] Bernhofen D. M., Price dumping in intermediate good markets [J]. *Journal of International Economics*, 1995, 39 (1): 159 – 173.

[88] Bloigen B. A. and T. J. Prusa, Antidumping, NBER Working Paper, 2001, No. 8398.

[89] Bloigen B. A. and Y. Ohno, Endogenous Protection, Foreign Direct Investment, and Protection – Building Trade [J]. *Journal of International Economics. And Statistic*, 1998, 67 (2): 205 – 227.

[90] Bloigen B. A., Tariff-jumping antidumping duties [J]. *Journal of International Economics*, 2002, 57 (1): 31 – 49.

[91] Bloigen B. A., Working the System: Firm Learning and the Antidumping Process [J]. *European Journal of Political Economy*, 2006, 22, 715 – 731.

[92] Blonigen B. A. and C. P. Bown, Antidumping and retaliation threats [J]. *Journal of International Economics*, 2003, 60 (2): 249 – 273.

[93] Blonigen B. A. and Thomas J. Prusa, 2003, Antidumping, in E.

Kwan Choi and James Harrigan (eds.), *Handbook of International Trade*, Oxford, UK: Blackwell Publishers, 2003.

[94] Blonigen B. A, The Effects of (CUSFTA and) NAFTA on Anti-dumping and Countervailing Duty Activity [J]. *The World Bank Economic Review*, 2005, 19 (3): 407 – 424.

[95] Blonigen, B. A. , U. S. Antidumping Filings and the Threat of Retaliation, Manuscript, University of Oregon, 2000.

[96] Blundell R. and S. Bond Initial conditions and moment restricitions in dynamic panel data model [J]. *Journal of Econometrics*, 1998, 87 (1): 115 – 143.

[97] Bown C. P. , Canada's Anti-dumping and Safeguard Policies: Overt and Subtle Forms of Discrimination [J]. *The World Economy*, 2007c, 30 (9): 1457 – 1476.

[98] Bown C. P. , *China's WTO Entry: Antidumping, Safeguards, and Dispute Settlement*, in Robert C. Feenstra and Shang – Jin Wei (eds.) *China's Growing Role in World Trade*, University of Chicago Press, 2010.

[99] Bown C. P. , How Different Are Safeguards from Antidumping? Evidence from U. S. Trade Policies toward Steel. Working Paper, 2004a.

[100] Bown C. P. , The WTO and Antidumping in Developing Countries [J]. *Economics and Politics*, 2008, 20 (2): 255 – 288.

[101] Bown C. P. , The WTO, Safeguards, and Temporary Protection from Imports [M]. Cheltenham, UK: Edward Elgar, 2006.

[102] Bown C. P. and M. A. Crowley, China's Export Growth and the China Safeguard: Threats to the World Trading System? [J]. *Canadian Journal of Economics*, 2010, 43 (4): 1353 – 1388.

[103] Bown C. P. and M. A. Crowley, Policy Externalities: How U. S. Antidumping Affects Japanese Exports to the E. U. [J]. *European Journal of Political Economy*, 2006, 22 (3): 696 – 714.

[104] Bown C. P. and M. A. Crowley, Trade Deflection and Trade Depres-

sion [J]. *Journal of International Economics*, 2007a, 72 (1): 176–201.

[105] Bown C. P. and P. Tovar, Trade liberalization, antidumping, and safeguards: Evidence from India's tariff reform [J]. *Journal of Development Economics*, 2011, 96 (1): 115–125.

[106] Bown C. P. and R. McCulloch, U. S. Trade Policy toward China: Discrimination and its Implications, in Sumner La Croix and Peter A. Petri (eds.), Challenges to the Global Trading System: Adjustment to Globalization in the Asia Pacific Region, Oxford, UK: Routledge, 2007b.

[107] Bown, C. P. , Antidumping Against the Backdrop of Disputes in the GATT/WTO System, manuscript, Brandeis University.

[108] Brenton P. , Antidumping Policies in the EU and Trade Diversion [J]. *European Journal of Political Economy*, 2001, 17 (3): 593–607.

[109] CBO, Antidumping Action in the United States and around the World: An Analysis of International Data, Washington, DC, U. S. Congressional Budget Office, 1998.

[110] Clarida R. H. , Entry, dumping and shakeout [J]. *American Economic Review*, 1993, 83 (1): 180–202.

[111] Coleman J. R. , J. Fry and W. S. Payne, Use of Antidumping Measures by Developing Countries: The Impact on U. S. Exports of Agricultural Products [C]. International Conference Agricultural policy reform and the WTO: where are we heading? Capri, Italy, 2003.

[112] Collie D. R. and M. Hviid, Tariffs as Signals of Uncompetitiveness [J]. *Review of International Economics*, 1999, 7 (4): 571–579.

[113] Collie D. R. and Vo Phuong Mai Le, Antidumping Regulations: Anti – Competitive and Anti – Export [J]. *Review of International Economics*, 2010, 18 (5): 796–806.

[114] Coughlin, Cletus C. , Joseph V. Terza and Noor Aini Khalifah, The Determinants of Escape Clause Petitions [J]. *Review of Ecomomics and Statistics*, 1989, 71, 341–347.

[115] Crowley M. A. , Do safeguard tariffs and antidumping duties open or close technology gaps? [J]. *Journal of International Economics*, 2006, 68 (2): 469 – 484.

[116] Davidson C. and S. Matusz, An Overlapping Generations Model of Escape Clause Protection [J]. *Review of International Economics*, 2004, 12 (5): 749 – 768.

[117] Deardorff, Alan V. and Robert M. Stern, A Centennial of Anti-dumping Ledislation and Implementation – Introduction and Overview [J]. *World Economy*, 2005, 28 (5): 633 – 640.

[118] Debapriya, Aryashree and Tapan Kumar Panda, Anti-dumping Retaliation – A Common Threat to International Trade [J]. *Global Business Review*, 2006, 7 (2): 297 – 311.

[119] De Vault J. M. , The Welfare Effects of U. S. Antidumping Duties [J]. *Open Economices Review*, 1996, 7 (1): 19 – 33.

[120] Dohlman E. N. , A New Look at the Impact of U. S. Import Barriers on Corporate Profit Expectations [J]. *Review of World Economics*, 2001, 137 (4): 666 – 689.

[121] Drope J. M. and W. L. Hansen, Antidumping's Happy Birthday? [J]. *World Economy*, 2006, 29 (4): 459 – 472.

[122] Durling J. P and T. J. Prusa, The trade effects associated with an antidumping epidemic: The hot-rolled steel market (1996 – 2001) [J]. *European Journal of Political Economy*, 2006, 22 (3): 675 – 695.

[123] Editorial, Introduction: Special issue on 100 years of antidumping [J]. *European Journal of Political Economy*, 2006, 22 (3): 545 – 553.

[124] Egger P. and D. Nelson, How Bad is Antidumping? Evidence from Panel Data [J]. *The Review of Economics and Statistics*, 2011, 93 (4): 1374 – 1390.

[125] Eymann, A. , Schuknecht, L. , Antidumping Policy in the

European Community: Political Discretion or Technical Determination [J]. *Economics and Politics*, 1996, 8, 111 – 131.

[126] Falvey R. and S. Wittayarungruangsri, Market size and anti-dumping in duopolistic competition [J]. *European Journal of Political Economy*, 2006, 22 (3): 771 – 786.

[127] Farrell R., N. Gaston and Jan – E. Sturm, Determinants of Japan's foreign direct investment: An industry and country panel study, 1984 – 1998 [J]. *Journal Japanese International Economics*, 2004, 18 (2): 161 – 182.

[128] Feinberg R. M. and K. M. Reynolds, Tariff Liberalisation and Increased Administrative Protection: Is There a Quid Pro Quo? [J]. *The World Economy*, 2007, 30 (6): 948 – 961.

[129] Feinberg R. M. and K. M. Reynolds, Friendly Fire? The Impact of U. S. Antidumping Enforcement on U. S. Exporters, American University, Department of Economics Working Paper No. 2006 – 004.

[130] Feinberg R. M. and K. M. Reynolds, The Spread of Anti-dumping Regimes and the Role of Retaliation in Filings [J]. *Southern Economic Journal*, 2006, 72 (4): 877 – 890.

[131] Feinberg R. M., U. S. Antidumping Enforcement and Macroeconomic Indicators Revisited: Do Petitioners Learn? [J]. *Review of World Economics*, 2005, 141 (4): 612 – 622.

[132] Feinberg, R. M., Exchange Rates and Unfair Trade [J]. *Review of Ecomomics and Statistics*, 1989, 71, 704 – 707.

[133] Feinberg, R. M. and Barry T. Hirsch, Industry Rent Seeking and the Filing of Unfair Trade Complaints [J]. *International Journal of Industrial Organization*, 1989, 7 (3): 325 – 340.

[134] Finger J. M., H. K. Hall and D. R. Nelson, The Political Economy of Administered Protection [J]. *The American Economic Review*, 1982, 72 (3): 452 – 466.

[135] Finger J. M., Nogue's, J. (Eds.) Safeguards and Antidump-

ing in Latin American Trade Liberalization: Fighting Fire with Fire, World Bank, Houndmills, Washington. D. C. 2006.

[136] Finger, J. M. (ed.) *Antidumping*. Ann Arbor, MI, University of Michigan Press, 1993.

[137] Finger, J. M., The Industry-country Incidence of Less-than-fair-value Cases in US Import Trade [J]. *Quarterly Review of Economics and Business*, 1981, 21, 260 –279.

[138] Fischer R. D., Endogenous probability of protection and firm behavior [J]. *Journal of International Economics*, 1992, 32 (1): 149 – 163.

[139] Francois, Joseph F. and Gunnar Niels, Political Influence in a New Antidumping Regime: Evidence from Mexico, Tinbergen Institute Discussion Paper, 2004.

[140] Gallaway M. P., B. A. Blonigen and J. E. Flynn, Welfare costs of the U. S. antidumping and countervailing duty laws [J]. *Journal of International Economics*, 1999, 49 (2): 211 –244.

[141] Ganguli B., The Trade Effects of Indian Antidumping Actions [J]. *Review of International Economics*, 2008, 16 (5): 930 –941.

[142] Gantz, David., Resolution of Trade Disputes Under Nafta's Chaper 19: The Lessons of Extending the Binational Panel Process to Mexico [J]. *Law and Policy in International Business*, 1998, 29, 297 –363.

[143] Gao X. and K. Miyagiwa, Antidumping protection and R&D competition [J]. *Canadian Journal of Economics*, 2005, 38 (1): 211 – 227.

[144] Gulati S., S. Malhotra and N. Malhotra, Extent of Protection via Antidumping Action: A case study of the Vitamin C industry in India [J]. *Journal of World Trade*, 2005, 39 (5): 925 –936.

[145] Hansen, W., Prusa, T. J., Cumulation and ITC Decision-making: The Sum of the Parts is Greater than the Whole [J]. *Economic In-*

quiry, 1996, 34, 746 - 769.

[146] Hansen, W., Prusa, T. J., The Economics and Politics of Trade Policy: An Empirical Analysis of ITC Decision Making [J]. *Review of International Economics*, 1997, 5, 230 - 245.

[147] Hansen, W., Regulatory Theory and Its Application to Trade Policy: *A Study of ITC Decision Making*, 1975 - 1985, Garland Press, New York. 1990.

[148] Hansen, W., The International Trade Commission and the Politics of Protection [J]. *American Economic Review*, 1990, 84, 21 - 46.

[149] Harper R. K. and W. L. Huth, Japanese Equity Market Response to U. S. Administered Protection Decisions [J]. *Managerial and Decision Economics*, 1997, 18 (1): 11 - 26.

[150] Harrison A. E., The New Trade Protection: Price Effects of Antidumping and Countervailing Measures in the United States, World Bank Policy Research Working Paper 80, 1991.

[151] Hartigan J. C., P. R. Perry and S. Kamma, The Value of Administered Protection: A Capital Market Approach [J]. *The Review of Economics and Statistics*, 1986, 68 (4): 610 - 617.

[152] Herander M. and J. B. Schwartz, An Empirical Test of the Impact of the Threat of U. S. Trade Policy: The Case of Antidumping Duties [J]. *Southern Economic Journal*, 1984, 51 (1): 59 - 79.

[153] Hoekman B. M. and Leidy M. P., Cascading contingent protection [J]. *European Economic Review*, 1992, 36 (4): 883 - 892.

[154] Holden M., Antidumping: A Reaction to Trade Liberalisation or Anti Competitive? [J]. *South African Journal of Economics*, 2002, 70 (5): 912 - 931.

[155] Hudec R. E., A WTO Perspective on Private Anti - Competitive Behavior in World Markets [J]. *New England Law Review*, 2000, 34 (1): 80 - 100.

[156] Hughes J. S. , Lenway S. and Rayburn J. , Stock price effects of U. S. trade policy responses to Japanese trading practices in semi-conductors [J]. *The Canadian Journal of Economics*, 1997, 30 (4): 922 – 942.

[157] Irwin, D. , The rise of U. S. antidumping activity in historical perspective [J]. *The World Economy*, 2005, 28 (5): 651 – 668.

[158] Jallab M. S. and J. B. Kobak, Antidumping as Antidumpetitive Practice Evidence from the United States and the European Union [J]. *Journal of Industry, Competition and Trade*, 2006, 6, 253 – 275.

[159] Jallab M. S. and R. Sandretto, Antidumping Procedures and Macroeconomic Factors: A Comparison between the United States and the European Union [J]. *Global Economy Journal*, 2006, 6 (3): 1 – 20.

[160] Jones, Kent. , Does NAFTA Chapter 19 Make a Difference? Dispute Settlement and the Incentive Structure of U. S. /Canada Unfair Trade Petitions [J]. *Contemporary Economic Policy*, 2000, 18 (2): 145 – 158.

[161] Khatibi A. , The Effects of Antidumping Policy on Trade Diversion: A Theoretical Approach, Working Paper, 2007.

[162] Khatibi A. , The Trade Effects of European Anti-dumping Policy, Working Paper, 2009.

[163] Knetter, Michael M. and Thomas J. Prusa, Macroeconomic Factors and Antidumping Filings: Evidence from Four Countries [J]. *Journal of International Economics*, 2003, 61, 1 – 17.

[164] Kohler P. , The Role of Contingent Protection in WTO Agreement, Working Paper, 2001.

[165] Konings J. and H. Vandenbussche, Antidumping protection and markups of domestic firms [J]. *Journal of International Economics*, 2005, 65 (1): 151 – 165.

[166] Konings J. and H. Vandenbussche, Heterogeneous Responses of Firms to Trade Protection [J]. *Journal of International Economics*, 2008, 76 (2): 371 – 383.

[167] Konings J. and H. Vandenbussche, and L. Springael, Import Diversion under European Antidumping Policy [J]. *Journal of Industry, Competition and Trade*, 2001, 1 (3): 283 – 299.

[168] Krupp C. M. and P. S. Pollard, Market Responses to Antidumping Laws: Some Evidence from the U. S. Chemical Industry [J]. *Canadian Journal of Economics*, 1996, 29 (1): 199 – 227.

[169] Krupp C. M. and S. Skeath, Evidence on the upstream and downstream impacts of antidumping cases [J]. *North American Journal of Economics and Finance*, 2002, 13 (2): 163 – 178.

[170] Lasagni A. Does Country-targeted Antidumping Policy by the EU Create Trade Diversion? [J]. *Journal of World Trade*, 2000, 34 (4): 749 – 762.

[171] Lee S. Y. and S. H. Jun, On the Investigation Effects of United States Anti-dumping Petitions [J]. *Journal of World Trade*, 2004, 38 (3): 425 – 439.

[172] Lee, K. – H. , Mah, J. , Institutional Changes and Antidumping Decisions in the United States [J]. *Journal of Policy Modeling*, 2003, 25, 555 – 565.

[173] Leidy, M. P. , Macroeconomic Conditions and Pressures for Protection under Antidumping and Countervailing Duty Laws: Empirical Evidence from the United States, International Monetary Fund Staff Paper, 1997, No. 44.

[174] Lichtenberg F. and H. Tan, *An Industry Level Analysis of Import Relief Petitions Filed by U. S. Manufacturers*, 1958 – 1985, 1990, *in Troubled Industries in the United States and Japan*, ed. by Hong Tan and Haruo Shimada, New York: St. Martin's Press, 1994.

[175] Lindsay B. and Y. D. J. Ikenson, Coming Home to Roost: Proliferating Antidumping Laws and the Growing Threat to US Exports, Cato Institute, Centre for Trade Policy Studies, 2001.

[176] Mah J. S. and Y. D. Kim, Antidumping duties and macroeconomic variables: The case of Korea [J]. *Journal of Policy Modeling*, 2006, 28 (2): 157 – 162.

[177] Mah, J. , Antidumping decisions and macroeconomic variables in the USA [J]. *Applied Economics*, 2000, 32, 1701 – 1709.

[178] Mah, J. , The United States Antidumping Decisions Against the Northeast Asian Dynamic Economies [J]. *The World Economy*, 2000, 23, 721 – 732.

[179] Malhotra, N. , Rus, H. and S. Kassam, Antidumping Duties in the Agriculture Sector: Trade Restricting or Trade Deflecting? [J]. *Global Economy Journal*, 2008, 8 (2): 1 – 17.

[180] Malhotra, N. and H. Rus, Effectiveness of the Canadian Antidumping Regime [J]. *Canadian Public Policy*, 2009, 35 (2): 187 – 202.

[181] Mallon G. and J. Whalley, China's Post Accession WTO Stance, NBER Working Paper, 2004, No. 10649.

[182] Mankiw G. N. and P. L. Swagel, Antidumping: The Third Rail of Trade Policy [J]. *Foreign Affairs*, 2005, 84 (4): 107 – 119.

[183] Maur J. C. , Echoing Antidumping Cases Regulatory Competitors, imitation and Cascading Protection [J]. *World Competition*, 1998, 21 (6): 51 – 84.

[184] Mendieta A. , Alternative Effects of Antidumping Policy: Should Mexican Authorities be Worried? [J]. *Economia Mexicana*, 2005, 14 (1): 41 – 68.

[185] Messerlin P. A. , China in the WTO: Antidumping and safeguards [J]. *World Bank Economic Review*, 2004, 18 (1): 105 – 130.

[186] Messerlin P. A. , The E. C. , Antidumping Regulations: A First Economic Appraisal, 1980 – 1985 [J]. *Review of World Economics*, 1989, 125 (3): 563 – 587.

[187] Miranada J. , R. A. Torres and M. Ruiz, The International Use of Antidumping: 1987 – 1997 [J]. *Journal of World Trade*, 1998, 32 (5): 5 –71.

[188] Miyagiwa K. and Y. Ohno, Closing the technology Gap Under Protection [J]. *American Economic Review*, 1995, 85 (4): 755 – 770.

[189] Miyagiwa K. and Y. Ohno, Credibility of Protection and Incentives to Innovate [J]. *International Economic Review*, 1999, 40 (1): 143 – 163.

[190] Moon – Kap Oh, "A Study on Operational Strategy the Korea Anti-dumping System", *The Journal of Korea Research Society for Customs*, 2011, 12: 163 –188.

[191] Moore M. O. , "Facts available" dumping allegations: When will foreign firms cooperate in antidumping petitions? [J]. *European Journal of Political Economy*, 2005, 21 (1): 185 –204.

[192] Moore M. O. and M. Zanardi, Does Antidumping Use Contribute To Trade Liberation In Developing Countries? [J]. *Canadian Journal of Economics*, 2009, 42 (2): 469 –495.

[193] Moore M. O. and M. Zanardi, Trade Liberalization and Antidumping: Is There a Substitution Effect?, Ecares Working Paper, 2008 –24 forthcoming in Review of Developmennt Economics.

[194] Moore M. O. and M. Zanardi, Trade Liberalization and Antidumping: Is There a Substitution Effect? [J]. *Review of Development Economics*, 2011, 15 (4): 601 –619.

[195] Moore, Michael O. , Rules or Politics? An Empirical Analysis of ITC Anti-dumping Decisions [J]. *Economic Inquiry*, 1992, 30 (3): 449 – 466.

[196] Morck, Randall, Jungsywan Sepanski, and Bernard Yeung. , Habitual and Occasional Lobbyers in the US Steel Industry: An EM Algorithm

Pooling Approach [J]. *Economic Inquiry*, 2001, 39 (3): 365 –378.

[197] Nelson, Douglas, The Political Economy of Antidumping: A Survey [J]. *European Journal of Political Economy*, 2006, 22 (3): 554 –590.

[198] Niels G., Trade diversion and destruction effects of antidumping policy: empirical evidence from Mexico [M]. Mimeo, 2003.

[199] Niels G. and A. ten Kate, Anti-dumping Policy and Practice [J]. *The World Economy*, 2004, 27 (7): 967 –983.

[200] Niels G. and A. ten Kate, Antidumping Policy in Developing Countries: Safety Valve or Obstacle to Free Trade? [J]. *European Journal of Political Economy*, 2006, 22 (3): 618 –638.

[201] Niels, Gunnar and Joseph Francois, Business Cycles, the Exchange Rate and Demand for Antidumping Protection in Mexico [J]. *Review of Development Economics*, 2006, 10 (3): 388 –399.

[202] Park S., The trade depressing and trade diversion effects of antidumping actions: The case of China [J]. *China Economic Review*, 2009, 20 (3): 542 –548.

[203] Prusa T. J., On the Spread and Impact of Anti-dumping [J]. *Canadian Journal of Economics*, 2001, 34 (3): 591 –611.

[204] Prusa T. J., The trade effects of U. S. Antidumping actions, 1996, NBER Working Paper No. 5440.

[205] Prusa T. J., Why are so many antidumping petitions with drawn? [J]. *Journal of International Economics*, 1992, 33 (1): 1 –20.

[206] Prusa T. J. and S. Skeath, The Economic and Strategic Motives for Antidumping Filing [J]. *Review of World Economics*, 2002, 138 (3): 389 –413.

[207] Prusa, Thomas J., *The Selection of Antidumping Cases for ITC Determination, In: Baldwin, R. E. (Ed.), Empirical Studies of Commercial Policy.* University of Chicago Press, Chicago, 1991.

[208] Prusa, Thomas J. and Susan Skeath, Modern Commercial Policy: Managed Trade or Retaliation, in James Hartigan (Ed.), *Handbook of International Economics*, London: Blackwell, 2004.

[209] Raafat, Fred and Mehdi Salehizadeh, Exchange Rates, Import Prices, and Antidumping Cases: An Empirical Analysis [J]. *The International Trade Journal*, 2002, 269 – 293.

[210] Sabry, Faten, An Analysis of the Decision to File, the Dumping Estimates, and the Outcome of Antidumping Petitions [J]. *International Trade Journal*, 14, 2000, 109 – 145.

[211] Sadni – Jallab, Mustapha, Rene Sandretto and Robert Feinberg, An Empirical Analysis of US and EU Antidumping Initiation and Decision, Working Paper, 2005.

[212] Salvatore, Dominick, A Model of Dumping and Protectionism in the United States [J]. *Weltwirtschaftliches Archiv*, 1989, 125, 763 –781.

[213] Salvatore, Dominick, Import Penetration, Exchange Rates, and Protectionism in the United States [J]. *Journal of Policy Modeling*, 9, 1987, 125 – 141.

[214] Sang – Chul Yoon, (2011) "The Economic Impacts of Antidumping Actions on Imports in Korea," *Journal of fair trade* 6: 20 – 45.

[215] Sraiger, Robert W. and Frank A. Wolak, The Effect of Domestic Antidumping Law in the Presence of Foreign Monopoly [J]. *Journal of International Economics*, 1991, 32, 265 – 287.

[216] Staiger R. W. and F. A. Wolak, Measuring Industry Specific Protection: Antidumping in the United States, Brookings Papers on Economic Activity [J]. *Microeconomics*, 1994, 1, 51 – 118.

[217] Takacs, W. Pressure for Protectionism: An Empirical Analysis [J]. *Economic Inquiry*, 19 (4), 1981, 687 – 693.

[218] Taylor C. T. , The economic effects of withdrawn antidumping investigaitions: Is there evidence of collusive settlements? [J]. *Journal of*

International Economics, 2004, 62 (2): 295 –312.

[219] Tharakan, P. K. M. , and Waelbroeck, J. , Antidumping and countervailing Duty Decisions in the E. C. and in the U. S. : An Experiment in Comparative Political Economy [J]. *European Economic Review*, 190 – 213.

[220] Tharakan, P. K. M. , Political Economy of Contingent Protection [J]. *The Economic Journal*, 1995, 105 (433): 1550 –1564.

[221] Thomas J. Prusa and The, Robert, Protection Reduction and Diversion: PTAs and the Incidence of Antidumping, World Bank Conference Paper, 2006.

[222] Vandenbussche H. and M. Zanardi, The chilling trade effects of antidumping proliferation [J]. *European Economic Review*, 2010, 54 (6): 760 –777.

[223] Vandenbussche H. and X. Wauthy, Inflicting injury through product quality: How European antidumping policy disadvantages European producers [J]. *European Journal of Political Economy*, 2001, 17 (1): 101 – 116.

[224] Vandenbussche Hylke and Maurizio Zanardi, What Explains the Proliferation of Antidumping Laws? [J]. *Economic Policy*, 2008, 23 (1): 98 –103.

[225] Veugelers R. and H. Vandenbussche, European anti-dumping policy and the probability of national and international collusion [J]. *European Economic Review*, 1999, 43 (1): 1 –28.

[226] White Y. and K. Jones, The Sun Sets on US Antidumping Orders [J]. *China Business Review*, 2000, 27 (3): 34 –43.

[227] Zanardi M. , Antidumping Law as a Collusive Device [J]. *Canadian Journal of Economics*, 2004, 37 (1): 95 –122.

[228] Zanardi M. , Antidumping: what are the numbers to discuss at Doha? [J]. *World Economy*, 2004, 27 (3): 403 –433.

［229］Zanardi, Maurizio, Antidumping: A Problem in International Trade ［ J ］. *European Journal of Political Economy*, 2006, 22（3）: 591 – 617.

［230］김경종, 윤승준, "반덤핑 Case 에서 산업피해지수와 무역위원회 판정결과와의 관계", 통상법률, 29, 32-48, 1999.

［231］박형래, "무역위원회의 반덤핑, 상계관세, 세이프가드 결정요인분석에 관한 실증적 연구", 무역학회지, 제 22 권 제 1 호, 1999.

［232］김상준, "반덤핑조사에 있어 피해마진 산정에 관한 소고", 무역구제, 2001- 봄호, 한국무역위원회, 2001.

［233］박종수, "무역장벽수단으로서 반덤핑조치의 현황과 그 대응방안", 국제상학, 제 16 권 제 1 호, 국제상학회, 2001.

［234］김용찬, "중국의 대외무역관리법체계에 관한 연구", 추계국제학술대회논문집, 한국 국제상학회, 2002.

［235］김상준, "중국의 개정 반덤핑조례에 대한 고찰", 무역구제, 2002- 가을호, 한국무역위원회, 2002.

［236］김호, "중국 반덤핑법에 관한 연구", 박사학위논문, 고려대학교, 2002.

［237］김성은, "중국의 반덤핑 세이프가드조치에 관한 연구", 한국산업경제학회, 산업경제연구, 2002.

［238］손성문, "WTO 가입 이후 중국 반덤핑법제의 운영과 전망", 국제지역학회, 국제지역연구, 2002.

［239］손성문, "한중 반덤핑 통상마찰의 비교분석", 무역학술대회 발표논문집, 한국통상학회, 2003.

［240］강선구, "개발도상국 수입규제 경계 필요", 주간경제, LG경제연구소, 2003, 8.

［241］강문성, 박순찬, 송유철, 윤미경, 이근, "한중일 무역규범의 비교분석과 FTA 에 대한 시사점", 경제사회연구회 소관기관 FTA 협동연구시리즈 03-07, 서울: 대외경제정책연구원, 2003.

［242］김종현, "WTO 가입에 따른 중국 대외무역정책의 경향", 중

국학연구회, 중국학연구, 2003.

［243］김한진, "외국물품수입에 대한 우리나라 정부의 반덤핑조치가 국내동종산업에 미치는 영향에 관한 실증적 연구", 박사학위논문, 한양대학교, 2003.

［244］김석민, "중국 반덤핑제소의 전략적 효과에 관한 실증적 연구", 조산대학교 대학원 박사학위논문, 2004.

［245］김철, "무역구제조치에 대한 중국의 사법심사제도", 무역구제 – 여름호, 무역위원회, 2004.

［246］김기준, "중국 반덤핑조사의 기본적인 법적 절차", 무역구제, 2005– 봄호, 무역위원회, 2005.

［247］김정수, 서동균, "중국의 반덤핑산업 피해조사규정에 관한 통상법적 고찰", 한국국제통상학회, 국제통상연구, 2005.

［248］김창곤, 박진근, "중국의 WTO 가입 후 통상정책에 대한 고찰 – 무역구제조치를 위한 의사결정과저을 중심으로", 한국해양수산개발원, 해양정책연구, 2006.

［249］박형래, 박건영, "한국 반덤핑 제소의 경제적 효과에 관한 연구", 국제통상연구, 제 11 권, 제 1 호, 2006.

［250］김종우, "중국 반덤핑제도와 WTO 규정과의 부합성", 한국경영법률학회, 2007.

［251］강경훈 외,「무역학개론」, 도서출판 두남, 1995.

［252］강용찬,「무역법규」, 형설출판사, 1997.

［253］강용찬・이대호,「최신 대외 무역법」, 법경사, 1998.

［254］강원진,「무역계약론」, 박영사, 1994.

［255］강원진,「국제무역상무론」, 법문사, 1993.

［256］강원진,「신용장론」(증보판), 벽영사, 1995.

［257］강원진,「무역결제론」, 박영사, 2004.

［258］강이수,「국제거래분쟁론」, 삼영사, 1999.

［259］「국제거래관습론」, 삼영사, 1986.

［260］강인수 외 7 인,「국제통상론」, 박영사, 1999.

［261］강창남 외 6 인,「국제무역운송론」, 도서출판 두남, 1999.

［262］고우복,「관세이론과 통관실무」, 도서출판 두남, 1999.

［263］구종순,「무역실무」(제 2 개정판), 박영사, 2005.

［264］국제경영연구회,「글로벌시대의 국제경영」, 문영사, 1998.

［265］권영민, "WTO 체제 출범 이후의 무역분쟁 추이분석 및 사례연구", 한국경제연구원, 1998. 4

［266］김도훈외 6 인, "WTO 의 평가와 신통상이슈", 산업연구원, 1996. 12

［267］김병술,「무역업의 창업과 경영」, 도서출판 두남, 1998.

［268］김선광 외,「국제통상학개론」, 동성사, 1997.

［269］김선광,「무역계약론」, 느티나무, 1995.

［270］김성준,「WTO 법의 형성과 전망」, 1997.

［271］김시경,「최신무역학개론」, 삼영사, 1998.

［272］김완순,「APEC 의 개방적 지역주의」「통상법률」, 법무부, 1995. 8.

［273］김완순・한복연「국제경제기구론」, 1998.

［274］김용복,「무역실무」, 박영사, 1998.

［275］김재식,「무역상품학」, 도서출판 두남, 2000.

［276］김정수,「환위험관리해법」, 도서출판 두남, 1998.

［277］김정수,「해상보험론」, 박영사, 1986.

［278］김정수,「무역정책론」, 박영사, 2009.

［279］김주수,「민법개론」, 삼영사, 1992.

［280］김한수,「신용장론」, 육법사, 1991.

［281］김희철・이신규,「국제무역의 이해」, 도서출판 두남, 2000.

［282］김성욱,「해상보험」, 박영사, 1986.

［283］고대무역연구소,「무역대사전」, 1972.

［284］고범준,「국제상사중재법해의」, 대한상사중재원, 1991.

［285］곽윤직,「채권각론」, 박영사, 1992.

［286］남풍우,「무역결제론」, 도서출판 두남, 1999.

［287］남풍우, 「무역상무론」, 도서출판 두남, 1998.

［288］노승혁, 「무역실무」, 법경사, 1998.

［289］도증권, 「해상보험론」, 학문사, 1997.

［290］라공우, 「대외무역법」, 도서출판 두남, 1999.

［291］동양해상화재보험주식회사, 「해상적하보험」, 1992.

［292］대한상공회의소, 「인코텀즈 2000」, 1999.

［293］문철한, 「무역상무론」, 도서출판사, 1999.

［294］문희철·심상렬, 「무역자동화와 EDI」, 무역경영사, 1998.

［295］박대위, 「신용장」, 법문사, 1999.

［296］박대위, 「무역개론」, 박영사, 1998.

［297］박대위, 「무역실무」, 법문사, 1998.

［298］박종수, 「국제무역의 이해」, 도서출판 두남, 1998.

［299］박종수, 「관세법」, 법문사, 1998.

［300］박종수, 「국제무역실무론」, 삼영사, 1997.

［301］박종수, 「국제통상무역관리」, 삼영사, 1997.

［302］박형래, 「국제무역개론」, 두남사, 2001.

［303］박희석, 「현대 해상운송론」, 박영사, 1997.

［304］박희석, 「국제운송론」, 박영사, 1999.

［305］상공부무역정책위원회, 「대외무역법」, 법문사, 1998.

［306］서근태외 5 인, 「국제통상론」, 박영사, 1999.

［307］손태빈, 「신무역실무」, 도서출판 두남, 1998.

［308］손태빈, 「알기 쉬운 무역실무」, 두남, 1992.

［309］신동수, 「관세법」, 법경사, 1997.

［310］신동수, 「대외무역법」, 법경사, 1997.

［311］신유균, 「신교역질서와 한국의 선택」, 한국무역경제, 1997.

［312］심재두, 「해상보험법」, 길안사, 1995.

［313］양영환·오원석, 「무역상무론」, 법문사, 1994.

［314］양영환·서정두, 「신용장사례연구」, 삼영사, 1995.

［315］양영준·심상민, 「무역계약론」(제 4 개정판), 학문사,

1996.

［316］영래,「전자무역의 이해와 전개」, 브레인 코리아, 2002.

［317］어윤대외,「국제경영」, 학현사, 1997.

［318］오세창,「국제무역관습법」, 동성사, 1997.

［319］오세창,「국제물품매매법」, 학문사, 1998.

［320］「무역계약론」, 동성사, 1991.

［321］옥선종,「무역계약론」, 법문사, 1992.

［322］오원석,「국제운송론」, 박영사, 1997.

［323］오원석,「무역계약론」, 삼영사, 1998.

［324］오원석,「최신무역관습」, 삼영사, 1997.

［325］오원석,「해상보험론」, 삼영사, 1998.

［326］원용걸,「ASEAN 자유무역지대（AFTA）의 발전과정과 구시사점」, 대외경제정책연구원, 1996.

［327］원종근 외,「무역개론」, 박영사, 1994.

［328］원종근 외,「글로벌시대의 국제경영」, 박영사, 1999.

［329］우장희,「지역주의와 다자주의의 연계: 개방적 지역주의를 중심으로」, 국제경제연구, 제 1 권 제 1 호, 1995.

［330］윤광운,「국제무역상무론」, 삼영사, 1998.

［331］「관세법 – 관세이론·정책·법」, 삼영사, 2000.

［332］「무역법」（제 2 판）, 삼영사, 1998.

［333］「무역실무」, 삼영사, 2004.

［334］「신용장론」, 부경대학교출판부, 1997.

［335］윤기준,「해상보험관례연구」, 두남, 2002.

［336］이기대,「해상보험」, 법문사, 1990.

［337］이기수,「보험법·해상법」（제 4 판）, 박영사, 1998.

［338］이남구,「국제지역경제」, 무역경영사, 1989.

［339］이대호,「무역실무」, 형설출판사, 1998.

［340］이대호,「신용장론」, 형설출판사, 1997.

［341］이순우,「상사중재론」, 법경사, 1998.

［342］이승영,「무역결제론」, 법문사, 1990.

［343］이시한,「무역운송론」, 대왕사, 1990.

［344］이용근,「무역실무」, 동성사, 1997.

［345］「무역계약론」, 법문사, 1997.

［346］이은섭,「해상보험론」, 신영사, 1992.

［347］이장로 외,「무역개론」, 무역경영사, 1999.

［348］이장로 외,「국제마케팅」, 무역경역사, 2000.

［349］이정길,「관세환급실무」(제 6 판), 한국재정경제연구소, 1998.

［350］이춘삼,「국제상무론」, 동성출판사, 1997.

［351］이호생,「무역과 환경 : GATT/WTO 의 곤의」, 대외경제정책연구원, 1995.

［352］임석민,「국제운송론」, 삼영사, 1998.

［353］임석민,「선하증권론」, 두남, 2000.

［354］임홍근 외,「국제물품매매계약에 관한 UN 협약상의 제문제」, 삼지원, 1991.

［355］장병철,「관세법」, 무역경영사, 1992.

［356］장영준,「무역계약론」, 학문사, 1992.

［357］장세진,「글로벌경쟁시대의 경영전략」, 박영사, 1996.

［358］장치순,「현대무역클레임론」, 동성사, 1994.

［359］전창원,「표준무역실무」, 무역연구원, 1998.

［360］전창원,「무역보험실무」, 일신사, 1991.

［361］정상국,「국제통상론」, 두남, 1999.

［362］정인교,「APEC 무역자유화의 경제적 효과」, 대외경제정책연구원, 1996. 11.

［363］정인교,「지역무역협정의 확산과 우리의 대응방안」, 대외경제정책연구원, 1998. 12.

［364］조동성,「한국의 종합무역상사 (상) (하)」, 법문사, 1984.

［365］지호준,「국제재무관리」, 경문사, 2000.

［366］최두수,「무역대금결제론」, 두남, 1996.

［367］한국국제복합운송업협회,「복합운송의 이론과 실제」, 1996.

［368］한국무역위원회,「무역위원회 10 년사: 산업피해구제제도의 운용성과와 발전방향」, 한국무역위원회, 1997. 7.

［369］한국무역협회 국제무역연수원,「무역실무」, 1997.

［370］한국무역협회 국제무역연수원,「무역운송·보험」, 1997.

［371］한국무역협회 국제무역연수원,「신용장」, 1997.

［372］한국무역협회 국제무역연수원,「무역실무」, 1998.

［373］한국무역협회,「무역실무 매뉴얼」, 1999.

［374］한국무역협회,「수출입업무요람」, 1996.

［375］한국무역협회,「수출입절차해설」, 제 13 판, 1990.

［376］한국수출보험공사,「특별기획」, "신종보험제도 도입（환변동보험）", 수출보험, 2000. 1.

［377］한승철,「무역실무」, 형설출판사, 1997.

［378］한주섭 편역,「국제물품운송론」, 돈성사, 1987.

［379］한주섭,「국제상학: 무역실무론」, 동성사, 1997.

［380］한홍열, 원산지규정 정책연구 92-02, "무역관련정책 및 제도의 개성방향", 대외경제정책연구원, 1994.

［381］한홍열, 원산지규정 정책연구 92-05, "WTO 출범과 신교역질서", 대외경제정책연구원, 1994.

［382］환중서,「인터넷과 무역자동화」, 형설출판사, 2000.

［383］현대해상화재보험주식회사,「해상적하보험실무」, 1992.

［384］홍종덕,「신용장실무메뉴얼」, 도서출판 두남, 1998.

后　　记

　　本书是国家社科基金青年项目"反倾销贸易破坏效应对中韩贸易逆差的影响及我国应对策略研究（14CJL023）"的最终成果。本书的出版得到了辽宁大学应用经济学国家"双一流"建设学科的资助，在此表示感谢！

　　在本书的创作过程中，参阅了大量的中外学者相关研究成果，深受启发，在此表示诚挚的谢意。辽宁大学的时云教授、唐彦林教授、孙丽教授、付争教授、戴利研教授等在本书的创作过程中给予了本人无私的帮助与支持，在此一并表示感谢！

　　谨以此书，献给我91岁高龄的爷爷和已远离人世纷扰的奶奶，二老树立的至真至纯的家风，晚辈定当传承下去！感谢父亲、母亲多年的用心呵护与言传身教，科研工作枯燥辛苦，曾有中途放弃的念头，但见父母花甲之年仍笔耕不辍、学习不断，又怎敢有所怠息！感谢爱妻在我创作期间，独自照顾两个宝贝女儿，你们是我心中最温暖的港湾！

　　由于本人学识有限，书中难免出现错误纰漏，概由作者负责，欢迎批评指正。

赵　磊

2020 年 9 月